Eugen Holländer

Wunder, Wundergeburt und Wundergestalt in Einblattdrucken des fünfzehnten bis achtzehnten Jahrhunderts

Kulturhistorische Studie

Literaricon

Eugen Holländer

Wunder, Wundergeburt und Wundergestalt in Einblattdrucken des fünfzehnten bis achtzehnten Jahrhunderts

Kulturhistorische Studie

ISBN/EAN: 9783959132626

Auflage: 1

Erscheinungsjahr: 2015

Erscheinungsort: Treuchtlingen, Deutschland

Literaricon

WUNDER WUNDERGEBURT UND WUNDERGESTALT

IN EINBLATTDRUCKEN
DES FÜNFZEHNTEN BIS ACHTZEHNTEN
JAHRHUNDERTS

KULTURHISTORISCHE STUDIE

VON

PROF. DR. EUGEN HOLLÄNDER

MIT 202 TEXTABBILDUNGEN

VERLAG VON FERDINAND ENKE IN STUTTGART
1921

EINEM VÖLKERBUND.

Die Folianten und Schriften der Jahrhunderte, die ich für diese Arbeit studierte, trugen an der Spitze meist eine Widmung mit mehr oder weniger knechtischer Hingabe an einen Fürsten; die seltsamsten und kuriosesten Entgleisungen passierten dabei; ein Hebammenbuch wurde vom Autor der kinderlosen Königin gewidmet, und selbst ein Großer im Reiche des Geistes stiftete sein Werk über die Syphilis seinem Landesfürsten. So weiß ich, daß ich Gefahr laufe mit meiner anspruchsvollen Widmung ein ironisches Lächeln hervorzurufen; doch ich beuge nicht mein Haupt als Sklave vor einem Throngeborenen, sondern ich kniee in Verehrung und Hoffnung vor einem königlichen Gedanken.

An schwerem Siechtum liegt der Weltkörper danieder. An seinem Krankenlager bemühen sich große Ärzte aus aller Herren Ländern; die Herren selbst stiegen herab von ihrem angestammten Throne, und Männer aus dem Volke tragen die oberste Verantwortung. Keine glückliche Welle des Zufalls trug sie an die Spitze; mit der Fäuste Kraft und zielbewußtem Sinn arbeiteten sie sich zur konsularischen Höhe. Die Ärztekonsuln der Welt umstehen das Lager des erschöpften Staatengebildes: Videant consules. Die Ärzte sind niedergeschlagen, denn die Prognose ist übel; die Spezialisten erhoffen für den von ihnen vertretenen Bezirk Besserung und für sich unsterblichen Ruhm. Es fehlt scheinbar am Bett der große Kliniker, der weiß, daß nur von innen heraus das Staatswesen zu retten ist, daß das Versagen eines wichtigen Organs den Untergang des Ganzen bedeutet. Doch die Ärzte am Weltkörper sind besser gestellt als wir; sieht die zeitliche Prognose noch so übel aus, die endliche ist gut, denn der große Klient ist unsterblich.

Untrennbar von der Krankheit des Körpers ist das Siechtum der Seele: die Völkerpsychose, die die ganze Welt ergriffen hat, erinnert in ihrer Störung des Gleichgewichtes und in ihren krassen Auswüchsen an die Seelenkrankheiten der Jahrhunderte, die in diesem Buche Gegenstand einer aufmerksamen Betrachtung sind. Man hört wieder die alten Schlagworte, man liest von gleichen abenteuerlichen Unternehmungen; aus den Tiefen kriecht wieder Mystizismus, Wunderglaube und armloser Fatalismus hervor. Haltlose Schuldbezichtigungen an vorhandenem Unglück veranlaßten die Gruppen, sich gegenseitig zu zerfleischen; es sieht ganz so aus, als wenn wiederum der Volkswille aus sonniger, produktiver Stimmung hinabgedrückt werden sollte in die Dämmerung der Unfreiheit: die demagogischen Mittel hierzu sind dieselben wie damals.

Immer lief das Volk Idealen nach: ein größeres Land, dynastischer Ehrgeiz, der größere Gott, die größere Kirche; mit Feuer und Schwert trug man das Evangelium der Liebe bis ins einsame, glückliche Tal; der brutalste Monarch, die Kirche, knebelte die Freiheit der Völker und die geistige Entwicklung; systematisch betriebene Verdummung des Volkes, Wundersucht, Dämonenfurcht und als letzte Drohung die Höllenqual der ewigen Verdammnis bildeten das kirchlich-dynastische Schwergewicht, welches den Fortschritt der Zeiger der Weltuhr hemmte. Das in diesem Buche behandelte Material gibt zu den bekannten historischen Tatsachen einen Zuwachs.

Wir leben in einer Weltenwende; der große Krieg war der Auftakt. Nationale Staatensucht, Kämpfe für Blau und Rot, Hurra für die Majestät und die Ritter im Harnisch sind vielleicht für jugendliche Romantiker noch der Begeisterung Ziel und Inhalt. Auch für den blutigen Kampf für Glauben und Götter scheint die Dämmerungsstunde angebrochen: an Stelle der alten Ideale müssen neue treten; in der ganzen Welt tauchen, dem eingeborenen Volksgeist entsprechend, Ideen auf, die diesem gemeinschaftlichen Ziele in noch wenig präziser Form einheitlichen Ausdruck geben. Jeder Mensch, der das (zurzeit zweifelhafte) Glück hat, Erdenbewohner zu sein, soll in die Wiege als Besitztitel den Anspruch gelegt bekommen auf größtmögliche Glückseligkeit während seiner kurzen Erdenbahn; zerfallen, soll sein Körper und sein Wirken und Schaffen die Grundlage geben für die Glückseligkeit kommender Geschlechter. Sozialismus, Kommunismus, Bolschewismus und die anderen tausend Sekten, die noch kommen werden, suchen dies Ziel auf den verschiedensten Wegen zu erreichen. Es ist traurig genug, daß sie sich im Kampf um die Ideale der Menschheit wieder die Waffen vom Boden aufheben, welche man einst als von Blut und Schmach bedeckt in Reue wegwarf. Doch der Unterton auch dieser Bestrebungen und Kämpfe ist ein religiöser. Massen und Führern schwebt so etwas wie eine Erinnerung an das Urchristentum vor. Nach dem Sturz des dynastischen Prinzips und des starren Kirchenglaubens geht durch die Welt eine tiefe Sehnsucht nach Erneuerung seiner ethisch-religiösen Ideale. Man interessiert sich für fremdartige Religionen und allerlei andere importierte Gemeinschaften. Eine Verinnerlichung läuft parallel mit den Bestrebungen einer Verallgemeinerung der Anteilnahme an politisch-staatlichen Problemen. Auch der Kaufmannslehrling interessiert sich schon für Metaphysik und Erkenntnislehre. Aber mit einem Grauen ist es bemerkbar, daß dieser Sinn des Volkes im Gefolge des Weltenkriegs gleichzeitig einem Geschäftsokkultismus zugeführt wird. Die historisch Ungeschulten versinken schon in solcher betriebsamen Reaktion, die mit leisem Jauchzen wiederum die Zeit ihrer Weizenblüte gekommen sieht. Man setzt sich wieder hin zum Tischrücken, und das heimliche Geschäft der Wahrsager und Sterndeuter erlebt eine lächerliche Renaissance. Den Hungerjahren und den großen Sterbensläuften früherer Jahrhunderte folgten die großen Epidemien der Volksseele: Geißlertum, Tanzepidemien, Fastenorgien, Kreuzigungswut und allerlei anderer absonderlicher Massenwahn. Der andauernde Glaube an Staatsbankrott, die Entwertung der Münze, die Erkenntnis des schnellsten Wechsels alles Irdischen und nicht zum wenigsten die Sorge um das tägliche Brot führen zum Cancan der Extreme: Genußsucht bis zum äußersten und Askese und Lebensverneinung. Nicht nur politische Pflichten harren den Regierungen in schwerster Zeit, nicht nur wirtschaftliche. Die Heilmöglichkeiten dieser erkrankten Volksseele sind in unseren Tagen unvergleichbar günstiger wie in den Jahrhunderten, welche den Erörterungen unseres Buches zugrunde liegen. Aber es bedarf das Volk auch heute trotz des Hochstandes von Wissenschaft und Technik der guten Führung aus diesem Wirrsal von krankhaften Vorstellungen.

Als erste greifbare Erscheinung eines Weltgewissens kriecht in unser Bewußtsein die Vorstellung eines Völkerbundes. War der Weltkrieg der Auftakt zu einer Weltenwende, so ist dieser Völkerbundsgedanke vielleicht das erste Zeichen eines neuen Weltevangeliums.

Karlsbad, Pfingstsonntag 1920.

VORWORT.

Die Verwertung der „Fliegenden Blätter" aus der Erstlingspresse bis zum Ausgange des 18. Jahrhunderts bietet eine Bereicherung und eine bisher wenig benutzte Fundgrube für medizingeschichtliche Studien. Die Zerstreuung derselben in Kupferstichkabinetten und Sammelmappen hat es bisher nicht erkennen lassen, daß das medizinische Sujet in ihnen besonders bedeutsam ist. Frühe und namentlich besonders wertvolle Einblattdrucke sind einzeln und als Folge von Sudhoff bereits für die anatomische und Syphilisforschung verwertet worden. Die folgenden Blätter und ihre Bearbeitung gehen aber auf ein ganz anderes Ziel. Von mir in zunächst rein medizinhistorischer Absicht gesammelt, ließ das Gesamtmaterial es bald als unzweifelhaft erkennen, daß das kulturgeschichtliche Interesse das medizinhistorische bei weitem überragte. In dieser Sammlung sind zunächst solche Blätter benutzt und vielfach zum ersten Male auch publiziert und abgebildet, welche das Absonderliche der Körperbildung zur Vorlage haben. Es handelt sich in erster Linie sowohl um totgeborene Mißgeburten als um lebende von Geburt aus mißgestaltete Körperlichkeit. Man erwarte durch diese Veröffentlichung auch medizinisch interessanter Darstellungen keine wissenschaftliche Bereicherung der Teratologie. Diesen Standpunkt verließ ich schnell, um den Zweck dieser frühen deutschen Druckerzeugnisse zu studieren und den Einfluß, den dieselben auf das liebe deutsche Publikum machten. Zum Verständnis dieser Druckware und ihres kulturellen Tiefstandes mußte auf die Geschichte ihrer Herkunft zurückgegriffen und auf andere zeitgemäße Preßdokumente, deren Studium erst diese Mißwuchsdarstellungen in das rechte Licht setzten, eingegangen werden.

So war es einerseits nötig, den Anschauungen über die Mißgeburt bis ins Altertum nachzugehen und den ganzen antiken Wunderglauben des heidnischen Roms aufzurollen. Mit der Renaissance der lateinischen Kulturepoche zog bedauerlicherweise gerade dieser Wunder- und Aberglauben in das deutsche Volk ein und erlebte dank der Unterstützung der Klerisei eine krankhaft exaltierte Steigerung. Zur Begründung dieser betrüblichen Tatsachen, deren Ausläufer bis in unsere Zeit hineinragen, mußten andere Dokumente der Dummgläubigkeit und Glaubensseligkeit aus diesen Epochen angeführt werden. Und so war es nötig, Teufelsglauben, Hexenwahn, Heiligenwunder, sodann die Wunderberichte in Welt- und Städtechroniken und Reisebeschreibungen kritisch zu betrachten. Die Vorführung dieser Kulturentgleisungen erklären dann erst das üppige Wuchern jener Phantasien und Wundererscheinungen auf körperlichem Gebiet, der Fastenwunder und überirdischen Ernährung, der teuflischen Fremdkörper, der seltsamen Schwangerschaften, der wunderbaren Zeichen auf der Körperhaut, ferner der Heilwunder, durch welche das gläubige Volk jahrelang betört wurde und denen auch Würdenträger und Geistesgrößen der damaligen Zeit zum Opfer fielen. Nach einer Besprechung der auch heute noch besonders interessierenden Heilwunder und Wunderkuren und phantastischer Heilbestrebungen zieht das Buch in den Kreis seiner kritischen Beobachtungen alle jene in tausenden von Exemplaren von „Fliegenden Blättern" im Volke verbreiteten Darstellungen von Fabelwesen, den Werwölfen, den Meerwundern, den teuflischen und auch halb tierisch-menschlichen Gebilden, deren Existenz trotz ihrer papierenen Fadenscheinigkeit als unumstößlich feststand. Der Schluß unserer Betrachtungen weist uns nicht allein die klerikale Redaktion und die hinter der Gardine waltenden Drahtzieher nach, sondern wir werfen auch noch auf die öffentliche und zielbewußte Ausnutzung dieser Vorstellungen zur kirchlichen und politischen Agitation und zum Zwecke einer Einwirkung auf Mode und Kleidertracht einen Blick. Zuletzt werden die volkstümlichen Anschauungen über die Hauptursachen von Mißwuchs und Mißgeburt besprochen: die göttliche Warnung und Strafe, satanische List und Tücke und daneben als Versuch einer körperlichen Erklärung das Versehen der schwangeren Frauen.

Die „Fliegenden Blätter" tragen, wenn sie nicht der eigenen Sammlung angehören, den Vermerk ihrer Herkunft; in diesem Falle handelt es sich um Originalaufnahmen.

INHALT.

VERZEICHNIS DER ABBILDUNGEN.

EINLEITUNG.

Das Absonderliche in der Natur hat schon den naiven Menschen zum Nachdenken veranlaßt. Wie er nun ein von der Norm abweichendes Geschehnis in den Kreis seiner Vorstellungen einreihte, das entsprach nicht allein der Stufe seiner geistigen Entwicklung, das war vielmehr auch Temperamentssache. Unter den abnormen Naturereignissen nimmt die Mißgeburt eine eigentümliche Stellung ein. Erdbeben und vulkanische Eruptionen, Kometen und Himmelslichterscheinungen, Mond- und Sonnenfinsternis, Blitzschlag und ungewöhnlicher Hagelschlag und andere Erscheinungen dieser Art sind vorübergehende Dinge und treffen die ganze Gemeinde. Eine Mißgeburt aber trägt statt des erwarteten Frohereignisses zunächst nur in die Familie eine Enttäuschung. Wie man sich nun bei diesem Ereignisse benimmt, das ist gewissermaßen ein Gradmesser und eine Stichprobe für den Kulturstand eines ganzen Volkes. Der Möglichkeiten sind viele. Die totgeborene Mißgeburt wird in aller Stille bestattet; man macht eben von dieser Entgleisung der Natur möglichst wenig Aufhebens; die lebende Mißgeburt wird wie jedes andere Kind ernährt, bis sie stirbt; oder man steht auf dem Standpunkt, das unglückliche Wesen in aller Stille zu vernichten. Ein anderer Standpunkt ist es wieder, solche Mißgeburt nicht als intimes Familienereignis zu betrachten, sondern in ihr eine überirdische Note zu finden. Man gibt sie als Monitum der Gottheit aus, teils als Bestrafung für Beleidigungen der Götter, teils als Warnung vor zukünftiger Gefahr und Bedrängnis. Damit tritt dies Ereignis aus dem Rahmen einer Familientragödie heraus, es wird zu einer öffentlichen Angelegenheit. Es konnte den Erzeugern der Mißgeburt ein Vorwurf gemacht werden. Verleumdungen über geschlechtliche Verirrungen lagen bei Tierähnlichkeit der Frucht in greifbarster Nähe. Wieder andere Vorstellungen sahen in solchem Mißwuchs weniger einen überirdischen Einfluß als seelische Erregungen der Mutter während der Schwangerschaft. Auf alle Fälle wuchs dies Geschehnis aus der Stille der Wochenstube heraus zu einem bedeutungsvollen Ereignis, und nicht nur Ärzte, sondern auch Priester, Volksberater, Politiker bauschten das Ereignis auf und zogen die Sache in die Öffentlichkeit. Vom kulturgeschichtlichen Standpunkt aus ist es nun von hohem Interesse, alle angedeuteten Rückschläge dieser Naturereignisse bei den Völkern zu studieren. Wir werden aus dem bisher wohl noch nicht verwerteten Material bedeutende Einsicht bekommen in das Kulturleben, namentlich des deutschen Volkes. Wir werden aber auch die Beobachtung machen, daß gerade die Tradition einen mächtigen Faktor darstellt, der ganz besonders bei der Beurteilung dieses anscheinend den Völkern eingeborenen Aberglaubens in Rechnung zu setzen ist.

Das uns zur Bearbeitung dieser Fragen anregende Material sind deutsche Flugblätter der Jahrhunderte gewesen, welche für die wissenschaftliche und geistige Entwicklung unseres Vaterlandes und Europas besonders bedeutsam waren. In diesen Flugblättern werden Wunderereignisse und Mißgeburten in die breite Öffentlichkeit gezerrt und als Unterlage zu einer ausschweifenden Diskussion benutzt. Wir werden die betrübsame und bedauerliche Beobachtung machen, daß der Aberglauben hier berauschende Orgien feierte. Der kulturelle Tiefstand der Zeit bedeutet einen wirklichen Rekord, und erscheint uns das sogenannte dunkle, schwarze oder graue Mittelalter demgegenüber in heiterer Sonnenbeleuchtung.

Um aber die Entwicklung solchen Geschehnisses in Deutschland zu verstehen, dazu bedarf es einer ganz besonderen und eingehenden Betrachtung der antiken, das heißt der gräko-lateinischen Auffassung dieser Dinge; denn die geistige Kinderstube Deutschlands stand in Rom.

Mißgeburten hat es zu allen Zeiten mit Wahrscheinlichkeit in dem gleichen Verhältnis zu den Normalgeburten gegeben. Es wäre eine überflüssige Doktorarbeit, nachzuweisen, daß die verschiedenen Einzelformen des Mißwuchses früher und anderswo in der Literatur und vielleicht noch in der Volkskunst nachweislich sind. Der Sinn und der Reiz der Behandlung dieses Stoffes, den man wohl unter Zustimmung aller als den sprödesten anerkennen muß, liegt nur in der Analyse der kulturellen Wirkungen und Folgen, die er ausgelöst hat. Das ist ein Stück Menschheitsgeschichte im besten Sinne. Und trotz der Begrenzung des Begriffes und troß der Kleinheit des Ausschnittes werden wir bei der Betrachtung der Wundergeburt und Mißgeburt im Spiegel der Zeiten einen breiten Lichtschein finden, der auf den Seelen- und Geisteszustand der Menschheit fällt. Wir können jetzt schon feststellen, daß wir zwar auszogen, die Geschichte der Teratologie durch die Funde in den frühen Drucken und Flugblättern, namentlich der süddeutschen Geisteszentren, zu bereichern, daß aber daraus ein Feldzug wurde gegen Aberglauben und Dummgläubigkeit.

Altertum.

Plutarch berichtet (Lyk. 16), daß die Spartaner in dem Wunsche und dem Ziele, ein gesundes Volk zu haben, ein strenges, rigoroses Bevölkerungsprinzip befolgten. Jedes neugeborene Kind mußte dem Kollegium der Gemeindeältesten vorgeführt werden. Diese entschieden dann erst, ob das Kind gesund und wohlgestaltet genug sei, um überhaupt aufgezogen zu werden. Mit minderwertigen Neugeborenen, offenbar auch in erster Linie mit defekten und mißbildeten Kindern gab man sich gar nicht erst ab. Sie wurden in der Nähe der Quelle des Taygetos, wo man sie dem Hungertode preisgab, ausgesetzt [1]). Schon aus dieser Tatsache erhellt, daß das moderne Bestimmungsrecht der Eltern im hellenischen Altertume vollkommen fehlte, und daß die Geburt gewissermaßen ein öffentliches Ereignis war.

Wenn uns nun auch Ähnliches von dem übrigen Griechenland nicht berichtet wird, so werden wir nicht weit vom Schusse sein, wenn wir annehmen, daß eine Mißgeburt auch in Athen ohne Zweifel das Schicksal fand, das schwächlichen Kindern in Sparta drohte. Um sich zu beruhigen und gewissermaßen das Göttliche zu seinem Recht kommen zu lassen, wird man sich im Zweifelsfalle an das Orakel gewandt haben. Göttlichen Ratschlag und göttliche Weisung fand man in Griechenland in den Tempeln, teils wahrscheinlich durch direkte Befragung der Priester, teils dadurch, daß man den Tempelschlaf auf dem Felle des geschlachteten Opfertieres ausübte und sich dann seine Träume vom Priester deuten ließ. Die Erfüllung dieser priesterlichen Weisung war dann göttliches Gebot. Daraus ergibt sich, daß unter allen Umständen, dem freiheitlichen hellenischen Sinn entsprechend, vieles der Initiative der eigenen Persönlichkeit überlassen war. Stand zwar auch zwischen bittender Menschheit und göttlicher Weisung die Priesterklasse, so war doch der ganze Geist des Opferdienstes und des Opfergeschäftes ein freiheitlicher.

[1]) Bezeichnend für die antike Auffassung ist eine Stelle aus Tacitus V, 5. Unter den verdrehten Einrichtungen der Juden erwähnt der Römer, daß sie es für Frevel halten, irgend einen von den Spätgeborenen zu töten.

Im Gegensatz hierzu finden wir in Rom von der Königszeit an bis zur Kaiserzeit kirchliche Polizei und mehr oder weniger uniformierten Glauben.

Auch bei den Persern z. B. weissagten die Magier, als die Frau des Cambyses, Roxana, einen kopflosen Sohn geboren hatte, daß dies ein göttliches Zeichen dafür sei, daß er ohne Thronerben sterben würde.

Das römische Volk verleugnete in den Äußerungen seiner Psyche keinen Moment den Bauernsinn. So brachte es auch den Naturerscheinungen besonderes Interesse entgegen und zeichnete sich auch durch stark ausgeprägte Naturbeobachtung aus. Die einzelnen Kräfte der Natur hatte es personifiziert, vergöttlicht und die von ihm geschaffenen Götter der Fluren, der Felder, des Waldes, des Wassers, der Winde, der Fruchtbarkeit und der Liebe waren keine toten Götzen, sondern sie lebten mit ihm wie die toten Inkafürsten mit ihrem Volke. Auch dem niederen Manne wurden die Götter, die als herrliche Statuen oder kleinere Figurinen von Kindesbeinen an sein täglicher Anblick waren, vertraut und bekannt. Sie waren ihm Freunde und Berater. Man lebte mit ihnen in starkem Götterglauben, so wie heutzutage die seit über zweitausend Jahren aus Jerusalem vertriebenen frommen Juden von Sonnenaufgang bis -untergang einen nur von ihrem Berufsleben unterbrochenen Gotteskultus treiben. Das persönliche Abhängigkeitsgefühl von göttlichem Willen war dem Römer selbstverständlich. Das Wort aber, daß das Wunder des Glaubens liebstes Kind sei, galt für die Antike unbeschränkt. Waren doch die Wunder die hauptsächlichsten Äußerungen göttlichen Willens. Was wir mit dem einzigen Worte Wunder benennen, dafür hatte der Römer eine Reihe von Ausdrücken, die unter sich nuanciert doch alle ungefähr dasselbe sagten. Miracula, das sind Dinge, welche Erstaunen hervorbringen. Monstra, von monstrare: zeigen oder monere: warnen. Portenta von portendere: vorweisen, prophezeien. Ostenta von ostendere und das alles umfassende Wunderwort Prodigia.

Alle diese Wunderarten konnten persönliche kleinere Tageserlebnisse des einzelnen sein. Besondere Umstände aber nach Zeit und Ort und Nebenerscheinungen lassen ein solches Prodigium als öffentlich erscheinen. Diesen öffentlichen Charakter tragen von vornherein Epidemien, Erdbeben, vulkanische Eruptionen und gelegentlich Mißgeburten und Mißwuchs.

Um nun den Willen der Götter aus solch außergewöhnlichem Geschehnis richtig zu erkunden und zu ihrer Versöhnung die nötigen Folgerungen zu ziehen, dazu hatte sich schon frühzeitig unter den Königen ein ganz komplizierter öffentlicher Apparat entwickelt, der sich im Laufe der Zeit, namentlich noch unter den abergläubischen Kaisern, weiter auswuchs. Die Wunderoffenbarungen und die Kunst ihrer Entzifferung wurden staatlich und polizeilich geregelt. Wurde nun irgendwo, um bei unserem Stoff zu bleiben, eine außergewöhnliche Geburt gemeldet von Mensch oder Tier, so konnten die Priester (Pontifices) sich ohne weiteres als über die Angelegenheit genügend unterrichtet erklären und irgend eine Sühnebestimmung erlassen. In anderen Fällen, wenn öffentliches Interesse vorlag, das heißt wenn entweder der Staat oder der Priester sich der Ereignisse annehmen wollten, also zu Zeiten politischer Unruhe oder religiöser Unstimmigkeiten, wurde solch Geschehnis aufgebauscht und die weiteren Instanzen in Anspruch genommen. Dann genügte nicht mehr der römische Kult, man wandte sich an fremdländische Divinationskunst: der etruskischen Haruspizin oder der griechischen Weisheit, den sibyllinischen Büchern zu. In der Königzeit namentlich war man zunächst mit den Augurien ausgekommen. Das waren Weissagungen aus dem Verhalten der fliegenden Vögel oder der fressenden Hühner. Je nachdem die Vögel nämlich nach der rechten oder der linken Seite flogen, je nachdem die Hühner hungrig oder satt waren und ihnen ein Teil der Körner wieder aus dem Schnabel fiel, weissagten die Auguren, phantasiearm genug, Glück oder Unglück. Wir erinnern uns daran, daß des Griechenheilandes Asklepios Lehrer Chiron mit dem Blute der Gorgo behandelte; das aus den Adern der linken Seite entnommene brachte den Tod, das aus der rechten Genesung. Doch die Priester mit dem Hühnerkasten (Pullinarium) konnten auf die Dauer selbst das phantasiebescheidene Römervolk nicht befriedigen. Man holte sich die Haruspices aus Etrurien. Diese Priester waren kundig der ältesten italienischen Weisheit und Wissenschaft. Aus der Beschaffenheit der Muskulatur, der Eingeweide und namentlich der Lappung der Leber (Hepatomantik) weissagten sie die Zukunft und den Willen der Götter. Wenn auch vieles aus der Technik dieser seltsamen Wissenschaft unbekannt ist, so besitzen wir doch manche Anhaltspunkte. Drei archäologische Funde von Tierlebern kamen uns da zu Hilfe, die den Zwecken der Tierschau dienten. Wahrscheinlich handelt es sich bei der

Bronzeleber von Piacenza und der Alabasterleber in Volterra um antike Darstellungen einer Schafsleber. Das interessanteste Stück ist die babylonische Leber, welche angeblich aus dem zweiten Jahrtausend vor Christus stammt (siehe Figur 1). Bei ihr ist die Leberoberfläche mit Schriftzeichen an den einzelnen Lappen bedeckt. Die Unterfläche ist durch sich kreuzende Linien in viereckige Felder geteilt [1]). Die Alabasterleber in Volterra von einem

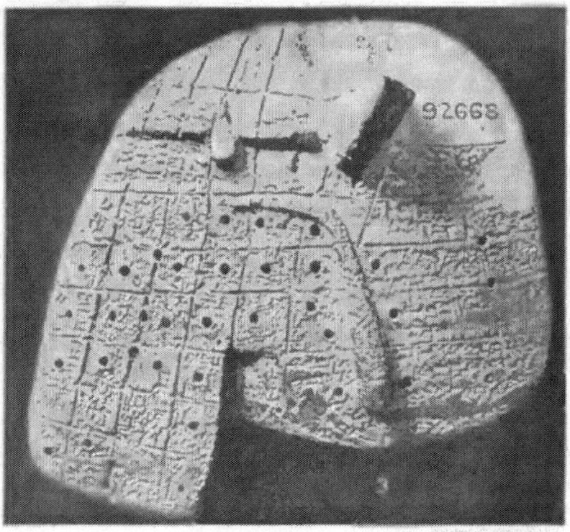

British Museum.

Fig. 1. Schafsleber aus einer Babylonischen Tempelschule.
Circa 2000 vor Christus.

Sarkophag eines ertruskischen Haruspex wird von einem priesterlich gekleideten Manne in der linken Hand gehalten [2]).

Diese besonderen Priester waren wohl schon frühzeitig in einen Ordo, eine Gemeinschaft, vereinigt, die diese Lehre der Divination unter sich pflegten und fortpflanzten. Ihre Bedeutung geht schon daraus hervor, daß Kaiser Claudius den Ordo Haruspicum Augustorum auf sechzig Mitglieder erhöhte, wobei besonders erwähnt wird, daß diese zum Teil aus dem Ritterstand stammten. In früheren Zeiten ließ man zur Tierschau bei öffentlichen Wundern die Haruspices erst aus Etrurien nach Rom kommen. Im Tempel der Dea Fortia zu Bolsena (Volsinii) fanden sich neben einer Reihe von Statuen der Haru-

[1]) Siehe The Medicine of the Babylonians and Assyrians by M. Jastrow in Proceedings of the Royal Society of Medicine 1914 M.

[2]) Holländer. Plastik und Medizin, Fig. 124

spices ihr ganzes Instrumentarium, ihre Opfermesser, eine große Anzahl von Terrakottagüssen, tierischen Eingeweiden, sowie goldene Augen, diese letzteren wohl Donarien für erfolgten oder noch zu erbittenden göttlichen Blick (siehe Holländer, Plastik und Medizin, Seite 209).

Neben öffentlicher Tätigkeit wurden diese Haruspices auch privatim so in

Fig. 2. Holzschnitt aus der Kosmographie von Thomas Münzer.

Anspruch genommen, daß Juvenal spottend über den Aberglauben sagen konnte, daß die Tierschauer von vieler Tierschau an den Beinen krampfadrig würden. Bei öffentlichem Wunder hatten nun diese Priester im wesentlichen vier Fragen zu beantworten: von welcher Gottheit geht das Prodigium aus, aus welchem Anlaß hat der erkannte Gott das Zeichen gesandt, in welcher Weise soll das unheilvolle Zeichen beseitigt werden und ferner als Hauptaufgabe quid portendat prodigium: welch zukünftige Ereignisse, günstige oder ungünstige, kündigt das Wunder an. Nach vollbrachter Tierschau und Befragung der alten heiligen Bücher, welche Listen von Naturereignissen darstellten, beantworteten diese Tierbeschauer die Fragen und wiesen namentlich auf die Mittel zur Erfüllung der göttlichen Forderung hin. Es war dann die Aufgabe der staatlichen Priester, die Entsühnungen selbst in die Wege zu leiten.

In besonders schweren Fällen wandte man sich, namentlich wohl auch, wenn die Haruspices ungenügende und unbefriedigende, das heißt wohl auch unbequeme Antwort erteilt hatten, an den griechischen Kult, das heißt an die sibyllinischen Bücher. In ihnen war eine griechische Orakelsammlung enthalten, die aus Cumae nach Rom kam. Bekannt ist der Kauf der Bücher durch König Tarquinius Superbus. Er zahlte für die restlichen drei Bücher dieselbe hohe Kaufsumme nach Verbrennung von sechs, für die er alle neun hätte haben können. Die sibyllinischen Bücher neigten eben zum Feuer; beim Brand des Kapitols gingen auch sie im Jahre 83 zugrunde. Es erfolgte eine Neusammlung der Sprüche, die der Kaiser Augustus nach sorgfältiger Reinigung des Textes unter Ausmerzung politischer eingeschmuggelter und ihm unbequemer Fälschungen in den Tempel des palatinischen Apollo überführen ließ. Während der ganzen Kaiserzeit ruhte die Orakelsammlung nicht. Kaiser Maxentius nahm sie noch in Anspruch und auch Julianus Apostata selbst zu einer Zeit, wo er christliches Bekenntnis heuchelte. Erst Stilicho verbrannte die Bücher als einen gefährlichen Rückfall in heidnische Vorstellungen. Wenn wir so sahen, daß die römische Staatsreligion vom Aberglauben und der Weissagekunst einen ausgedehnten öffentlichen Gebrauch machte und sie ein integrierender Bestandteil der Staatsreligion war, so muß besonders betont werden, daß in allen Phasen römischer Kultur dieser Glaube nicht nur im niederen Volke Verbreitung und Anhänger fand, sondern daß auch das gebildete Publikum solch religiöse Auffassung teilte. Im Gegensatz zu den Aristotelikern zum Beispiel hielten Platoniker und stoische Philosophen fest an diesem Glauben. So konnte Plinius in seiner Naturgeschichte (Buch 42) sagen, daß die Tiere zu den einzelnen Menschen in gewisser Beziehung ständen, „sie verkünden nämlich die Gefahr voraus nicht nur durch ihre Muskeln und Eingeweide, um welche sich ein großer Teil der Menschheit kümmere". Er vergleicht diese Tierschau mit der Warnung zum Beispiel durch Mäuse, welche das im Einsturz begriffene Haus frühzeitig verlassen ebenso wie die Spinnen, die dann mit ihrem Gewebe zuerst von den Decken herunterfallen. Tacitus hat das allgemeine Vorkommen von Prodigien nicht bezweifelt, wenn er sich auch gegen den gemeinen Aberglauben wehrt. In seinen Büchern erwähnt er die Wunderzeichen erst vom Jahre 51 ab. Livius beschwert sich, daß aus einem allgemeinen Unglauben heraus die Geschichtsschreiber die Prodigien nicht in ihre historischen Bücher aufgenommen hätten. Das Kapitel des 43. Buches ist bezeichnend genug, um es hier als typisch für die vielen bei Livius in der römischen Geschichte wiederkehrenden Wunderberichte aufzuführen.

„Ich weiß zwar wohl, daß zufolge derselben Gleichgültigkeit, mit der man jetzt ganz allgemein glaubt, daß die Götter nichts vorher verkündigen, (jetzt) weder irgendwelche Wunderzeichen für den Staat angezeigt, noch in die Jahrbücher eingetragen werden. Wenn ich (aber) von alten Dingen schreibe, so wird mein Gemüt doch altertümlich gestimmt, und ich empfinde eine gewisse Scheu, das für ungeeignet zu halten, in die Jahrbücher aufgenommen zu werden, was jene (alten) sehr verständigen Männer von seiten des Staates glaubten beachten zu sollen. Von Anagia wurden zwei Wunderzeichen in diesem Jahre gemeldet: am Himmel habe man eine Fackel gesehen und eine Kuh habe gesprochen; diese wurde auf Staatskosten unterhalten. Auch zu Minturnä hätte man während dieser Tage eine glänzende Erscheinung gesehen, als wenn der Himmel in Feuer stünde. Zu Reate war ein Steinregen. Zu Kumä hat Apollo drei Tage und drei Nächte hindurch geweint. In der Stadt Rom meldeten zwei Tempelhüter, der eine, im Tempel der Fortuna sei von mehreren eine Schlange mit einem Kamm gesehen worden, der andere, im Tempel der Fortuna Primigenia, der auf einem Hügel steht, zwei verschiedene Wunderzeichen: auf dem Platze sei eine Palme hervorgewachsen, und es habe bei Tage Blut geregnet. Die beiden Wunderzeichen wurden nicht anerkannt, das eine, weil es nur auf dem Grund und Boden eines Bürgers stattgefunden hatte; Titus Marcius Figulus meldete, es sei in seinem inneren Hofraum eine Palme hervorgekommen, — das andere nicht, weil es an einem fremden Orte erschienen war. Zu Fregellä sollte im Haus des Lucius Atreus ein Speer, den er für seinen Sohn, der im Felde stand, gekauft hatte, bei hellem Tage länger als zwei Stunden gebrannt haben, ohne daß irgend etwas verbrannte. Wegen der Wunderzeichen, die sich auf den Staat bezogen, wurden die (sibyllinischen) Bücher von den Zehnmännern aufgeschlagen; sie gaben an, welchen Göttern die Konsuln mit vierzig größeren Opfertieren opfern sollten, daß ein Betfest veranstaltet würde, daß alle Staatsbeamten bei allen Polstern mit größeren Opfertieren opfern sollten, und daß das Volk bekränzt sein sollte. Alles geschah, wie die Zehnmänner die Anweisung gegeben hatten."

Julius Obsequenz hat in seinem Buche (Prodigiorum libellus) sämtliche Wunderzeichen aus Livius gesammelt und im heutigen Telegrammstil die darauffolgenden politischen Ereignisse zusammengestellt. Auf diese wichtige Ergänzung zur römischen Geschichte, welche auch eine Reihe von Auflagen in der neueren Zeit erlebte, werden wir noch zurückkommen müssen. Eine große Rolle spielen die Prodigien noch bei den Historikern der Kaiserzeit, so namentlich auch bei Sueton. Sueton sammelt alle Vorzeichen aus Büchern und Überlieferungen, welche auf des Kaisers künftige Größe und seinen Tod Bezug nahmen. Als Gradmesser seiner römischen Starkgläubigkeit, um sich milde auszudrücken, sei die Froschgeschichte erwähnt. Als der Kaiser als Kind auf einem Familiengute einmal den Fröschen das ihn störende Gequake verbot, haben diese das Konzert sofort eingestellt und nie wieder aufgenommen (siehe Sueton Aug. 92—97). Der berühmte Redner und Ankläger in Majestätsprozessen des Kaisers Domitian befragte jedesmal die Haruspices über den Ausgang des Prozesses. Der Kaiser Gorgian war selbst in dieser Wissenschaft bewandert, und von Julianus erwähnten wir bereits seine der Haruspizin und den Augurien getreue Ergebenheit.

Demgegenüber gab es natürlich zu allen Zeiten auch Zweifler und Spötter. Wir brauchen dabei bloß an Cicero[1]) zu denken, der uns das berühmte Wort des Zensors M. Porcius Cato aufbewahrt hat und der Unsterblichkeit überantwortete, daß ein Haruspex einen andern nicht ansehen könne, ohne zu lachen. Die neuzeitliche Parallele ist der Zuruf eines beim Verkauf von Geheimmitteln befindlichen Marktschreiers an einen vorübergehenden Medicus „mundus vult decipi". Und der große Hannibal fragte den König Prusias, der sich durch die unglücklich ausgefallene Eingeweideschau von der Lieferung der Schlacht abhalten lassen wollte: Glaubst du einem Kalbsschnitzel mehr wie einem Feldherrn? (Cicero Div. 24). Nach Sueton scheint sich auch Cäsar aus der Tierschau wenig gemacht zu haben (Kap. 77). Er ging in seiner Vermessenheit so weit, daß er einen Haruspex bei Gelegenheit eines Opfers auf die

[1]) Cicero, De natura deorum und De divinatione.

Meldung, die Eingeweide seien unglückverheißend und es fehle das Herz, zur Antwort gab: sie würden schon glücklicher werden, sobald er es nur wolle, und man dürfe überhaupt keine göttliche Vorbedeutung daraus machen, wenn ein Vieh kein Herz habe. Man bedenke bei diesem Witz, daß bei den Römern das Wort Cor die Doppelbedeutung hat: Herz und Verstand (Kap. 59). „Nicht einmal der religiöse Glaube an Vorbedeutung hat ihn jemals von irgend einem Unternehmen abgeschreckt oder auch nur eine Verzögerung in der Ausführung herbeigeführt. Als ihm beim Opfer das Opfertier vom Altare entfloh, schob er doch den Zug gegen Scipio nicht auf, und da er beim Aussteigen stolpernd aus dem Schiff zu Boden fiel, rief er, sofort das Vorzeichen zum Guten wendend, aus: So halt ich dich, Afrika." An derselben Stelle erwähnt dieser in Weissagungsgeschichten und Wunderberichten schwelgende Schriftsteller den damaligen Hofklatsch, Cäsar habe, um der Weissagung der unüberwindlichen Kraft des Scipionengeschlechts für Afrika die Schicksalskraft zu nehmen, in seinem Lager ein ganz verachtetes Subjekt aus der Cornelierfamilie mit sich geführt.

Fig. 3. Tierschau. Holzschnitt aus Lykosthenes.

Bevor wir die Geschichte des römischen staatlichen Aberglaubens verlassen, müssen wir noch ein Wort über den Glauben an die Sternkunde im Altertum sagen; obwohl dieselbe ohne offizielle Stellung im Staatswesen war, wurde sie als geduldete Kunst sehr geschätzt. Die Astrologie war die Lieblingswissenschaft der gebildeten Stände. Sie schloß den Glauben an die Götter nicht notwendigerweise aus, war diesen aber doch offenbar eine Konkurrenz. So berichtet auch Sueton, daß der Kaiser Tiberius der Astrologie ganz ergeben war und der Überzeugung lebte, daß das menschliche Schicksal in den Sternen geschrieben sei und alles nach dem Verhängnis dieser geschehen müßte. Demgemäß verhielt er sich auch den Göttern und dem Gottesdienste gegenüber gleichgültig. Die Astrologie war die Kunst, aus dem Lauf und der Stellung der Gestirne die Zukunft zu enträtseln und besonders das Schicksal der Menschen. Die Chaldäer brachten diese Kunst mit dem Gestirndienst nach Europa, und mit Rücksicht auf diese Herkunft werden die Sterndeuter noch in späteren Zeiten von den römischen Schriftstellern die Chaldäer oder Babylonier oder Planetarier genannt. Die ägyptische medizinische Prognose beruht zum Teil auch auf der Sternenkonstellation. Die Sternkunst hatte, da sie im römischen Staate keine ernsthafte Behinderung erfuhr, eine große Anhängerschaft. Das geht schon aus den Äußerungen vieler zeitgenössischer Schriftsteller hervor. Galen zum Beispiel sagt, daß die Reichen sich um Astrologie nur kümmerten, um vorher zu wissen, wen sie beerben würden (Galen XIV, 604). Seneca nimmt den Einfluß der Planeten auf den Menschen für ausgemacht an. Cicero dagegen bekämpft in seiner berühmten Abhandlung De Divinatione die Weissagekunst. Er erinnert an die große Verschiedenheit der Persönlichkeit und des Lebens von Menschen, namentlich der Zwillinge, welche sämtlich im gleichen Augenblicke, also unter derselben Sternenkonstellation geboren werden. Dem Pompejus, Crassus und dem Cäsar hätten ferner die Astrologen ein rühmliches, glorreiches Alter und einen ruhigen Tod geweissagt. Ludwig Friedländer vergleicht in seiner Sittengeschichte Roms die astrologische Prophezeiung mit dem Ansehen, welches heutzutage in Hofkreisen Wahrsagerei, Spiritismus, Somnambulismus und ähnliche metaphysische Auswüchse genießen. Anderseits war das Geschäft der Sterndeuter doch, wie es scheint, ein ganz einträgliches und verschwand seit jenen Tagen eigentlich nicht mehr. Die Verwachsung dieser Afterkunst mit dem Volke geht schon aus einer Notiz hervor, daß die kleinen Sterndeuter am Zirkus vom Volke über Termine von Eheschließungen, Hauskauf, Antritt von Reisen und so weiter fortlaufend befragt werden. Der junge Octavianus besuchte einstens die Sternwarte des Astrologen Theogenes noch vor Cäsars Ermordung zusammen mit Agrippa. Als nun hier sein Begleiter den Astrologen zuerst konsultierte und diesem eine fast unglaubliche Zukunft geweissagt wurde, so wollte der zukünftige Kaiser zunächst hartnäckig seine eigene Geburtsstunde verschweigen aus Furcht und Scham, daß dieselbe minder bedeutungsvoll gefunden werden möchte. Kaum aber hatte er auf vieles Zureden diese endlich angegeben, als der schlaue

Sterndeuter aufsprang und ihm verehrend zu Füßen fiel. Seitdem hatte Augustus so großes Vertrauen auf seinen Stern, daß er das Zeichen, in welchem er geboren war, öffentlich bekanntmachte und eine silberne Münze mit dem Bilde des Steinbocks prägen ließ. Der berühmte Astrologe

Petrarca Trostspiegel.

Die Kunst Wahrsagens oft betreut
Der Teuffel Bschwerer auch viel leugt.
Wiltu groß Schaden nicht erbeuten /
So hüt dich wohl vor solchen Leuten.

Fig. 3.

Firmicus Maternus schrieb auf Veranlassung des Prokonsul Lollianus ein Werk über Astrologie ums Jahr 334. In ihm bemüht er sich, die althellenischen Vorschriften, wie sie ähnlich den Asklepiospriestern gegeben waren, auch für diese seine Wissenschaft aufzustellen. „Der Astrologe sei leicht zugänglich, er sei keusch, nüchtern, mäßig, mit wenigem begnügt, damit nicht unedle Geldgier den Ruhm der göttlichen Wissenschaft entwürdige. Als Priester der Sonne, des Mondes und der übrigen Götter muß er danach trachten, nach dem Zeugnisse aller so großer Verrichtungen würdig erachtet zu werden. Er gebe seine Antworten öffentlich, Fragen nach der Lage des Staates und dem Leben des Kaisers beantworte er nicht. Das Schicksal des Kaisers allein hänge nicht von den Bahnen der Gestirne ab, da er, der Herr der ganzen Welt, selbst zum Kreise der Götter gehöre. Die Laster der Menschen solle man nicht bei der Deutung ihrer Horoskope zu offenbar darlegen, damit nicht jemandem der feindselige Gang der Gestirne, für den der Betreffende nicht verantwortlich sei, zum Vorwurf gemacht werden könne." Die Sternkunde fand bei den Aristotelikern Widerspruch, während Platon und namentlich die Stoiker bei ihrer fatalistischen Weltansicht mit ihr sympathisierten. Am Schluß dieser Betrachtung sollen die schönen Worte des Epiktet stehen, um zu zeigen, wie ein großer stoischer Philosoph sich in seinem Gewissen mit dem Orakelwesen abfand. „Wenn du zum Orakel gehst, so erinnere dich, daß du nicht weißt, was geschehen wird, sondern daß du kommst, um es vom Seher zu erfahren. Wie aber eine Sache beschaffen ist, das weißt du schon beim Kommen, wenn du ein Philosoph bist. Ist es nämlich etwas von den Dingen, die nicht in unserer Gewalt sind, so kann es schlechterdings weder gut noch übel sein. Du sollst also zum Seher weder Begierde noch Widerwillen mitbringen, auch gehe nicht mit Angst zu ihm, sondern als einer, der weiß, daß alles, was da kommen mag, gleichgültig ist und nichts, das dich anginge. Wie es aber auch sein mag, man wird einen guten Gebrauch davon machen können und das kann dir niemand wehren. . . ." An anderer Stelle sagt er: „Mir selbst wird lauter Glück geweissagt, sofern ich nur will, denn was immer von jenen Dingen sich ereignen mag, es steht bei mir, Nutzen daraus zu ziehen . . . Gehe aber nach dem Rate des Sokrates nur wegen solcher Dinge zum Orakel, die eine Beziehung auf die Zukunft haben und bei denen weder die Vernunft noch ein anderes Mittel eine Möglichkeit darbietet, zu erkennen, was bevorsteht. Wenn du also einem Freund oder dem Vaterland in der Gefahr beistehen sollst, so frage nicht den Seher, ob du ihnen beistehen sollst. Denn wenn dir auch der Seher sagt, daß die Opferzeichen schlimm ausgefallen seien, so bedeutet dies zwar offenbar den Tod oder Verstümmelung eines Gliedes an unserm Leib oder die Verbannung, aber die Vernunft gebietet trotz alledem, dem Freunde beizustehen und mit dem Vaterlande die Gefahr zu teilen." Mit den anderen Divinationskünsten erlebte auch die Sternkunde eine Renaissance; ihre Glanzperiode war im 14. und 15. Jahrhundert, in dem die Hofastrologen oftmals die wirklich Regierenden waren.

Zusammenfassend können wir demnach feststellen, daß der Wunderglaube die eine, die Divination, das heißt die Weissagung, die andere feste Tragsäule des antiken Götterglaubens überhaupt war. Barst die eine oder die andere, so stürzte das stolze Marmorgebäude haltlos zusammen. Das hatten auch schon im Altertum kluge und philosophisch gebildete Männer wohl erkannt. Rücksichtslos hatten sie teils wie Epikur das Ganze geleugnet oder aus Staatsinteresse wie Cicero Konzessionen gemacht. So gibt dieser in einer akademischen Abhandlung De Divinatione seinem Bruder Quintus gegenüber eine gewisse Bedeutung derselben zu, jedoch nur, weil er sonst die ganze Religion vernichten würde; wahrlich ein Zeichen von Aufgeklärtheit und Staatsklugheit.

Der Glaube an die Wunder der Alten Welt war so eingewurzelt, daß auch der neue Glaube dieser, man kann wohl sagen, demagogischen Wunderkraft nicht entraten konnte. Auch die frühchristliche Kirche stand auf Wundern, doch in anderer Form. In der Alten Welt zeigten die Götter durch auffallende Naturerscheinungen den Sterblichen Willen und Zorn an. Meldungen, daß es Blut geregnet habe, an auffallender Stelle plötzlich eine Palme in die Höhe geschossen sei, der Speer einer Göttin stundenlang, ohne Brandzeichen zu hinterlassen, in Flammen gestanden habe, daß eine Frau eine Schlange oder ein Kind mit zwei Köpfen geboren habe, erregten das Volk, namentlich in Stunden der Gefahr. Zunächst war es aber dann noch zweifelhaft, was solche göttlichen Zeichen bedeuteten, und es bedurfte erst der Auslegung derselben durch die Priesterklasse. In der frühchristlichen Kirche dagegen waren es direkte Wundertaten des Religionsstifters und der Heiligen, welche eben das Göttliche und Überirdische derselben dem Volke dartun sollten: Totenerweckungen, Heilwunder und ähnliches. Diese persönlichen Wunderleistungen übertrugen sich auf die sterblichen Überreste der Heiligen, auf ihre Grabstätten und selbst auf die toten Gegenstände, mit denen sie zu Lebzeiten in Berührung gekommen waren. Die größten Wunder aber verrichteten die

Knochen und andere organische Überbleibsel ihrer Person (die Vorhaut Christi). Die einzige Parallele zu dieser seltsamen Verirrung menschlichen Geistes aus der antiken Zeit finde ich in der Geschichte des Pelops. Tantalos hatte, um die Götter zu täuschen, bei einer Gastlichkeit ihnen die zerhackten Glieder seines Sohnes Pelops vorgesetzt. Nur die Erdgöttin Ceres aß ein Schulterstück. Der erzürnte Göttervater heilte das Kind wieder zusammen und Hermes ersetzte das fehlende Knochenstück an der Schulter durch eine Elfenbeinprothese. Als die Hellenen vor Troja lagen, wurde ihnen das delphische Orakel, daß sie nicht eher die Stadt nehmen würden, bevor sie die Schulter des Pelops herbeigebracht hätten. Das Schiff aber, welches diese holte, ging unter. Später fand ein Fischer den Elfenbeinknochen in seinem Netz und brachte ihn nach Delphi. Zu derselben Zeit waren dort die Eleier erschienen, um von den Priestern ein Heilmittel gegen die Pest zu bekommen. Die Pythia antwortete, man solle diese Elfenbeinschulter im Tempel zu Olympia aufbewahren und ihr göttliche Verehrung erweisen. Noch Plinius erwähnt unter den zauberischen heilspendenden Gegenständen diesen Elfenbeinschulterknochen. Der Wunderglaube und die Reliquiensucht nahmen später solch bizarre und groteske Formen an, daß manche Kirchen und Fürstlichkeiten Tausende von Knochenresten 'angeblicher einstmaliger Heiligen zusammenrafften. Wir wissen aber auch, daß die einnahmebedürftigen Priester, ebenso wie sie Heiligenlegenden fabrizierten, so sich auch menschliche oder auch tierische Knochen zu verschaffen wußten, um die herum sie sich dann einen Kranz von heiligen Märchen erdichteten. Den Höhepunkt aber erreichten Wundersucht und Wundertaten in einer Zeit, als beide Religionen noch miteinander rangen. Wir werden aber später sehen, daß auch die christliche Kirche sehr bald auf die frühere antike Form der Wunder zurückkam.

Die antiken Prodigien und Wunder im allgemeinen möchten wir in solche einteilen, welche ein naturwissenschaftlich-medizinisches Interesse haben und solche, denen dies fehlt. Die letzteren werden wir gelegentlich miterwähnen müssen; es läßt sich hierbei im allgemeinen sagen, daß die Phantasielosigkeit des römischen Volkes im Gegensatz zum griechischen auch bei dieser Gelegenheit klar in die Erscheinung tritt. Gleichzeitig wird man jetzt schon gut tun, darauf zu achten, was nun eine wirkliche, objektiv vorgetragene Erscheinung und was einfach eine vielleicht auf Priesterwunsch bestellte phantastische Meldung war. Typisch ist im 22. Buche der römischen Geschichte der Wunderbericht von Titus Livius, der hier in extenso folgen soll. Es sei bemerkt, daß es das Kriegsjahr vor den mörderischen Schlachten am Trasimenischen See und bei Cannä war, welche die Blüte der Mannschaft vernichteten und Rom dem Untergange nahe brachten.

„In Sizilien hätten die Spieße einiger Soldaten gebrannt, in Sardinien der Stab eines Ritters, den er in der Hand hatte, während er bei den Wachen die Runde machte; auch am Meeresufer hätten viele Flammen geleuchtet, und zwei Schilde hätten Blut geschwitzt; einige Soldaten seien vom Blitz erschlagen worden, und die Sonnenscheibe habe sich anscheinend verkleinert; zu Präneste seien glühende Steine vom Himmel gefallen, zu Arpi seien Reiterschilde am Himmel gesehen worden, und man habe die Sonne mit dem Monde kämpfen sehen; zu Capena seien am Tage zwei Monde aufgegangen, und zu Cäre sei das Wasser mit Blut vermischt geflossen, und die Quelle des Herkules selber sei mit Blutflecken vermischt geflossen, und zu Antium seien den Schnittern blutige Ähren in den Korb gefallen, und zu Falerii habe der Himmel einen großen Spalt bekommen, und in der Öffnung habe ein großes Licht geleuchtet; die Loosstäbe seien von selber dünner geworden, und einer sei herausgefallen mit der Inschrift: ‚Mars schüttelt seine Waffe', und zu derselben Zeit haben das Standbild des Mars auf der Appischen Straße und die Bilder der Wölfe Blut geschwitzt; und zu Capua habe der Himmel ausgesehen, als wenn er brenne und als wenn der Mond im Regen herunterfiele. Daher wurde auch unbedeutenden seltsamen Erscheinungen Glauben beigemessen; bei einigen hatten die Ziegen Wolle bekommen, ein Huhn habe sich in einen Hahn, ein Hahn sich in ein Huhn verwandelt. Der Konsul ließ die Berichterstatter in die Kurie einführen und hielt Umfrage im Senat über die Verehrung der Götter. Es wurde beschlossen, daß diese wunderbaren Erscheinungen teils durch größere Opfertiere, teils durch solche gesühnt werden, die noch durch die Muttermilch genährt wurden, und daß ein dreitägiges Buß- und Betfest bei allen Polstern gehalten werden solle. Im übrigen sollten die Zehnmänner die Bücher einsehen und alles so gehalten werden, wie es nach der Aussage der Lieder den Göttern lieb und angenehm sei. Auf die Erklärung der Zehnmänner wurde beschlossen, daß zuerst dem Jupiter ein goldener Blitz, im Gewicht fünfzig Pfund schwer, solle verehrt, der Juno und Minerva Geschenke von Silber gemacht werden; auch sollten der Königin Juno auf dem Aventinus und der Heilbringenden Juno in Lanuvium größere Opfertiere geschlachtet werden; und die Frauen sollten Geld zusammenlegen, so viel jede beliebe zu steuern, und der Königin Juno auf dem Aventinus ein Geschenk darbringen, und es sollte ein Göttermahl gehalten werden; ja sogar die freigelassenen Frauen sollten ebenfalls nach ihrem Vermögen Geld zusammenlegen, um der Feronie (Göttin der Freigelassenen) ein Geschenk zu machen."

Während nun in diesem längeren Wunderbericht zufälligerweise keine uns besonders interessierenden Mißgeburten vorhanden sind, finden wir solche um so mehr an anderen Stellen. Im 35. Buch K. 21 ist in Arretium ein Knabe mit einer Hand geboren. Im 31. Buch K. 12 werden von mehreren Orten Mißgeburten gemeldet. „Im Sabiner-Lande war ein Kind geboren, ungewiß, ob männlichen oder weiblichen Geschlechts. Ebenso wurde eins von sechzehn Jahren gefunden, ebenfalls von zweifelhaftem Geschlecht. Zu Frosino ein Lamm mit einem Schweinskopf, zu Sinuessa ein Schwein mit einem Menschenkopf, in Lukanien ein Füllen mit fünf Füßen. Alle wurden als gräßliche Mißbildungen und Verirrungen der Natur angesehen. Vor allem waren die Zwitter ein Gegenstand des Abscheus, und es wurde befohlen, sie sogleich ins Meer zu werfen, wie zuletzt unter dem Konsul C. Claudius und M. Livius eine ebenso greuelvolle Geburt ersäuft worden war. Nichtsdestoweniger befahlen sie den Zehnmännern, wegen dieses Monstrums die Bücher aufzuschlagen. Die Zehnmänner verordneten nach den Büchern dieselben gottesdienstlichen Gebräuche, welche zuletzt zufolge dieses Monstrums abgehalten worden waren, außerdem geboten sie ein Lied von dreimal neun Jungfrauen in der Stadt abzusingen und der Juno Geschenke zu bringen." Im 27. Buch K. 37 bedauern wir das Schicksal unglücklicher Zwitter. „Die von religiösen Zweifeln befreiten Geister beunruhigte aufs neue die Meldung, daß zu Frosino ein Kind geboren sei, so groß wie ein vierteljähriges, bei dem es außerdem fraglich war, ob es männlich oder weiblich wäre. Das aber nannten die aus Etrurien herbeigerufenen Opferbeschauer einen ekelhaften und häßlichen Greuel, den man weit vom römischen Gebiet und fern von der Berührung mit dem Lande in die Tiefe des Meeres versenken solle. Sie taten es lebendig in eine Kiste, fuhren weit in die See hinaus und warfen es ins Meer."

Man hat es nun nicht nötig, den ganzen Livius durchzuarbeiten, um die Mißgeburten zu sammeln. Das hat für uns in einer allerdings nicht genau feststellbaren Zeit Julius Obsequens getan. Wir haben bei diesem offenbar der nachklassischen Zeit angehörenden Autor noch den Vorteil, und das ist wohl der Wert auch dieses selbst wiederum nur bruchstückweise erhaltenen Livius-Extrakts, daß er uns auch die Prodigien aus den verlorenen Büchern mitteilt. Den Obsequens wiederum hat ein fleißiger Autor des 16. Jahrhunderts, Konrad Lykosthenes Rubeaquensis, auf gut Deutsch der Kunstprofessor Wolfhardt aus Rufach bei Basel, ergänzt, so daß wir schließlich die Wundererscheinungen von Romulus bis zum Jahre 9 in einem vielfach aufgelegten kleinen Werkchen, welches auch noch im Jahre 1555 ins Französische übersetzt wurde, besitzen. Doch die Gewissenhaftigkeit des Lykosthenes verlangte die Weiterführung seines großen Unternehmens bis auf seine Tage (1557). In einem großen Prachtwerk hat er alle Wunder nicht nur beschrieben, sondern auch abgebildet, und wir werden im folgenden noch vielfach auf die Phantasie dieses Mannes zurückkommen. Unter dem Konsulat des Fabius Verrucosus und des Flaccus wurde wiederum zu Sinuessa ein Kind geboren mit unsicherem Geschlecht. Es regnete Milch, und ferner wurde ein Kind geboren mit einem Elefantenkopf. Die unglücklichen Kriegsereignisse folgten natürlich auf dem Fuße. Das war im Jahre 207 vor Christus. Im Jahre 89 begnügen sich die Naturerscheinungen nicht nur mit der Geburt eines solchen Knaben, sondern während des Anfangs des marsischen Krieges gebar eine Frau namens Alcippe einen richtigen Elefanten und eine gewisse Magd eine Schlange. Im Jahre 191 wurden in Ariminum, einer Stadt in der Nähe des Rubikon, in einem Adelshause zwei Kinder geboren ohne Nase und Augen, in Picene ein Kind ohne Hände und Füße. Es ist interessant, in den verschiedenen Ausgaben die Phantasie der Zeichner zu bewundern. Wir werden später zu unserem Bedauern feststellen müssen, daß die zunächst schematischen Illustrationen von den späteren Autoren immer phantastischer gestaltet werden. Im Jahre 172 wurde in Oxine, das ist Skythien oder die Tatarei, ein Mädchen geboren mit allen Zähnen, wie Obsequens berichtet. Bei der Fülle des Materials nimmt Lykosthenes diese Kleinigkeit erst gar nicht in sein Werk auf, denn er meldet im Jahre 72 ein Kind mit zwei Köpfen und eins, welches nur eine Hand hat. Im Jahre 161, um ähnliche Mißgeburten zu übergehen, wird eine Doppelmißgeburt erwähnt, nachdem vorher schon ein Schwein mit menschlichen Händen und Füßen gemeldet wurde. Es muß betont werden, daß die Meldungen der organischen Mißgeburten kurz und ohne Ausschmückung erfolgen, z. B. „A Miterni puer tribus pedibus una manu natus“ (144 vor Christus). Im Jahre 141 wird in derselben Stadt ein Kind mit drei Füßen geboren. Bei dieser Gelegenheit registrieren wir die auffallende Tatsache, daß manche Städte und Plätze sich geradezu als Lieferanten von Wundergeburten hervortun.

ANTIKE WUNDER UND FABELMENSCHEN.

Dem Neuen, bisher nicht Gesehenen, haftet von selbst das Wunderbare und das Fabelhafte an. „Wer glaubte an Äthiopier, bevor er sie sah, und erregt nicht alles, was zum ersten Male zu unserer Kenntnis kommt, unsere Verwunderung? Wie vieles hält man für unmöglich, bis man es wirklich zu sehen bekommt“ (Plinius, Naturgesch. VII 7). So meint auch Pausanias (XXI, 5), daß der Unglaube seltsamen Naturerscheinungen gegenüber unangebracht sei, denn fremde Länder erzeugen fremde Tiere und Menschen. „So glaube ich an geflügelte Schlangen, obschon ich keine gesehen habe, weil ein Phrygier einen Skorpion nach Ionien brachte, der Flügel hatte wie die Heuschrecken.“ In einer Zeit, in der sich der Gesichtskreis der Menschheit täglich erweiterte, war die Abgrenzung von realer und wunderbarer Erscheinung nicht ganz so einfach. Da die Zweifler oftmals unrecht behielten, stieg die Glaubensseligkeit, namentlich Naturereignissen gegenüber, bald ins Ungemessene. Reisende aus fremden Ländern nutzten diese Gemütsverfassung aus und färbten ihre Berichte. Wie wir heutzutage bei der Lektüre der Alten solche Berichte auf das Maß des Wirklichen zurückführen müssen und Übertreibungen korrigieren, so haben wir anderseits gelegentlich die frohe Genugtuung, früher als Schwindelnachrichten oder bewußte Fälschungen verurteilte Berichte als wahrhaftig anzuerkennen. So ging es ja auch in der deutschen Flugblatt-Presse nach der Entdeckung Amerikas. Durch die neue Welt war eine ähnliche Situation geschaffen wie in der römischen Kaiserzeit. Es ist nun eine kulturhistorisch interessante Erscheinung, daß damals die Nachfrage nach Sensationen in dem Maße stieg, daß die Herausgeber, um den Durst des Publikums zu stillen, gerade die unglaublichsten Nachrichten und Wundermärchen der alten Welt auskramten. Unsere Einblattdrucke werden uns zeigen, daß man mit Vorliebe die Berichte des Plinius ausgrub, sie frisch illustrierte, frisierte und aufputzte und sie so als eben passierte Neuigkeiten in die Welt hinausschickte. Und worüber schon im Altertum die Gebildeten ungläubig gelächelt haben, das nahm das liebe deutsche Publikum, hochgezüchtet und erzogen in stark virulenter Dummgläubigkeit, als bare Münze hin und riß sich um diese Extrablätter. Das 7. Buch des Plinius ist eine Fundgrube allerersten Ranges für phantasiebegabte Sammler von Wundermenschen. Einige Stichproben sollen hier wiedergegeben werden.

Neben den Skythen, welche nach Norden hin wohnen, werden die Arimasper angeführt, welche sich durch ein einziges Auge in der Mitte der Stirn auszeichnen. Sie leben bei den Bergwerken mit den Greifen, einer Art geflügelter Tiere, welche mit wunderbarer Begierde das Gold aus den Gruben fördern, in beständigem Kriege, weil die Tiere das Gold bewachen, die Arimasper aber es rauben wollen. Herodot aber, dem Plinius diese Nachricht entnimmt, sagt im 3. Buche 111, daß die Arimasper einäugige Leute sein sollen; er aber lasse sich nicht bereden, daß Menschen mit einem Auge geboren werden und doch in anderen Dingen mit diesen einerlei Natur hätten.

„Hinter anderen menschenfressenden Skythen in einem großen Tale des Imausgebirges liegt eine Gegend, welche Abarimon heißt, in welcher wilde Menschen wohnen, deren Füße nach hinten gekehrt sind.“ Dann erzählt Plinius weiter, nach einem uns sonst unbekannten Schriftsteller Isogonus von Nicäa, von einem Volksstamme, der grünliche Augäpfel und schon von Kindesbeinen graue Haare habe und bei Nacht besser sehe als bei Tage. Alle diese Eigenschaften treffen bei den Albinos zu. An diesem Beispiel kann man leicht die Entstehung von solchem Fabelwesen studieren. Meist liegt eine einzelne richtige Beobachtung zugrunde, die dann verallgemeinert wird. So hat der einem Schnelläufer Nachsehende den Eindruck, als wenn dessen Fußstellung nach hinten gekehrt wäre. Aus einer Albinofamilie, welche besonders in engen Tälern häufiger vorkommen soll, wird ein ganzer tagblinder Volksstamm gemacht. „Hinter den Nasomanen wohnen, wie Kalliphanes erzählt, die Androgynen, Mannweiber, welche beiderlei Geschlechtes sind und sich wechselweise begatten. Aristoteles fügt noch hinzu, daß ihre rechte Brust männlich, ihre linke weiblich sei.“

Auf diesen Bergen soll es eine Gattung von Menschen geben, welche Hundeköpfe haben, sich in Felle von wilden Tieren kleiden, statt der Sprache ein Gebell hören lassen, mit Klauen versehen sind und von der Jagd und vom Vogelfang leben. Ktesias, dem diese Nachrichten entnommen sind, berichtet an anderer Stelle von Menschen mit zottigen Schwänzen und ein andermal von solchen mit kolossalen Ohren. Auch diese Wunderwesen lassen sich bei kritischer Betrachtung auf eine richtige Form zurückbringen; die nach Tausenden vorkommenden wilden Menschen sind Herden von Pavianen oder noch größeren Menschenaffen gewesen. Die kolossalen Ohren entstanden durch Einlegen von Fremdkörpern in die Ohrlappen, wie dies bei vielen primitiven Volksstämmen (Afrikaner, Inkas) Sitte war.

Die von uns hier herausgenommenen Beispiele erregen unser Interesse, weil in ihnen die Wunderberichte im 15. bis ins 17. Jahrhundert hinein ihre Quellen haben.

Aus allen Provinzen des Reiches brachte man merkwürdige und nie gesehene Werke der Natur und der Kunst nach Rom, um sie schon während der Republik bei Triumphzügen und Spielen öffentlich zu zeigen. Später wurden sie, wie namentlich Plinius und Pausanias berichten, in den Tempeln dauernd aufbewahrt. Wir müssen uns dabei in Erinnerung bringen, daß diese Tempel die heutigen Museen vertraten, und daß die kunstverständigen und schönheitsempfänglichen Städter sich an der Pracht der Skulpturen berauschten, daß aber die zugereisten Bauern in Staunen versetzt wurden durch das Niegesehene, das Wunderbare und Absonderliche. In erster Linie waren es merkwürdige Tiere und seltene Vögel, die das Auge entzückten; Schlangen von fünfzig Ellen Länge, enorme Flußschildkröten, weiße Hirsche, Walfischgerippe und andere tierische und pflanzliche Seltenheiten werden häufiger von den Schriftstellern beschrieben und als ausgestellt erwähnt. Nachdem das Publikum verwöhnt und sein Interesse an diesen natürlichen Wunderwerken der Natur abgestumpft war, ging man zu mehr oder weniger offenbaren Täuschungen über. So stellte Claudius im Jahre 47 nach Christus den Vogel Phönix aus, doch niemand glaubte an seine Echtheit (siehe Plinius, N. h. X.). So ist auch in der klassischen Literatur mehrfach die Rede von Fabelwesen, welche in Rom gezeigt wurden: mit Menschengliedern zusammengewachsene Tierleiber. Unter Claudius wurde auch einmal ein Hippozentaur auf einem Berge in Arabien lebendig gefangen. Er wurde an den Kaiser gesandt, starb aber unterwegs. Man bewahrte ihn in Honig auf und beförderte ihn nach dem kaiserlichen Palast, wo er gezeigt wurde. Phlegon (Mirabilia 63 M. p. 623) sagt, wer es nicht glauben wolle, könne ihn noch da an Ort und Stelle sehen. Plinius erwähnt ihn gleichfalls. So wurde auch ein Satyr an Konstantin geschickt. Von Tritonen und Nereiden wurde nur gerüchtweise berichtet. Plinius IX. 4 aber erzählt ausführlich eine Geschichte, daß man in Olisippo (Lissabon) einen auf einer Muschel blasenden Triton gesehen habe in Gesellschaft einer Nereide. Die untere Hälfte des Leibes war bei ihm mit Schuppen bedeckt. Auch ein Legat in Gallien berichtet nach demselben Autor dem göttlichen Augustus, daß mehrfach tote Nereiden an die Küste geschwemmt würden. Der antike Bædeker Pausanias beschreibt einen Triton, den er in Rom noch persönlich sah, der aber kleiner war als ein anderer in Tanagra. Diesen letzteren Triton habe man, nachdem er die Herden verwüstet habe und die vor den Orgien des Dionys um der Reinigung willen an das Meer gegangenen Frauen vergewaltigt habe, durch an den Strand gestellten Wein trunken gemacht und ihm dann den Kopf abgeschlagen. „Die Tritonen sehen so aus: auf dem Kopf haben sie Haare von der Farbe des Froschkrauts in den Sümpfen und so, daß man ein Haar von dem andern nicht unterscheiden kann. Der übrige Körper starrt von feinen Schuppen wie der Fisch Rhine (eine Haifischart). Unter den Ohren haben sie Kiemen, eine Nase wie ein Mensch, den Mund breiter und die Zähne wie ein wildes Tier. Die Nägel gleichen Muschelschalen. Unter der Brust und dem Bauche ist wie bei den Delphinen statt der Füße ein Schwanz.“ Was im wesentlichen Pausanias gesehen hat, ob es irgend eine Seehundsart war oder eine arglistige Täuschung, darüber hier an dieser Stelle zu streiten, hat gar keinen Zweck. Wir mußten ausführlicher bei diesem Thema verbleiben, weil aus diesen klassischen Wundererzählungen sich das Mittelalter die Kraft sog zu phantastischen Vorstellungen.

Fig. 5. Die hebridischen Gänse.
Holzschnitt aus Münsters Kosmographie.

Eine der hübschesten Vorstellungen ist die versteckte, durch Ravisius Textor ausgegrabene Notiz des Herodot von den selenetidischen Frauen (Mondbewohner), welche gegen die Natur anderer Weiber Eier legen. Die aus den Eiern ausgebrüteten Menschen sind uns zehn Mal fünf Jahre überlegen. Eine andere Notiz, die auch den Lykosthenes zum Verbreiter hat, ist die von den hebridischen Gänsen, die auf den Bäumen wachsen. Die Zeichnung, welche unser Professor gibt und welche auch in der Münsterschen

Kosmographie vorkommt, ist ein Vorbild des Anschauungsunterrichts und erklärt eigentlich alles. In diesem Falle aber glaubt Lykosthenes diesen Vorgang dem Hektor Boethius nicht recht, sondern meint, daß der „Clakivogel" aus altem Holz entstehe und im Meere schwimme. Äneas Silvius läßt diesen Baum in Schottland wachsen. Die von den reifen Früchten, welche auf die Erde fielen, verfaulten, die aber ins Wasser fielen, würden belebt, könnten unter Wasser schwimmen und auch fliegen. Diese Vogelgeschichte geht, soweit ich das feststellen konnte, auf den großen Albert zurück (lib. XIII de animalibus), Konrad von Megenberg nennt den Vogel „Bachad": Bachad wächst am Holz und das Holz hat viele Äste an sich, daraus die Vögel wachsen, also daß ihrer zumal viele an dem Baum hängen. Das Defensorium: inviolatae virginitatis Mariae (ca. 1470) nennt den Baumvogel wieder Carbas und läßt ihn in Yberna vorkommen. Sebastian Münster selbst erzählt in seiner Erdbeschreibung, daß man auch in Schottland diese Bäume fände: derselbe Baum mit den Baumgänsen komme auf der Insel Pomonia vor, nicht fern von Schottland gegen Mittnacht im Meere gelegen. „Es schreiben die alten Cosmographen, als nämlich Saxo Grammaticus auch von diesen Baumgänsen, daß du nicht gedenkest, es sei ein Tandt von den Newen erdichtet."

Eine ständige Figur im antiken Schautheater war der Riese und der Zwerg. Das kann nicht verwundern, da man an den Abnormitäten des Wuchses eine bäurische Freude hatte und für sie hohe Preise bezahlte. Eine Zeitlang war es Sitte, in den römischen vornehmen Häusern Zwerge zu halten, und nicht nur Zwerge, sondern auch Riesen und Riesinnen. Sueton (Aug. 43) berichtet, daß der Kaiser Augustus einen zwei Fuß großen Knaben L. Icius ausstellte, der nur siebzehn Pfund wog und mit einer Stentorstimme begabt war. Ganz kleine Zwerge wurden sogar nach ihrem Tode noch aufbewahrt und gezeigt. Noch mehr Erfolg hatten die Riesen. Der Kaiser Tiberius erhielt von Artabanus unter anderen Geschenken einen sieben Ellen langen Juden mit Namen Eleazar. Unter Kaiser Claudius wurde ein Riese erwähnt, der neundreiviertel Fuß lang war. Ein andermal wird ein Jude erwähnt, der bei einer Pompa circensis gezeigt wurde, der größer gewesen ist als die größten Deutschen. In den sallustischen Gärten waren noch zur Zeit des Plinius die Körper eines Riesen und einer Riesin zu sehen, welche aus des Augustus Zeiten stammen.

Bei dem Interesse der alten Welt an allem körperlich Exzessiven und Absonderlichen mußte auch noch die außergewöhnliche Lebensdauer von Interesse sein. Phlegon aus Tralles, ein Freigelassener des Kaisers Hadrian, der unter anderem uns ein Buch „Peri Thaumasion“ hinterließ, von welchem noch häufiger hier die Rede sein wird, schrieb auch eine Abhandlung über die Langlebigkeit (Peri Makrobion), in welcher er die Leute aufzählt, welche über hundert Jahre alt geworden sind. Auch Plinius berichtet von einem indischen Volksstamm, den Cyrnern, welche über hundertvierzig Jahre alt werden. Dasselbe glaubt Isigonus außer von anderen Volksstämmen auch von den Bewohnern des Berges Athos, weil sie von Vipernfleisch leben und weil sich weder auf ihrem Kopfe noch in ihren Kleidern Ungeziefer aufhalte.

Auch Schwangerschafts- und Geburtsphänomene interessierten. Eine Geburt kann seltsam sein, einmal durch die besondere Art der Umstände, besonders aber durch die Zahl. Nach Plinius ist die Geburt von Drillingen noch eine natürliche Angelegenheit, welche durch das Beispiel der Horatier und Curiatier erwiesen sei. Wenn mehr Kinder auf einmal geboren werden, so rechnet das unter die Wunderzeichen. Dieser Autor erzählt, daß, als Fausta, ein Weib aus dem Volke, in den letzten Regierungsjahren des göttlichen Augustus auf einmal zwei männliche und zwei weibliche Kinder gebar, dies zweifelsohne die Hungersnot bedeutete, welche kurz darauf erfolgte. Plinius führt auch nach Trogus die Nachricht an von einer in Ägypten erfolgten Siebenlingengeburt. Er erwähnt ferner unter den Verzierungen am Schauspielhause das Bildnis der Eutychis. Der große Pompejus hatte hier weltbekannt gewordene Personen durch Künstlerhand im Bilde verewigt. Die Tat der Eutychis bestand darin, daß sie dreißigmal geboren hatte. Phlegon Trallianus erwähnt in seinem Buch Mirabilia (Kap. 28) eine Frau, welche in vier Geburten zwanzig Kinder erzeugt habe, die zum größeren Teil von ihr aufgezogen wurden [1]), sodann eine Frau, die in einem Jahr fünf, im nächsten Jahr drei Kinder zur Welt brachte. Damit nicht genug, behauptet er Kapitel 30 31, daß von einer Frau fünfzig Söhne und fünfzig Töchter geboren seien. Daß bereits sechsjährige Kinder gebären konnten, berichtet er im Kapitel 33. Ein wirklich eigenartiges Weltwunder war das Individuum (Kap. 32), welches im

[1]) Dieselbe Geschichte erzählt wohl nach Aristoteles Antigonos (Antigoni Carystii Histori. Mirabil. Collectanea). Leipzig 1741.

siebenten Lebensjahr gestorben war, nachdem es in diesem kurzen Zeitraum Kind, Jüngling, Mann und Greis gewesen sei, geheiratet und ein Kind erzeugt hatte. Alle diese Rekorde genügten noch nicht der neueren Zeit; wir werden noch hierauf zurückkommen.

Der Charakter solcher Wundererzählungen des Altertums ist stets durchsichtig genug. Natürliche Ereignisse werden aufgebauscht und durch Veränderungen und kleinere Beigaben ausgeschmückt. Solche Aufschneidereien südlicher Völker muß man richtig einschätzen und von der präsentierten Rechnung einige Prozente mehr wie üblich abziehen. Siebenlingengeburten zum Beispiel kommen sicher vor, sie sind wissenschaftlich beschrieben, aber es sind keine sieben lebensfähigen Kinder, sondern Föten. Frühreife Mädchen und Knaben, welche alle charakteristischen Merkmale von Erwachsenen tragen, sind uns bekannt. Die Ausschmückungen machen sie erst zu Wundertieren. So sehen wir, daß immerhin ein naiver und kindlicher Zug in all diesen Wunderberichten liegt und daß die Mitteilungen der Autoren fast stets unter Bezug auf andere Quellen erfolgen. Ganz im Gegensatz hierzu stehen, wie wir später sehen werden, die Wundernachrichten der späteren Zeit.

Griechische Götter und menschliche Mißgeburten.

Was haben diese zwei Begriffe, deren erster durch Körperschöne und vollendete Symbolik uns heutzutage noch zu Anbetern und Dienern olympischer Herrlichkeit macht, miteinander gemeinsam? Ein größerer Widerspruch scheint kaum auffindbar. Der Rostocker Gynäkologe Schatz hat es in einem 1901 im dortigen Dozentenverein gehaltenen Vortrage unternommen, zwischen beiden Begriffen eine Brücke zu schlagen. Allerdings führt, um dies vorweg zu nehmen, diese geistvolle Konstruktion in ziemlich uferloses Gelände. Der Autor hat im Laufe seiner Betrachtungen und Studien eine Summe von zunächst verblüffendem Material zusammengetragen und durch Gegenüberstellung und Abbildungen sich selbst in seine Idee so hineinversetzt, daß er schließlich auch Fernliegendes dem Gedanken untertänig macht; den Mythos zum Beispiel des die Erde tragenden Atlas bringt er letzten Endes mit der Beobachtung der großen Kugelgeschwülste, welche wir als Gehirnbrüche (Encephalocele) kennen, in Zusammenhang.

Wenn uns die kritische Betrachtung des zunächst als originell und original erscheinenden Gedankens auch zu einer Ablehnung geführt hat und wir es durchaus als ein phantastisches Trugbild ansehen, durch diese Auffassung zu einer generellen Lösung für beinahe alle hellenischen Götterhieroglyphen zu kommen, so enthält doch der Gedankengang für unsere Betrachtungen manches Interessante. Wir wollen zunächst Schatz's Auffassung wiedergeben, was uns um so wichtiger erscheint, weil, soweit ich dies in der mir zugänglichen Literatur beobachten konnte, archäologischerseits von dieser Arbeit keine Notiz genommen wurde (siehe Vergleichende Volksmedizin, Hovorka und Kronfeld, Stuttgart 1908, unter Mißgeburt).

Zur Erklärung der griechischen Religionsgeschichte durch naturwissenschaftliche Unterlagen stützt sich Schatz zunächst auf zwei Volksmythen. Sie sollen den unbestrittenen Beweis erbringen, daß die erregbare Phantasie des Volkes aus natürlichen Erscheinungen und Erlebnissen bilderreiche Mythen schuf. Das eine Dokument ist die bekannte Erzählung von den beiden Meerungeheuern Scylla und Charybdis. Die Odyssee beschreibt zwei Klippen mit schroffen Wänden, die bis in die Wolken ragen und mit dichten Nebeln bedeckt sind. Eine dunkle Höhle gegen Norden auf der einen stellt die Wohnung der Scylla dar. Dies ist ein schreckliches Ungeheuer mit greller Stimme, zwölf Vorderbeinen und sechs langen Hälsen, deren jeder ein Haupt trägt mit einem Rachen und dreifachem Gebiß, ihr Leib selbst steckt in der finsteren Höhle. Wehe den Delphinen, den Bewohnern des Meeres, wehe dem Schiffe, das in des Ungeheuers Nähe kommt. Der zweite Fels, ein Pfeilschuß von dem ersteren entfernt, ist niedriger. Auf ihm wächst ein wilder Feigenbaum, unter welchem Charybdis die dunkle Meeresflut dreimal an jedem Tage mit furchtbarem Strudel einschlürft. Schon die Alten haben diese beiden Strudel in die sizilische Meerenge verlegt, obwohl schon damals die Gefahren der Durchfahrt wenig dieser Beschreibung entsprochen hatten. Nach Schatz befinden sich die beiden Meeresstrudel noch heute wie im Altertume an der nördlichen Meerenge von Messina. Bei südlichem Winde und von Süden kommender Flut erzeugt der aus dem engen Kanal plötzlich in das weite tyrrhenische Meer mündende Strom jederseits einen Strudel. Der östliche (Charybdis) ist stärker wie der westliche und schlürft dreimal täglich das Meerwasser in den klaffenden Schlund, um bei entgegengesetztem

Winde wieder dreimal täglich die eingesogenen Massen mit den körperlichen Dingen wieder auszuspeien. Aus den auf diese Weise ausgeworfenen Tintenfischen mit ihren Fangarmen habe die phantasiereiche Übertreibung des Griechenvolkes den Mythos gestaltet.

Das zweite von Schatz angeführte Schulbeispiel dafür, daß die Naturforschung gelegentlich vollkommen dunkle Sagen und religiöse Vorstellungen mit hellem Lichte erleuchte und erkläre, entstammt der alttestamentarischen Zeit. Die feurige Schlange, von welcher im Pentateuch als von einer Plage und Strafe Gottes für die Juden berichtet wird, soll die Filaria medinensis gewesen sein. Diese entsteht nach Leukhart aus einem Krebsschmarotzer, welcher unter anderem auch in den Seen beim Berge Sinai vorkommt. Das Wunder mit den feurigen Schlangen, welche das Volk bissen, daß viele in Israel starben (4. Buch Moses 21), ereignete sich auf dem Wege vom Berge Hor gegen das Schilfmeer. Hierzu möchte ich bemerken, daß schon Thomas Bartholinus die feurigen Schlangen mit der Filaria in Verbindung brachte. Die Filaria selbst war den Alten schon bekannt (Plutarch[1]). Galen faßt die von ihr verursachten Krankheitserscheinungen unter dem Namen Drakontiasis zusammen. Kleine Schlangen brechen nach ihm aus Arm und Bein hervor, ziehen sich aber bei Berührung sofort wieder zurück. Es gehört eine Kunst dazu, sie aus dem Körper herauszudrehen, ohne daß sie abreißen. Schon Ätius lehrt um 540: Reißt der Wurm in der Mitte ab und zieht sich zurück, so gibt es Entzündungen und Eiterungen. Diese Wurmplage, eine Bilharzform, die außerdem auch noch unter dem Namen des Guineawurms bekannt ist, schon im Altertum Drachenplage genannt, konnte wohl im Laufe der Generationen im Munde der Nacherzähler leicht auf feurige Schlangen führen. Das ist kaum phantastische Übertreibung. Hierbei ist zu bemerken, daß man neuerdings ja vielfach bestrebt ist, die ganzen Wunder der Bibel auf eine natürliche Weise zu erklären und zu deuten. Wir sehen, daß diese Bestrebungen, die Glaubhaftigkeit und innere Wahrheit des ehrwürdigen Buches dem modernen Geiste annehmbarer zu machen, auch für Schatz eine geeig-

[1]) Plutarch, Tischreden, 8. Buch: Die Völker am Roten Meer waren, wie Agatharchides erzählt, mit vielen seltsamen und unerhörten Zufällen geplagt; unter andern kamen Würmer wie Schlangen gestaltet an ihnen hervor, welche Arme und Beine zernagten, und wenn man sie berührte, sich wieder zurückzogen, in die Muskeln wickelten und da die unleidlichsten Schmerzen verursachten. Dieses Übel war vorher ganz unbekannt.

nete Plattform bilden, die Mythen der vorhomerischen Zeit naturwissenschaftlich zu erklären.

Wir geben nun zunächst die wichtigsten der Anregungen dieser Art wieder. Schatz behauptet, daß der mythologische Zyklope — die Geschichte des von Odysseus geblendeten Polyphem ist ja bekannt genug — seine Entstehung der Betrachtung menschlicher Zyklopie verdankt.

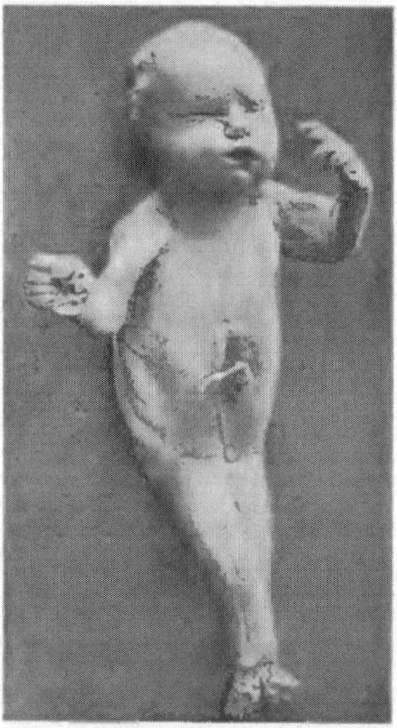

Fig. 6. Menschliche Sirene nach Schatz.

Die Sirenen- oder Najadenbildung spielt bekanntlich in der griechischen Sagenbildung eine große Rolle. Auch die menschliche Lehre von den Mißgeburten kennt eine Sirenenbildung, die in einer innigen Vereinigung der unteren Extremitäten besteht. Wir bringen an dieser Stelle das typische Beispiel aus der Schatzschen Monographie. Schatz behauptet nun, daß die mythologische Vorstellung ihre Entstehung der Betrachtung solcher menschlicher Mißgeburt verdankt, und glaubt, daß die Griechen eine solche Mißgeburt als das Liebesprodukt, eines See- oder Flußgottes mit einem menschlichen Weibe ansahen. Der Januskopf — zwar eine römische Götterform — sei auch der menschlichen Mißbildung entnommen. Die Harpyien, Wesen mit Menschenleib und Vogelextremitäten, entsprächen den menschlichen Phokomelen, das heißt Mißgeburten mit rudimentären Extremitäten. Die Diana von Ephesus mit ihren unzähligen Brüsten habe ihre Analogie in der menschlichen Polymastie. Die überzähligen Extremitäten haben zu der Vorstellung der Zentauren geführt, die überzähligen Arme zu der Flügelbildung. Die Vielköpfigkeit mehrerer griechischer Halbgötter, der Hydra, des Kerberos, also Wesen mit zwei oder mehreren Köpfen, entstamme zwanglos der gleichen Beobachtung in der Tierwelt (siehe Abbildung bei Schatz, zweiköpfige Schlangen): also mit anderen Worten frühzeitige Beobachtung von Tieren mit Doppelköpfen, wie solche ja jederzeit zur Beobachtung kommen, habe Veranlassung gegeben, aus ihnen typische, religiöse und legendäre Vorstellungen zu bilden. Gerade dieser zunächst so einfache und bestechende Gedanke läßt sich aber unschwer, wie wir später sehen werden, als eine vollkommene Unmöglichkeit ablehnen. Nun kommt Schatz in der weiteren Verfolgung seiner Hypothese zu einem interessanten Kapitel. Er weist auf die Epignathen hin, das heißt solche ausnahmslos nicht lebensfähige Mißgeburten, denen ein zweiter menschlicher Körper aus dem Munde herauswächst. Dem naiven Betrachter muß nun beim Anblick solcher Mißgeburt die Vorstellung sich aufgedrängt haben, daß entweder ein Körper den anderen verschlingt oder ihn wieder von sich gibt. Aus solcher Betrachtung sei die sonst so außer aller Denknähe liegende Vorstellung geboren, daß Kronos und Zeus die eigenen Kinder verschluckt haben. Das Verschlucken und das Wiederausspeien der eigenen Kinder sei auf die Weise in die Göttergeschichte gekommen. Die Geburt der Athene aus dem Kopfe des Zeus entstamme demselben Vorstellungskreise. Auch diese Geschichte habe die Natur ihm vorgemacht in der Form der menschlichen Syncephalen. Die einmal mythologisch gewonnene Vorstellung sei dann durch erneute gleiche Beobachtungen befestigt worden. Die Entmannungen des Uranus und des Kronos durch ihre Nachfolger habe ihre Anregung gefunden bei der Betrachtung der Fälle mit Harnblasenektopie, welche ja in Wirklichkeit so aussehen, als wenn man das ganze Genitale abgeschnitten habe.

Eine hemmungslose Verfolgung des einmal gefaßten Gedankens finde ich neben der bereits erwähnten Parallele Atlas-Gehirnbruch in der Behauptung von Schatz, daß die Entstehung des Mythos von dem die Leber des Prometheus fressenden Adler in den (bei Nabelschnurbrüchen vorkommenden) Fällen von Ektopie der Leber zu suchen sei. Die Verwandlung der lykischen Bauern, welche der Latona nicht das Trinkwasser gönnten, in Frösche, findet er wieder in den häufigen Mißbildungen der Spina bifida mit Hemicephalie, welche wie Frösche aussehen und auch volkstümlich Froschköpfe genannt werden. Weder die ganze noch die halbe Verdoppelung der menschlichen Körper, welche relativ häufig vorkommt und auch lebensfähig ist, ist aber von den Griechen mythologisch verwandt worden. Nur das Zwillingspaar der

Melioniden, von den Hüften abwärts ein einziger wohlgewachsener Mensch, kämpfte mit Erfolg selbst gegen Herakles. Auch die Verdoppelung der Extremitäten reflektiert sich nicht in die griechische Göttermorphologie (wohl aber in die indische). Auch in der germanischen Götterlehre hatte Odins Wunderpferd Sleipner acht gewöhnliche Füße.

Diesen Schatzschen Ideen gegenüber muß folgendes kritisch gesagt sein:

Zunächst hat die archäologische Wissenschaft für die Entstehung der griechischen Mythologie sichere Anhaltspunkte geschaffen. Zum Teil decken sich die Anfänge jedes Götterkultes mit diesen. Der Fetischismus, das heißt die Verehrung der bei den meisten primitiven Völkern zunächst bestehenden rohesten Form irgendwelcher unscheinbarer Gegenstände, in die die göttliche Kraft eingedrungen ist, dauerte nur kurze Zeit, um bald wohl unter dem Eindruck orientalischer Kulte die Tierform anzunehmen. Aber auch von dieser relativ niederen Gottesverehrung machten sich die Griechen frei und schufen für die drei großen Einheiten der Natur Himmel, Wasser und Erde brüderliche Gottheiten, denen sie Menschengestalt gaben. Es ist hier nicht die Stelle, auf diese göttliche Personifizierung der Naturpoesie einzugehen; es bedarf ja nur des Hinweises, daß wir aus diesen bildlichen Hieroglyphen elementarer Naturvorgänge bis in unsere Tage hinein noch den Stoff hernehmen zur Drapierung unserer übersinnlichen Vorstellungen. Noch heute sind wir, wenn auch in übertragener Bedeutung, begeisterte Verehrer und Diener jener olympischen Schönheit. Die Übergänge vom Tierkultus zum Menschheitsideal finden wir noch in der frühesten griechischen, d. h. der mykenischen Kunst. In Phigalia zum Beispiel grub man noch eine Demeter mit Pferdekopf aus. Das berühmte, dem jugendlichen Homerübersetzer so komisch und unverständlich erscheinende charakteristische Attribut der göttlichen Athene „Glaukopis" heißt eigentlich die „Göttin mit dem Eulengesicht", wie auch die Hera bezeichnet wird als „Boopis", die mit dem Kuhgesicht. Aus solcher geschichtlicher Anamnese lösen sich Vorstellungen der Mischformen von Mensch und Tier respektive Gott, Mensch und Tier. Es darf dabei als wichtig nicht außer acht gelassen werden, daß die späteren Nacherzähler die wirkliche Entstehung solch mythologischer Metamorphosen natürlich nicht mehr kannten und sich demgemäß bei der Betrachtung eines alten vorgefundenen Götterbildes eine neue Sage dazu dichteten. Das wird zum

Beispiel besonders klar zum Ausdruck kommen bei den Erklärungsversuchen des Hermaphroditos noch aus klassischer Zeit.

Nachdem nun die großen Götterführer, die Kronidenbrüder Zeus, Poseidon und Pluton, Gestalt und Persönlichkeit angenommen hatten, entwickelte sich erst allmählich die Götter- und Heroensage, bei welcher wohl außerordentliche Naturrevolutionen Pate gestanden haben. In der eigentlichen Heldensage tritt schon die früheste griechische Geschichte am unmittelbarsten an den Tag.

In der Hesiodschen Theogonie lernen wir die Entstehung der schrecklichen Wunderwesen aus der Vereinigung von Göttern und Halbgöttern mit Menschen kennen.

„Aber Chrysaor erzeugte Geryones dreifachen Hauptes,
Als er Kallirrhoe liebte, des edlen Okeanos Tochter, (287)
Und sie gebar noch ein anderes Wunder, schrecklich, in nichts gleich
Sterblichen Menschen sowohl als auch unsterblichen Göttern,
In der geräumigen Höhle die göttliche wilde Echidna.
Halb ein Mädchen mit rollendem Aug' und rosiger Wange,
Halb auch eine gewaltige Schlange entsetzlicher Größe . . .
Unter dem Boden in Arima lag die betrübte Echidna,
Jungfrau, frei vom Tod und Alter in ewige Zeiten.
Dort, heißt's, habe sich ihr Typhanon in Liebe gesellet,
Schrecklich ein trotziger Frevler, der munter blickenden Dirne.
Und da empfing sie von ihm und gebar starrsinnige Kinder.
Orthos erzeugte, den Hund, sie zuerst dem Geryones. Alsdann
Wieder zum zweiten gebar sie den unaussprechlichen furchtbaren
Kerberos, grausam des Aides Hund mit der ehernen Stimme.
Fünfzig Köpfe besitzt er und ist schamlos und gewaltig.
Wieder zum dritten gebar sie die unheilsinnende Hyder
Lernas, welche ernährt die lilienarmige Göttin
Hera, dieweil sie so arg stets zürnte der Kraft des Herakles . . .
Auch die Chimäre gebar sie, die flammende Gluten hinausblies
Schrecklich und groß und an den Füßen behend und von mächtiger Stärke.
Diese besaß drei Köpfe, der eine vom blitzenden Löwen,
Dann von der Ziege, zuletzt von der Schlange, dem mächtigen Drachen
(vorn ein Löwe und mitten die Schlang' und hinten die Ziege)."

Betrachtet man zu dieser grandiosen Schilderung die Abbildungen von Schatz, das Vasenbild mit Herakles und Kerberos und die zweiköpfige Schlange, so paßt beides schon im Format nicht zueinander. Aus der Betrachtung einer armseligen toten Mißgeburt läßt sich ein solch leidenschaftlicher Mythos nicht ableiten. Wenn auch Ärztepriester vielleicht Vorkommnisse solcher Art vergrößerten, aufbauschten und mit kultischem Spektakel in Szene setzten, zu solch grandioser Personifizierung der Naturgewalt im hellenischen Geiste gehörte wieder ein großer dichterischer Geist. Die Schilderung Hesiods weist vielmehr mit unverkennbarer Deutlichkeit auf die in tiefer Schlucht in den Tiefen der göttlichen Erde wohnenden Gewalten hin. Das Brüllen des Hadeshundes ist das unterirdische vulkanische Beben. Legt man das Ohr an die Erde, so hört man es wie aus vielen Mäulern bellen und tönen, und der Odem dieser wütenden und feuerspeienden Ungeheuer zischt als giftiges brodelndes Gas aus der Erde. Überall dort, wo unterirdische heiße Quellen an die Oberwelt gelangen, hausen diese unterirdischen olympischen, vielköpfigen Hunde. Und nicht umsonst bis in unsere Tage hinein tragen solche alte Kultstätten, die vielfach gleichzeitig auch alte Heilstellen waren, Namen, welche Beziehungen zum Hunde haben. Wer einmal selbst solche Gegenden besucht (zum Beispiel in der Nähe von Neapel die Solfatara), wird sich leicht in den Bann solcher Vorstellungen einfangen lassen. Ein jämmerliches Kalb mit zwei Köpfen ist ein famoses Anziehungsobjekt für eine Schaubude, aber kein geeignetes Sprungbrett für eine gigantische Phantasie.

Fig. 7. Schlange mit zwei Köpfen nach Schatz.

Eine Betrachtung der angeborenen Einäugigkeit läßt vielleicht am ehesten das erkennen, was aus der Schatzschen Hypothese unseres Erachtens nach herauszuholen ist. Nicht nur in der Erzählung der Blendung des Zyklopen

Polyphem durch Odysseus, lebt die Erinnerung an diese Fabelwesen, sondern auch in der griechischen Völkerkunde spielen die Zyklopen eine größere Rolle. Man glaubte, daß ganze Völkerstämme einäugig seien. Plinius beschreibt in seinem 7. Buch die Arimasper, die sich durch ein einziges Auge in der Mitte der Stirn auszeichneten. An anderer Stelle zitiert er Isigonus, der behauptet, daß es bei den afrikanischen Triballern und Illyriern Leute gäbe, welche durch den bloßen Anblick behexen, ja durch längeren zornigen Anblick töten könnten. Das Merkwürdigste aber an ihnen sei, daß sie in jedem Auge zwei Augäpfel hätten. Um das letzte Phänomen vorweg zu erklären, so erinnere ich an die sogenannte Dikorie, das heißt die auch bildlich und plastisch dargestellte Doppelpupille (siehe Giuseppe Albertotti, La Dicoria e la Espressione, Modena 1901 und Plutarch, Über das Beschreien). Schatz behauptet nun, daß die menschliche angeborene Zyklopie die Anregung zu der mythologischen Vorstellung gegeben habe. Es erscheint mir zwingend, daß dieser Gedanke in zwei gänzlich verschiedene Teile zerlegt werden muß und Dinge, die von Schatz und anderen durcheinander geworfen werden, einer Trennung bedürfen. Es ist immerhin möglich, vielleicht sogar wahrscheinlich, daß der Anblick einer einäugigen Mißgeburt Veranlassung zu einer ersten Vorstellung, zu einer späteren, dann sensationell ausgebauten Erzählung, Legende und zum Mythos gegeben hat. Es ist aber von der Hand zu weisen, daß die Betrachtung einer solchen Mißgeburt einen vorbildlichen Anteil hatte an deren plastischer bildlicher Gestaltung. Der Beweis hierfür ist erbringbar, während dies für die erste Behauptung auch im ablehnenden Sinne nicht der Fall ist. Wir besitzen aus der Antike nur wenig Darstellungen von Zyklopen. Aber die Darstellung entspricht immer der Schilderung des Plinius: ein Auge in der Mitte der Stirn, jedenfalls oberhalb der Nase (siehe Figur 8). In Wirklichkeit aber sind

Fig. 8. Zyklop. Antiker Marmorkopf.

die menschlichen Zyklopen ausnahmslos so gestaltet, daß das Auge sich in der Mitte des Gesichtes und unterhalb der Nase befindet. Der Unterschied ist ein solch krasser, daß man hier umgekehrt einen Schluß ziehen könnte, der die Schatzsche Theorie über den Haufen stößt; der Anblick des menschlichen Zyklopen ist ein so charakteristischer, daß aus der Tatsache, daß seine charakteristischen Merkmale auf die bildliche Gestaltung der Alten ohne Einfluß blieben, der Schluß berechtigt erscheint, daß beide nichts miteinander gemein haben.

Die Sirenen und Najaden sowohl wie die Harpyien, die ersteren mit Fischschwänzen, die zweiten mit Vogelleib und Füßen, bringt der Autor zusammen mit der sogenannten menschlichen Mißbildung, der Sirenenbildung, das heißt einer Vereinigung der unteren Extremitäten. Die Betrachtung einer solchen (wir bringen das charakteristische Beispiel aus der Arbeit von Schatz, siehe Figur 6) hat zunächst etwas Bestechendes an sich, und es ist ohne weiteres auch für den Einzelfall vielleicht denkbar und möglich, daß in der vorhomerischen Zeit die Geburt eines solchen Fremdlings sofort in der Umgebung den Verdacht aufsteigen ließ, daß das betreffende Weib sich mit einem Meergotte oder ähnlichem eingelassen habe. Wir möchten aber meinen, daß aus einem solchen Geschehnis dem naiven Volke wohl der Beweis für eine tatsächliche Existenz von Meer- und Halbgöttern erbracht schien, daß aber aus ihm auf keinen Fall auf die Geburt dieser Vorstellung geschlossen werden kann. Die Vorstellung selbst ergab sich ganz von selbst aus der in ihrer Religionsgeschichte begründeten Götterlehre. Die Götter, das heißt personifizierte Idealmenschen, mit lebendigem Interesse für die Menschen, näherten sich ihren Schutzbefohlenen in allen möglichen Gestalten. Entsprechend dem ausgesprochen erotischen Unterton der ganzen griechischen Mythologie verführten die Götter die schönen Menschenkinder, und die Ergebnisse solcher Vermischung brachten dann Wesen hervor, die charakteristische körperliche und geistige Ähnlichkeit mit ihrem göttlichen Vater hatten, Meergötter also Kinder mit fischschwanzähnlichen Extremitäten; Ideenkombinationen aller Art wirkten selbstverständlich mit. Die einäugigen Zyklopen zum Beispiel galten als Schmiedegesellen des Hephästos. Tatsächlich neigen nun durch ihr Handwerk die Schmiede zu Einbuße ihrer Sehkraft und zum Verlust von Augen. Solche also nicht durch Geburt, sondern durch ihr Handwerk Einäugige wurden in der Legende wiederum zu Zyklopen und gleichzeitig zu Schmiedegesellen des Hephästos.

Die Mehrzahl der hier in Betracht kommenden Mißgeburten und Mißgeburtsformen sind solche, welche entweder tot auf die Welt kommen, oder nur wenige Tage lebensfähig sind. Es ist nun eine besonders auffallende und die Schatzsche Hypothese mißkreditierende Tatsache, daß die relativ nicht so seltenen Mißgeburtsformen mit Lebensfähigkeit nicht in der Mythologie ihre Vertretung fanden. Wir denken dabei in erster Linie an die Lebewesen mit überzähligen ganzen Extremitäten und an die Doppelwesen, welche nur durch Stränge oder Fleischbrücken miteinander verbunden sind. Solch ein in der Vorzeit nach Bericht soundsovieler Zeugen gesehener Doppelmensch hätte eine legendäre und sagenumflossene Gestalt annehmen können. Aber außer der Mitteilung aus der frühesten Zeit von den Hunderthändern finden wir kaum irgend etwas, was einer mythologischen Verwertung solcher Doppelwesen entspräche. Der Januskopf gehört mit Sicherheit nicht hierher; er ist eine spätrömische Erfindung und entspricht auch in keiner Weise dem natürlichen Janiceps, wobei noch bemerkt werden muß, daß die Römer ausschließlich die Verdoppelung des Kopfes und nie des Körpers bildeten. Das einzige mythologische Beispiel für menschliche Doppelmißbildung ist das schon erwähnte ziemlich unbekannte Zwillingspaar der Melioniden. Von der Hüfte waren sie ein einziger wohlgewachsener Mensch und kämpften selbst gegen Herakles mit Erfolg. Die häufigeren Mißgeburten, welche eine längere Lebensfähigkeit vielfach gezeigt haben, bei welchen ein Körper aus einem anderen herauswächst, sind in keiner Weise für griechische Phantasie verwertet worden. Dagegen behauptet Schatz, daß die Epignathie, eine Mißbildungsform, bei welcher ein naiver Mensch die Auffassung haben kann, daß ein menschliches Wesen ein anderes entweder zur Hälfte eben verschlungen hat oder wieder ausbricht, die Griechen auf die sonderbare und abseits des gewöhnlichen Denkens liegende Idee gebracht habe, daß Kronos und Zeus ihre eigenen Kinder verschluckt haben. Die Epignathenform ist so selten, daß die wenigsten Ärzte heutzutage selbst in anatomischen Museen einmal solche seltsame Bildung betrachtet haben. Aber beinahe jedes Kind hat schon davon gehört, daß irgend ein Tier, Schwein oder Hund, seine eigenen Jungen aufgefressen hat.

Schon vor Schatz hat übrigens die ägyptisch-griechische Götterwelt herhalten müssen zu gynäkologisch-teratologischen Studien, allerdings in humoristisch-satirischer Weise; im Jubiläums-Supplementsheft des Archiv für Gynäkologie, Leipzig 1879, einer amüsanten akademischen Bierzeitung, bildet ein Pseudonymiker „Wühlhuber“ eine Reihe griechischer Götter ab, die er mit den entsprechenden Bezeichnungen aus der Teratologie belegt (zum Beispiel Tetracephalus, Tetrabrachius, Sympodie, Polymastie, Diprosopus und so weiter).

Es würde eine Stütze der immerhin doch recht interessanten Hypothese sein, wenn wir nun erfahren würden, daß man tatsächlich in der Antike in den gelegentlich geborenen Mißgeburten irgend etwas besonders Göttliches gesehen hätte. Schatz behauptet, daß die überzähligen Extremitäten die Unterlage für die Zentaurenform abgegeben hätten. Die griechische Phantasie hätte aus dem einen Paar überzähliger Beine Pferdefüße gemacht. Aus Pausanias und selbst des Römers Plinius Schriften ersehen wir, daß in jener Zeit man noch an Tritonen, Najaden und auch wohl Zentauren glaubte, aber nirgends lesen wir bei den erdbeschreibenden antiken Schriftstellern, daß solche Mißgeburten nun wirklich als direkter Einfluß der betreffenden Halbgötter auf Menschenweiber beehrt oder geschätzt wurden. Das Gegenteil ist der Fall. Bei der vorhandenen Starkgläubigkeit namentlich in früherer Zeit hätte man solchen Liebesprodukten doch göttlichen Nimbus zuerkennen müssen. Was aber tat man? Man sah in den Mißgeburten aller Art nicht die zu verehrenden Kinder des Poseidon oder Zentaurenprodukte oder irgendwelche göttliche und deshalb verzeihliche Geschlechtsirrtümer, sondern scheußliche und ekelerregende menschliche Produkte; allerdings sprach man ihnen eine überirdische Bedeutung zu. Aber nicht in der Weise, daß die Mißgeburten durch göttliche Vermischung entstanden waren, sondern als rein menschlicher Mißwuchs als Strafe für göttliche Nichtachtung. Wäre auch nur im Unterbewußtsein des griechischen Gemütes noch ein Funke solch hypothetischer Herkunft zurückgeblieben, so hätte er bei der in Erscheinung getretenen Form zur Explosion kommen müssen. Dies Versagen tritt am deutlichsten zutage bei einer Mißbildung, welche gewissermaßen nur eine fleischgewordene Übersetzung der göttlichen Idee war und mit einer überraschenden Häufigkeit immer wieder von neuem zur Beobachtung kam, dem menschlichen Hermaphroditismus.

Die Hermaphroditen.

In dem Hermaphroditen erkennen wir losgelöst von allem Beiwerk das, was mythologischerseits Gottesverehrung hätte in Anspruch nehmen können. Die Griechen aber und auch die Römer warfen, sowie eine solche androgyne Körperlichkeit erkannt war, dieselbe wenigstens in früherer Zeit ins Meer. Marmorstatuen, zum Teil von vollendeter Schöne, feierten den göttlichen Hermaphroditos; den menschlichen fand man so ekelhaft, daß man ihm selbst das verkrüppelte Leben nicht gönnte. Diese Mißbildung und ihre Geschichte wollen wir aus kulturellem Interesse besonders betrachten; zunächst bedarf es an dieser Stelle wenigstens des Hinweises auf die Entstehung des göttlichen Begriffes. Dieser führt zur Ablehnung der Schatzschen Theorie. Denn die Idee des göttlichen Hermaphroditos ist keine olympische Projektion einer menschlichen Beobachtung.

Die spätere Kunst und Dichtung des hellenistischen Zeitalters kannte einen Gott Hermaphroditos, den Sohn des Hermes und der Aphrodite; er wurde von Najaden in der Grotte des Berges Ida erzogen. Wie dieser schöne Hirtenknabe nun aber zu seinen charakteristischen Merkmalen gekommen ist, das erzählt Ovid im 4. Buche seiner Metamorphosen. Auf Wanderungen durch lykisches und karisches Land kam er zu dem spiegelklaren Weiher der Najade Salmacis. Das Liebeswerben dieser weist der unschuldige Knabe zurück, begeht aber den Leichtsinn, in dem weichen Quell zu baden.

„Jener beklatscht sich den Leib mit offenen Händen und springet
Rasch in die Wellen hinein."

Die Najade aber reißt sich alle Hüllen ab und stürzt sich auf den Knaben. Und wie sehr sich auch der Jüngling sträubt und zu entkommen sucht, wie Efeu rankt sie sich an ihn, und in dichtester Umarmung bittet sie die Götter, daß kein Tag beide trennen möge.

Götter alsbald willfahren dem Wunsch. Die Körper der beiden
Werden vermengt und zu einer Gestalt miteinander verbunden . . .
Also, wie sich verschränkt der Glieder enge Verschlingung,
Sind's nicht zwei und doch ein Doppelgeschöpf, das zu heißen
Knabe so wenig wie Weib; sie scheinen so keines von beiden.

Hermaphroditos zum Halbmann gemacht mit schlaffen Gliedern und bereits unmännlicher Stimme erfleht von seinen Eltern, ihm die Gunst zu erweisen, wer je in diesen Born komme als Mann, der entsteige ihm als Zwitter. Und gütig erfüllen die Eltern durch Verleihung dieses Zaubers den seltsamen Wunsch des doppelgestaltigen Sohnes.

Wir erkennen in diesem Mythos die späte Verquickung zweier Begriffe; wir vermuten mit Recht eine offensichtliche neuere Worterklärung für alte religiöse Vorstellungen, welche aber in Vergessenheit geraten sind. Die begehrliche Sinnenlust jener quellbewohnenden (Salz-) Nymphe steht in offenbarem Widerspruch zu dem diesem Heilwasser angedichteten stark kalmierenden und verweichlichenden Einfluß. Man mußte für die androgyne Beschaffenheit des Hermaphroditos eine poetische Erklärung finden und fand sie in der fabelhaften Verschlingung des Jünglings mit der Nymphe. Vitruvius unterlegt dieser späten Legende wiederum eine gesuchte Erklärung. Die Barbarenvölker der Umgebung von Halikarnaß, verjagt, kehrten immer wieder an die Quelle der Salmacis zurück, um des Heilwassers zu genießen. Dort trafen sie auf die Griechenvölker, und im Verkehr mit diesen verfeinerten und verweichlichten sich ihre Sitten. Der römische Geograph Strabo erwähnt als Sehenswürdigkeiten von Halikarnaß das Mausoleum, eines der sieben Weltwunder, und die Quelle Salmacis, „welche, ich weiß nicht warum, verschrieen ist, die aus ihr Trinkenden zu verweichlichen".

In Wirklichkeit scheint vom archäologischen Standpunkt aus jedoch die Herkunft des Begriffes und des Wortes Hermaphroditos eine ganz andere zu sein. Schon die Urbewohner Griechenlands, die Pelasger, pflegten an den Grenzen ihrer Ländereien, wohl auch an Wasserquellen Grenzsteine aufzustellen, welche man als Erma oder auch Eryma bezeichnete und die man später als dem Wegegott Hermes heilig wähnte. In der ersten Zeit hatte man solche Steine an ihrer Spitze roh behauen, so daß sie einfach als männliche Genitale erschienen. Später schmückte man sie an der Spitze mit dem Bildnis des Wegegottes, brachte aber aus allgemeiner apotropher Anschauung heraus das Membrum am Schaft der Säule an. Allmählich ging man dazu über, solche Hermen statt mit dem Kopf des Wegegottes auch mit den Köpfen anderer Götter zu schmücken. So gab es Hermeroten, Hermathene, Hermherakles und auch vielfach Hermopane. Trug nun die Herme das

Bildnis einer Göttin, zum Beispiel der Aphrodite, so hatte man die Doppelbildung eines Frauenkopfes und an der Säule das Membrum. Der Begriff des Hermaphroditen gebar sich so von selbst.

Die antiken Plastiker geben auch nicht den geringsten Anhalt, daß sie die Zwittergenitalien als Vorbild ihrer plastischen Leistung abformten; im Gegenteil bilden sie den Androgynen meist mit recht entwickeltem Membrum und gleichzeitig weiblichem Körper.

Fig. 9. Aphrodite auf einer Herme.

Doch auch diese so einleuchtende und deshalb übrigens auch unwahrscheinliche Worterklärung scheint nur eine begrenzte lokale Bedeutung zu haben. Denn die Schöpfungsgeschichte zeigt, daß bei vielen primitiven Völkern, vorzüglich aber den orientalischen, im Urbeginn bisexuelle Gottheiten bestanden; das männliche und weibliche Prinzip bei den Ägyptern, zum Beispiel Isis, Osiris, vereinigte sich dann zu einem gemeinschaftlichen Horus. Auch nach brahmanischer Vorstellung existierte zunächst ein hermaphroditisches Urei, und Hesiod läßt aus dem Chaos erst als männliches und weibliches Prinzip Tag und Nacht entstehen. Und wie die ersten Götter und Urkräfte der Erde bisexuell waren, so waren es auch die ersten Menschen. Auch unsere mosaische Schöpfungsgeschichte zeigt Spuren und Reste von solcher Auffassung. Denn in Kap. 1, Vers 27 des 1. Buches Moses steht, daß Gott den Menschen schuf männlich und weiblich, und Gott sagte zu ihnen Vers 28: Seid fruchtbar und mehret euch und füllet die Erde und macht sie euch untertan. Es ist also völlig unverständlich, daß im 2. Kapitel Vers 21 Gott den Menschen in Schlaf fallen ließ und ihm aus seinem eigenen Fleisch und Bein eine Männin erschuf. Im Kapitel 6 Vers 2 ist nun plötzlich wieder von den Kindern Gottes die Rede, die nach den Töchtern der Menschen, da sie schön waren, sahen. Und in Vers 4 ist von Gewaltigen (Titanen) die Rede, welche aus der Vereinigung der Kinder Gottes mit den Töchtern der Menschen hervorgingen. Wir sehen, hier sind offenbar zwei Überlieferungen zusammengeworfen oder vielmehr eine bestehende und übernommene Schöpfergeschichte von Moses umgewandelt, vielleicht um die untergeordnete Rolle der Frau im orientalischen Sinne zu begründen und zu erklären. Nach talmudischer Erklärung war Adam androgyn (Midrasch Rabba). Es sprach Rabbi Jirmeja ben Elieser: In der Stunde, da Gott den ersten Menschen schuf, schuf er ihn androgyn, denn es heißt, männlich und weiblich schuf er ihn. Rabbi Samuel ben Nachman sprach: Mit zwei Gesichtern schuf er ihn, dann spaltete er ihn und machte ihn zu zwei Rücken. Ein Rücken von hier und ein Rücken von dort. Denn es heißt (Psalm 139): Von hinten und von vorne hast du mich geformt. Und der große Gelehrte Maimonides (Moses ben Maimon) schreibt: So ist es, daß man sagt: Adam und Eva sind zusammen geschaffen, vereinigt mit ihrem Rücken; diesen (doppelten) Menschen teilte Gotte . . . beide zusammen wurden mit einem Namen genannt: (Eva) wird Ischa genannt, da sie vom Isch (Mann) genommen ist.

Eine ganz interessante Kritik der Schöpfungsgeschichte gibt uns Rabbi Manasseh ben Israel, der wir folgendes entnehmen: Die Auffassung der Rabbinen über die Schaffung Evas sei verschieden. Die einen meinen, Adam sei mit einer Rippe mehr behaftet gewesen, aus welcher dann das Weib geschaffen sei, andere aber kommentieren, daß die Gestalt Adams doppelt war, die vordere männlich, die hintere weiblich. Diesen Gesamtkörper nannte Er Adam. Es soll also nicht übersetzt werden, Gott nahm eine seiner Rippen, sondern eine seiner Seiten, und dann teilte er diese beiden Körper voneinander. Er schloß dann das geöffnete Fleisch, und da es keine Neuschöpfung war, so wird auch weder das Wort er schuf noch er bildete gebraucht. „Mein armes Urteil nimmt diese letzte Auffassung als wahrscheinlich an, denn der königliche Psalmist singt von der Schöpfung des Menschen und sagt in Beziehung auf diese doppelte Figur: Du hast mich von hinten und von vorn umschlungen. Auch die Vernunft scheint dasselbe zu fordern. Denn entweder war Adam mit einer überflüssigen Rippe, woraus dann Eva gemacht war, oder mit einer erforderlichen Anzahl von Rippen geschaffen.

Wenn dieselbe überflüssig war, so wurde Adam unvollkommen erschaffen, was der Lehre unserer Weisen widerspricht. Denn alle Werke waren im Beginn vollkommen. Wurde er aber nur mit der erforderlichen Anzahl erschaffen, dann würde er, als ihm eine Rippe fortgenommen wurde, unvollständig geworden sein, da er sich natürlich nach der defekten Seite verbogen haben würde. Eine weitere Folge wäre, daß auch die Nachkommen dem Vater ähnlich ohne diese Rippe geboren wären. Die Erfahrung beweist das Gegenteil. Ferner: die Schrift sagt nichts darüber, daß nun der Eva von Gott die Seele eingeblasen wurde. Dieses alles drängt zu dem Schlusse, daß Eva mit Adam verbunden erschaffen war." Ein Teil der Ausgabe der „Über die androgynische Idee des Lebens" Septuaginta übersetzt auch: Männlich und weiblich schuf er ihn. Von Römer (Arzt in Amsterdam), welcher in geistvoller Weise diesen Fragen nachgegangen ist, bildet zwei phönizische Münzen aus Judea-Gaza, welche den doppelköpfigen androgynischen Adam darstellen sollen, ab.

Wir sind mit Absicht diesem Exkurs talmudischer Grübeleien etwas ausführlicher gefolgt, weil auf Grund des vorliegenden Materials die Vorstellung der androgynen Schöpfung somit der Menschheitsbegriff „Adam" als Diskutierobjekt der Rabbiner erscheint. Da nun der Mensch nach göttlichem Vorbild erschaffen, so ist es auch klar, daß nach alttestamentarischer Vorstellung Jahve ebenfalls mannweiblich gedacht wurde. Es wäre ja auch eine ganz einseitige und unmotivierte Vorstellung, daß das schaffende göttliche Prinzip nur die Hälfte der Schöpfungspotenz in sich trüge. Der Vollständigkeit halber erwähnen wir noch, daß den frühen christlichen Sekten in den ersten Jahrhunderten des Christentums auch Jesus mystisch als Mannweib galt. So berichtet Origenes, daß die Naassenier unter allen Gnostikern den Menschen und den Sohn des Menschen am meisten verehrten. Dieser Mensch aber ist mannweiblich und wird von ihnen Adamas genannt. Origenes gibt dann ein Beispiel einer Hymne an ihn: „Von dir Vater und durch dich Mutter die beiden unsterblichen Worte Erzeugers der Eonen, Himmelsbewohner, ruhmreicher Mensch." Das Evangelium secundum Ägyptios sagt: „Mein Königreich wird kommen, wenn zwei eins wird und das Äußere wie das Innere und das Männliche mit dem Weiblichen weder männlich noch weiblich."

An diese Stelle gehört die Aristophanische Erklärung der Liebe in dem berühmten Gastmahl des Plato. Nachdem sich über den Begriff der Liebe schon einige Redner geäußert hatten, begründet Aristophanes in seiner ironischen Art die Knaben- und Weiberliebe. „Unsere Natur von alters nämlich war nicht die nämliche, welche sie jetzt ist, sondern eine anders beschaffene. Denn erstens gab es drei Geschlechter der Menschen, nicht wie jetzt bloß zwei, männlich und weiblich, sondern hierzu kam noch ein drittes, aus diesen beiden gemeinsam vereinigtes, wovon jetzt nur noch der Name übrig ist; Mannweib nämlich war damals eine Gestalt und ein Name, wirklich aus beiden, sowohl dem männlichen als auch dem weiblichen, gemeinsam vereinigt; jetzt aber ist es nur ein als Schimpf geltender Name." Diese titanenhaften Urmenschen griffen den Himmel und die Götter an. Zeus war in Verlegenheit, da er sie nicht wie die Giganten mit dem Blitz erschlagen wollte. Er halbierte die Doppelwesen und nähte die einzelnen Teile zusammen. Dort wo der Faden verknotet wurde, war der Nabel. Und einige Bauchfalten (Inscriptiones tendin.) blieben als Denkzeichen des früheren Zustandes. Aber die getrennten Körperhälften strebten ihre Wiedervereinigung an. Je nachdem nun die andere Hälfte weiblich oder männlich war, war das geteilte Individuum männer- oder weiberliebend. Durchschnittenen Doppelmännern oder Doppelweibern sei aber Männerfreundschaft oder Tribadentum angeboren. „Das Begehren und Verfolgen des Ganzen heißt aber Eros." Es liegt auf der Hand, daß diese geistreiche Aristophanische Erklärung keine persönliche Dichtung und Erfindung war, sondern sich auf alte Legendenbildung stützte.

Möglicherweise stehen nun die im klassischen Altertum geläufigen Erzählungen und Berichte von bisexuellen Völkerstämmen mit solchen Überlieferungen in Zusammenhang. Plinius erwähnt jedenfalls im 7. Buche seiner Naturgeschichte, daß hinter den Nasamonen, wie Kalliphanes erzählt, die Androgynen wohnten, welche sich wechselweise begatten. Aristoteles fügt noch hinzu, daß ihre rechte Brust männlich, ihre linke aber weiblich sei.

Ein Beleg für die traditionelle Fortwirkung solcher Auffassung ist eine Schilderung des Paradieses mit Adam und Eva aus dem „Livre de merveilles". Die Miniatur entstammt einer Reisebeschreibung nach dem Orient und ist zeitlich im 13. oder 14. Jahrhundert entstanden. Unsere Reproduktion wiederum hat den Pariser Neudruck vom Jahre 1907 zur Unterlage (siehe

Figur 10). Auf der Abbildung sehen wir Adam und Eva, und zwar erkennt man, da sie nackt umhergehen, daß beide sowohl männliche wie weibliche Genitalien besitzen. Die Anordnung ist so, daß das männliche Geschlechtsteil sowohl bei Adam wie bei Eva oberhalb des weiblichen gezeichnet ist. Auf einer Darstellung des Ulysses Aldrovandus (Seite 517) sehen wir beim Hermaphroditen nach Kornelius Gemma den umgekehrten Zustand (siehe Figur 12).

Mit diesen phantastischen Naturbeschreibungen der Hermaphroditen hat

Livre de merveilles.

Fig. 10. Adam und Eva (doppeltgeschlechtlich gezeichnet).
Paris, 15. Jahrhundert.

nun nichts zu tun der künstlerische plastische Ausdruck, welcher im Altertum seine Prägung erhielt. In den Weltmuseen, welche die Reste antiker Schönheit bewahren, finden sich zahlreiche große Kunstschöpfungen dieser Art. Das angestrebte künstlerische Ziel war aber die Bildung eines Körpers, welcher männliche und weibliche Schönheiten in sich vereinigte. Polyklet soll diese Aufgabe am restlosesten gelöst haben. Jedenfalls war seine Statue des Hermaphroditen im Altertum am berühmtesten. Angeblich geht die schöne Statue des stehenden Hermaphroditen im Berliner Museum auf diesen zurück. Auch der Hermaphrodit aus Pergamon im Ottomanischen Museum in Stambul ist von hervorragender Schönheit[1]). Die späteren hellenistischen Schöpfungen des schlafenden Hermaphroditen nehmen der künstlerischen Aufgabe den großen Reiz. Sie stellen ein liegendes, in orgiastischen Träumen sich wälzendes Weib dar mit fließenden Formen, welches außerdem noch die Zeichen erregter Männlichkeit trägt.

Die erotische Absicht der Künstler wird dem Betrachter noch deutlicher

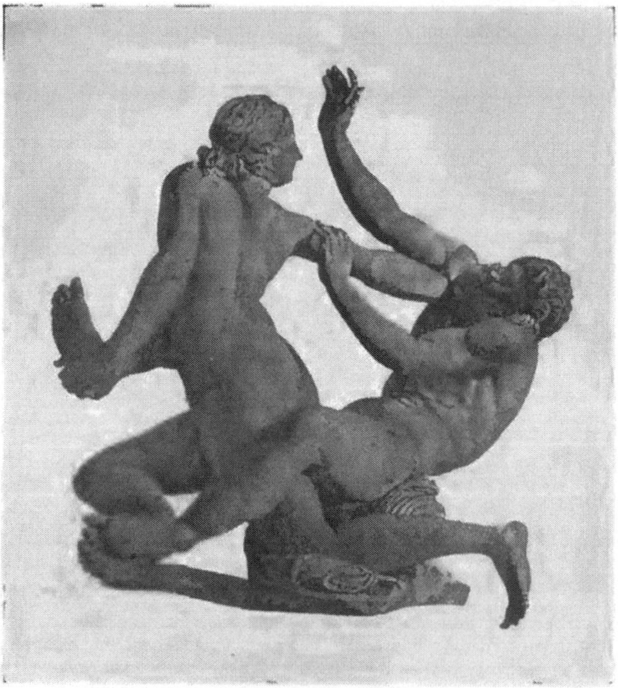

Fig. 11. Symplegma eines Satyrs und eines Androgynen.

vor Augen geführt in den Pompejanischen Wandbildern und antiken Plastiken, wo ein solcher schlafender Hermaphrodit von einem geilen Satyr überrascht und aufgedeckt wird, der aber beim Anblick der doppelten Natur der Schläferin entsetzt zurückspringt, oder mit dem Androgynen den sexuellen Kampf riskiert (siehe Figur 11).

Wir müssen an dieser Stelle noch einen Widerspruch aufzuklären ver-

[1]) Näheres siehe Holländer. Plastik und Medizin Seite 247 ff.

suchen. Wir sahen, daß vielfach, namentlich aber bei den Römern, die Geburt von Hermaphroditen als böses Omen aufgefaßt wurde, und daß man Neugeborene, unter Umständen auch Erwachsene auf grausame Weise tötete. Das steht doch in diametralem Widerspruch zu der Tatsache, daß die antike Welt viel mehr wie unsere Umgebung an den Anblick bisexueller Körperformen gewohnt war. Es existierten ausgesprochene hermaphroditische Götter, wie eben Hermaphroditos und Ganymed, bei anderen Gottheiten, wie z. B. Dionys, Bacchus, Adonis, Aphrodite, Athene, Pan und Priap, war ein stark androgyner Einschlag vorhanden, der sich namentlich auch in den Mysterien dieser Gottheiten kundgab. Die antike Welt war nicht nur mit Statuen solcher göttlichen Wesen gefüllt: männliche Gottheiten in weibischem Gewand, sondern auch die Wände waren bemalt mit Darstellungen dieser Art, und kunstgewerbliche Erzeugnisse wurden auf diese Art geschmückt. Was wir von dem Mysteriendienst wissen, geht vielfach nach derselben Richtung. Bei dem Fest der Hybristika zum Beispiel brachten Weiber männlich und Männer weiblich gekleidet die Opfer dar. Der Kirchenvater Eusebius entrüstet sich noch, daß in dem auf dem Gipfel des Libanon befindlichen Tempel der Aphrodite androgyne Männer obszönen Gottesdienst unter Verleugnung der Würde ihres Geschlechts abhielten. Es ist ganz klar und selbstverständlich, daß der Kirchenvater in Verkennung der uralten tiefen Mystik, die in den Mysterien verborgen war, in solchem Verkehr der Priester mit weibisch gearteten Jünglingen nur schmutzige Zuchtlosigkeit sehen konnte. Diese uralte Mystik und Tradition ging natürlich den Spätgeborenen verloren und artete in Knabenliebe aus. Die Götter solches perversen Eros waren Apollo, Dionys, Pan, Aphrodite und selbst Zeus. Schon dem großen Physiologen Blumenbach war die doppelte Bedeutung

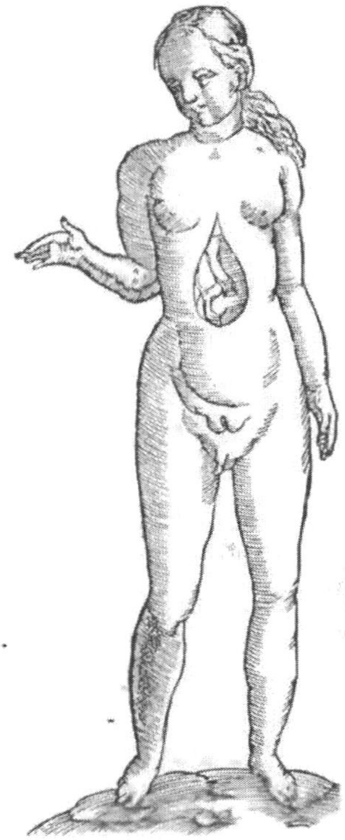

Fig. 12. Aldrovandus. bisexuelles Wesen.

der Hermaphroditen teils in prodigiis, teils in delitiis aufgefallen. Der Klassiker Diodor (IV. Kap. 6, 3) schreibt: Einige glauben, daß Hermaphroditos ein göttliches Wesen, das zu gewissen Zeiten unter den Menschen erscheint und eine Körperform habe, in der männliche und weibliche Elemente gemischt seien, andere dagegen behaupten, solche Wesen seien Mißbildungen der Natur, welche selten vorkommen, immer aber eine gute oder schlimme Vorbedeutung haben.

Fraglos hatten die unglücklichen Menschenkinder mit unfertigen äußeren Genitalien im Altertum eine gefährdete Stellung. Brauchten die Priester für ihre Zwecke Wunderzeichen, so mußten sie herhalten und fanden gelegentlich den Tod des Ersäufens. Erst in späteren Zeiten tauchten sie unter in der Menge der Kastraten und Lustknaben. Teils betätigten sie wohl ihre bisexuelle Veranlagung in doppelter Weise, teils aber suchten sie diese einseitig zu verbergen. Im Streben hiernach nahmen sie selbst operative Hilfe in Anspruch. Paulus Ägineta (VI, 46) berichtet, daß sich Hermaphroditen ihre weibliche Brustbildung operativ beseitigen ließen. Einen Abbruch der gottgesandten Prodigien bedeutete es, wenn nun auch noch die Astrologen auf dem Platz erschienen und die Sternstellungen charakterisierten, unter denen die Geburt solcher biformer Wesen entstand. Firmicus, den wir bereits als Astrologen erwähnten, gibt in seinem Astronomikon an, wie die Sterne stehen sollen, damit Weiber geboren werden mit männlicher Seele und biformes viri hermaphroditi ex hoc genitura nascent. Paracelsus übernimmt in seinen Libri meteororum Op. 7 Seite 309 diese Anschauung, wenn er sagt: So entstehen zwei Gegensätze in einem Körper, was nicht anders geschehen kann als unter hermaphroditischen Sternen.

Es kann nicht unsere Aufgabe sein, den Anschauungen nachzugehen, die die frühe christliche Kirche über die Stellung der Hermaphroditen im einzelnen gehabt und wie sie diese durch ihre kirchliche Gesetzgebung vertreten hat. Wir erwähnen nur, daß die Kirchenväter und die späteren Kommentare „den Phantasien dummer Juden“ entgegentraten, als wenn Gott den Menschen im Anfang androgynisch erschaffen hätte (Sostrabus und St. Augustinus). Cornelius a Lapide (Antwerpen 1681) sucht die Ansicht des Platon und die mosaische zum Teil talmudische Auffassung als falsch zu beweisen und den Gegenbeweis zu erbringen, daß Eva buchstäblich aus der Rippe des Adam gebildet worden sei. Aber noch der christliche Autor Eugubinus machte sich diese Auffassung zu eigen und weiß selbst detaillierte Schilderungen des ersten Menschenpaares Adam zu geben. „Der männliche Körper war rechts, er umarmte den anderen mit seiner Linken, wie dieser ihn mit seiner Rechten. Beide waren beseelt und über beide kam tiefer Schlaf, als Gott Eva bilden, das heißt sie vom männlichen Körper trennen wollte.“

Die spätere Kirche aber verfolgte rücksichtslos Auffassungen, welche mit der von ihr anerkannten in Widerspruch stand. So wurde 1208 in Paris ein Doktor der Theologie mit Namen Almaricus verbrannt, der ähnliche Auffassungen über die Schöpfungsgeschichte gelehrt und geäußert hatte.

Geschlechtswandlungen.

Eng verbunden mit dem Begriffe der Mannweiblichkeit steht die Erscheinung der Geschlechtswandlung, das heißt wenn ein weibliches Wesen plötzlich oder allmählich Mann wird oder umgekehrt. In einem der Berichte des Livius lesen wir die zunächst unglaubliche Naturerscheinung, daß ein Huhn sich in einen Hahn, ein Hahn sich in ein Huhn verwandelt habe (Livius, römische Geschichte 22. Buch, Kapitel 1). Diese Naturerscheinungen wie ähnliche, daß Ziegen plötzlich Wolle bekommen hätten, wurden als seltsam und doch bedeutungsvoll angesprochen. Nun sind wir ja in dem Zeitalter angeblicher Aufklärung geneigt, solche, wie der Kölner sagt, „Verzellchen“ als Schwindel bewußter oder unbewußter Art ad acta zu legen. Aber schließlich war ja auch die Leichtgläubigkeit der Alten nicht grenzenlos, und manche Erscheinungen, über deren natürliches Zustandekommen die moderne Wissenschaft uns heute unterrichtet hat, wurden in der Antike als Wunder angesprochen. Um auf besagten Hahn zurückzukommen, so hatte ich selbst kürzlich Gelegenheit, das mir völlig unbekannte Phänomen zu beobachten und auch zu beschreiben. Ich verweise auf die kleine Mitteilung in der Deutschen med. Wochenschrift 1918, Nr. 13. Hier war zunächst von Dr. Heilborn, dieselbe Zeitschrift Nr. 8, die Geschlechtswandlung eines Hundes in eine Hündin beschrieben. Der von mir beobachtete Fall betraf ein italienisches Rassehuhn, welches bisher fleißig Eier gelegt hatte. Mitten in der Legezeit fing es an, seinen Charakter zu ändern, nach der Manier der Hähne zu stolzieren und zunächst kümmerlich, nachher aber ordentlich zu krähen. Gleichzeitig entwickelten sich lange Schwanzfedern, Sporen und ein großer Kamm. Mittlerweile konnte ich nun feststellen, daß solche Geschlechtsanwandlung namentlich bei den Fasanen häufiger ist und daß man dann von der „Hahnfedrigkeit" der Hennen spricht. Also dieses Naturwunder, welches den Alten als göttliche Drohung erschien, ist kein dummer Schwindel, sondern ein wirkliches Naturereignis. Die Lichterscheinungen an den Speeren erklären sich als die unter dem Namen der St. Elmsfeuer bekannten elektrischen Entladungen, und daß glühende Steine gelegentlich als Meteoriten vom Himmel fallen, ist ebenso bekannt wie die elektrischen Lichterscheinungen am Meeresufer und durch Infusorien. Über menschliche Geschlechtswandlungen berichtet insbesondere ausführlich Phlegon in seinem Buche „Über die Wunder". Zunächst die mysteriöse Geschichte, daß der Lapithenkönig eine Tochter gehabt habe mit Namen Känis. Diese habe mit Poseidon verkehrt und als Dank für ihre Hingabe die Erfüllung irgend eines Wunsches versprochen bekommen. Sie habe verlangt, in einen Mann verwandelt zu werden, was Poseidon ihr auch erfüllt habe und sie habe den Namen bekommen „Cäneus". So ist diese Königstochter also der Stammvater des schändlichen Namens.

In dieser einzelnen späten Sage finden wir Schatzsche Anschauungen vielleicht berechtigt; eine Zwitterpersönlichkeit gibt Anlaß zu einer Legende, ähnlich wie zum Beispiel bei dem Vorgang der Bartjungfrau St. Kummernus.

In Kapitel 6 von Phlegons Wunderbuch wird die Geschichte einer bildschönen Jungfrau von dreizehn Jahren beschrieben, welche an ihrem Hochzeitstage plötzlich von heftigsten Schmerzen im Unterleib befallen wurde. Die Schmerzen dauerten drei Tage und alle Ärzte von Antiochia versuchten vergeblich die Ursache ihrer Unterleibsbeschwerden festzustellen. Unter dem größten Geschrei brach sich plötzlich am vierten Tage gegen Morgen bei ihr das männliche Geschlecht kräftig Bahn. Kurze Zeit danach wurde sie (respektive er) dem Kaiser Klaudius vorgeführt, welcher dies Wunder als für sich günstig auffaßte und dem Zeus auf dem Kapitol dafür einen Altar errichtete. Im Kapitel 26 und 27 wird berichtet, daß Männer geboren haben. Am interessantesten ist aber die Geschlechtswandlung, die Phlegon von dem berühmten Seher Teiresias nach Hesiod mitteilt. Der Jüngling Teiresias habe einst von zwei Schlangen, welche er auf dem Berge Cylene in Arkadien in geschlechtlicher Vereinigung sah, die eine verwundet. Zur Strafe dafür sei er selbst in ein Weib verwandelt worden und habe auch als solches gelebt. Durch ein Orakel des Apollo aber belehrt, wenn er wiederum von zwei in gleicher Lage befindlichen Schlangen die eine verwunde, würde er wieder in das frühere Geschlecht zurückverwandelt, habe er den göttlichen Befehl befolgt und sei auch wieder Mann geworden. Als einstmals Zeus und Hera darüber stritten, und Zeus behauptete, daß die Frau in dem Liebesakt mehr Wollust empfinde als der Mann, da habe sich der Gott des Teiresias erinnert, da er ja als Sachverständiger beider Situationen dienen könne. Als nun Teiresias darüber zur Rede gestellt sei, habe er geantwortet, daß, wenn man den Genuß in zehn Teile teile, ein Teil dem Manne, neun aber dem Weibe zufielen. Die wütende Hera habe ob dieses Wahrspruches den Teiresias geblendet, Zeus aber ihm zur Entschädigung die Kunst der Weissagung gegeben und eine Lebensdauer über sieben Lebensalter hinaus.

Wir sehen, daß die Geschlechtswandlung der Zwitter, die heutzutage einen langen Polizeikampf herausfordert, und eine Reihe von Gutachten und bürokratischen Maßnahmen, im Altertum in das manchmal allerdings stark erotisch geschürzte Gewand der Mythe gekleidet wurde.

In Parenthese soll hier noch bemerkt werden, daß das Altertum asexuelle Götter — Engel — nicht kannte.

Die Geschlechtswandlungen im Mittelalter und in der neueren Zeit zeigen einen anderen Verlauf. Im dunkelsten Mittelalter schwebte über den Zwittern immer die Lebensgefahr: man hielt sie für Erzeugnisse des Satans, ihre sittlichen, oft in Wahrheit natürlichen Geschlechtsbetätigungen hielt man für teuflische Verführungen und kirchliche Verbrechen. Es ist uns eine ganze Reihe von Prozessen überliefert worden, bei denen solche Mannweiber, entdeckt, der Wut des Volkes oder einer christlichen Jurisdiktion zum Opfer fielen. Wir wollen hier als Beispiel aus der Wende des 16. Jahrhunderts den interessanten Prozeß der Marie le Marin erwähnen, weil er typisch ist und durch einen schließlich glücklichen Verlauf dem aufgeklärten Arzte der neueren Zeit ein Denkmal setzt. Besagte Marie, welche in Wirklichkeit ein männliches Individuum mit pseudoweiblichen Genitalien war, wurde als Mädchen getauft und so erzogen. In mehreren Bürgerhäusern nahm sie Stellung an. In einer solchen letzten Stellung war sie die Bettgenossin einer anderen Dienstfrau Namens Jeanne. In diese verliebte sich Marie und lieferte ihr auch die Beweise ihrer Zärtlichkeit. Die beiden wollten sich verheiraten, als die Öffentlichkeit dazwischentrat und man beide wegen des Verbrechens der Sodomie verhaftete. Die Braut erklärte, daß ihr Bräutigam Marie ihr als wirklicher Mann bekannt sei, und da sie Witwe und Mutter war, konnte sie auch ein sachverständiges Urteil abgeben. Darauf wurde nun auf Veranlassung der Obrigkeit eine ärztliche Untersuchung angeordnet. Ein Apotheker und zwei Chirurgen erklärten übereinstimmend nun, daß das Sujet weiblich wäre. Trotz lebhaftester Proteste der Marie hielt darauf der Prokurator des Königs von Frankreich die Anklage aufrecht. Er verlangte, daß die Marie le Marin lebend verbrannt würde, die Asche im Winde zerstreut und ihre weltlichen Güter konfisziert würden. Von ihrer Komplizin Jeanne forderte er, daß sie als der Unzucht überführt an drei Markttagen öffentlich mit Ruten geschlagen und aus der Normandie verbannt würde: Alles dies, weil man in diesem Falle die Natur vergewaltigt, den öffentlichen Anstand beleidigt, die Kirche und die Sakramente entheiligt habe. Der Richter ließ besondere Gnade walten. Er verurteilte die Marie dazu, erdrosselt und gehangen zu werden. Die beiden Unglücklichen wandten sich an den Appellationshof in Rouen. Es wurde eine ärztliche Untersuchungskommission mit dem Falle betraut, bestehend aus sechs geprüften Ärzten, zwei Chirurgen und zwei Hebammen. Diese sollten nun das Geschlecht der Marie entscheidend bestimmen. Unter diesen sechs Medizinern befand sich auch Jacques Duval, der spätere Herausgeber des „Traité des Hermaphrodites“ [1]). Während die anderen nun sich mit der oberflächlichen Betrachtung des Weibes begnügten und auch nur eine äußerliche Inspektion der Genitalien vornahmen, erklärte Duval, daß er sich von einer oberflächlichen Besichtigung keine präzise Vorstellung machen könne und schritt zur Exploration der inneren Teile, bei welcher er das Membrum palpierte. Duval ist also der Vorkämpfer der manuellen Exploration. Auf diese Weise bestätigt er das unvollständig entwickelte männliche Geschlecht und lud seine Kollegen ein, ebenso vorzugehen. Diese aber weigerten

[1]) Jacque Duval, Des Hermaphrodits Accouchements des femmes et traitement qui est requis pour relever en santé et bien élever leurs enfants à Rouen MDCXII.

sich mit Entrüstung. Daraufhin bestätigte die Kommission wiederum die weibliche Art der Marie. Duval aber trennte sich von diesem Gutachten und gab ein für die damalige Zeit (1601) besonders auffallendes Gutachten ab, welches uns noch erhalten ist. Die Akten des Prozesses lesen sich wie ein Roman, eignen sich aber wegen ihrer detaillierten Schilderungen wenig zu einer Publikation in einem nicht rein medizinischen Buche. Unter Berufung auf Aristoteles' Ausspruch: Amicus Plato, amicus Socrates magis amica veritas gelang es dem energischen Arzte und freigeistigen Vorkämpfer das Gericht zu veranlassen, eine erneute gerichtsärztliche Untersuchung vorzunehmen, an welcher sämtliche Ärzte Rouens teilnahmen. In dieser Sitzung triumphierte der Arzt Duval und „die" le Marin wurde freigesprochen. Aber nun folgt wieder die Inkonsequenz dieser Zeit. Die Richter wagten nicht an das Ende zu gehen. Die Marie le Marin oder vielmehr der le Marin wurde verpflichtet, bis zum fünfundzwanzigsten Jahre Frauenkleider zu tragen, und ihm wurde das Zusammenwohnen mit irgend einem Menschen männlichen oder weiblichen Geschlechts verboten. Das war, wie Lucien Naß in seinem Artikel im Äskulape Nr. 1, 1912, sagt, die offizielle Legalisierung des dritten Geschlechts. Die Geschichte der Kriminalprozesse enthüllt Beispiele, in denen auf Grund falscher Kleidung und anerzogenen Gebärdenspiels Frauen als Männer und Männer als Frauen galten. Eklatant und unzweifelhaft tritt nun natürlich das wahre Geschlecht dann in die Erscheinung, wenn an ihm die untrüglichen Folgen sichtbar werden. Sauval (Antiquités de Paris T. III) berichtet vom Jahre 1703: Ein junger Mann, Hermaphrodit (also offenbar ein weibliches Wesen mit äußerem Hermaphroditismus) wurde schwanger und wurde durch Richterspruch hingerichtet.

Ein besonders krasses und berühmtes Beispiel einmal der ärztlichen Beschränktheit und des medizinischen Irrtums, anderseits der kirchenjuristischen Grausamkeit ist ein berühmter Fall, der gegen Ende des 15. Jahrhunderts in „Issoire" in der Auvergne passierte. In ein Frauenkloster wurde eine junge Nonne aufgenommen. Da diese aber mit den Insassinnen bald in dem Grade Zärtlichkeiten austauschte, daß die kirchliche Autorität zu leiden schien, so wurde die Angelegenheit anhängig. Es wurde eine ärztliche Untersuchung angestellt, durch welche festgestellt wurde, daß diese Nonne in Wirklichkeit ein Mann wäre, und nach einer strengen Bestrafung überführte man sie in das Kloster der schwarzen Mönche des Kardinals von Bourbon. Nachdem der neue Mönch zehn Monate in dem Kloster war, bemerkte man ein Stärkerwerden seines Bauches. Man behandelte ihn an Wassersucht. Aber kurze Zeit darauf gebar der Mönch einen kräftigen Knaben. Die Unglückliche wurde als schreckliches teuflisches Werkzeug betrachtet, denn die Geistlichkeit konnte unmöglich ihren Irrtum eingestehen. Sie und das kleine Kind wurden daraufhin lebend verbrannt. Ihr Grab zierte die berühmte Inschrift: „Mas mulier monachus mundi mirabile monstrum" (Ein Mann, ein Weib, ein Mönch, ein schreckliches Greuel der Welt). Solche Fälle, in denen körperliche Unfertigkeit auf das Konto des Teufels geschoben wurde, können nicht wundernehmen in einem Zeitalter, welches, wenigstens in dieser Beziehung, als der Tiefstand menschlicher Kultur bezeichnet werden kann. Der Satan, seine Helfer und seine Werke waren in jenen Tagen, die leider Jahrhunderte dauerten, eine wahrhaft teuflische Waffe in der Hand der triumphierenden Pfaffen. Auf Grund des Hexenhammers, auf Grund der erlaubten Tortur bestand die unbeschränkte Tyrannei der internationalen Klerisei. Brutal, grausam, mit dem so oft nachgewiesenen Einschlag sadistischer Neigungen arbeitete der Diener der Kirche. Ihr zu Ehren brannten an allen Orten die Scheiterhaufen. In diesem letzten Falle nützte der Qualm dazu, einen Untersuchungsirrtum zu verhüllen, eine Blamage des Kirchengerichts zu verdecken.

DIE FLIEGENDEN BLÄTTER DES 15.—18. JAHRHUNDERTS.

Man konnte sich von der Bedeutung der Zeitungen gut eine Vorstellung machen in den Tagen, in denen Spartakus die Berliner Druckereien besetzt hielt und die Großstadt eine Woche ohne Tagesliteratur war. Bei unserem Nachrichtenhunger und Nachrichtendienst spielte doch wenigstens die elektrische Übertragung von Wort und Meinung und Gerücht noch ihre bedeutsame Melodie. Nun stelle man sich eine deutsche Stadt oder Dorf mit den schlechten Verbindungen zur Zeit großer menschlicher Betätigung und kulturellen Fortschrittes vor. Da war zunächst der sensationelle Bericht nur auf die Weitergabe von Mund zu Mund angewiesen. Als aber der bewegliche Druck erfunden war, ergab sich bald die Möglichkeit, besondere Mitteilungen schnell zu verbreiten. Bevor aber die ersten regelmäßig erscheinenden Zeitungen erschienen, war das Publikum auf die Flugblätter als Befriedigung seines Sensationsbedürfnisses angewiesen. Namentlich die süddeutschen Bischofsitze und geistigen Sammelpunkte wie Bamberg, Straßburg, Ulm, Augsburg, Nürnberg, Köln und andere sahen in ihren Mauern Druckereien entstehen, welche neben dem Buchdruck das fliegende Blatt kultivierten. Dessen Form war meist so gehalten, daß in der Mitte oder auch im oberen Drittel des einseitig bedruckten Papiers sich eine Abbildung befand, die Erklärungen derselben darunter meist in mehrspaltigen Kolonnen und oft in Gedichtform erfolgte. Vielfach war dann das Ganze mit einer typischen Renaissancebordüre umgeben. Auch die großen Literaten der Zeit wie Sebastian Brant, Hans Sachs[1]) oder Thomas Murner verschmähten es nicht, ihre dichterischen Erzeugnisse in dieser Form bekanntzugeben. Während nun meistens die Druckereien zur bildlichen Ausschmückung sich an die jüngeren und noch unbekannten Künstler aus Billigkeitsgründen wandten, finden wir andrerseits auch, daß die großen Künstler der Zeit wie Albrecht Dürer, Tobias Stimmer, Nikolas Manuel Deutsch solche Blätter selbst herausgaben; oftmals stammt das ganze Blatt, also Zeichnung und Dichtung, von demselben Künstler, und haben wir aus diesem Grunde gerade diese Namen erwähnt. Namentlich

[1]) Hans Sachs im Gewande seiner Zeit, Gotha 1821. 26 Neudrucke von fliegenden Blättern nach den Originalholzstöcken.

die minderen bildlichen Darstellungen wurden von Briefmalern illuminiert (d. h. farbig bemalt) und Hausierer trugen nun diese fliegenden Blätter in alle Welt hinaus. Bürger und Bauern schmückten mit ihnen Türen und Wände ihrer Behausung. Der größte Teil dieser Blätter ist verloren gegangen. Als Tageserzeugnis und meist doch ohne wirklichen Kunstwert wurde das Papier zu anderen Zwecken verwandt. So kommt es, da auch die Sammlertätigkeit erst sehr spät sich dieser Blätter annahm, daß von vielen der von uns publizierten Einblattdrucke nur ganz wenige Exemplare bekannt sind und manche überhaupt nur in einem Stück vorkommen. Der religiöse Inhalt und die religiöse Tendenz besaßen zunächst, namentlich bei den Blättern des 15. Jahrhunderts, die Vorherrschaft (siehe Einblattdrucke des 15. Jahrhunderts Bibl. Verz. K. Häbler, Halle 1914). Zwischen den Gebeten, Indulgenzbriefen, geistlichen Liedern, Weissagungen und anderen kirchlichen Motiven tauchen aber bald Kalender, Volkslieder und allerlei andere profane Mitteilungen auf. Daß namentlich ziemlich viele Kalender wenigstens bruchstückweise erhalten sind, ist begründet in der Neigung und Sitte, solche Blätter von länger anhaltendem Interesse aufzukleben und sie auch den Einbänden großer Folianten einzuheften. Bald verdrängten die politischen Neuigkeiten das religiöse Moment[1]). Das Interesse des Publikums stumpfte sich aber an den Darstellungen von Belagerungen, Krönungen, Siegen und Niederlagen von Freund und Feind, namentlich während des Dreißigjährigen Krieges, bald ab und man wandte sich mit Liebe den detaillierten Schilderungen von Hinrichtungen, Wundererscheinungen aller Art am Himmel und auf der Erde zu. So erkennen wir mit Bedauern, daß der religiöse, didaktische und moralisierende Inhalt der Flugblätter allmählich verflacht und sich dem Trivialen vielfach auch Obszönen zuwendet. Das weitere Studium dieser Flugblätter läßt ferner mit Sicherheit erkennen, daß die Klerisei schon frühzeitig die Macht dieser Erstlingspresse erkannte und sie zu ihren Zwecken ausnutzte. Es ist wichtig zu wissen, daß diese Blätter meist privilegiert waren. Ohne weiteres durfte zum Beispiel ein in Augsburg erschienenes Blatt nicht in Nürnberg verkauft werden, und zur Herausgabe eines Blattes überhaupt bedurfte man der Genehmigung der Behörden. Dadurch erhielten die Blätter, namentlich in den Augen der kleinen

[1]) Als maßgebender Sammelkatalog dieser Flugblätter: Drugulin, Atlas Historique d'une préciöse collection de Feuilles Volantes. Leipzig 1867.

Leute, dokumentarischen Wert, und man glaubte alles, weil es gedruckt war. Der Nürnberger Senat zum Beispiel verbot einmal, die Zeichnung einer Mißgeburt mit vier Händen und Füßen in Druck zu bringen. Als Begründung des Verbotes lesen wir in den Senatsprotokollen die Nachricht, „weil der Briefmaler es nicht so, wie es wirklich gesehen wurde, entworfen hat".

Unter diesen frühen Erzeugnissen der Presse finden sich nun viele mit naturwissenschaftlich-medizinischem Inhalte. Die Himmels- und Naturerscheinungen sind von W. Heß in Bamberg, allerdings nur aus bayrischen Quellen, vorbildlich und zusammenfassend behandelt worden (bei Drugulin, Leipzig). Es ist nun verständlich, daß die Wiedergeburt der anatomischen Forschung auch in diesen Frühdrucken zum Ausdruck kam und daß sich diese Einblätter in der Verbreitung der neuen anatomischen Kenntnisse betätigten. Wir bringen die Abbildung des nur in wenigen Exemplaren erhaltenen Flugblattes des Knochenmannes; der sich als Autor auf früherem Druck (1493) bekennende Pariser Arzt Ricardus Hela erscheint auf unserem etwas späteren Blatte (1501) als offenbar deutscher Arzt mit dem Namen Richardus Helandt. Diese anatomischen Flugblätter erlebten schnell Verbesserungen in technischer Beziehung und entsprechend den anatomischen wissenschaftlichen Fortschritten. Es wäre aber ganz falsch, aus diesen Darstellungen in Flugblättern einen Rückschluß zu ziehen auf den Stand der damaligen wissenschaftlichen Anatomie; denn diese der allgemeinen Aufklärung dienenden — man kann wohl entsprechend der damaligen Geistesrichtung sagen — Modebilder waren nicht bestimmt für Ärzte und Studierende, sondern sie waren für Bürger und Bürgerinnen und zur Befriedigung des Wissensdurstes der Gebildeten überhaupt gedruckt. Es bildete sich bald die Technik aus, durch Klappbilder (das heißt in abhebbaren Lagen) den Situs der inneren Eingeweide zu demonstrieren. Solche anatomischen Blätter zum Teil von größtem Format hingen Bader, Barbiere und die niederen Wundärzte in ihren Arbeitsstuben auf, zum Beweis ihrer anatomischen Vorbildung und auch zu Reklamezwecken.

Neben diesen anatomischen Blättern finden wir auch solche mehr wissenschaftlichen Inhaltes. Die Aderlaßblätter und Kalender können wir hierzu nicht rechnen, weil das Zuraderlassen so sehr zur hygienischen Gewohnheit geworden war, daß man hierin kaum eine rein ärztliche Tätigkeit sah. Aber unter den Erstlingen der Syphilisliteratur aus den Jahren 1495 und 1496 findet

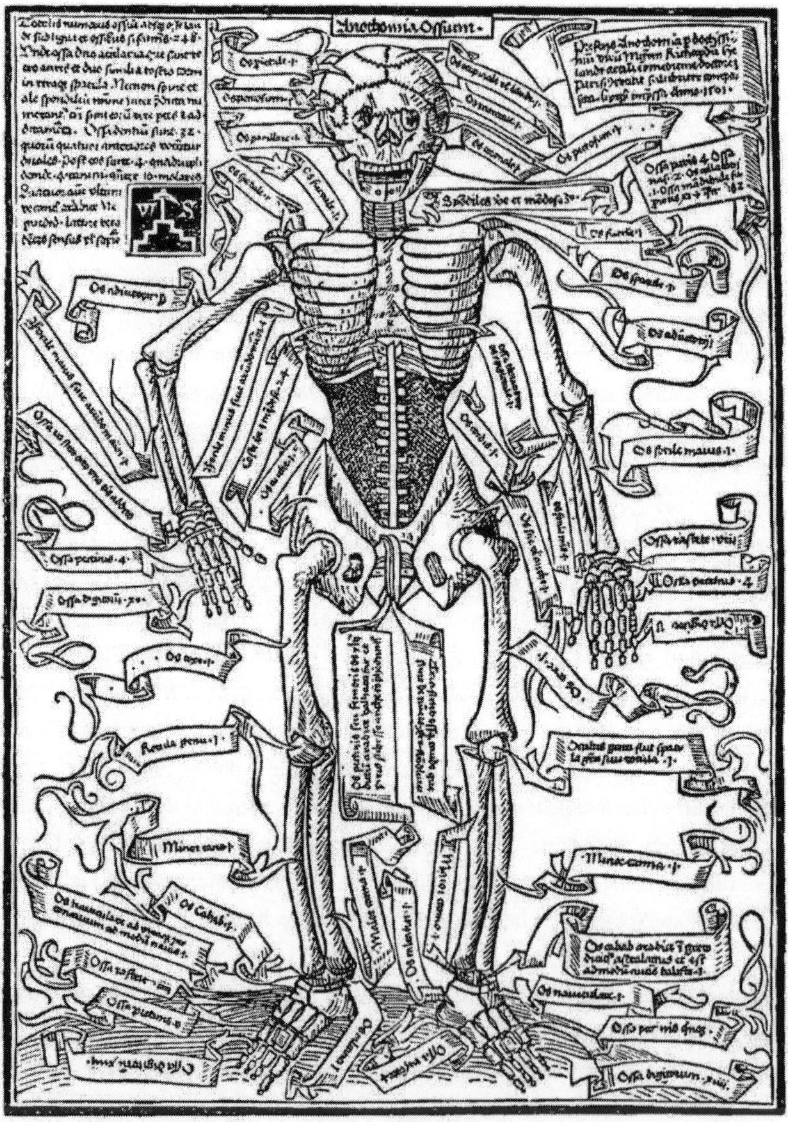

Fig. 15. Knochenmann von Richardus Hela(ndi), Arzt und Doktor der Medizin. Paris 1501.

sich schon eine Reihe solcher in der Einblattechnik. Karl Sudhoff bildet in der Kleinschen Sammlung (München 1912 bei Karl Kuhn) fünf solcher schönen

Drucke mit zum Teil illuminierten Holzschnitten ab, darunter das interessante Flugblatt des Nürnberger Stadtarztes Ulsenius vom Jahre 1496[1]). Ganz abgesehen von seinem medizinischen Inhalte und der in lateinischer Gedichtform gegebenen astrologischen Erklärung der Genitalseuche durch den friesischen Dichterarzt interessiert das bei Hans Mair erschienene Blatt, weil der Holzschnitt nach kunsthistorischer Behauptung ein Erstlingswerk von Albrecht Dürer ist.

Bevor wir nun in die Einzelbesprechung der uns hier interessierenden Flugblätter mit Wundergeschichten auf körperlichem Gebiet eintreten, müssen wir noch ein paar Worte sagen über die Sammlung dieses Materials. Es ist in der ganzen Welt zerstreut. Die Kupferstichkabinette, Bibliotheken und Sammlermappen enthalten immer nur wenige Exemplare. Katalogisiert und beschrieben sind systematisch nur die frühen Blätter in dem bereits erwähnten Hählerschen Katalog und in spezialistischen Abhandlungen. Das Drugulinsche Verzeichnis ist namentlich für die kulturhistorischen und medizinischen Blätter sehr lückenhaft. E. Weller sammelte unter dem Titel: „Die ersten deutschen Zeitungen" die frühen und späteren Einblattdrucke nur, wenn sie das Wort „Zeitung" enthielten. Im Jahre 1850 erschien in Stuttgart ein Sammelwerk Scheibles, „enthaltend die fliegenden Blätter des 16. und 17. Jahrhunderts". Der mir vorliegende Band beschäftigt sich aber ausschließlich mit Blättern politischen und religiösen Inhaltes. Wehmütig berührt heute die Entschuldigung, die der Autor in der Vorrede zur Herausgabe seiner Arbeit anführt. „Wohl drängte es mich, eine reichere Auswahl zu treffen. Aber diese Kuriositätenliteratur gedeiht nur im tiefen Frieden, und von diesem sind wir zur Stunde leider ferner denn je. Selbst diese kleinere Auswahl jetzt zu publizieren, hätte ich nicht gewagt, wäre sie nicht schon zu einer Zeit von mir begonnen worden, wo in allen Gauen Literatur und Kunst blühten wie noch nie. Ziehen, was Gott bald geben wolle, Ruhe und Freude im deutschen Lande wieder ein, so ist es mir vielleicht vergönnt, meine Lust daran durch Herausgabe eines zweiten Bandes zu betätigen." Dieselben Gefühle beseelen mich heute, dieselben Motive dienen auch mir heute wieder zur Entschuldigung. Das Material, welches dieser Studie zugrunde liegt, entstammt teils der eigenen Sammlung, teils wurden die nur einmal vorhandenen Originale mit gütiger

[1]) Siehe Abbildung: Die Medizin in der klassischen Malerei, 2. Auflage, Seite 197.

Erlaubnis der Bibliotheken und Kupferstichsammlungen kopiert. Die Abbildungen tragen den Vermerk der Herkunft. In neuerer Zeit ist der Einblattdruck beinahe ganz vom Kunstmarkt verschwunden, und der Wert namentlich der frühen Blätter ist für den Privatsammler unerschwinglich geworden. Im Gegensatz zu meinen früheren Studien auf dem Gebiete der medico-historischen Kunstgeschichte bewegen sich diese Forschungen fast ausschließlich auf deutschem Boden.

Die Betrachtung des vorliegenden Materials ergibt nun eine Fülle interessanter Gesichtspunkte. Hätten wir es bloß auf eine Sammlung naturwissenschaftlich und kunsthistorisch fesselnder Flugblätter abgesehen, so brauchten wir nur die chronologische Reihenfolge zu wiederholen, wie solche für Kataloge am übersichtlichsten ist. Wir sehen aber fast ganz davon ab, die vorhandenen Blätter vom Standpunkte des Kunsthistorikers zu ordnen und zu beschreiben. Uns beschäftigt auch wenig in dieser Arbeit Herkunft, Autor und Druckart, sondern für uns ist nur der kulturhistorische Wert maßgebend. Da wir es vielfach mit Darstellungen zu tun haben aus dem interessanten Gebiete der Mißgeburt und der Teratologie im weiteren Sinne, so sind wir vielfach verpflichtet, dem Leser eine anatomisch-pathologische Erklärung zu geben. Es sei aber besonders bemerkt, daß wir nicht die Absicht haben, die medizinische Literatur zu bereichern und zu fördern, sondern diese (uns allerdings auch vom anatomisch-pathologischen Standpunkt aus nebenher interessierenden) Dokumente ausschließlich vom kulturhistorischen Standpunkte aus zu betrachten. Uns beschäftigt an dieser Stelle in erster Linie der Zweck dieser Druckerzeugnisse, die Stellung, die ihre Zeit zu ihnen nahm, und die Begleiterscheinungen ihrer Entstehung überhaupt.

Die Tatsache, daß solche Flugblätter räumlich weithin zerstreut sind, hat es wahrscheinlich mit sich gebracht, daß bisher niemandem die große Anzahl von Mißgeburtsdarstellungen unter diesen Flugblättern aufgefallen ist; wenn man in einer Sammlung ein solches Blatt fand, so hat man es als Kuriosum lächelnd betrachtet und beiseite gelegt. Erst eine geordnete und systematische Sammlung und Betrachtung dieser äußerst seltsamen Druckerware ist geeignet, Sinn und Zweck dieser Mitteilungen einer frühen Presse an die Adresse des deutschen Publikums rückhaltlos aufzudecken.

In folgendem soll nun eine Auslese zunächst der Mißgeburtsdarstellungen aus Einblattdrucken erfolgen. Zuerst sollen die in der Minderheit vorhandenen Darstellungen behandelt werden, welche den Gegenstand möglichst objektiv, ohne Tendenz und mit einer wenigstens annähernd realen Genauigkeit wiedergeben.

Objektive Mißgeburtdarstellungen.

Betrachten wir zunächst einmal das Einblatt vom Jahre 1560 (siehe Figur 14). Es ist cum Gratia et Privilegio Imperiali gedruckt zu Augsburg durch Philipp Ulhart. Die Schrift des Blattes lautet:

Warhaffte Abconterfectur der Erschröcklichen wundergeburt, so diese 1560. Jar / im Marckt zu Zusmershausen am 21. tag Aprilis von ainer Frawen geborn ist. Im Jar als man zalt 1560, auff den 21. tag Aprilis zu nacht / zwischen 9. und 10. cr., ist dise wunderbarliche und erschrockliche geburt / in dem Markt zu Zusmershausen, drey meyl wegs von Augspurg geborn worden, durch ain Frawen, mit namen Maria Albrechtin und ir Mann Lienhardt Albrecht, seines Handtwercks ain Schuchmacher. Und ist solliche geburt zu warer urkund / durch den Edlen und vesten Jörgen von Schwangaw Pflegern daselbs / mit ainem gantzen Gericht besichtiget, Darbey auch gewesen der Edel und vest Onoferus von Berwang zu Vogach / mitsampt ettlichen andern vilen ehrlichen leuten, Und ist letstlich durch Maister Columbanum Bertschin Illuminierer zu Augspurg warhaftig abcontrafect, wie sy vor augen und als in truck gegeben.

Wenn wir die Wahrhaftigkeit der abgebildeten Wundergeburt kritisch betrachten, so erscheint der Realismus des guten Meisters Columban Bertschin als nicht ganz ausreichend. Denn zunächst hat er, als für ihn offenbar unwichtig, die Nabelschnur weggelassen und ihren (gemeinschaftlichen) Ansatz. Es kam ihm offenbar in erster Linie darauf an, zu zeigen, daß hier ein Wesen in die Welt gesetzt wurde mit vier Beinen und vier Armen und einem zusammengewachsenen Rumpf. Es ist aus dem Bilde auch nicht ersichtlich, ob ein oder zwei Gesichter vorhanden waren, ferner auch nicht, welchem Geschlecht diese beiden Kinder angehörten. Auf alle Fälle aber ersieht der Mediziner sofort, daß es sich hier um eine wahrhaftige, nicht so ganz selten vorkommende Mißgeburt handelt, welche durch Spaltung der ganzen Wirbelsäule entsteht. Auf solchem Doppelwesen, welches sich im Thorax vereinigt, sitzt gelegentlich ein gemeinsamer Kopf. Doch kann auch, und das scheint in unserem Falle vorzuliegen, der Kopf aus vier Hälften zweier Köpfe zusammengewachsen sein.

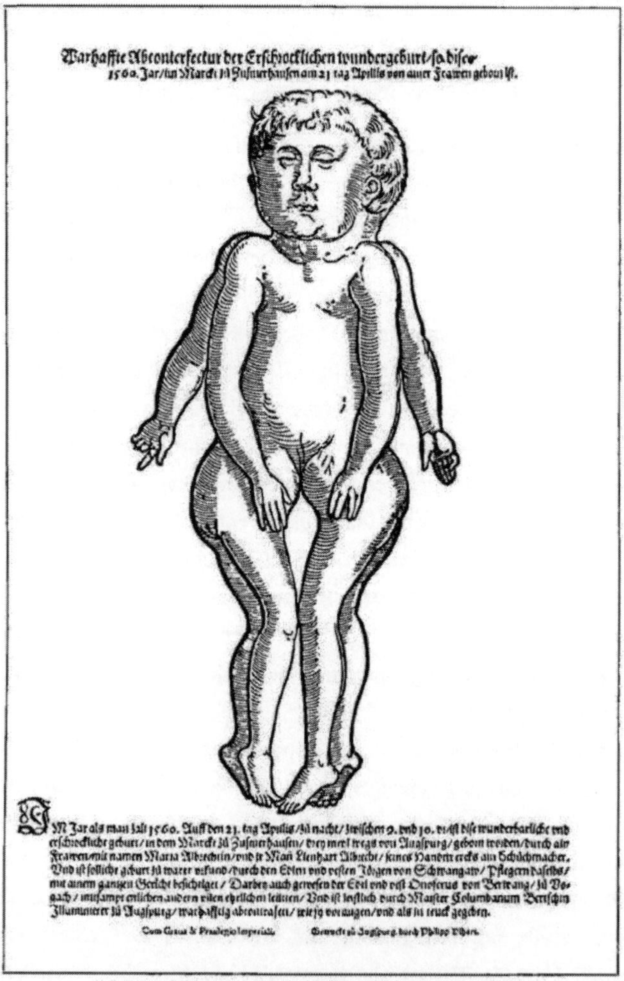

Fig. 14. Augsburger Flugblatt, Größe 32·45, 1560.

Dann entsteht der schon früher einmal erwähnte Janus- oder Doppelkopf, von dem Schatz behauptet, daß die römische mythologische Vorstellung aus solchen Vorkommen geschöpft habe. Diese Mißbildung ist nicht lebensfähig und stirbt, wenn sie lebend geboren ist, nach wenigen Stunden. Wenn also der Herausgeber sich auf die edlen und festen Herren und auf das Zeugnis eines ganzen Gerichtes beruft, so hat er das heutzutage vor dem Richterstuhl der anatomischen Wissenschaft, die diese Form der Doppelbildung als Thoracopagus bezeichnet, nicht mehr nötig.

Zunächst ist es von Interesse, einmal die Begleitumstände beim Erscheinen dieses und der folgenden anatomischen Flugblätter im weiteren Sinne sich zu vergegenwärtigen. Es war die Zeit, in der Andreas Vesalius gerade ungefähr die zweite Ausgabe seines bahnbrechenden Werkes de humani corporis fabrica libri septem basil 1555 herausgegeben hatte. Das Zeitalter der Wiedergeburt der Anatomie, ein Menschenalter früher in Italien angebrochen, war mittlerweile auch über Deutschland gekommen. Der Deutsche Albrecht Dürer war in jenen Tagen, als die Anatomie in Italien ihre Wiedergeburt feierte, dort anwesend. Die Akademie Venedig besitzt unter anderem ein anatomisches Studienblatt des Meisters. Zusammen mit dem Anatomen Antonio de la Torre machte Lionardo da Vinci nicht nur heimlich Sektionen, sondern durch vorbedachte und systematische Studien eignete er sich vor allem in einem Grade anatomische Kenntnisse an, daß er die damaligen zünftigen Anatomen um Haupteslänge überragte. Sein offenbar zum Druck bestimmtes Werk ist durch den frühen Tod des jungen Anatomen nicht zum Abschluß gekommen, doch erweisen die zufällig dem Untergang entrissenen Zeichnungen mit den dazu gehörigen in Spiegelschrift geschriebenen Erklärungen die Größe des Unternehmens, die Tiefe der Arbeit. Allmählich erleuchteten Wahrheitssucher das Dunkel mittelalterlicher Finsternis. Auch in Deutschland und namentlich in den süddeutschen Städten, die wir ja als Horte von Kunst, Wissenschaft und Kultur überhaupt anerkennen müssen, fing man an, sich für den Bau des menschlichen Körpers zu interessieren und den Gegenstand in breiter Öffentlichkeit zu verhandeln. Verbrecherleichen wurden zunächst meist außerhalb der Stadtmauern, später auch in eigens dazu errichteten Theatern öffentlich seziert. Als Zuschauer wurden zunächst nur die Magister, Apotheker und Chirurgen zugelassen. Die Universität Wien ging mit ihrer „Anatomie" 1404 voran. 1519 wurde in Leipzig eine anatomische Zergliederung vorgenommen, in Straßburg 1517; in Wittenberg mußte 1526 die erste öffentliche Anatomie wegen schlechten Wetters abgebrochen werden, woraus also hervorging, daß die Veranstaltung im Freien stattfand. Allmählich trat die Zergliederungskunst jedoch aus dem engen zünftigen Kreise heraus, und auch der gebildete Bürgerstand begann Anteil zu nehmen an dieser Art der Forschung. So wird berichtet, daß die öffentlichen Sektionen in Nürnberg wegen des zu großen Andranges auf Senatbeschluß wieder eingestellt werden mußten.

Schon vor Vesal entstand eine ganze Reihe fliegender Blätter, welche den Titel trugen: Anatomia oder Abkonterfeyum oder Konterfectum oder Konterfettum eines Mannsleibes, wie er inwendig gestaltet ist, oder eines Weibsleibes. Diese wurden zu Nürnberg, Straßburg, Frankfurt a. M., Wittenberg und an anderen Stellen gedruckt, von Briefmalern und Formschneidern hergestellt. Die Anatomie dieser Darstellungen läßt der Provenienz entsprechend meist veraltete Anschauungen zutage kommen. Es entsprechen diese zur allgemeinen Aufklärung gedruckten Modebilder nicht dem Stande der bereits entwickelteren Anatomie. Aus dem weiteren Gebiete der Anatomie fallen aber die Mißgeburten ziemlich heraus. Gehören sie doch einem Spezialgebiete der Medizin und der Geburtshilfe in weiterem Sinne an, welche man im Geiste der damaligen Zeit nur sehr selten und mit großem Vorurteil öffentlich und namentlich bildlich vorführte. Die Darstellung eines nackten weiblichen Körpers war aus religiösen Rücksichten verpönt, und es ist eine große befreiende Tat gewesen, als die berühmten Brüder van Eyck auf ihrem auch heute noch im Brennpunkte des künstlerischen und öffentlichen Interesses stehenden Altarbilde in Gent ein nacktes Weib, ohne Schutz und Blatt mit brutalem Naturalismus gemalt, zeigten.

Die Veröffentlichung von Darstellungen solcher Mißgeburten ist nach diesen Ausführungen zum Teil wenigstens auf die Rechnung jener Bestrebungen zu setzen, naturwissenschaftlich eigenartige Dinge zur öffentlichen Kenntnis und zur Verbreitung zu bringen.

Unter der Vielzahl von fliegenden Blättern mit Mißgeburtsdarstellungen gibt es aber nur eine bescheidene Anzahl solcher, welche wir als Belege hierfür verwerten können. Denn, wie wir später sehen werden, war es in den wenigsten Fällen die abnorme Körperlichkeit und das Interesse an dem anatomischen Bau oder der Lebensbetätigung einer solchen Naturerscheinung, welches den Herausgeber zum Druck veranlaßte und den Käufer anlockte.

Die Münchener Neue Pinakothek beherbergt ein Flugblatt aus dem

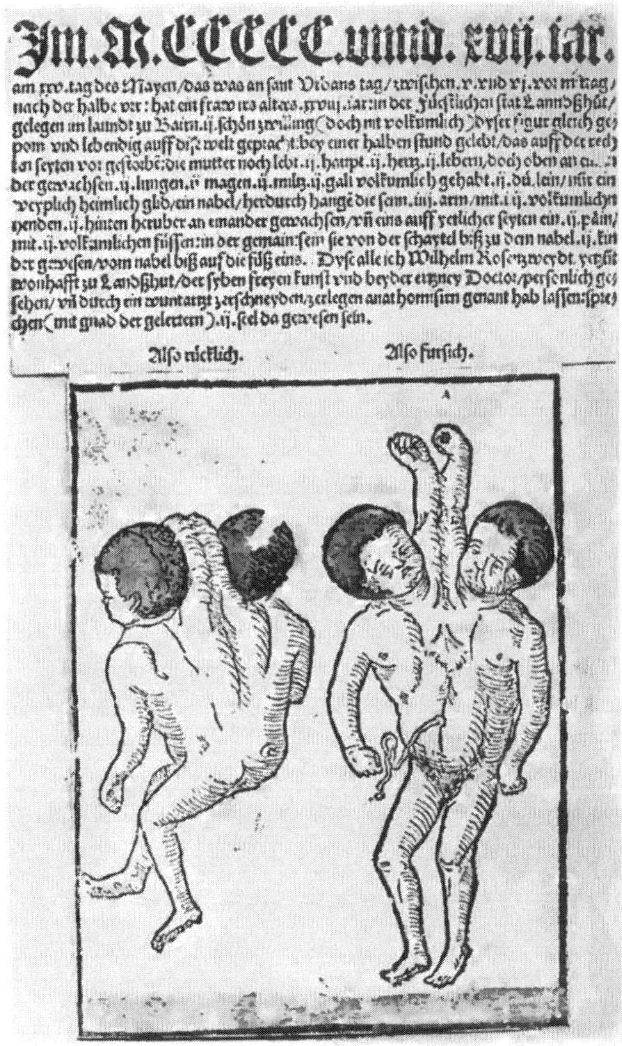

Im. M. CCCCC. vnnd. xvij. iar.

am xxv. tag des Mayen/das was an sant Urbans tag/zwischen. v. vnd vj. vor mittag/ nach der halbe vr: hat ein fraw irs alters. xxvij. iar: in der Fürstlichen stat Lanndßhût/ gelegen im lanndt zu Bairn. ij. schön zwiling (doch nit volkumlich) dyser figur gleich ge= porn vnd lebendig auff dise welt gepracht: bey einer halben stund gelebt/das auff der rech= ten seyten vor gestorbē: die mutter noch lebt. ij. haupt. ij. hertz. ij. lebern/doch oben an ein... der gewachsen. ij. lungen. ij. magen. ij. miltz. ij. gall volkumlich gehabt. ij. dū. lain/ nit ein weyplich heimlich glid/ ein nabel/ herdurch hangē die sam. iiij. arm/mit. iiij. volkumlichen henden. ij. hinten heruber an einander gewachsen/vñ eins auff yetlicher seyten ein. ij. pain/ mit. ij. volkumlichen füssen: in der gemain: sein sie von der schaytel biß zu dem nabel. ij. kin= der gewesen/vom nabel biß auf die füß eins. Dyse alle ich Wilhelm Rosentzweydt. yetzit wonhafft zu Landßhut/der syben freyen kunst vnd beyder ertzney Doctor/persönlich ge= sehen/ vñ durch ein wuntartzt zerschneyden/zerlegen anathomisim genant hab lassen: spre= chen (mit gnad der gelerten). ij. sel da gewesen sein.

Also rücklich. Also fürsich.

Münchener Neue Pinakothek.

Fig. 15. Flugblatt 1517.

Jahre 1517, welches das rein anatomische Interesse ausdrücklich betont und deshalb auch für uns besonders wertvoll ist. „Am 25. Tag des Mai, also am Sankt-Urbans-Tag, zwischen fünf und sechs vormittags, hat eine siebenundzwanzigjährige Frau in der Stadt Landshut an der Donau in Bayern zwei schöne Zwillinge lebendig auf die Welt gebracht. Sie haben zusammen eine halbe Stunde gelebt, und das rechte Kind ist zuerst gestorben. Die Mutter lebt. Zwei Häupter, zwei Herzen, zwei Lebern, welche jedoch oben aneinander gewachsen sind, zwei Lungen, zwei Magen, zwei Milzen haben sie und zwei Gallenblasen haben sie vollkommen gehabt, aber nur eine weibliche Scham, einen Nabel, vier Arme mit vier vollkommenen Händen, zwei vollkommene Füße. Bis zum Nabel waren es zwei vollkommene Kinder, vom Nabel bis auf die Füße eins. Dies alles habe ich Wilhelm Rosenzweydt,

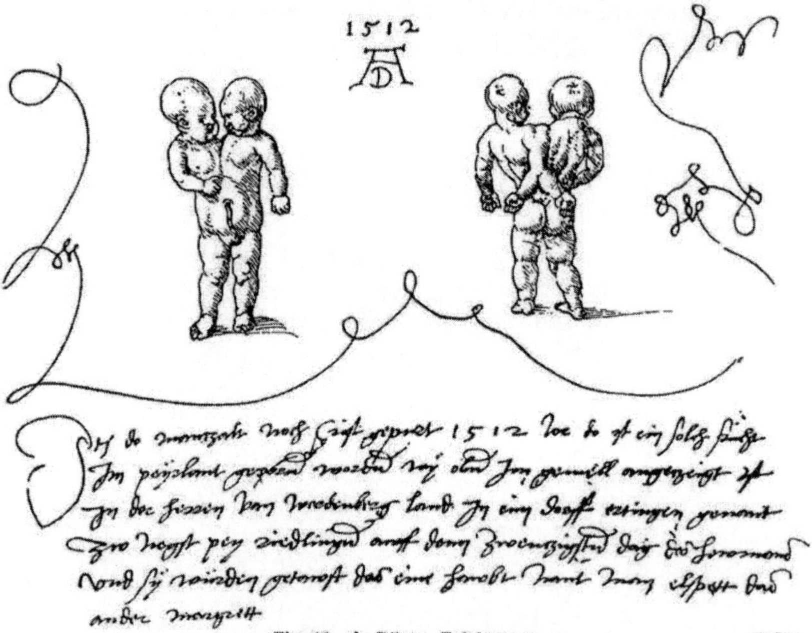

Fig. 16. A. Dürer. Zeichnung. *Oxford.*

jetztund wohnhaft zu Landshut, der sieben freien Kunst und beider Aertzneydoktor, persönlich gesehen und durch einen Wundarzt zerschneiden, zerlegen (genannt anathomisiren) lassen. Man sagt mit Gnade der gelehrtern, daß zwei Seelen dagewesen seien" (siehe Figur 15).

Die darunter befindlichen Abbildungen zeigen die Doppelgeburt „rücklich" und „für sich".

Fünf Jahre vorher hat eine ganz ähnliche Mißgeburt die Gemüter erregt. Denn kein anderer wie der große Albrecht Dürer hat sich von diesem Geschehnis eine bildliche Notiz gemacht, welche sich zurzeit in Oxford befindet.

Wahrscheinlich hat der Meister die Kinder nicht gesehen, sondern sich nach diesem oder nach einem anderen verloren gegangenen Flugblatt das für ihn Interessante und Wissenswerte auf- und abgeschrieben und aufgemalt. Auch

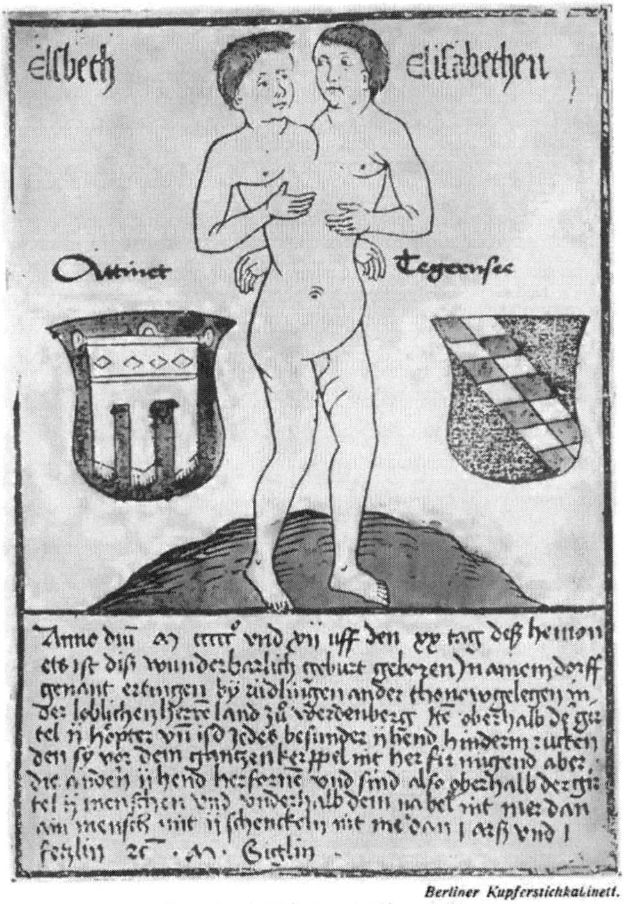

Berliner Kupferstichkabinett.

Fig. 17. Flugblatt vom Jahre 1512.

der Inhalt der Unterschrift weicht von einem vorhandenen Flugblatt, das denselben Gegenstand behandelt, etwas ab. Dieses ist das bei Peters abgebildete, im Berliner Kupferstichkabinett vorhandene Flugblatt vom Jahre 1512 (siehe Figur 17). Letzteres ist zwar in der Darstellung des Zwillingspaares ungenauer (der Nabelstrang fehlt), dafür bringt es als Schmuck die Wappen und die Namen der Kinder, allerdings auch wieder fehlerhaft. Dürer nennt

IN obern ſchwaben iſt ein monſtrum in der ſtatt Eßlingen(als man ſagt)von einem weibe gepoꝛn. von dẽ nabel auff zwu pruſt vnnd zway hawbt gegen einander ſich anſchennde. vier arm ſich vmbfangent. auch zwu ſchame gehabt. das iſt von ſtund an nach ſeiner geburt geſtoꝛben.

Fig. 18.

die Namen Elsbeth und Margit, also Elisabeth und Margarete, während das Flugblatt die Kinder als auf die Namen Elsbeth und Elisabethen getauft bezeichnet. Aber alle Flugblätter betrachten dies Geschehnis als abstraktes Naturereignis, ohne an die Geburt irgendwelche Wunderbetrachtungen zu knüpfen. Dasselbe tut eine Mitteilung einer Chronik, wahrscheinlich eine spätere Ausgabe der Schedelschen Weltchronik. Auch deren Bericht ist ungenau. Als Geburtsort wird Eßlingen mit einem Fragezeichen (als man sagt) bezeichnet. Eine Andeutung des Nabelstranges unterbleibt auch hier. Auf die Tatsache, daß eine Weltchronik solche Geburtsanomalien als der Erwähnung wert aufnimmt, werden wir noch ausführlicher zurückkommen müssen (siehe Figur 18). Licetus erinnert bei der Wiedergabe dieser Doppelgeburt an ein ganz identisches Geschehnis aus dem Jahre 1316 in Florenz. Der große Dichter Franziskus Petrarka hat uns das Epigramm hinterlassen (Kap. 21 de rebus memorandis), welches neben der plastischen Darstellung dieser Zwillingsgeburt in dem Florentiner Hospital ad Scalas eingeschrieben stand.

Hac Petrus Paulusque uno sub corpore bini
Fabrica naturae mira iacemus humo.
Cuique suum fuit et manum: fuit oris opusque
Vesicae ast vnum ventris opusque fuit
Iunxere extremae partes nos corporis ambos,
Quas neuter simulet dicat vterque suas.
Neutra ex parte pedes, capita ex vtraque fuerunt
Bina, sed e medio corpore planta fuit
Bina fuit medio quae corpora planta deorsum
Pendebat: sursum quinta erat vna manus.
Non vero nobis vnus somnusque cibusque
Nec risus nobis, fletus et unus erat.
Somno membra dabat unus; ridebat et alter
Surgebatque unus, flens quoque et alter erat.
In Florentina natos nos fluminis Arni
Valle dedit patriae; nos pia cura patris

Inde alti et sacro pariter de fonte lavati
Viximus ambo decem bis totidemque dies
Quid nunc Neptunum quid nunc Janumque bifrontem
Miraris? Stygii terna quid ora canis?
Et quid Geryonis tria corpora? Scilicet unum
Nos corpus: binas nos animasque lege.

Amüsant sind die Begleitworte des Schenck von Grafenberg in seiner berühmten Geschichte der Monstren (Frankfurt 1606) bei der Beschreibung der Florentiner Doppelmißbildungen:

„Zu uns, die wir damals in Gallien lebten, wurde ein Bild dieser Kinder durch einen befreundeten Florentiner Bürger geschickt. Der Zulauf der Menschheit zur Betrachtung dieses Bildes war ein ungeheurer. Als ich selbst sieben Jahre alt war, sah ich meinen Vater dieses Bild in den Händen halten; als ich ihn fragte, was das sei, zeigte er mir den ganzen Vorgang und befahl mir, später dies meinen eigenen Kindern zu erzählen. Ich aber erzähle es jetzt schon meinen Enkeln."

Wir sehen übrigens aus den Versen des Petrarca, daß man schon damals den naheliegenden Vergleich zwischen dieser lebenden Doppelmißbildung und den griechischen Götterbildern gezogen hat. Im übrigen ist die Form der Spaltung der oberen Wirbelsäule bis zum gemeinschaftlichen Becken (Dicephalus tetra brachius) literarisch häufiger beschrieben, da diese Form lebensfähig ist. Aus der neueren Literatur erwähne ich die Mädchen Rita-Christina, am 12. März 1829 in Sassari in Sardinien geboren. Dieselben wurden nach Frankreich gebracht, um öffentlich gezeigt zu werden. Ihre Lebensdauer betrug aber nur acht Monate. (Abbildung bei Ahlfeld und Memoires de l'Academie des Sciences Tom XI 1832.) Ferner die Rose-Marie Droim, die sogenannten St. Benoit-Zwillinge aus Kanada, welche siebzehn Monate lebten (Mac Callum Canada Medical and Sourgical J. 1878). Da diese Kinder, wie es scheint, nicht erwachsen wurden, so möchte ich das von dem Historiker der schottischen Könige Buchananus nach Camerarius erwähnte Monstrum anführen, welches zirka 1490 lebte. Unterhalb des Nabels floß die oberhalb desselben vollkommen geteilte Person in eine einzige über. Aldrovandus berichtet, daß der Schottenkönig dieses Monstrum erziehen ließ, und er scheint besondere Fertigkeit bei demselben im Gesang und der Musik überhaupt erzielt zu haben;

es wird erzählt, daß der Doppelmensch unter der größten Bewunderung aller zweistimmig sang (modulatem caneret). Es fiel besonders auf, daß die beiden Köpfe häufig miteinander zankten. Wenn das Individuum am Unterkörper

Fig. 19. Einblattdruck vom Jahre 1697.

und an den Füßen eine Verletzung erlitt, so spürten es beide Köpfe, dagegen wurden Insulte am Oberkörper von jedem einzelnen empfunden. Dies Wundergebilde der Natur soll unter der Regentschaft des König Johannes im achtundzwanzigsten Lebensjahre gestorben sein. Figur 19 zeigt einen sonst literarisch unbekannten türkischen Bogenschützen, der 1697 gefangen genommen wurde und ein Gegenstück zu diesem Schotten darstellt.

Ein italienisches Flugblatt vom Jahre 1584 beschreibt eine ganz ähnliche Doppelbildung, wie sie bei den Eßlinger Kindern vorlag. Der eine der Knaben hatte eine ausgedehnte Hasenscharte. Es scheint ein gemeinschaftlicher Nabel

Ad clariſſimũ Rhomãnoꝝ Tegis Cancellarium
dominũ Conradũ Sturcel. Iuriũ interpretem preſtã
tiſſimum. de monſtruoſo partu apud wormatiam
Anno Domini. M.CCCCLXXXXV. Quarto
Idus Septembris edito. Explanatio Sebaſtiãi brant

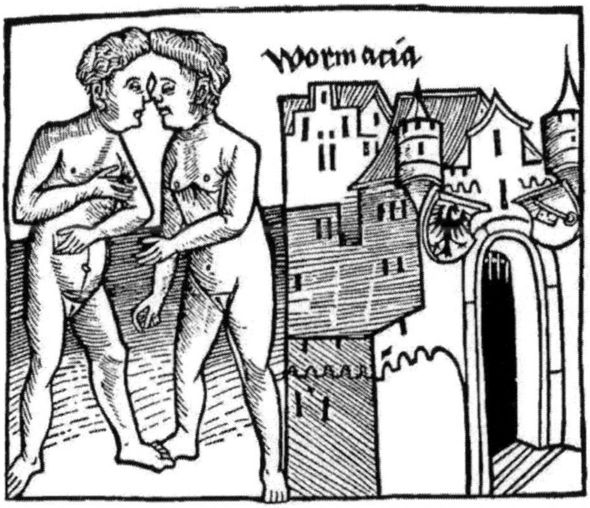

Fig 20. Flugschrift des Sebastian Brant vom Jahre 1495.

vorhanden gewesen zu sein, die Kinder waren bei der Herausgabe des Blattes (1584) noch am Leben; weiteres konnte ich nicht in Erfahrung bringen.

Unzweifelhaft das berühmteste Geschehnis dieser Art war die Wundergeburt in Worms. Vom menschlichen und auch anatomisch-medizinischen Standpunkte aus erregten diese nur an der Stirn zusammengewachsenen Mädchen das Interesse der damaligen Welt. Das geht schon aus dem literarischen Niederschlag hervor, den diese Wormser Kinder hervorriefen, von dem uns natürlich nur ein kleiner Teil erhalten ist. Wir bringen zunächst das Titelblatt der seltenen Flugschrift des Sebastian Brant vom Jahre 1495 (siehe Figur 20). Auf der linken

Seite stehen die beiden Mägdlein, rechts sieht man die Torburg der Stadt Worms. Über den Inhalt der Schrift und die Ausschlachtung des Ereignisses durch den Dichter des Narrenschiffes zu politischer Agitation werden wir später besonders sprechen. Auch Thomas Murner hat in einer Streitschrift gegen die Astrologen auf dem Titelblatt diese Kinder angebracht (siehe Figur 21). Amüsant ist dabei, daß der Wappenvogel des römischen Kaisers Maximilian, der in voller Größe in der Mitte thront, eigentlich eine tierische Mißgeburt darstellt umgekehrten Charakters. Von den alten gleichzeitigen Zeugnissen dieser Wundergeburt fesselt uns besonders der Holzschnitt, der der Nürnberger Druckwerkstätte des Kaspar Hochfelder entstammt und nur in einem einzigen Exemplar erhalten ist. Er ist eingeklebt in den Buchdeckel eines Folianten der Nordhausener Blasii-Bibliothek (siehe Figur 22). Durch das Flugblatt erfahren wir, daß „der remisch küng hat im X güldin perssanlich geschenkt.“ Auch in der berühmten Weltchronik der Cosmographey, das ist der Beschreibung aller Länder und Herrschaften des ganzen Erdbodens samt ihren Gelegenheiten, Eigenschaften, Gebräuchen und Geschichten von Sebastian Münster (Seite 907) werden diese Zwillinge besonders erwähnt und sogar abgebildet. Der Chronograph schreibt darüber: „Anno Christi 1495 gebar ein Fraw zu Birstatt in dem Dorff das zwischen Bensen vnnd Worms liegt, zwei Kinder,

Berlin, Staatsbibliothek.

Fig. 21. Flugschrift des Thomas Murner.

deren Köpf waren da vorne an der Stirnen zusammen gewachsen vnnd wann eine für sich gieng / mußt dz ander hindersich gehn / lag eines auff der rechten seiten / so mußt dz ander auff der lincken lige. Die Stirnen

Nordhausen Blasii-Bibliothek.

Fig. 22. Flugblatt vom Jahre 1495.

waren ihnen also gantz zusammen gewachsen / daß keins für sich sondern allein nebensich gesehen mocht. Da ich sie zu Mentz gesehen habe Anno Christi 1501 waren sie 6.järig. Es waren zwey Meydlin / vnnd sind vber 10.jahr nicht alt worden. Da eins vor dem andern starb mußt man das Todt von dem Lebendigen abschneiden / vnnd da dem Lebendigen das Haupt davornen offen stund / ward es auch kranck vnnd starb bald hernach." Die dann folgenden Zeilen, welche die Entstehung der Mißgeburt betreffen, werden wir noch an anderer Stelle besprechen müssen.

Nur in ganz seltenen Fällen sind solche Cephalopagen lebensfähig. Die beiden Kinder, deren Photographie uns der Kollege Bockenheimer freundlichst überwies, bei denen die Schädelvereinigung übrigens eine viel intensivere war wie bei den Wormser Kindern, erreichten leider auch nur den sechsten Lebensmonat (siehe Figur 23).

Das Interesse, welches im 16. Jahrhundert für solche anatomischen Wunder bestand, geht am besten hervor aus den Mitteilungen eines Straßburger Flug-

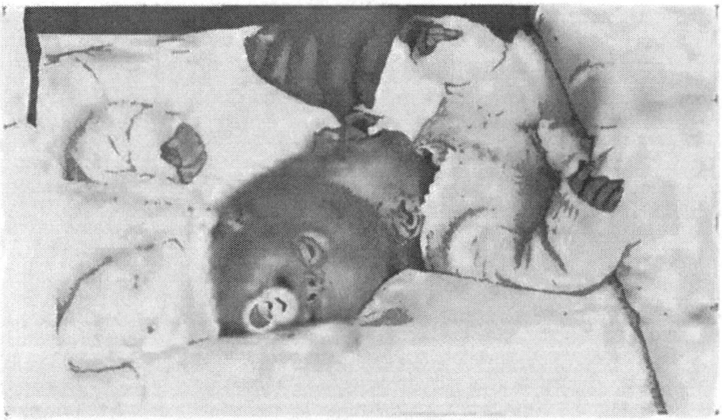

Fig. 23. 6monatliche Cephalopagen.

blattes vom Jahre 1565. Wir erfahren aus der Unterschrift, daß ein ehrsamer Bürger Straßburgs in Geschäftsangelegenheiten über Land fuhr. Als er nach Bischen kam, hörte er von einer Wundergeburt. Die toten Kinder waren offenbar ausgestellt und allem Volke zur Besichtigung zugänglich. Der Mann hatte sich nun von der Mißgeburt eine Zeichnung gemacht oder eine machen lassen (siehe Figur 24) und mit derselben als Gelegenheitshändler ein Geschäft in Einblattdrucken eröffnet. Die Bemerkung der Unterschrift, daß der liebe Gott uns zukünftig vor weiteren Mißgeburten väterlich bewahren solle, trifft den Nagel auf den Kopf, doch fehlt merkwürdigerweise gerade dieser Wunsch auf allen anderen Flugblättern. Sollte diese Bitte an den lieben Gott nur aus Geschäftsinteresse diktiert sein? Dieses Blatt wie auch das folgende vom Jahre 1524 entstammt der Sammlung der Burg Kreuzenstein. Ich sah die Blätter sonst

Warhafftige vnd Eigentliche Conttrafactur eins Wunderbarlichen geburt/so geschehen ist zů Bischen bei Roßen/in dem Elsaß gelegen/vnd ist dise geburt geschehen den fünfften tag des Mertzens/im Jar/ M. D. LXIII.

ALs man zalt nach der geburt vnsers Herren vnd Heiland Jesu Christi M. D. Lxiij. Jar, da hat es sich begeben/Das ein Ersamer Burger von Strasburg vber land gezogen ist von wegen seiner gescheften, hat jhn der weg biß gen Bischen im Elsaß getragen drei meil wegs von Straßburg gelegen/Alda gehört/wie das ein Kind geboren seye worden, einer solchen Wunderbarlichen vnd erschröcklichen gestalt (das ja gewißlich erschröcklich sein můß) als er nun nach solcher geburt nachfragens gethon vnd solches wunderwerck Gottes Allmechtigen auch begert zůsehen/welches dann jhm zůgelassen worden/nit allein jhm/sondern allem Volck so daselbst wonhafft ist/vnnd ist solch erschröckliche vnd wunderbarliche geburt/Des Erbaren vnd furnemen Jacob Schůmachers Burger daselbst, vnnd seiner Ehlichen haußfrawen Jacobe genant/bürtig von Rastatt jetzunde wonhafft zů Bischen bei Roßen gelegen an die welt bracht worden/vnnd in solcher form vnnd gestalt/wie dann dise figur oben anzeigt/Erstlich hat dises Kind einē breiten Kopff einen halß, zwei Angesicht, vier ohren/vier händ/vier füß/zwen füß seind vbersich dem rüken zůgethon gewesen, Zwen leib, vnd zwei hinder, seind beide leib knäblin gewesen/vnd ist dise geburt geschehen den 5. tag des Mertzens/vmb vij. vhren in der nacht/vnnd tod an die welt kommen//Was aber Gott der Allmechtig mit disem wunderwerck/auch andern wůnderzeichē/so wir täglich hören vnd sehen deüten, ist jm allein wissend. Derhalben so laßt vns Gott den Allmechtigen vor augen haben, vnd jn freündtlich bitten, das er vns vor solchen vnerhörten geburten Väterlich behüten wölle/durch Jesum Christum vnsern Herren/AMEN.

Getruckt zů Straßburg bei Peter Hug in S. Barbel gassen.

Burg Kreuzenstein.

Fig. 24. Flugblatt vom Jahre 1563.

nirgends, und sie fehlen auch im Drugulinschen Atlas. In Zeichnung und Unterschrift wird Objektivität angestrebt. Aus dem mit M. F. signierten Holzschnitt ahnt man nur, daß der breite Kopf aus einer Verschmelzung von zweien entstanden ist (siehe Figur 25).

Im ganzen können wir die Beobachtung machen, daß die Flugblätter des 15. und des beginnenden 16. Jahrhunderts in höherem Grade, wie die späteren, bestrebt sind, die Tatsachen einfach mitzuteilen. Das Außergewöhnliche allein erregte schon Neugierde und Kauflust. Aus der Zahl wenigstens annähernd objektiver Naturdarstellungen wollen wir noch ein Dokument der Münchener Hofbibliothek vom Jahre 1511 erwähnen. Es entstammt der Stadt Spalt. Es handelt sich um eine Doppelmißbilduug von Haupt, Armen und Füßen (siehe Figur 26). Als Wahrheitszeugen fungieren „der würdige Herr Heinrich von Porperg, der selbigen Zeit ob gemeldeter Stadt Spalt Pfarrer; auch Rat und Diener des durchlauchtigen, hochgeborenen Fürsten und Herrn Friedrichs Markgraf von Brandenburg, auch Herrn Johann Zyner daselbst „zugesell“ im Pfarrhof und anderer viel mehr, die diese wunderbarliche Kreatur gesehen haben; abkunderfeth in aller Gestalt wie es geporen ist.“ Dazu muß nun bemerkt werden, daß, abgesehen von der übertrieben theologischen und äußerst untertänigen Redeweise und Schreibart obgemeldeten Pfarrers, die Zeichnung schon einen Stich in das Phantastische enthält. Es kommt bei der Betrachtung der Zeichnung wohl kaum jemand auf die Idee, daß es sich hier um eine totgeborene Frucht handelt, sondern dieses Wesen scheint sich auf eigenen Füßen einen Spaziergang in freier Natur zu gestatten. Es fehlt auch jede Andeutung vom Nabelstrang.

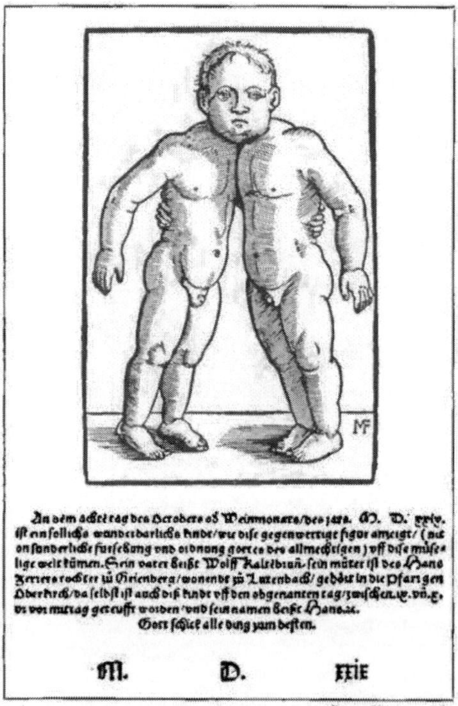

Burg Kreuzenstein.

Fig. 25. Flugblatt vom Jahre 1524.

Mit der Bemerkung, daß ein wunderliches und erschrockenliches Ding geschehen sei, betritt obgemeldeter Pfarrer schon das Sprungbrett, von dem aus so viele seiner Standesnachfolger sich geräuschvoll in den Strudel des Wunderglaubens gestürzt haben. Wir wollen aber aus Gründen der Gerechtigkeit daran erinnern, daß die Prediger der süddeutschen, namentlich bayerischen Großstädte in medizinischen Dingen ein bedeutsames Maß sowohl von Interesse wie auch Aufgeklärtheit an den Tag legten, welche sie auch für die Zeit nach ihrem Tode bewiesen. Das geht schon aus der für die damalige Zeit auffallenden Tatsache hervor, daß sie sich sezieren ließen. Wir besitzen eine größere Anzahl von Einblättern mit Sektionsbefunden von Kirchenbeamten [1]).

Alle diese Darstellungen von Doppelmißbildungen sind nur flüchtige Umrißzeichnungen ohne Anspruch auf anatomische Genauigkeit.

Münchener Hofbibliothek.

Fig. 26. Flugblatt vom Jahre 1511.

Dasselbe gilt nun von einer Federzeichnung, welche Alfred Martin, der bekannte Autor des „deutschen Badewesens in vergangenen Tagen" aus der Geschichte der Familie Ammann von Zürich publizierte. In der sogenannten Wickiana, das ist eine in der Züricher Stadtbibliothek aufbewahrte Sammlung des dortigen Chorherrn Johann Jakob Wick, im 14. Band ist auf Seite 33b eine getuschte Federzeichnung des berühmten Jost Ammann eingeklebt, welche im wesentlichen zwei gleichgebildete seitlich verbundene Mädchen, welche ihre getrennten Köpfe einander zuwenden, darstellt (siehe Figur 27). Die Zeichnung läßt an dem gemeinsamen

[1]) Eugen Holländer. Der Blasenstein in mediko-kunsthistorischer Beziehung. Berliner klin. Wochenschrift 1908. Nr. 5.

Brustteil auffallenderweise nur zwei Mamillen erkennen, aber auch zwei Nabel; dabei zwei vollkommen voneinander getrennte, nur etwas seltsam gelagerte Mittelarme. Die Chronik der Stadt Nürnberg berichtet über diesen Fall folgendermaßen: „Anno 1576 Jm Monat February hatt ein Frau zu Weerdt ein Wunderbarliche Geburth gehabt. Nemblich zwei Maidlein, die waren an der seitten an einannder gewachsen, hatten zwen Köpff, vier Henndt, vier

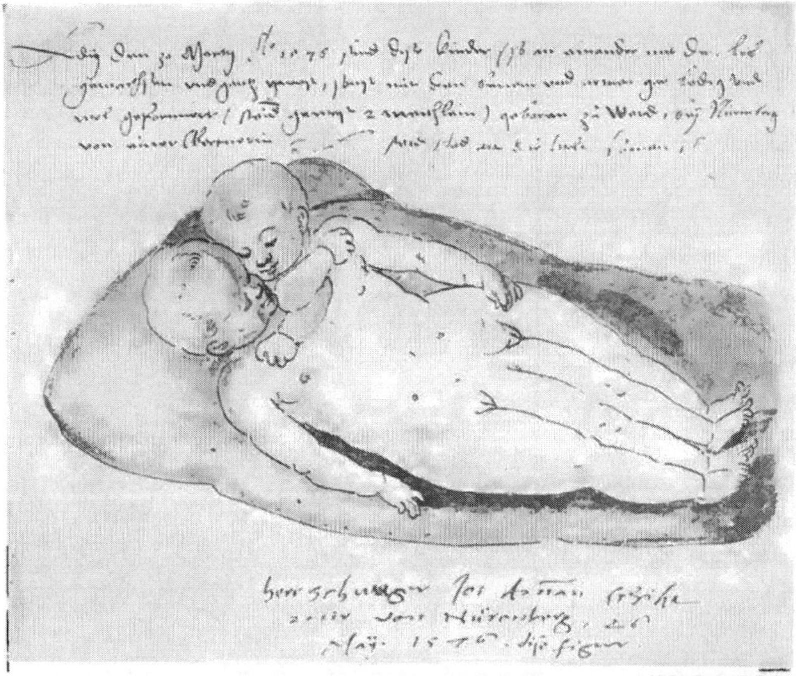

Züricher Stadtbibliothek.

Fig. 27. Zeichnung von Jost Ammann.

Füeß, zwo Schamn vnnd zwey Hinderle, wurden Todt vf die Welt geborn Vnnd es stundt mit der Muetter auch sehr gefehrlich, Aber Gott halff Jhr davon." Die Zeichnung selbst aber überschrieb Jost Ammann folgendermaßen: „A dij den 30 Martij Ao 1576 sind dise kinder (so an einander mit den leib gewachsen vnd gantʒ gewest, sonst mit den beinen vnd armen gar ledig vnd wol geformiert, seind gewest zwey meithlein) geboren zu Werd, bej Nürmberg von einer Abertnerin — sei(n)d thod an die Welt kommen. —" Durch die Unterschrift des Chorherrn erfahren wir, daß ihm diese Figur sein Schwager Jost

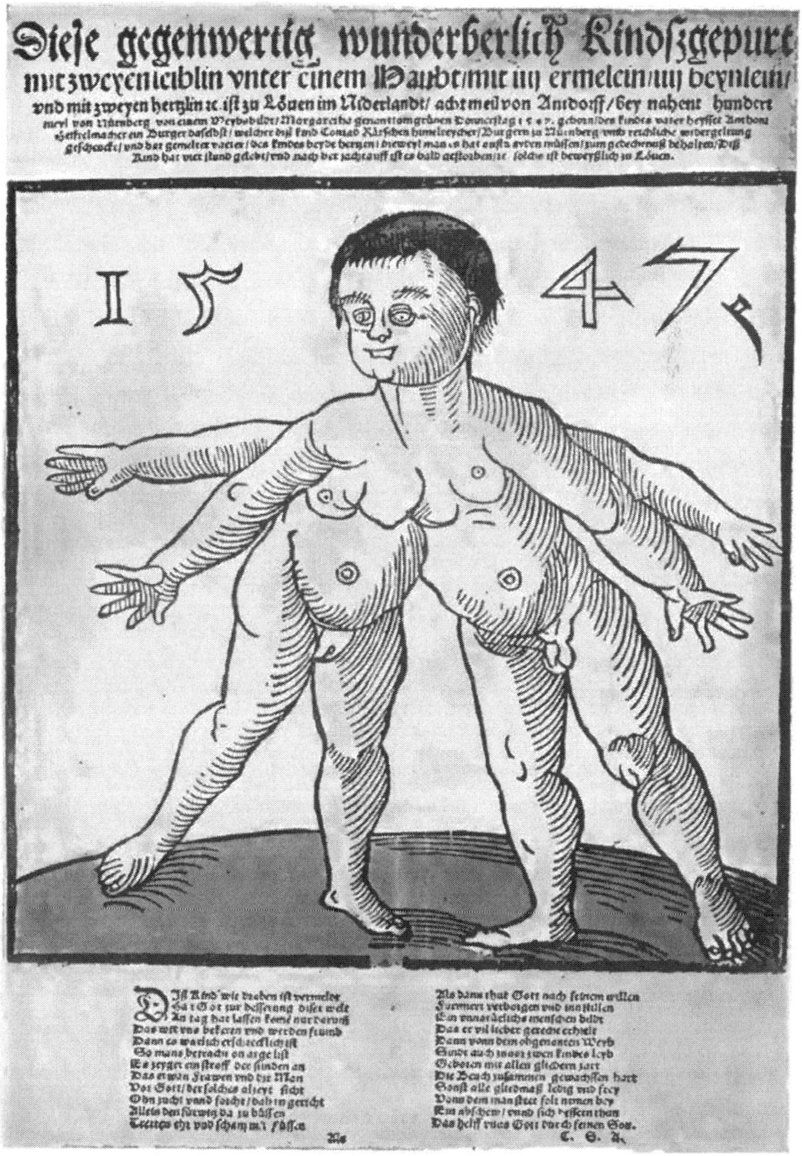

Fig. 28. Flugblatt vom Jahre 1547.

Berliner Kupferstichkabinett.

Ammann schickt, wie der auch sonst ihm gelegentlich etliche neue Zeitungen zu übersenden gewohnt war. Der erste ärztliche Beschreiber dieser Zeichnung, Martin, konstatiert nun bereits, daß diese Form von Doppelbildung sich mit keiner der bisher beobachteten Formen deckt. Ohne uns an dieser Stelle in eine wissenschaftliche Diskussion einzulassen, wollen wir nur aus unserer persönlichen Auffassung kein Hehl machen, daß diese Zeichnung nichts Charakteristisches für eine objektive Abbildung an sich trägt. Sie steht auf demselben Niveau nach dieser Richtung hin wie die Dürersche Skizze aus Oxford. Entweder hat, was sehr wahrscheinlich ist, der Maler überhaupt die Mißbildung selbst gar nicht mit eigenen Augen gesehen oder zum mindesten nur aus der Erinnerung flüchtig skizziert, oder er hat seiner Zeichnung ein Flugblatt zugrunde gelegt. Hieraus ergibt sich schon, daß das Blatt nicht als wissenschaftliche Unterlage dienen kann. Aber uns interessiert dies ja bei unserer Betrachtung hier auch nur gewissermaßen im Nebenfach. Wir stimmen aber mit Martin darin überein, daß die kulturhistorische Seite der Skizze Beachtung verdient, denn Ammann wie sein größerer Kollege Dürer versagen es sich, dem Wunderglauben der Zeit und ihrer Geschmacksrichtung auch nur einen Strich zu opfern.

Es sollten diese Dokumente aus einer größeren Anzahl dafür Zeugen sein, daß einmal der Gegenstand selbst das deutsche Publikum besonders reizte, und daß man zunächst auch bestrebt war, die Tatsachen allein sprechen zu lassen.

Daß man aber auch schon frühzeitig solche Mißgeburtsflugblätter sowohl nach Zeichnung als auch inhaltlich absichtlich übertrieb und sogar fälschte, das bezeugt leider die Mehrheit solcher Drucke. Wir bringen zum Beweise zunächst die Darstellung der wunderbarlichen Kindsgeburt vom Jahre 1547 (siehe Figur 28). Hier stehen — man kann sagen in dekorativer Stellung — zwei sogenannte Sternopagen, das heißt im Brustteil vereinigte Kinder. Die Zeichnung entspricht auch nicht dem Inhalte, denn während von zusammengewachsenen Bäuchen die Rede ist, sind auf dem Bilde die Kinder eigentlich bis zur Brust getrennt. Absolut irrtümlich ist die Wiedergabe der Geschlechter, die unter allen Umständen der Natur nach gleichnamig sind. Vor irgendwelcher wissenschaftlichen Verwertung eines solchen Falles in teratologischer Beziehung ist also zu warnen. Das ganze Blatt ist charakteristisch für den größeren Teil solcher Flugblätter mit ausgesprochener Tendenz. Einmal besteht die Absicht, aus solchem Naturereignis Kapital zu schlagen. Diese

Mißgeburt wurde in Löwen in Niederland, hundert Meilen von Nürnberg, geboren. Der Vater verkaufte die toten Kinder gegen reichliches Entgelt einem Nürnberger Bürger, behielt aber zur Beschwichtigung des väterlichen Pietätsgefühls nur die beiden Herzen seines Kindes zurück. Der Nürnberger verwandte das Präparat teils wohl zu Schaustellungen, teils aber auch als Vorlage zur Herstellung und zum Vertrieb des Flugblattes. Die andere Tendenz geht aus den unterschriebenen Versen hervor und ist für eine Flut ähnlicher Einblätter bezeichnend und charakteristisch.

Dies Kind wie droben ist vermeldt
Hat Gott zur Bessrung dieser Welt
An Tag hat lassen kommen nur darum
Daß wir uns bekehren und werden frumm
Dann es warlich erschrecklich ist
So mans betrachtet ohn arge List.
Es zeiget ein Straf der Sünden an
Daß etwan Fraun und die Mann
Vor Gott, der solches allzeit sicht
Ohn Zucht und Forcht dahin gericht
Allein den Fürwitz dazu büßen
Treten Ehr und Scham mit Füßen
Alsdann tut Gott nach seinem Willen
Formiert verborgen und im Stillen
Ein unnatürliches Menschenbild
Das er viel lieber gerecht erhielt
Dann von dem obgenannten Weyb
Sind auch zuvor zween Kindes leib
Geboren mit allen Gliedern zart,
Die Bäuch zusammen gewachsen hart
Sonst alle Gliedmaß ledig und frey
Von dem man stets solt nehmen bei
Ein Abscheu und sich bessern tun
Das helf uns Gott durch seinen Sohn.
C. S. A.

Wir haben es also hier mit einer ausgesprochenen Tendenzschrift zu tun. Wir werden noch später vielfach Gelegenheit haben, uns mit den verantwortlichen heimlichen Redakteuren dieser Erstlingspresse zu beschäftigen. Wir können

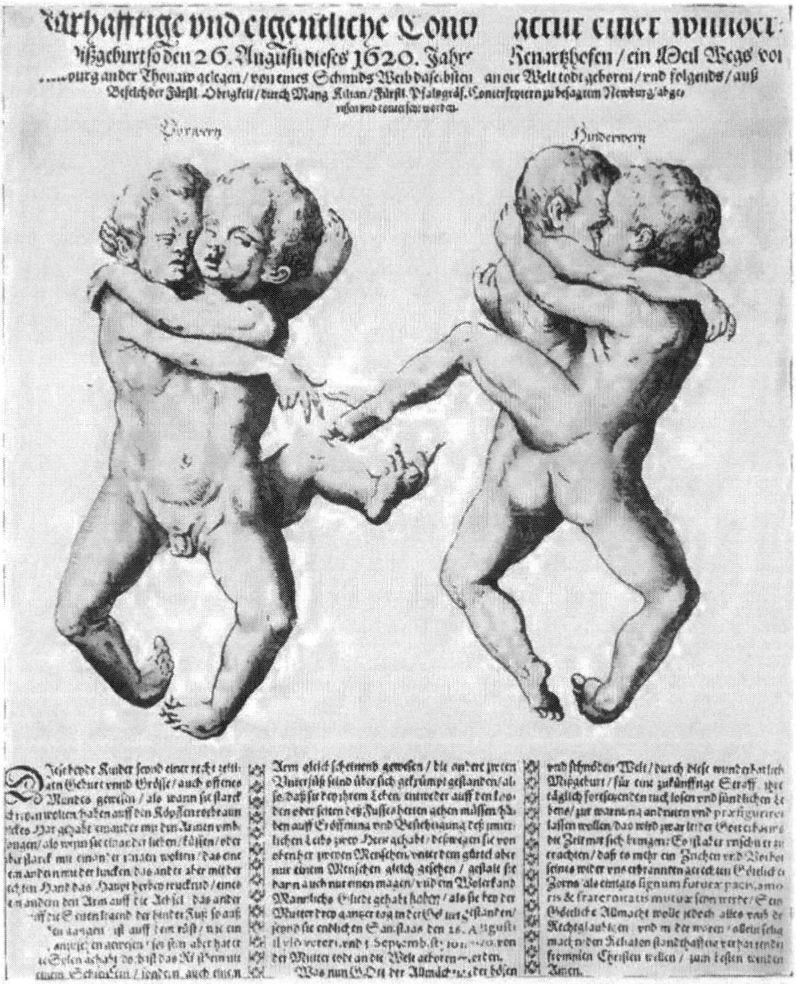

Münchener Neue Pinakothek.

Fig. 29. Flugblatt vom Jahre 1620.

dabei mit Bedauern feststellen, daß skrupellos der Boden der realen Möglichkeiten verlassen wird, und daß die Herausgeber dieser Flugblätter solche Naturereignisse zur Verbreitung des Glaubens an übernatürliche Dinge (oder des Aberglaubens?) benutzen. Es soll zur Illustrierung dieses Betriebes nur noch ein Flugblatt vom Jahre 1620 mit einer Doppelmißgeburt hier wiedergegeben werden (siehe Figur 29). Die wissenschaftliche Bezeichnung der einwandfreien

Zeichnung lautet: Thoracopagus tetrabrachius tripus. Der Fuß des gemeinschaftlichen Beines besitzt überzählige Zehen. Auch die Fußstellung der beiden anderen Extremitäten ist eine pathologische. Die Kinder, mit rotbraunem dickem Haar geboren, sind so gezeichnet, als wenn sie sich küßten und zärtlich umarmten. Auf diese Stellung spielt die Unterschrift an: „Was nun Gott der Allmächtige der bösen und schnöden Welt durch diese wunderbarliche Mißgeburt für eine zukünftige Strafe ihres täglichen fortgesetzten ruchlosen und sündlichen Lebens, zur Warnung andeuten und präfigurieren lassen wollen, das wird zwar leider Gott erbarms die Zeit mit sich bringen: es ist aber unschwer zu erachten, daß es mehr ein Zeichen und ein Vorbote seines wider uns erbrannten gerechten göttlichen Zorns, als eines signum futurae pacis amoris et fraternitatis mutuae sein werde. Seine göttliche Allmacht wolle jedoch alles um der Rechtgläubigen und in der wahren allein seligmachenden Religion standhaftig verharrenden frommen Christenwillen zum Besten wenden."

Schon aus der Auslese dieser Dokumente ersehen wir, daß die Klerisei die rein antike Form der Ausnutzung göttlicher Wundererscheinungen und Wundertaten im Laufe der Zeit akzeptierte. Zunächst bei der Götterdämmerung in der antiken Welt mußten erst die überragenden Eigenschaften der neuen Religionsstifter durch direkte, in die Augen springende Wundertaten bewiesen werden. Damals wurde das Volk geblendet und fanatisiert eben durch die imponierenden Heiltaten und Totenerweckungen der Religionsstifter. Als aber später ein Mindestmaß von Kritik in die Menge eingezogen war, da kam man gerne auf die Form der antiken Wunderoffenbarungen zurück, schon deshalb, weil es ein köstliches Vorrecht des Priesters war, die geschehenen Naturerscheinungen zu deuten. Die Mißgeburt allein war noch nicht das Wunder selbst, erst durch die Auslegung der Diener Gottes wurde es dazu.

Tierische Mißgeburten.

Auf dem Gebiete des Wunderwesens herrscht ein völliges Gleichmaß zwischen menschlichen und tierischen Mißbildungen. Die Geburt einer tierischen Mißgeburt bedeutete Unglück. Als typisch bringen wir die Zeitungsnotiz der (Berliner) „Sonntagsche Fama" vom Jahre 1687 aus Lübbenau. „Allhier ist ein Kalb zur Welt geboren, welches zweene Köpfe acht Füße und zweene

Schwänze, und doch nur einen Leib und ein Hertz gehabt: daß aber das Unglück / welches der gerechte Gott mit diesem Monstro uns dräuet / nicht treffe / wird ein jeder bußfertiger Sünder von dem Allerhöchsten zu erbitten wissen." Ja, auch in pflanzlichen Abnormitäten ersah man den überirdischen Willensausdruck. Die mittelalterliche Geistesrichtung wollte eben in diesen

Fig. 50. Die Doppelsau von Landser. A. Dürer 1496.

Dingen nur Metaphysisches und Symbolisches sehen; und davon nahm alles Übel seinen Anfang. Mißgeburten kommen bei Tieren viel häufiger vor wie bei dem Menschen. Das liegt, wie dies schon Aristoteles erkannt hatte, an der Häufigkeit der Geburten und an der Vielzahl derselben. Die Berichte aus dem Altertum von Tieren mit überzähligen Bildungen der Extremitäten und mit Doppelköpfen überwiegen die von menschlichem Mißwuchs. Die Betrachtung des von uns besonders studierten Flugblattmaterials läßt freilich zunächst das Gegenteil konstatieren. Das liegt wohl an der Tatsache, daß die Häufigkeit der tierischen Abnormität derselben zunächst das Schreckliche und das Wunderbare nahm. In den vielfach erwähnten Monstrenbüchern des 16. und 17. Jahrhunderts finden wir aber schon ein ganzes Museum von Doppelkatzen, Doppelkälbern, Hühnern mit überzähligen Flügeln und Beinen beisammen. Oft, wenn der Mißwuchs grotesk genug wirkte, begnügte man sich in den Flugblättern mit der einfachen Wiedergabe der seltsamen Erscheinung; sonst aber wurde erst

Berliner Kupferstichkabinett.

Fig. 31. Oberer Teil eines Flugblattes von Sebastian Brant.

aus ihrer Drucklegung ein lohnendes Geschäft, wenn das Moralisierende oder „Wunderbarliche und Erschröckliche“ betont werden konnte. In dem Drugulinschen Katalog der Flugblätter figuriert unter Nr. 25 als überhaupt erstes Flugblatt mit tierischen Mißgeburtsdarstellungen der Dürersche Holzschnitt vom Jahre 1496 mit der Doppelsau von Landser. Das Flugblatt selbst habe ich nicht zu Gesicht bekommen, dagegen ist die Dürersche Zeichnung im Einzeldruck nicht selten (siehe Figur 30). Sebastian Brant hat diese Schweins-Mißgeburt in seinen Flugblättern mehrfach erwähnt, doch entsprechen sich beide Darstellungen nicht genau. Lykosthenes beschreibt den Vorfall folgendermaßen: Im Sundgau, einer der fruchtbarsten Provinzen Germaniens, im Dorfe Landser

In dem jar nach Christus gepurdt M·cccc·v·auf den sontag jubilate·das ist viertzehen tag nach ostern·hat eyn gepaurs man von Nyderflerßheym gen wachenheym auff der prymen gelegē geen wöllen/vnd on geuerd eyn rappen auff eym acker mit seinen schen spitzen etwas kysen vnd beyssen/des er sich verwundert/vnd doch hinzu gieng zusehen was der vogel für eyn aß erflogen het/vnd alß er sich dem rappen naher sahe er jn auff eym wunderbaren jungen lebendigen heßlin sytzen·vnd jn auffgepicket haben seinen leib/vnd von seinem gedermen vnd eyngeweid geessen/als bald floch der vogel hinweg. Do besahe der baur den hasen mit fleiß/vnnd fand an jm/drey augen/zwen leib von eynander getailt/vnd in yedem eyn aigen hertz/eyn haubt/vnd acht füeß ꝛc. Alles jn aller gestalt wie die hyenieden entworffen figur anzaigt. Der baur gedacht jn seinem gemüet. O wunderbarer got jn deinen geschöpften/was seltzamen thiers ist das. vnd hub den hasen auff/trug jn mit jm aber tod gen wachenheym jn des wirtes hauß. vnd ließ die seltzam creatur vil menschen offenbarlich sehen/die groß wunderung vnd erschreckung des frembdē thiers vnd seiner bedeütung hetten. Nachuolgende ward das heßlein zugefügt vnd geschenckt dem ernuesten junckgern han sen von wachenheym ꝛc. der es als bald auff nachuolgenden montag/dem kunstreichen maister Nicolasen Nyeuergalt maler vnd burger zu worms pracht. jm solichs aygentlich ab zu kunterfeyten. der es also zuthun annam. vnnd gleichförmig diser hye beygesetzten figur den hasen abgekunterfeyet hat.

Ermanung zu betrachten die manigualtigen wunderzaichen

vnd erscheinungē seltzamer wunderbarer geburten. von menschen vnd thieren. die sich yetzundt zu vnsern zeyten mer offenbaren dann jn vil vergangen jaren gesehen worden sein

Wachenheym auff der pfrymen. Nyderflersheym

Reinn red·
kein schrifft/darzu
keinen ler.
yetz jn der welt
man acht nit mer
Dann die da sagt von yppigkeyt.
darzu man ist mit fleiß berayt
Zu hören lesen/vnnd treyben
Ich mainn auch etwas zu schreiben
Von disem heßlin. das da ist
geworffen als du oben list
Das jar/die zeyt. darzu das land.
so waiß jch das vns sein bekannt.
Vil wunderzaichen mancher thier.
mit jr bedeütung all gar schier.
Wir haben fleiß wol aufgelegt
das vns doch alles nit bewegt.
Von vnserm fürnemē ab zu stan
vnnd vnrecht wunder wegen lan.
Wann stoltz gewalt vnnd übermut.
gleich Lucifern/thut auch nit gut
Als wir oft wunderzaichen sein
vnd des geschehen manichen schein.
Von dem hochgelerten genannt
sebastianus Brant. bekannt
In teütschen vnnd welschen landen.
do er schreybt vil zu drut vorhanden
Wann all die vngeborn sein
vnd vnnder einander selber peyn.
Das wir vns jn geboren kein
vnd kennen keines rechten wein
Es mag nit bestan kein lange zeyt.
auf all sein log man gar neüe geyt
Wie wol ers nit vō jm selber schreibt
bey der geschrifft er allweg bleibt.
Vnd zaigt an die alten geschicht
darauß empfecht er gut bericht.
Was nachgeuolgt hab yedes jar
so wunderzaichen geschahen vor
Am gestyrn an menschen vnd an vich
darauff auch yetz eyn yeder sich
Vnd fug sich nach zum rechten zil
der wandel kaint sein stadt zu vil
Das jn der rapp mit überflieg
vnd sein gederm dem leib auszieg
Als geschehen ist dem hasen dort
der sich zu schnell nach seiner gepurt.
In frembd veld zu lauffen kert
darumb von rappē was gekehrt
Vnd sein gederm gar hart verwundt
biß er der bawer solichs verstund
Sein leben jm den gantzen was
darbey laßt jr sein fürbas
Des rappen art vnd aygenschafft
der sonder hat eyn grosse krafft
Sein narung zu suchen also
wen er begreifft wart selten fro
Nu mer ich yetz auch schreiben will
dann lesen wir ergangen vil
Zu Bertlat Gugenheym kam er
gedruckt jn daz landt weyt vnd ferr
Den stain zu Ensißheym im veracht.
des Fuchßbachs aufliegung betracht
Da werdt jr vinden was bedeüt
nemlich verderbung lant vnd leüt
Das yeder aygen willen hat
vnd all ding rechen mit der that
Dē rechten abpruch thun mit gewalt
biß sich vnder guter gestalt
Verlurder pringen auff die ban
sein nachpaurn nit mit friden lan.
Aygen nutz für gmain setzen
thut all stend der welt yetz letzen.
Des werden wir noch mer erfarn
sterben on zal wirt vns nit sparn
Wa wir nit leben auff die schantz
so hebt sich bald eyn ander dantz.
Darumb wir erlichen leben söln
dē nachstē thun als wir habē wöln
Das er vns der zu aller stund
eyn yeglichen sein recht gund.
Ein yeder selbs wöll secken sich gepot
thun yeder selbs gepeut vns got
So wurden wir genad am end
wan vns hinzuckt der tod behend
Von diser erd vnnd jammertal
vnd bleybē gar frey vom teüfels qual.
Dē rappen wir gantz des bösen veind
vnd werden mit von jm gepeint
Als heßlein ward auff zerdenn veld
got geb vnns allen glück vnd seld
Das wir vnd dißem hye auff erd
das yeder dort bey got sey werd
Im chor vnd thron der engel schar
dann vns got allzampt bewar
Das wir verachten nit die zeyt
der zaichen die vns got bald geyt.
Als vns die heylig schrifft anzaigt
ee sichs zum jungsten tag zunaigt
Last vns got bitten für sein zorn.
das nit sein leyden werd verlorn
An vns ellenden sundern groß
maria empfach vns jn dein schoß
Zu letst wann wir von hinnen farn.
so wöllst vns jn dei schirm bewarn
Amen

Gedruckt zu Oppenheym.

Fig. 32. Oppenheimer Flugblatt vom Jahre 1505. Der Doppelhase.

ist ein Schwein geboren mit einem Kopf, vier Ohren, zwei Augen und Zungen, drei Füßen und einem Körper, welcher vom Kopf bis zum Nabel vereint, in dem hinteren Teil aber völlig getrennt ist. Gleich darauf beschreibt derselbe Autor

WARE CONTRAFECTVR EINES LAMPELS MIT
Dreÿen Leibern und einem Kopff So im versch:
inen Monat Julÿ dieszes 1620 Jahrs Zue Claußenburg
in Hungarn von einem Schaff allso gestaltet gew.
orffen und uon Furnehmen herrn gesehen
Worden.

Fig. 33.

auch die monströse Gans mit zwei Köpfen, einem Hals und vier Füßen. Die Schilderung des Lykosthenes geht offenbar auf das Flugblatt von Brant zurück (siehe Figur 31). Dürer stellt das Schwein nun als lebend und erwachsen dar; es erscheint deshalb zunächst fraglich, ob die Dürersche Arbeit eine Natur-

Wunder-würdiger und seltzamer

Scheusal

Eines entsetzlich- und ominösen

Ratten-Ungeziefers/

So da den 4. und 14. Julii/dieses mit GOtt tagenden 1683. Jahrs/jüngsthin zu Straßburg in einem Keller gefunden worden.

Nach dem von guter Hand erhaltenen Original-Riß/ihrer Gestaltung also in Kupffer-Bildnüß/zur Verwunder und Anschau vorgestellet.

6 Ratten welche mit den schwaiffen sehr ineinander verschlungen den 14 Juli in einen Keller zu Strasburg gefangen worden.

Zu finden bey J J Felsecker

Wann je und allezeit die Abscheulichkeit unserer Sünden-Greuel/ auch abscheuliche und greuliche Straffen/ (welche uns/leider! zum Theil schon zimlich in die Hände gehen / und fast nahe herein rücken) verdienet und empfangen / so ist es ja auch kein Wunder / wann der grundgütige Wunder-GOtt uns auch vorhero/ noch zur gnädigen Erinnerung/ mit so abscheulichen Schrecken-Boten und Wunder-Begebenheiten heimsuchet. Wie allhier Conterfeylich / zu männigliches Nachsinnen und Erinnerung / vorgestellet ist; das garstige und unflätige Ratten-Ungeziefer/welches zu Straßburg in Herrn Ammeister Würtzens Keller/den 4. und 14. Julii/mit jedermans Entsetzen/und vieler Leute verwunderlichen Anschauen/ist gefunden und vorgewiesen worden. Nemlichen sechs mercklich grosse Ratten/ so da mit den Schweiffen alle ineinander geweckelt und verwachsen/ daß sie nicht ohne Verletzung voneinander kommen kunten oder zu bringen waren/sondern sich gleich einer Rose ausbreiteten/ deren einer hier / der andere dort hinaus wolte. Worüber es von vielen auch viel- und wunderliche Muthmassungen abgabe. So zwar auch nicht ohne: Dann die so vielfältig gifftige/widersinnig und unchristliche Anschläge / welche doch Christen wider Christen untereinander högen und ausbrüten/ deren einer hier/ und der andere dort/ als wutgierig und zwiespaltig hinaus will / sind eben auch ein solches gifftiges und Länder-verderbliches Unheil / als hier an diesem Ratten-Ungeziefer zu sehen / vorgestellet und gewiesen wird. Von einem guten Freund wird anbey berichtet/ daß man dieses Ratten Spectacul zu gedachten Straßburg nach der Pfaltz oder dem Rahthaus allda selbige verwunderlich zu weisen gebracht / und nachdeme man sie hernach alle erschlagen wollen / seye jedoch einer darvon entkommen, die andern aber wohl getroffen ligen blieben. GOtt zerstreue und verstöre also alle böse und gifftige Anschläge / wider sein Christliches Häuflein/ daß solche nicht überhand nehmen / und in dem tieffen Abgrund Blut-begieriger Hertzen einwurtzeln mögen.

[illegible]

Nürnberg, Germanisches Museum.

Fig. 34. Der Rattenkönig. Flugblatt vom Jahre 1683.

abschrift ist. Eine zoologische Parallele zu Dürers Doppelsau ist der Doppelhase von Niederflörsheim, wie ihn das Oppenheimer Flugblatt vom Jahre 1505 abbildet (siehe Figur 32). Die Schilderung des Fundes dieses Doppelhasen ist nun ganz einwandfrei und natürlich. Ein Bauer sieht auf dem Felde einen Raben an einem Tier herumhacken. Er geht darauf zu und findet ein junges, noch lebendes Häslein mit drei Augen und zwei vollkommen geteilten Körpern, acht Füßen und so weiter. Er bringt das mittlerweile durch die Bisse des Raben getötete Häschen in das Wirtshaus, wo es ihm der Junker abkauft, der es dann vom kunstreichen Meister Niclasen Nyeurgalt, Maler und Bürger zu Worms, aigentlich abkundterfeyen läßt, wie aus beigesetzter Figur zu ersehen sei. (Vgl. auch Jean Paul, Dr. Katzenbergers Badereise I, 14. 15.) In dem folgenden Gedicht werden die vielen gerade um die Wende des Jahrhunderts erfolgten Wunderzeichen, die wir ja zum größeren Teil aus den Flugblättern kennengelernt haben, rekapituliert, die Not und die Strafe Gottes, die jedes Jahr nach solchen Wunderzeichen erfolgten, in Erinnerung gerufen. Die Zeichnung des beigedruckten Holzschnittes ist aber kein Zeugnis für den Realismus des kunstreichen Malermeisters. Im Gegenteil illustriert er nur den Inhaltsteil des Gedichtes, welcher in dem Ereignis die Wirkung des bösen Feindes sieht und zukünftige Teufelsqualen dieses Jammertales.

Die Dürersau aus Landser wird aber völlig geschlagen von dem „Lampel" aus Klausenburg (siehe Figur 33). Wenn wir dessen Darstellung Glauben schenken dürfen, so münden hier drei völlig normal gebildete Lämmer in einen einzigen Kopf. Das Flugblatt mit dem illustrierten Rattenkönig von 1683 aus Straßburg zeigt das umgekehrte Verhältnis der Vereinigung (siehe Figur 34). Das offenbar nach der Natur gezeichnete Abbild des „Naturscheugeschöpfs" zeigt die am Schwanze zusammengewachsenen Ratten, und es ist selbstverständlich, daß man in diesem Gebilde den Schreckensboten sah allwegen der Abscheulichkeit unserer Sünden und Greuel. Joachim Bellermann konnte noch im Jahre 1820 das bisher bezweifelte Dasein eines Rattenkönigs durch eine Abhandlung über einen von ihm beobachteten Fall bestätigen[1]). Bellermann läßt noch die Frage offen, ob die Schwanzverschlingung schon vor der Geburt erfolge oder erst

[1]) Joh. Joachim Bellermann, Über das bisher bezweifelte Dasein des Rattenkönigs. Berlin 1820.

Fig. 35. Flugblatt vom Jahre 1603.

nach derselben vor sich gehe. Den Nimbus des Königtums erhielt solch Rattenkonglomerat fälschlicherweise zuerteilt durch die Beobachtung, daß diese durch die Schwanzverschlingung unbeweglich gewordene organische Masse von den anderen Ratten ernährt wurde.

Häufig wird in den Sammlungen noch das Einzelblatt des Heinrich Ulrich mit dem Wildkalb mit zwei Köpfen vom Jahre 1603 angetroffen. Die Beischrift berichtet untertänigst, daß der Markgraf zu Brandenburg Joachim Ernst den ersten Schuß auf das Muttertier abgegeben hat. Das Gesetz von der Duplizität der Fälle erweist sich aus der Tatsache, daß in demselben Jahre ein lebendes Hirschkalb mit derselben Deformität durch einen Köhler gefunden wurde (siehe Figur 35). Wir bringen nur das letztere Flugblatt, dessen oberer Teil auch allein vorkommt. Es kann unmöglich unsere Aufgabe sein, alle solche graphisch verewigten vielköpfigen Katzen, Hunde, Eidechsen, Hühner, Gänse zusammenzustellen. Aldrovandus bildet allein schon ein ganzes Museum solcher tierischen Mißgeburten ab. Daß noch im Jahre 1740 ein großes Interesse für solche Irrungen der Natur bestand, beweist uns ein Nürnberger Flugblatt (siehe Figur 36). Aber auch heute noch erzielt auf Rummelplätzen und Kirmessen solch totes oder lebendes Krüppelvieh volle Häuser. Ganz besonderes Aufsehen erregte einst ein Perückenbock, der heute in keiner großen Geweihsammlung fehlt. Das Flugblatt von 1580 und ein zweites, in Augsburg gedruckt vom Jahre 1676, führt uns die damals noch als etwas

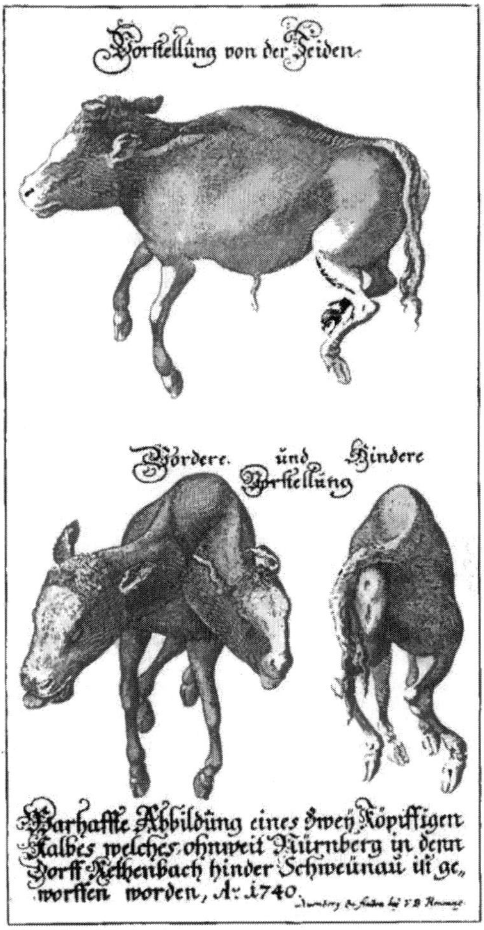

Fig. 36.

überaus Seltsames angestaunten Tiere vor (siehe Figuren 38 u. 39). Das Wunderferkel vom Jahre 1619 scheint mir die Erinnerung an das später zu besprechende Mönchskalb von Luther neu erwecken zu sollen (siehe Figur 37).

Ein ganz besonders — wenn ich so sagen darf — spezialistisches Interesse erregten die pflanzlichen Abnormitäten. Aldrovandus' Sammlung ist auch in dieser Hinsicht eine Fundgrube. Da finden wir zusammengewachsene Melonen,

Fig. 37.

Äpfel, Paradiesäpfel und seltsame botanische Verirrungen, Rosen zum Beispiel, aus deren Innern statt der Staubfäden wieder Rosenäste herauswachsen, Gerste, deren Einzelhalm sich in einen Fächer von fünfzehn Ähren auflöst, Getreide, welches auf Bäumen wächst, Trauben, welche bärtig sind (siehe Figur 40). Es erübrigt sich, im einzelnen auf die Betrachtung solcher Flugblätter mit pflanzlichem Mißwuchs einzugehen. Gerade bei den Varianten des Brotgetreides liegt die Anspielung auf bevorstehende Not oder Überfluß zu nahe. Ein Flugblatt vom Jahre 1676 faßt eine Anzahl solcher Einblätter, die wir zum Teil noch besitzen und auch teilweise schon erwähnten, noch einmal

Münchener Hof- u. Staatsbibliothek.

Fig. 38. Flugblatt vom Jahre 1580.

zusammen (siehe Figur 41). Die Zeichen, die das liebreiche Vaterherz Gottes den Menschen in diesen Zeiten schickte, können als Warnung,

Fig. 39. Perückenbock. Flugblatt vom Jahre 1676.

Drohung oder Verheißung aufgefaßt werden. Außer zu Nebensonnen (1), dem Kometen (2), der Wunderähre (3), dem wunderlichen Gersten- und

Weizengewächs (4), der ungewöhnlich großen Traube (5), führt uns der erzürnte Gott in die Tierschule, um uns an dem gegenwärtig gefundenen Rehbock (6) einen stinkenden Greuel zu zeigen, „dessen natürliches Bildnis uns zweifelsfrei nichts anderes anzeiget, als daß die übermachte Ala-

Fig. 40. Illum. Flugblatt. Augsburg 1695.

mode, die scheinprächtigen Garnituren und dergleichen Hoffartsgreule vor und in den Augen Gottes ein stinkender Greuel sei." „Und wollte Gott, daß nicht dieses vernunftlose Wild uns vielleichten zur Bestrafung unseres Vernunftmißbrauches heimlich hierdurch zu verstehen gegeben, daß, wann wir den reichen Gottessegen nicht anders und besser auch mit besserem Dank als bishero annehmen und zur Ehre Gottes anwenden, er auch uns unser Brot und Übriges wegnehmen, und unseren Vorrat durch

Göttliche Wunder- und Warnungs-Wercke / welche die zwey grösten Theile der Schöpffung Himmel und Erde / theils die überreiche Gnaden-Güte / theils den erschröcklichen Zorn Eyfer GOttes andeutende / als rechte Buß-Prediger / uns in diesem mit GOtt lauffenden 1676. Jahr an unterschiedlichen Orten des Teutschlandes nicht ohne grosses Nachdencken zu Gesicht und Hertzen stellen.

Du Teutsch- / Christen-Reich / schau GOttes Wunder-Gut Nicht ohn Bewundern an und ziehe zu Gemüt: Was er in Bildern dir / und Gleichnus vor will tragen / Ein Vatter warnet erst / eh dann er pflegt zu schlagen / Die Augen über sich sieh' was der Himmel weist / Ach! fürchte dich für dem, den so die Erde preist / Schau jenes an mit Buß / sey hier nicht Danck-vergessen / Damit nicht frembde Thier / dir deinen Vorrath fressen. Stell Pracht und Hoffart ein / es ist ein Sünden-Strick / Ein schnöder Greul für Gott / ein eitler Augenblick: Wirst du nicht solche Lust bey Zeiten meiden lernen / So wirst du dich von Ihm und seiner Gnad entfernen.

ALlch mitten unter dem grösten Zorn spielet jedanoch recht verwunderlich das liebreiche Vatter Hertz Gottes / noch immer mit seinen bösen Menschen Kindern durch Warnung / Drauung und Verheissung / er geht mit uns auf das Feld und heisset uns den Himmel und die Erde und lebhaffte Creaturen anschauen / jenes drauet / dieses verheisset / und folgendes warnet. Erschröcklich sind die Göttliche Drauungs Zeichen / welche wir dieses Jahr über / an Sonn und Sternen höchst erstaunend anschauen; An der Sonnen / (1.) wann selbe sich zu Straßburg recht wunderwürdig in einem gedritten Schein den 3. und 13. Heumonat hat sehen lassen / vielleicht dardurch unsere Sündliche Wanckelmut vorzustellen / als welche sich von der waren Sonne der Gerechtigkeit bey nahe gantz abgewendet / und andere Neben Sonnen zu suchen scheinet / deren Liecht verführisch und leyder verderblich ausfället. Nicht minder nachdencklich und zugleich die Deutung leyder allzu klar mit sich führend zeiget sich der Planeten-Stern Mercurius. (2.) Bey jetziger Zeit zu männigliches Anschauen jedesmalen umb vier Uhr gegen dem Tag / ausser seinem ordentlichen Cours und Aspect gantz schnell lauffend und Feuer roth / nicht unbillich auf der Christen Blut rothe und so überhäuffte im Schwang gehende Sünden-Greuel / deutende deren grosse Menge sein schneller Lauff / und wer weiß? wo nicht auch eine schnelle Straffe / vorbildet; welche des übermachten Christen Bluts Vergiessens gar bald ein blutiges Ende machen könte. Doch wie Gott nach liebreicher Vatter-Art gemeiniglich erst zu drauen ehe dann er zu straffen pfleget / so will auch dessen mildes Gnaden-Hertz sich gleichwol in seinem grösten Zorn nicht uneröffnet lassen / sondern öffnet seine reiche Schatz-Kammer und weiset uns den grossen Vorrath / welchen wir nicht zwar umb unserer Boßheit wegen / sondern / allein von seiner milden Güte zu uns nehmen; zu bezeugen / daß seine Barmhertzigkeit noch kein Ende / durch welche er uns ohne Unterlaß wie ein lieber Vatter sein ungehorsames Kind zu ihme zukehren locket und ihme mit Beding seiner Bekehrung und Ablassung vom Bösen / alles gutes verheisset. Dann gleich wie er Anno 1612. durch gegenwärtiges Wunder Aehri / (3.) und dann folgends Anno 1617. An verwunderlichen Gersten und Waitzen Gewächse / nicht so wohl seine Allmacht / als auch mildthätiges und bereitwilliges Vatter Hertz uns vorgestellet / also lässet er uns auch nicht ohne Bewundern seine Barmhertzigkeit bey diesen mühseligen Zeiten durch solch ein ereignetes (4.) Wunder-Gewächs abermal reichlich sehen / deßgleichen an einem grossen und ungewöhnlichen Trauben (5.) welcher in Francken mit sonderm Fleiß / die Ehre Gottes dardurch auszubreiten / biß zur völligen Zeitigung beobachtet wird: anzudeuten / daß die milde GOttes Hand noch nicht verkürtzet uns zu helffen / und er so willig zum geben / als wir zum nehmen seye; Wann wir nur auch hingegen deß schuldigen Dancks nicht vergessend würden / und solche Gottes Gaben nicht zu unserm Pracht und Hochmuth anwendeten / dardurch der grosse und erzürnte GOtt uns in die Thier-Schul zuführen veranlasset wird. Wie wir dieses verwichene Vor-Jahr ein Exempel dessen an gegenwärtigem gefundenen Rehbock (6) haben / dessen Wunder- und ausser natürliche Bildnus uns zweiffels frey nichts anders anzeiget / als daß die übermachte Alamode / die Schimpffprächtige Garnituren und alle solche und dergleichen Hoffarts-Greuel vor- und in den Augen Gottes ein stinckender Greul seye / durch welche wir uns für seinem H. Angesicht gantz wild / wüst und unbekandt machen / angesehen daß die Hoffärtigen GOtt nit gefallen; Und wolte Gott! daß nicht dieses Vernunfftlose Wild / uns vielleichten zu Bestraffung unseres Vernunfft Mißbrauches / heimlich hierdurch zu verstehen gebe / daß wann wir den reichen GOttes Segen nicht anders und besser / auch mit bessern Danck als bißhero annehmen und zur Ehre Gottes anwenden / er auch uns unser Brod und übriges wegnehmen / und unsern Vorrath frembde Thiere wie es leider Augenscheinlich schon anhebet wolle auffressen lassen.

Fig. 41. Flugblatt vom Jahre 1676.

frembde Tiere, wie es leider augenscheinlich schon anhebet, wolle auffressen lassen.“ Die Geistesrichtung, die hier vertreten ist, wetteifert an Tiefe nur noch mit der Schönheit ihres sprachlichen Ausdruckes. Das Nürnberger Flugblatt mit den Barthaaren (1570) an den Rebentrauben kommt in ver-

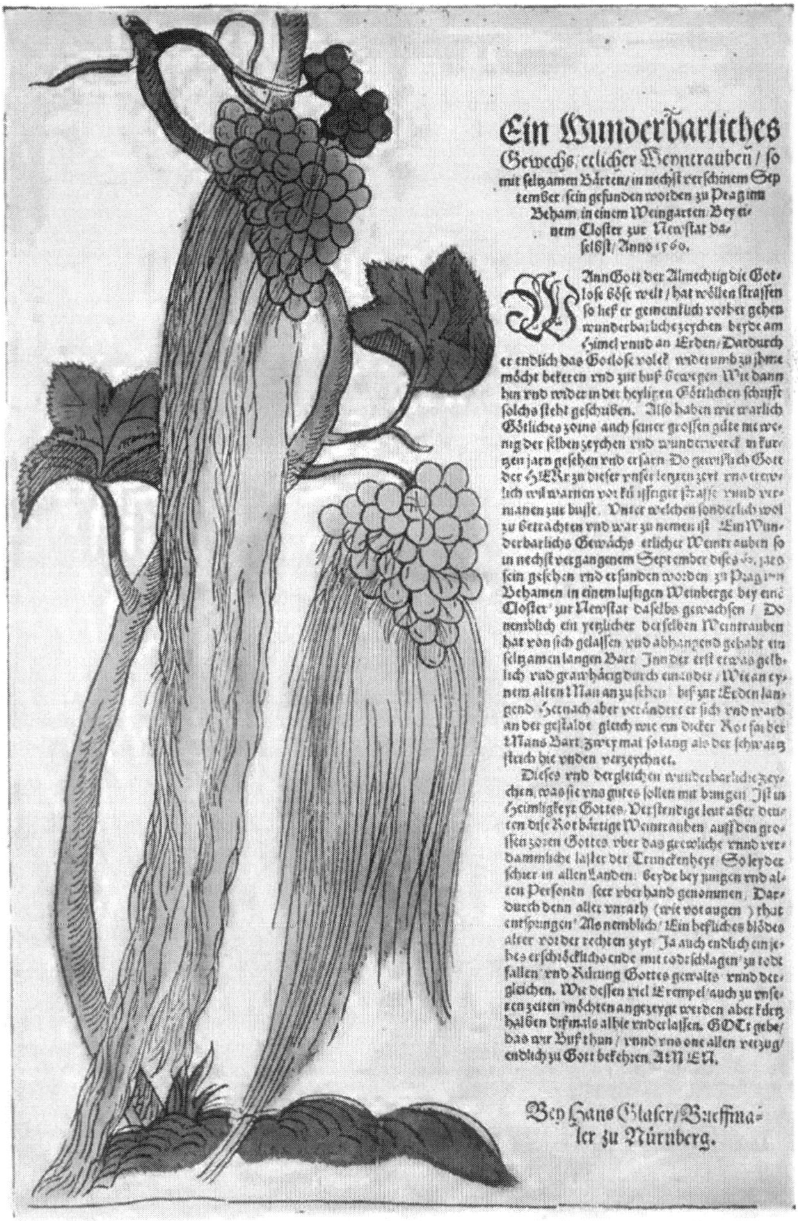

Ein Wunderbarliches
Gewechs etlicher Weyntrauben / so
mit seltzamen Bärten / in nechst verschinem September sein gefunden worden zu Prag im
Beham in einem Weingarten Bey einem Closter zur Newstat daselbst / Anno 1560.

WAnn Gott der Almechtig die Gotlose böse welt / hat wöllen straffen
so ließ er gemeinklich vorher gehen
wunderbarliche zeychen beyde am
Himel vnnd an Erden / Dardurch
er endlich das Gotlose volck wider umb zu jhme
möcht bekeren vnd zur buß bewegen Wie dann
hin vnd wider in der heyligen Göttlichen schrifft
solchs steht geschriben. Also haben wir warlich
Götliches zorns auch seiner grossen güte mit wenig der selben zeychen vnd wunderwerck in kurtzen jarn gesehen vnd erfarn Do gewißlich Gott
der HERr zu dieser vnser letzten zeyt vns trew-
lich wil warnen vor kü[illegible] straffe vnnd ver-
manen zur buße. Vnter welchen sonderlich wol
zu betrachten vnd war zu nemen ist Ein Wun-
derbarlichs Gewächs etlicher Weintrauben so
in nechst vergangenem September dises [illegible] jars
sein gesehen vnd erfunden worden zu Prag im
Behamen in einem lustigen Weinberge bey eine
Closter zur Newstat daselbs gewachsen / Do
nemblich ein yetzlicher derselben Weintrauben
hat von sich gelassen vnd abhangend gehabt ein
seltzamen langen Bart Inn der erst etwas gelb-
lich vnd grawhärig durch einander / Wie an eynem alten Man anzusehen biß zur Erden lan-
gend Hernach aber verändert er sich vnd ward
an der gestalde gleich wie ein dicker Rot farber
Mans Bart zwey mal so lang als der schwartz
strich hie vnden verzeychnet.

Dieses vnd dergleichen wunderbarliche zeychen, was sie vns gutes sollen mit bringen Ist in
Heimligkeyt Gottes. Verstendige leut aber deuten dise Rot bärtige Weintrauben auff den grossen zorn Gottes vber das grewliche vnnd ver-
dammliche laster der Trunckenheyt So leyder
schier in allen Landen: beyde bey jungen vnd alten Personen seer vberhand genommen. Dardurch denn aller vnrath (wie vor augen) thut
entspringen Als nemblich: Ein heßliches blödes
alter vor der rechten zeyt Ja auch endlich ein jedes erschröcklichs ende mit todtschlagen zu todt
fallen vnd Nürung Gottes gewalts vnnd dergleichen. Wie dessen viel Exempel auch zu vnse-
ren zeiten möchten angezeygt werden aber kürtz
halben dißmals albie vnderlassen. GOTT gebe /
das wir Buß thun / vnnd vns one allen verzug /
endlich zu Gott bekehren AMEN.

Bey Hans Glaser / Brieffmaler zu Nürnberg.

Fig. 42. Weintraube mit Barthaaren. Nürnberger illum. Flugblatt aus dem Jahre 1570.

schiedener Ausführung vor und gilt als ein göttliches Warnungssignal vor der zunehmenden Sauflust und dem Laster der allgemeinen Trunkenheit; in Wirklichkeit handelt es sich um eine Schmarotzerpflanze Cuscuta, die einen langen purpurroten Stengel hervorbringt und in Deutschland erst seit dem 19. Jahrhundert häufiger vorkommt (siehe Figur 42).

Die Mißgeburt als Schauobjekt.

Doppelmenschen.

Als Köln innerlich und äußerlich noch die trauten Reste der alten heiligen Stadt mit Mauern und Türmen aufwies, da gab es auch noch eine Kirmes und ein Schützenfest; zu dem wanderte der Schüler hinaus auf die andere Rheinseite. Zwei Dinge waren es, welche meiner Kinderseele Schrecken und Ekel bereiteten, welche aber gerade die mich begleitenden Dienstmädchen magisch anzogen. Das eine waren die umlagerten Ausrufer schrecklicher Begebenheiten mit großen bemalten Leinewandbildern, das andere waren menschliche und tierische Mißbildungen. In der Großstadt Berlin lassen sich derartige menschliche Raritäten auch heute noch, aufgeputzt und in irgendwelches besonders bizarre Gewand gekleidet, in der Schaubühne größten Stils, dem Panoptikum, sehen. Die Ansammlung solchen Mißwuchses trägt heute den stolzen Namen Abnormitätenkabinett. Zu allen Zeiten haben eben die unglücklichen Eltern aus der angeborenen Verstümmelung ihrer Kinder klingenden Nutzen gezogen. Während aber früher Märkte und Feste oder auch Konzile solche halbfertige Natur, solche Extravaganz der Schöpfung an sich zogen, gibt es heute hierfür eine geregelte und kaufmännisch geordnete Bezugsquelle. Um die Nachfrage nach Mißgeburten heutzutage festzustellen, begab ich mich in das Panoptikum und ließ mir, soweit der Kriegszustand der Welt diese Möglichkeit offenließ, eine Liste der zurzeit zu habenden und zur Schau bringlichen Abnormitäten vorlegen. Im großen und ganzen läßt sich erfreulicherweise feststellen, daß die Nachfrage nach diesen Dingen in dem Zeitalter der Technik erheblich geschwunden ist. Der Kurs ist nach der Demaskierung des Wunderbaren in unserem aufgeklärten Zeitalter etwas gesunken. Daß es im alten Rom auch schon Ausstellungen von Naturmerkwürdigkeiten gab und daß die Abnormitäten der menschlichen

Fig. 43.

Körperbildung unter diesen das größte Interesse erregten, haben wir schon mitgeteilt.

Mit Bewilligung

Eines

Hoch-Edlen und Hoch-Weisen Magistrats

Es wird hierdurch allen und jeden bekannt gemacht, daß ein Wunder der Natur, dergleichen noch nie unter der Sonnen gefunden worden, allhier angekommen. Erstens: Es bestehet solches in einem jungen Italiäner von 26. Jahren, welcher zweytens zwey Leiber, drittens vier Schenckel, viertens vier Füsse, fünfftens an diesen 30. Zähen und so viel Nägel hat, alle von ordentlicher und guter Gestalt, daß er daher ohne die geringste Incommodite gehen kan wie andere Menschen; Er hat sich auch bey Ihro Kayserlichen Majestät und dem König in Franckreich präsentirt, wie auch vor andern Printzen und Vornehmen in Italien und andern Orten sehen lassen; Ist nicht weniger von vielen Medicis und Chirurgis betrachtet und bewundert worden.

Die curiose Herren Liebhaber, die das Wunder-Werck betrachten wollen, belieben sich in der kleinen Hütte auf dem Liebfrauen-Berg einzufinden. Diejenigen aber, die solches in ihrer Behausung sehen wollen, können ihn beliebig abholen lassen.

Münchener Hof- und Staatsbibliothek.

Fig. 44. Reklamezettel vom Jahre 1750.

Aus dem Flugblatte Figur 28 machten wir die Erfahrung, daß der gute Nürnberger Bürger in Holland eine Doppelmißgeburt erstand, um sie in der Heimat zur Schau zu bringen. Die Flugblätter dienten nun gewissermaßen als Text zu den Vorführungen selbst. Man nahm sich das Bild des gesehenen Schauspiels zur Erinnerung mit. Oftmals waren diese Flugblätter vom graphischen Standpunkt aus gut gearbeitet und sind dann auf diese Weise uns erhalten geblieben. Hiervon ausgehend wollen wir zunächst ein Augsburger Flug- und Reklameblatt betrachten, mit dem welschen Jüngling, dessen reiches Gewand sich an der Brust öffnet, um dicht unterhalb des Schwertfortsatzes aus seinem Leibe die untere Hälfte eines kindlichen Körpers herausragen zu lassen (siehe Figur 43). Die Unterschrift erzählt in geschwollener Sprache von der sonstigen normalen Konstitution des Mannes mit den zwanzig Zehen.

Ein Wunder dieser Welt man hier vor Augen siehet
An diesem Bild ein Mann so aus Welschland her ziehet
Alt sechsundzwanzig Jahr, dem aber aus dem Leibe
Ein halbes Kind wuchs und doch von seinem Weibe
Zwei Kinder hat gezeugt, am Vater ist zu sehen
Zwei Arm, zehn Finger auch, vier Bein und zwanzig Zehen.

Die beiden neben ihm den Armhochstand ausführenden Kindlein sind also seine eigenen. Sie wurden durch den herumziehenden Beruf des Vaters selbst wieder den fahrenden Leuten zugeführt. Zu diesem Flugblatt des 18. Jahrhunderts aus der Bamberger Bibliothek fand ich in der Münchener Hof- und Staatsbibliothek den entsprechenden Reklamezettel (siehe Figur 44). Dieser wurde wohl bei der Ankunft in einer Stadt verteilt oder auch im Gasthaus angeheftet. Auf solchen Schauzetteln und Reklameblättern von Mißgeburten sehen wir Fürsten und Könige, Ärzte und Chirurgen in einer sonst für die damalige Zeit unerhörten Gleichstellung. „Die kuriosen Herren Liebhaber, die das Wunderwerk betrachten wollen, belieben sich in der kleinen Hütte auf dem Liebfrauenberg einzufinden. Diejenigen aber, die solchen in ihrer Behausung sehen wollen, können ihn beliebig abholen lassen." Die Vossische Zeitung vom Jahre 1749 berichtet aus Regensburg von diesem Monstrum, welches man für ein Zeitungsmärchen halten würde, wenn nicht die berühmten Naturalisten Bartholin und Geßner schon ähnliche Fälle beschrieben hätten.

Von diesem Martinelli handelt ein Sendschreiben aus dem Jahre 1752. Der Titel desselben lautet: Gottfried Heinrich Burghart's, Med. D. und P. P. in Brieg: Sendschreiben an einen guten Freund, betreffend einen zweyleibigen sonderbaren gestalten Mann Sigr. Antonio Martinelli aus Cremona, und eine künstliche junge Positurmacherin, desgleichen verschiedene andere in die Naturgeschichte Schlesiens und die Arzneykunst einschlagende lesenswürdige Sachen." Mit einem Kupfer. Die Beschreibung des uns schon bekannten Martinelli „den der am Montag nach Nicolai einfallende Jahrmarkt zu uns brachte", entspricht dem uns schon Bekannten. Es interessiert uns nur noch die Mitteilung, daß der Mann den halben Bruder vermittels einer Schnürbandage trug; dabei legte er die unteren Extremitäten derselben kreuzweise übereinander. Im übrigen fiel der Mann durch seinen kolossalen Leib auf und wurde zur Visitation auf das Rathaus beordert, wo ihn Dr. Burghart genau untersuchte. Aber offenbar hat diesem die Tochter des zweileibigen Mannes das größere Interesse eingeflößt. Als Stellungskünstlerin und in Gliederverrenkungen leistete das achtjährige Mädchen, wie es scheint, Außerordentliches.

Münchener Neue Pinakothek.

Fig. 45. Flugblatt vom Jahre 1566.

Die schöne Linienführung ihres Körpers stand dabei in offenbarem Gegensatz zum grotesken Äußeren des Vaters. Burghart sucht die Akrobatenkünste mit angeborenen oder erworbenen Veränderungen des Skelettes und des Bandapparates, besonders des runden Bandes der Hüftpfanne zu erklären und hat den Wunsch, das Mädchen nackt ihre Künste zeigen zu lassen; diese aber lehnt das Ansinnen durch die Entgegnung ab, daß er sich doch schämen müßte, ein Mädchen nackt zu sehen. Und als der Arzt das Vorhandensein solchen Gegengrundes verneint, antwortet die Kleine, daß sie dann ihrerseits aus Schamgefühl keine ihrer Künste zeigen könne.

Von einer ganz analogen Mißgeburt berichtet Montaigne im 30. Kapitel des 2. Buches seiner berühmten Essays. Vater, Oheim und Amme reisten mit dem vierzehnmonatlichen Kinde, aus dessen Brustteil ein Parasit heraushing, umher, um ein paar Groschen zu verdienen. Kurz vorher hatte Montaigne

Wahre Abbildung zweyer Zwilling:

Welche zu Genua in Italia 1618. an diese Welt gebohren vnd getauffe worden: Vnd ist der Grosse genannt Lazarus Coloreda/ Gräfflichen Stands: Der Kleine aber/ so dem Grossen auß dem Leibe gewachsen/ ist auch getaufft/ vnd Johann Baptista genannt worden. Deren Mutter nach der Geburt 1: Jahr noch gelebet. Der Grosse communicirt auch vor den Kleinen. Der Kleine hat sein Leben so wohl als der Grosse/ doch ohne Verstand/ Stim̄ vnd Red. Seine Augen seynd nur vnderweilen offen. 2. Arm die sich regen. An der rechten Hand 2. Finger: An der lincken 3. Finger. Hat nur einen Fuß/ welcher vngestalt/ vnd nur 3. Zehen dran. Die Natür-lichen Durchgäng gehen durch den Grossen. Hat auch sein Membrum Virile. Diese Wunder-Geburt ist von jederman zu Straßburg gesehen worden/ im Augstmonat Anno 1645.

Münchener Neue Pinakothek.

Fig. 46. Flugblatt vom Jahre 1645. Lazarus und Joh. Baptista Coloredo.

einen dreißigjährigen Hirten in Medoc besichtigt, der ohne Genitalien drei Urinöffnungen hatte, aus denen er nach Gefallen sein Wasser von sich gab. Hans Kaltenbrunn ist 1566 ein vierzigjähriger Mann mit einem kopflosen Parasiten (siehe Figur 45). Unter diesem Jahre erwähnt ihn auch Lykosthenes: „In Basel sahen wir einen Mann, welcher in seinem Körper einen andern eingeheftet hatte, der alle Glieder besaß mit Ausnahme des Kopfes. Wir haben ihn schon im Jahre 1525 erwähnt gelegentlich seiner Geburt.“ Lycosthenes gibt als dessen Geburtsstätte ein Dorf im hircinischen Walde an, während auf dem deutschen Flugblatt der Mann als in der Nähe von Straßburg (oder Kolmar nach Licetus) geboren bezeichnet wird. Während nun sonst die Flugblätter eine genauere Beschreibung der Mißgeburt geben, fehlt diese in unserem Falle. Es sollte wohl dieses Flugblatt nur als Reklameblatt dienen und die Leute veranlassen, sich das Original anzusehen. Schenk von Grafenberg bringt die Geschichte dieses Mannes etwas ausführlicher. Zunächst zeigt er die Abbildung des kindlichen und später des männlichen Individuums. Auch der berühmte Schweizer Arzt Felix Platerus berichtet, er habe von seinem Vater Thomas gehört, daß er diesen Mann gesehen habe. Über die Bewegungsfähigkeit des Parasiten und über andere physiologische Beobachtungen schweigt man sich aus. Nur erwähnt Platerus, daß der Parasit in den Achselhöhlen und an den Schamteilen Haare gehabt habe und daß er gleichzeitig mit dem erwachsenen Mann Urin gelassen habe, während der Anus verschlossen war.

Medizinisch betrachtet gilt diese Doppelform mit ihrem wissenschaftlichen Namen als Dipygus parasiticus. Je vollständiger der Parasit entwickelt ist, desto höher inseriert er in der Mittellinie des Autositen; besitzt der Parasit demnach obere Gliedmaßen und einen Brustkorb, so muß er in der Nähe des Halses oder des oberen Brustteils hängen; es scheint also im vorliegenden Falle die Insertion vom Zeichner zu tief angesetzt zu sein. Der berühmte französische Kriegschirurg Ambroise Paré erwähnt übrigens auch den Mann, den er in Paris 1530 untersuchen konnte, im 24. Buche, Kapitel 2 seines Werkes. Bei der Neugierde und der Empfänglichkeit sowohl des Laienpublikums als auch der naturforschenden Gelehrten ist es klar, daß solch langlebige körperliche Schauobjekte sich in den Werken der zeitgenössischen Autoren wiederfinden lassen. Das Gegenstück zu Kaltenbrunn ist ein gewisser Colloredo, auch Colloretto genannt (siehe Figur 46). Hatte es den Anschein

Fig. 47. Italienisches Flugblatt vom Jahre 1646.

bei Kaltenbrunn, als wollte sich ein zweiter Körper in den seinigen hineinbohren, so war für den naiven Beschauer bei Colloredo der Eindruck, als wollte der Bruder sich aus dem Körper des anderen herauswinden. Anatomisch betrachtet ist die Doppelform leicht verständlich, wenn man sich die im Flugblatt Nr. 28 wiedergegebene Doppelform vergegenwärtigt mit den zwei am Brustbein verschmolzenen Früchten. Denn statt gleichmäßiger und gleichförmiger Entwicklung beider Früchte ist hier die eine rudimentär entwickelt. Wir haben es also mit einem Thoracopagus parasiticus zu tun. Wie wir aus dem Flugblatte des Jahres 1645 erfahren, ist der Parasit ohne Verstand, Stimme und Rede, die beiden Arme aber bewegen sich selbständig. Die natürlichen Durchgänge gehen nur durch den großen Körper. Wir besitzen von diesem Grafen Colloredo mehrere Flugblätter und bringen noch ein ähnliches aus Verona vom Jahre 1646 (siehe Figur 47). Auch Thomas Bartholinus hat in seiner Beschreibung seltener anatomischer Geschichten den Mann abgebildet und beschrieben (Historia 66). Er erwähnt besonders, was die Menschen der damaligen Zeit lebhaft interessierte, daß beide Körper durch doppelte Taufe als zwei verschiedene Menschen anerkannt waren, obwohl sie beide angeblich nur ein funktionierendes Herz hatten; er berichtet den dauernden Speichelfluß aus dem Munde des Parasiten. Die Atmung desselben prüfte Bartholinus durch die Federprobe, und er erwähnt den Puls in seiner Brust. Der große Bruder pflegte den kleinen mit besonderer Liebe, da er wußte, daß dessen Tod auch den seinen zur Folge haben würde. Das ist der einzigartige Vorgang, bei dem Altruismus reiner Egoismus ist. Der Genueser Arzt Augustinus Pincetus beschreibt diesen Grafen Colloredo als Neugeborenen in einem bei Licetus wiedergegebenen Brief. Er wundert sich darüber, daß, obwohl nur das eine Kind trank, dem andern die Milch aus dem Munde floß. Licetus erklärt das seinem Kollegen damit, daß die beiden Kinder einen gemeinsamen Magen hätten. Licetus erwähnt dann, daß er das Monstrum später in Venedig und in Padua mehrfach wiedergesehen habe, als die Eltern mit ihm zur Schau herumreisten. Das Aufsehen, welches die Mißgeburt erregte, brachte den Eltern einen reichlichen Unterhalt ein.

Wenn wir von den anderen berühmten Schaustücken dieser Art keine Kenntnis durch Flugblätter mehr besitzen, so liegt das einmal in der Unvollständigkeit unserer Sammlung, im wesentlichen aber wohl in der Seltenheit dieser Reklame- und Schaublätter aus der damaligen Zeit. Diesen durch den Untergang des damals wertlosen Materials hervorgerufenen Mangel ersetzen aber die alten Sammelwerke über Monstren. Namentlich Aldrovandus hat ja in dieser Beziehung das Defizit ausgeglichen und hat auch in Großfolio die einzelnen Irrtümer der Natur der Nachwelt mit Liebe überliefert. Aldrovandus, Paré, Licetus bilden aus der immerhin spärlichen Reihe der ausgewachsenen Mißgeburten einen Mann ab, dem in der Bauchgegend ein zweiter Kopf herauswuchs, der angeblich auch Nahrung zu sich nahm (siehe Figur 48). Dieser Mann reiste in der Welt umher und zeigte sich auf den Märkten unter der Re-

Fig. 48. Aus Fortunius Licetus, De Monstris, Seite 82. Patavii 1668.

gierung Franz I. Der Parmeser Arzt Taliaferro berichtet als Gegenstück hierzu, daß er bei einem sechsjährigen Knaben in der Nähe der falschen Rippen einen großen Abszeß operiert habe. Aus der erweiterten Schnittöffnung habe er die sämtlichen Knochen eines Schädels hervorgezogen. Der Knabe sei genesen. Diese Zugabe macht Aldrovandus, um die Glaubwürdigkeit der ersten Mitteilung zu steigern.

Das Interesse des sensationshungrigen Volkes der damaligen Zeit an solchen menschlichen Mißbildungen läßt sich leicht verstehen. Man knüpfte allerlei philosophische und ethische Erörterungen an ihre Betrachtung an, es ging also nicht nur um eine Befriedigung der stumpfen Neugier.

In noch höherem Grade ist das der Fall gewesen zu unserer Zeit, als die Europa bereisenden sogenannten siamesischen Zwillinge die Welt derartig in Staunen versetzten, daß diese engste Aneinanderkettung zweier vollkommener Organismen sich in das Bewußtsein und dann den Wortschatz der Völker eingrub. Wenn nach den Siamesen solche durch Gewebsbrücken verbundene Zwillinge häufiger beobachtet wurden, so ist diese Erscheinung nicht etwa darauf zurückzuführen, daß solche Doppelbildungen verhältnismäßig häufiger vorkamen, sondern wohl auf das Konto der entwickelteren Geburtshilfe und Säuglingspflege zu setzen. Denn es braucht wohl nicht besonders betont zu werden, daß diese Mißgeburten unter allen Umständen schwere Geburtshindernisse abgeben. Wir bringen die siamesischen Jünglinge in einer Abbildung vom Jahre 1829 (siehe Figur 49). Damals waren sie im Alter von achtzehn Jahren ein Schauobjekt in der ägyptischen Halle in London. Einunddreißig Jahre später untersuchte sie Virchow und gab in der Berliner klinischen Wochenschrift 1870 Nr. 13 seinen Befund zu Protokoll. Der Vater der beiden war Chinese, die Mutter eine Siamesin. Die Brücke, welche

Fig. 49. Die siamesischen Zwillinge 1829.

Germanisches Museum.

Fig. 50. Fliegendes Blatt vom Jahre 1724.

beide in der Nähe des Schwertfortsatzes an der Brust verband, verlängerte sich im Laufe der Jahre um drei Zentimeter. Die beiden Brüder heirateten zwei Schwestern und erzeugten je zehn und zwölf Kinder. Sie bewirtschafteten zwei benachbarte Landgüter, auf denen sie umschichtig immer drei Tage waren. Da sie im Krieg ihren Besitz verloren, machten sie eine neue Europareise, nach der sie wieder durch den Ertrag ihrer Schaustellung zu ihrem Besitz gelangten. Einer von ihnen fing an, Alkoholiker zu werden. In einem Intervall von zweieinhalb Stunden starben sie 1874. Bei ihrer Eröffnung zeigte es sich, daß in der sie verbindenden Brücke keine lebenswichtigen Teile lagen. Dieser Umstand führt zu der Frage der operativen Trennung von Doppelmenschen und der operativen Entfernung parasitärer Teile überhaupt. Die Fortschritte der modernen Chirurgie lassen es für die Mehrzahl solcher am Leben gebliebenen verbundenen Zwillinge als möglich erscheinen, die Trennung vorzunehmen. Zunächst ist aber die Erörterung dieser Frage deshalb hinfällig, weil auch heutzutage noch vielfach die Eltern sich aus dem Unglück der Kinder ein Gewerbe machen. Die plastische Chirurgie, das heißt der künstliche Ersatz verloren gegangener oder von Geburt mangelnder Teile setzt natürlich größere chirurgische Kunst voraus, als die operative Entfernung überflüssigen Gewebes. Heutzutage, wo wir uns weder vor der Eröffnung von Körperhöhlen fürchten noch vor der Durchschneidung großer Gefäße, dürfte auch die Trennung solcher Doppelmißbildungen oder die Entfernung parasitärer Teile keine Schwierigkeiten machen.

Wenn trotzdem der große französische Techniker Doyen von der operativen Separierung der Zwillinge Doodika und Radika so viel Aufhebens machte, so geschah das wohl wegen des Interesses, welches man an diesem Kinderpaare in der Welt nahm. In seiner Traité de thérapeutique chirurgical bildet Doyen das Paar und seine Trennung ab und beschreibt ausführlich die Einzelheiten der Operation. Gleichzeitig mit ihnen bringt er die Bilder der chinesischen Xiphopagen Liou-tang-sen und Liou-seng-sen (die siamesischen Zwillinge hießen Chang und Eng Bunker). Wir entnehmen aus der Operationsgeschichte, daß in der verbindenden Brücke freies Bauchfell und ein dünner Leberstrang lag, der durchgetrennt werden mußte. Der Grund zur Operation lag in einer tuberkulösen Bauchfellentzündung der Doodika. Man bemerkt auch auf der Photographie die skelettartige Magerkeit der letzteren; sie starb auch bald nach der Operation, während Radika erst zwei Jahre später der tuberkulösen Infektion erlag.

In einem ähnlichen Falle nahm Dr. Böhm in Gunzenhausen (siehe Virchows Archiv Band 36 Seite 152) die Trennung auf blutigem Wege vor. Ein Kind starb am vierten Tage, das andere blieb am Leben. Den Trennungsprozeß nahm in einem früheren Falle Dr. Fatio (König, Miscellanea curiosa sive Ephemeridum dec. II annus VIII. 1689 — referiert in Schmidts Jahrbüchern Band 143 Seite 282) in geschickter Weise dadurch auf halb unblutigem Wege vor, daß er durch täglich festere Anziehung einer Schlinge um die Brücke herum den Gefahren der Infektion und Blutung aus dem Wege ging. Der Erfolg war ein guter, beide Mädchen Elisabeth und Katharina Meyer haben getrennt weitergelebt.

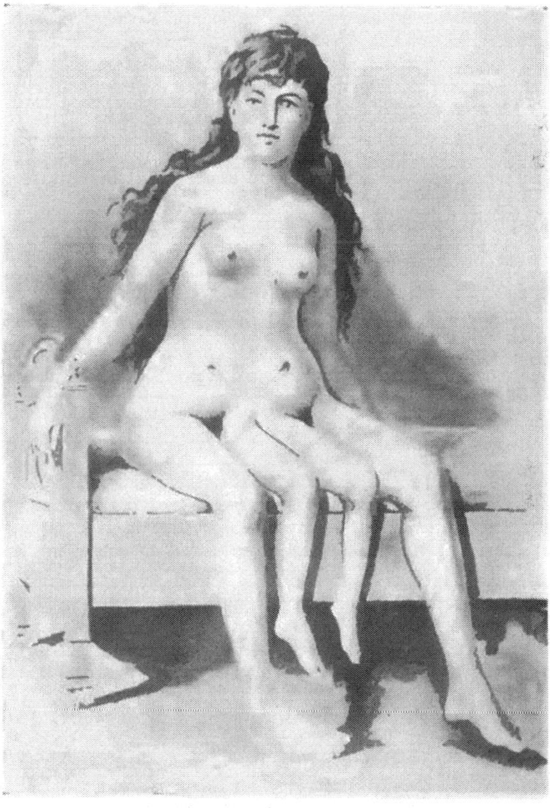

Fig. 51. Mrs. B. Dipygus symmetricus.

An dieser Stelle erinnern wir auch noch daran, daß man auch bei dem berühmten Wormser Kinderpaar das gestorbene von dem lebenden operativ trennte; aber das überlebende starb, ein Opfer des damaligen niedrigen Standes der Schädelchirurgie.

Marie—Adele, geboren 26. Juni 1881, wurden am 9. Oktober desselben Jahres operativ getrennt; die Photographie dieser Xiphopagen siehe in Human

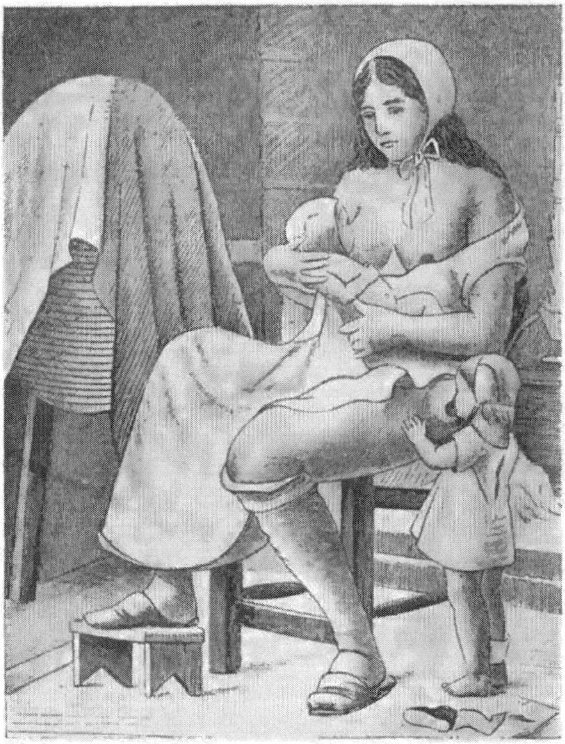

Fig. 52. Akzessorische Brustdrüse am Oberschenkel.

Monstrosities by Barton Cooke Hirst and G. Piersol, Philadelphia 1893.

Ein anderes Paar Pygopagen demonstrierte Bockenheimer in der Berliner medizinischen Gesellschaft, 1. November 1911, vom Standpunkt der möglichen Operabilität.

Unter den besonders bekannt gewordenen Doppelmenschen — schon Albrecht von Haller konstatierte das große Überwiegen des weiblichen Geschlechtes — befanden sich die beiden mit dem Steiß zusammengewachsenen Ungarinnen Helene und Judith, welche 1701 in Szony geboren waren; beide hatten einen gemeinschaftlichen Anus und eine gemeinschaftliche Vulva. Judith war die schwächere und blieb im Wachstum zurück. Im sechzehnten Jahre trat die Menstruation ein. 1723 starb Helene drei Minuten vor der Schwester. Bei der Sektion fand man, daß zwei differente Vaginae in eine Vulva mündeten, jede hatte ihre eigene Urethra. (Siehe auch Flugblatt d. Germ. M.; hier werden die 1701 geborenen Mädchen Magdalene und Susanna genannt, Figur 50.)

Ein dunkles Gegenstück hierzu waren die Nordkaroliner Zwillinge, 1851, Mischlinge von Neger und Halbblut. (Siehe Abbildung bei Ahlfeld und Hirst-Piersol.)

Die böhmischen Zwillinge Rosalie und Josepha Blazek, 1878 geboren, bereisten in unsern Tagen die Welt; ich sah sie im Panoptikum; ihre Vereinigung war mehr eine latero-posteriore; sie hatten einen gemeinschaftlichen Anus, aber zwei getrennte Vaginae; die eine hat inzwischen ein Kind bekommen. An dieser Stelle sei noch Mrs. B. erwähnt. (Wells, A unique Monstrosity, Americ. Journal of Obstetrics 1888.) Die Abbildung macht die Beschreibung überflüssig. Ein Fall von symmetrischem Dipygus; die beiden unteren Körper entleeren ihre Se- und Exkrete zu verschiedenen Zeiten. Sie verheiratete sich mit 17 Jahren; sie wurde links schwanger; im vierten Monate leitete man wegen unstillbaren Erbrechens und aus Besorgnis den künstlichen Abort ein (siehe Figur 51).

Joh. Baptist dos Santos, 1845 geboren, ist das männliche Gegenstück zu der Nordamerikanerin; die mittleren der vier Extremitäten sind in ein Bein verschmolzen, am Fuß befinden sich drei Zehen; die doppelten Genitalien funktionieren in jeder Beziehung gleichzeitig. (Abbildung siehe bei Hirst and Piersol.)

Ein Körperschaustück ganz eigener Art ist die junge Mutter[1]), die ihr Baby aus der Brust stillt, während gleichzeitig ein zweites Kind stehend an einer überzähligen Brust am linken Oberschenkel lutscht; der Laie ist zunächst geneigt, diese Darstellung für einen Witz zu halten; in Wirklichkeit kommen solche akzessorischen Milchdrüsen beim Weibe häufiger, wenn auch nicht an dieser Stelle vor (siehe Figur 52).

Halbmenschen und Viertelmenschen.

In der Prozession der fahrenden Leute, welche aus ihrer bresthaften Körperlichkeit ein Gewerbe machten, bilden jene unglücklichen Halb- und Viertelmenschen, welche mit verkümmerten oder auch ganz defekten Gliedern das Licht der Welt erblickten, eine besondere Abteilung. Die antike Welt machte mit solchen Kreaturen kurzen Prozeß und vernichtete sie meist. Es sind mir nur ganz vereinzelte künstlerische Nachbildungen kongenital Verkrüppelter aus der gräko-lateinischen Epoche bekannt geworden (siehe Plastik und Medizin). Die neuere und christliche Auffassung, welche die Erhaltung jeglichen Lebens rücksichtslos zum Gesetz gemacht hat, läßt also erst jene Halb-

[1]) Hirst and Piersol, Human Monstrosities. Philadelphia 1891.

und Viertelmenschen eigentlich aufkommen. Das Selbstbestimmungsrecht, welches neuerdings zum Weltprinzip erhoben wurde, läßt sich natürlich nicht auf solche rudimentären Geschöpfe anwenden, denn die Fragestellung nach Existenz oder Vernichtung trifft sie erst, wenn sie sich an den Zustand gewöhnt haben und eine andere Existenzmöglichkeit nicht kennen. Alle diese Menschen, wenn sie dem Kindesalter entwachsen sind, fanden sich ja nicht nur mit ihrem Schicksal ab, sondern in der Wiege schon auf die verminderte Zahl von Gliedmaßen eingestellt, haben sie sich frühzeitig nach Ersatz umgesehen. Das Darwinsche Gesetz, auf Bewegungskunst verrechnet, läßt hier die funktionelle Entwicklung Triumphe feiern. Wir durchlebten eben in der gegenseitigen Menschenvernichtung eine Epoche, in der mehr Menschen verstümmelt und des Gebrauches ihrer Glieder beraubt wurden, als je zuvor. Wenn der liberale Prediger zu Amsterdam, Balthasar Bekker, im Kampf gegen den Satansglauben und die Macht der bösen Geister über den Menschen seine Zeit, also den Ausgang des 17. Jahrhunderts, in seinem berühmten Buche die bezauberte Welt nennen konnte, so könnte man die trübe Zeit der Gegenwart die verstümmelte Welt nennen. Krüppel, wohin man sieht. Und geistige Verwirrung der Menschen damals wie heute. Es war aber eine Täuschung, ein bewußter, wenn auch humaner Betrug, wenn solche Halbmenschen die Lazarette besuchten oder in Filmen vor Kriegsverstümmelten ihre Kunstfertigkeiten zur Schau stellten, um ihnen trostbringend zu zeigen, daß man auch ohne Arme

Paré und Aldrovandus.

Fig. 53. Armloser Mörder.

Geige und Schach spielen und die täglichen Bedürfnisse befriedigen könne. Denn jene Fußkünstler haben von klein auf unbewußt den Ersatz geübt. Nie läßt sich der Muskelsinn eines alten Körpers und die umgestimmte Gebrauchsfähigkeit zu solcher motorischen Leistungsfähigkeit aufpeitschen, auch nicht mit der größten Energie.

Aldrovandus stellt nach angeborenen Defekten der oberen Extremitäten drei Gruppen auf: Menschen, welche ganz ohne Arme geboren sind, solche mit verstümmelten oder verstellten Armen und drittens solche mit zu viel Armen oder Händen.

de Bry.

Fig. 54. Thomas Schweicker.

Schon aus dem Altertum sind uns die sogenannten Fußkünstler bekannt. Im „Leben des Augustus" berichtet Dion, daß unter den Geschenken, welche die Inder dem Kaiser Augustus schickten, neben den damals zuerst in Rom gesehenen Tigern ein Jüngling ohne Arme Aufsehen erregte, welcher mit den Füßen alle Funktionen der Hände ausführte und vor allem ein guter Bogenschütze war.

Solche armlosen Männer und Frauen werden von Lykosthenes, Aldrovandus, Licetus, Gemma und anderen vielfach erwähnt und abgebildet. Fälle dieser Art hat schließlich jeder Mediziner einmal selbst gesehen, und wir kennen heute auch die Entstehungsursache dieser Defekte. Selbstamputationen kommen im Mutterleibe vor durch amniotische Abschnürungen. Uns interessieren hier jedoch im wesentlichen die Begleitumstände, denn in einer Zeit, in der durch die Wirkung moderner Kriegsinstrumente Hunderttausende von Extremitäten verloren gingen, wird der Anblick eines Menschen ohne Hände und Füße kaum Neugierde erregen oder sentimentale Gedanken auslösen. Doch auch schon damals zog der Anblick solcher Halbmenschen

Dieses Frauenzimmer ist in Claußnitz bey Freyberg in
Sachsen ohne Hände gebohren, Nahmens Johanna Sophia
Liebschern: Sie kann mit dem lincken Fuß, mit Meßer Gabel
und Löffel selbst eßen, kann damit zierlich schreiben, nehen, zeichnen, Feder schneiden, Flachs an der Spindel spinnen, eine Pistole laden
und los schiesen.

Münchener Neue Pinakothek.

Fig. 55.

allein das Publikum nicht mehr an. Die Betrachtung körperlichen Unglücks anderer erweckt zwar die innere Befriedigung über eigene Gesundheit und Kraft, aber dies Gefühl, kurzlebig wie ein Gedanke, fesselt nicht, und so müssen die Unglücklichen noch durch Vorführung von Kunststücken ein Übriges tun. Welche Künste es waren, die sich „in kein Zimmer schicken", welche Matthias Buchinger, ein Monstrum ohne Hände und Füße, geboren im Jahre 1708, ausführte, konnte ich nicht mehr feststellen, aber der vorsichtige Senat der Stadt Nürnberg verbot das Auftreten desselben „der schwangeren Frauen halber".

Meist hatten bei den armlos Geborenen die Füße und die Zehen die Rolle der Hände übernommen, und so finden wir eine ganze Reihe solcher Fußkünstler beschrieben und abgebildet. Eine armlose Dame schlug mit den Füßen die Trommel, andere nähten mit den Füßen und verrichteten allerlei Handwerk. Lykosthenes sah selbst in Frankfurt am Main 1556 eine Frau, welche 1528 geboren war und mit den Füßen elegant schrieb, nähte, Münzen zählte und alle feinen Arbeiten verrichtete. Über solche Fußkünstler und Fußkünstlerinnen gab es eine Reihe von Flugblättern, die mehr oder weniger alle als Reklamezettel gelten können. Die einzelnen Blätter sind jedoch sehr rar. Sehr bekannt geworden ist Thomas Schweickerus, dem Georg Schenck von Grafenberg in seinem Buche ein Denkmal gesetzt hat. Die Abbildung des schreibenden Mannes ist von dem berühmten Kupferstecher de Bry. Thomas Schweicker wurde 1580 in Halle geboren und war 33 Jahre alt, als er von den Brüdern Bry porträtiert wurde (siehe Figur 54). Unter sein Porträt setzte Schweicker folgende Worte:

Dieweil ich / daß es Gott erbarm
Hab weder Finger Hend noch Arm /
Und mich also behelffen muß,
Schreib ich doch diß mit meinem Fuß.
Drumb frommer Christ dein Lebenlang
Sag Gott für diese Wolthat dank
Daß Du hast ein geraden Leib
Wie meinst, daß ich mein Zeit vertreib
Das zeigt Dir die Contrafactur.
Weil mich nun Gott und die Natur
Also erschuff, hat's mir doch geben
Alles zu thun mit Füßen eben
Essen und trinken vber Tisch
Mit meinem Fuß ich behend erwisch

Nürnberger Stadtbibliothek.

Fig. 56. Fußkünstler. Fliegendes Blatt.

Nürnberg, Germanisches Museum.

Fig. 57. Augsburger fliegendes Blatt vom Jahre 1651

Schreib, mahl schnitz, bind' Bücher ein
Das Armbrust kan ich brauchen fein
Zehl gelt und auf freundliches begeren
In Brettspiel meins mans mich thu wehren.
Schenk ein, trink auß, die Kleider mein
Anleg selbst schneid ein Feder fein.

Diese Verse in deutscher Sprache mit den großen Typen gedruckt fallen ganz aus dem lateinisch geschriebenen Buche des Schenck heraus und bildeten offenbar mit dem Porträt zusammen ein Flugblatt. Dieser Fußkünstler hat seine Zeitgenossen beschäftigt und die Gelehrten der Zeit veranlaßt, den zielbewußten Mann dichterisch zu verehren. Die auf ihn gemachten Epigramme möge man bei Schenck nachlesen. Als des Cäsars Majestät Maximilian II. Halle berührte, ließ sich der Kaiser mitsamt seinem hohen Gefolge diesen bewundernswerten Naturersatz vorführen, was wiederum den Dr. Johannes Posthius, Arzt und Dichter, zu einem schönen lateinischen Epigramm begeisterte. Die Schlußverse desselben lauten:

Omnia namque potest vigilans industria, quodque
natura ipsa negat, perficit ingenium.

Zu unserer Zeit sahen wir den Schweicker redivivus in der Person des berühmten Fußkünstlers Unthan. Die fortgeschrittene Zeit hat die Kunstfertigkeit dieses Mannes für die Nachwelt durch Filmaufnahmen verewigt.

Das Germanische Museum in Nürnberg besitzt die Abbildung eines Bauernmädchens, welches nach Aussage des Reklameblattes statt der fehlenden Hände mit den Füßen sechs Stücke macht. „Erstlich näts die Nädel, zweitens nähet sie, drittens strich sie, viertens spielt sie mit den Karten, fünftens spinnet sie, sechstens werfet sie mit zwei Würfeln." Die Darstellung zeigt sie spinnend.

Wir führen gleich drei Kollegen und Kolleginnen dieser Magd im Bilde vor, von denen mehrere Varianten vorkommen (siehe Figur 55—57). Die neununddreißigjährige Schwedin aus dem Jahre 1651 ist deshalb besonders interessant, weil sie ein Brustkind hat und dieses mittels der Füße hält (siehe Figur 57).

Das letzte Bild des Flugblattes, veröffentlicht vom Teutschen Schulmeister Boß, Bürger zu Hall, zeigt drei Männer schreibend, mit zusammen zwei Händen. Das erste Bild stellt den Schulmeister selbst vor (siehe Figur 58).

Diesen Beispielen vikariierenden Fußersatzes reihen sich in neuerer Zeit

Was wunders Gott mit seiner Hand
Zu würcken pflegt/ in jedem Land/
Das wird gerhümt vnd hoch geprisen/
Als darob Gott sein macht bewisen.
Nun sich dich jetzt ein wenig vmb/
Vnd merck auch/ lieber Leser frumm/

Was hie zu Hall in diser Statt/
Gott seltzam Wunder gschicket hat:
Allhie drey Schreiber wunderbar/
Dergleichen kaum gesehen war/
So lang die weite Welt gestanden/
Keim Menschen kommen sind zu handen/

Die haben all drey nur zwo Händ/
Schreiben doch fertig vnd behend.
Dem zweyen hat das vnglück gnommen
Die lincken Händ/ hab ich vernommen/
In eim Scharmützel durch das Schwert/
Wie solchs offt gschicht on als gefert.

EXtollunt alij, patrias quæ mira per oras
Munera munificus contulit ipse Deus.
En res mira tibi, totum vix visa per orbem:
Laudatur Scribis nobilis Hala tribus:
His partim casus, partim fortuna sinistras
Abstulit: huic genitrix brachia neutra dedit.

DEr erst/ so dise ordnung fürt/
Helt teutsche Schul/ wie sichs gebürt/
Derselb hat dises Werck gemacht/
Zu Gottes ehr vnd lob volbracht.
Die Bauren suchen bey im rath/
Sein schreiben in offt hülffe thut.

AMbo pares primi dextris; feliciter ambo
Describunt causas Rustica turba tuas.
Cetera dissimiles: virtutibus, artibus, annis,
Officijs. Curæ est huic Schola, & huic litem.
Qui minor est annis, qui primus in ordine, sculpsit
Effigiem hanc; læva nil operante manu.

DEr ander ist sehr wol bedagt/
Schüsslich zu dienen keim versagt.
Wie solchs die Aduocaten thon/
Darumb sie nemen iren lohn.
Wenn im kein schreiben ist im laun/
Bläst er zur kurtzweil die Posaun.

TErtius hos superat. Dictu, & mirabile visu:
Quod manus ipsa negat, pes facit officium.
Vidit eum Cæsar: Ludovicus & accola Rheni:
Augustus Saxo; magnanimiq; Duces.
Et plures alij Scribis, an non memorandum:
Quod tantùm geminæ sint tribus hisce manus?

DEr dritt ein mercklich wunder ist/
Vnd doch darbey ein frommer Christ.
Der ist ohn Arm von Mutter leib
Geborn: mit den Füssen schreib.
Wie solches Kayserlich Maiestat/
Vnd mancher Fürst gesehen hat.

Beschluß.

Auß disem allem wird man gwar/
Wie Gottes gab seind wunderbar.
Für welch im billich gdanckt soll werden
Von menniglich auff diser Erden.
Biß daß wir in volkommen gleich
Dort werden loben ewigleich. Amen.

Wilhelm Voß/ Burger
vnd Teutscher Schulmeister/
zu S. Hall.

Nürnberg, Germanisches Museum.

Fig. 58.

namentlich Männer an, die die so oft gebrauchte Sentenz in die Wahrheit umsetzten, daß Raphael ein großer Maler geworden wäre, auch wenn er ohne Arme geboren wäre. Ich selbst sah vor wenigen Jahren ganz anständig gemalte Landschaften in einem Schweizer Hotel ausgelegt und erfuhr erst am Abend durch die Anwesenheit des armlosen Künstlers, daß sie mit den Füßen gemalt waren. Wir bringen die Abbildung des armlosen Malers Cäsar Ducornet, eine Steinzeichnung aus den dreißiger Jahren (siehe Figur 59).

Sind nun außer den Füßen noch die unteren Extremitäten defekt oder fehlend, so bleibt als motorischer Mittler nicht viel übrig. Den Übergang bildet ein Einblattdruck, welcher, so weit ich dies feststellen konnte, auch

Fig. 59. Fußmaler César Ducornet.

nur einzig existiert. Es betrifft die ostfriesländische Jungfrau mit fehlenden Armen, Ohren und mit nur einem Bein (siehe Figur 60). Mit diesem Fuß macht sie allerlei Handgriffe, obwohl auch dieser difform ist und nur vier Zehen hat. Sie ißt und trinkt mit ihm allein. Ihre Hauptstärke aber ist ihre polyglotte Zunge. Sie spricht italienisch, französisch, niederländisch und deutsch.

„Ein Mensch ohn Ohren und Händ'
Und doch vier Sprachen wohl kann
Ist wohl zu wundern jederman."
Jedenfalls ernährt sich das Mädchen auf diese Weise

Abbildung einer Jungfrawen/ so nunmehr etlich Jahr alt/ aber ein Mißgeburt/ so auff einem Dorff ein meyel wegs von Embden in OstFrießlandt gelegen/ zur Welt gebracht/ mangelhafft etlicher Gliedtmassen/ doch hat sie Gott begnadiget/ daß sie etliche Geschäfft verrichten kan/ als hie-unden bericht darvon folget.

OB wol Gott beyd an arm vnd reich/
Der Menschen Leib er schafft vngleich/
Den einen geradt/gesundt formirt/
Vnd in allem sehr wol geziert/
Den andern aber vngestalt/
Bil t er doch jedem vnderhalt/
Vnd sorget für jhn stetiglich/
Darmit er könn erhalten sich.
Mit Gaaben so vns Menschen findt
Zu vollführen grosse Wunder sindt/
Wie Gott dann täglich solchs läst sehen/
Daß manch Mißgeburt thut geschehen/
Ebenmässig vnnd der gestalt/
Ist euch hie eine vorgemahlt.
Nemblich/ ein Weibsbild welch dann/
Als ich euch recht wil zeigen an/
Kein Händt noch Ohren bracht zur Welt/
Nur einen Fuß/ daran ich meldt/
Nur vier Zähen finden sich/
Wie sie sich läst sehen stätiglich.
Damit sie aber doch voran/
Gar artig Schloß auffsperren kan/
Auch Gelt auffheben auff der stätt/
Als ob sie Händt vnd Finger hett/
Nicht weniger ißt/vnd trinckt allein/
Nach aller Notturfft wie gemein.

In vier Spraachen sie besteht/
Mit Antwort oder Gegenredt/
Vornehme Spraachen dieses seyn/
Die gantz gangbar sind vnd gemein/
Nemlichen Italianisch/
Frantzösisch vnd Niderländisch/
Darzu das Teutsche auch voran/
Sehr lieblich sie auch singen kan/
Ernehrt sich also in dem Landt/
Vnd macht solch Wunder selbst bekannt/
Mit anschawung dessen Elendt
Ein Mensch ohn Ohren vnd Händt/
Vnd doch vier Spraachen wol kan/
Ist wol zu wundern jederman/
Wirdt doch wol ernehrt durch Gottes Rath/
Als der so all Gliedtmassen hat/
Welchs wir vor Augen stellen solln/
Vnd vns darbey erinnern wolln/
Wie Gott kein Menschen lassen wil/
Ob wir wol sorgen offt vnd viel/
Auch offtmals murren wider Gott/
Vnd achten als seys vns ein Spott/
Wann wir nicht sind wie Absalon/
Vnd mit der stärck gleich dem Samson/
Die aber mit Gedult gern trägt/
Was ihr von Gott ist auffgelegt/
Lebt ja so frewdig dieser zeit/
Vnd wirfft jhren vnmuth von sich weit.

Getruckt im Jahr/ 1616.

Fig. 60. Flugblatt vom Jahre 1616.

Und mit Geduld gerne trägt
„Was ihr von Gott ist aufgelegt.
Lebt ja so freudig dieser Zeit
Und wirft ihren Unmut von sich weit.“

Von diesem selben Mädchen fand ich zufällig ein Reklameblatt vom Jahre 1596, als es erst fünf Jahre alt war (siehe Figur 61).

Im Germanischen Nationalmuseum wird ein Blatt aufbewahrt, auf welchem das Mädchen nackt und angezogen sich befindet (siehe Figur 62 und 63).

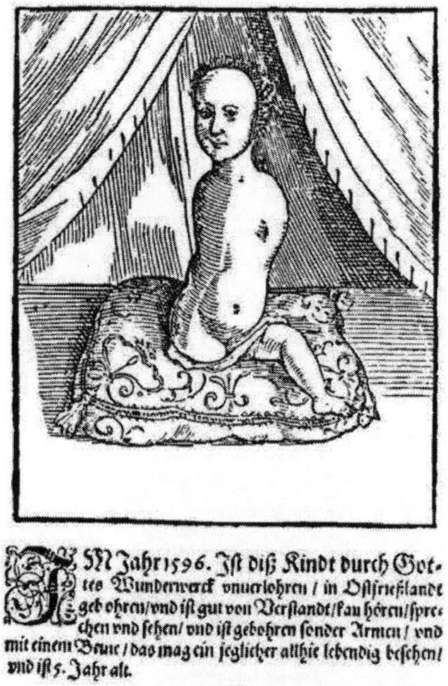

Fig. 61.

Ein besonderes Pech ist es, wenn ein solch armloser Erwachsener auch noch zwerghaft klein ist. Als Übergang zu den Fällen mit fehlenden Armen und Füßen möge uns die Betrachtung eines Flugblattes dienen, welches im Besitze der Münchener Neuen Pinakothek ist (siehe Figur 67). Es stellt einen Jüngling dar mit melancholischen intelligenten Gesichtszügen. Aus dem schriftlichen Vermerk eines Beschauers erfahren wir, daß es ein Italiener von dreiundzwanzig Jahren ist, der sich in Straubing 1757 öffentlich sehen ließ.

Durch die Kürze der unteren Extremitäten ist deren vikariierende Beweglichkeit und Benutzung gehemmt, doch die Not macht erfinderisch, und nun treten Mund, Lippen und Zunge für die fehlenden Arme ein. Mit Mund und Zunge verrichtet der Mann viele subtile Dinge, wie Schreiben, Kartenmischen, Nadeleinfädeln und so weiter.

Durch die Literatur wandert noch ein Fußkünstler, der Ambrosius Paraeus zum Paten hat. Denn dieser erwähnt ihn in seiner Chirurgie mit ungefähr folgenden Worten:

„Vor wenigen Jahren wurde in Paris ein vierzigjähriger Mann (gezeigt und) gesehen, welcher, obgleich ohne Arme, dennoch alle Verrichtungen, die man mit den Händen auszuführen pflegt, nicht unglücklich (ungeschickt) erledigte.

Nürnberg, Germanisches Museum.

Fig. 62. Flugblatt vom Jahre 1596.

Mit dem Oberarmstumpf, dem Hals und Kopf zuckend, schlug er ein Beil in einen vorstehenden Pfahl mit sicherem und starkem Schlag, wie ein anderer mit der Hand; er schlug eine Wagenpeitsche, daß sie ehern knallte. Im übrigen aß er mit den Füßen, trank, spielte Karten und Knöcheln.“ Aber er hält als

Armloser wohl jetzt noch einen Weltrekord. Denn „als Räuber und Meuchelmörder“ gefaßt, wurde er gekreuzigt, stranguliert und gerädert. Die Originalausgabe Parés von Jakob Guillemeau bringt den Körper des Fußkünstlers

Kundt vnd zuwissen sey Jedermänniglich/ das
alhier ein Mann ist ankommen/ welcher mit sich
gebracht hat eine gar WunderGeburt vnd Schöpfung Gottes/ So nie vormahlen ist gesehen worden/
eine Jungfraw/ mit Namen Magdalena Emohne/
welche geboren ist im ein tausendt/ Fünffhundert Sechs
vnd neuntzigsten Jahre/ den 12. Septēbris in OstFrieß-
lande/ eine Meilwegs von der Stadt Embden/ in einem
Dorff Engerhave genandt/ ohne Arme/ mit einem klanē
Beine/ daran sie nur vier Zehe hat/ kan ihr selbsten damit
zu trincken gebē/ vnd noch mehr andere sachen verrichtē/
kan auch die Deutsche/ Niderländische/ Italianische vnd
Frantzösische Sprachen Reden vnd Lesen/ ein gut Liedlein
singen auff Niderländisch vnd Frantzösisch/ sein beschei-
den/ kurtzweilig im reden/ welches mancher nicht gläu-
ben möchte. Wer nun die Jungfraw lust hat anzusehen/
der wolle sich verfügen

Nürnberg, Germanisches Museum.

Fig. 65. Flugblatt vom Jahre 1596.

ohne Beiwerk; unsere Abbildung entstammt der Frankfurter Ausgabe Uffenbachs 1610 (siehe Figur 53).

Die moderne Attraktion, für welche man den falschen Namen „die Frau ohne Unterleib“ fand, hat ihre Ahnfrau in jener Gestalt, die sich 1585 in Rom zeigte (siehe Figur 64). Damals war das Mädchen zirka acht Jahre alt. Aldrovandus glaubt, daß dieses Wesen später als Catherina Mazzina auftrat; ihre Beschreibung paßt genau. Sie hatte mittlerweile allerlei Künste gelernt;

Fig. 64. Italienisches Flugblatt vom Jahre 1585.

sie sang und spielte, sodann führte sie den spanischen, mauritanischen, italischen und gallischen Nationaltanz mit den Händen aus, und dies mit so geschickter Körperhaltung, daß man den Unterschied kaum merkte. Sie war außerdem zweigeschlechtlich; sie neigte aber mehr zum weiblichen.

Rosalie Fournier (1813), ohne Beine, mit sechs Fingern an der Linken und vier an der Rechten, zeigt an ihren Stümpfen die deutlichen Zeichen amniotischer Abschnürungen. Ob sie sonst etwas konnte, ergibt sich nicht aus dem Schaublatt.

Das Flugblatt aus Nürnberg ähnlichen Inhaltes aus dem Jahre 1689 inter-

Fig. 65.

essiert deshalb besonders, weil auf ihm der fußlose Uhrmacher Farffler als Erfinder des mechanischen Wagens bezeichnet wird (siehe Figur 66).

Schauobjekt von nicht erlahmender Anziehungskraft waren seit Menschengedenken alle und jede das übliche Maß überschreitende Körperlichkeit sowohl nach oben wie unten und zur Seite, die Riesen und Zwerge, die Überstarken und Skelettmenschen.

Nürnberger Stadtbibliothek.

Fig. 66.

Riesen.

Durch die Literatur aller Völker wandern die Riesen. In der Vorstellung der Menschheit liegt es, daß die Vormenschen Riesen waren, die im Kampf mit den Göttern unterlagen. Über die Riesen des Altertums und die Berichte namentlich des Plinius sprachen wir schon. Aber solche Einzelmenschen lebten nicht lange im Bewußtsein der Völker. Die wunderbare Größe bestaunt schon der Pentateuch. Im 4. Buch Moses Kapitel 13 hören wir von den Riesen, den Enakskindern. Die Kundschafter, die Moses ausgeschickt hatte, das versprochene Land zu erkunden, kamen zurück mit der Meldung, daß sie den Riesen des Landes gegenüber von Heuschreckengröße gewesen wären.

Im 5. Buch Moses Kapitel 3 wird von dem König in Basan Og gemeldet, daß für seinen Riesenkörper ein eisern Bett nötig gewesen sei neun Ellen lang und vier Ellen breit, gemessen nach eines Mannes Ellenbogen. Auch von Saul, dem ersten König in Israel, hören wir, daß er um Haupteslänge alle die vielen hunderttausend Kinder Israels überragt habe. In der Chronik werden einige erschlagene Männer der Größe nach geschildert. Venaja erschlug einen Ägypter, der fünf Ellen hoch war und einen Spieß hatte wie ein Weberbaum. Jonathan, der Brudersohn König Davids, erschlug einen Riesen mit sechs Fingern an einer Hand und sechs Zehen an einem Fuße.

Münchener Neue Pinakothek.

Fig. 67.

Das Gedächtnis aber an alle diese Bibelriesen erschlägt Goliath, 1. Buch Samuel 17. Kapitel. Er war sechs Ellen und eine Handbreit hoch, das Gewicht seines Panzers betrug fünftausend Säckel Erz und das Eisen seines Spießes wog sechshundert Säckel Eisen. Mit diesen Größenverhältnissen waren die späteren

Fig. 68. Der Tridentiner Riese Gigli, aus einer Riesenfamilie stammend.
Ca. 1760.

Historiographen noch nicht recht zufrieden. Sie berichten, daß bei Erdbeben und anderen Naturerscheinungen Skelette von Riesen bloßgelegt worden wären von ungeheurer Größe. So erzählt Vincentius (Hist. Nat. lib. I 25), daß unter der Regierung Heinrichs III. 1039 in Rom in der Straße Laurentina der Körper des Pallas, des Sohnes des Evandrus, welcher dem Äneas zu Hilfe zog, aber in der Schlacht von Turnus erschlagen war, aufgefunden worden war, der so hoch gewesen wie die römische Stadtmauer und daß sein Gesicht fünfeinhalb Schuh breit gewesen. Auf seiner Brust habe man noch eine vier Schuh lange Wunde erkennen können.

Fulgosius beschreibt, daß man unter Karl VII., König von Frankreich, bei Valencia ein Grab geöffnet habe mit einem Skelett von dreißig Schuh Länge. Der Kaiser Maximinus war acht Schuh hoch und trug seiner Gemahlin Armbänder als Fingerringe. Der Kirchenvater Augustinus erzählt in seinem Gottesstaate, daß er den Zahn eines Riesen gesehen habe, der hundertmal so groß war wie ein gewöhnlicher Menschenzahn. In der Stadt Valencia wurde in der Kirche des heiligen Christophorus ein Backenzahn gezeigt von der Größe einer geballten Faust und aus diesen Verhältnissen auf die Größe des Trägers geschlossen.

Bei allen diesen Erzählungen handelt es sich natürlich entweder um Übertreibungen oder um Funde vorweltlicher Tierknochen, welche ohne irgendwelche Kritik als Menschenknochen galten und womöglich dann noch irgendeinem besonderen Heiligen zugesprochen wurden.

Die Chroniken berichten über viele derartige ebenso obskure wie gigan-teske Erscheinungen. Der Riese Polyphem ist ein Zwerg gegen diese Gebilde poetischer Übertreibungen.

Die Denkweise des modernen Menschen hat sich aller dieser in den Vorzeiten bekannten Riesenleiber entledigt. Statt dessen beschäftigt sich unsere Phantasie lieber mit jenen Riesenkörpern, welche in Dichters Hirn entstanden. Da ist in allererster Linie die famose Figur des Gargantua zu nennen. Der Pfarrer von Meudon, unser berühmter und beliebter Kollege Rabelais, hat da einen literarischen Koloß geschaffen, der troß seines Alters an Lebendigkeit und Popularität, bei uns wenigstens, zunimmt. Aber von diesen, den ewig Großen und den Dicken, soll hier weniger die Rede sein als von denen, die nur Tagesberühmtheiten waren, Schauobjekte der bäuerischen Neugier ihrer Zeitgenossen. Die leßten Erinnerungen an ihre an und für sich meist schon kurze Lebenszeit sind die fliegenden Blätter, welche in alle Welt zerflatterten und nur noch gelegentlich in Sammelmappen aufbewahrt werden als begehrte Dokumente vergangener menschlicher Größe. Der Stolz auf die großen Männer, die preußische Könige für

Fig. 69. Der Riese Sander. 1683.

ihre Riesen-Regimenter sammelten, wie die Kinder Briefmarken, ist in die Brüche gegangen mit dem japanischen Krieg. Hier zeigten die kleinen Leute die Überlegenheit über die Riesen und brachten die Geschicklichkeit in der Ausnutzung auch kleiner Körperlichkeit zur Anerkennuug der Welt. Jetzt stehen die Riesen in pomphafte Livree gehüllt an den Eingängen der Hotels und der Kaffeehäuser. So verändert sich der Geschmack der Welt. Königliche Größe verschwindet, die imponierende, überlegene Persönlichkeit dokumentiert sich nicht mehr in der großen Geste. Aber trotz alledem: die hohe imponierende Gestalt nützt dem, der entsprechenden Geistes ist. Der Trost, den Petrarka in „der Arzneien beider Glück“ denen spendet, die kleinen und häßlichen Leibes sind, ist doch nur ein schwacher philosophischer. Aber unglücklich sind die, welche sich wegen ihrer Länge für Geld sehen lassen. Chassagnion berichtet, daß in Paris 1571 ein Riese großen Zulauf hatte. Es war ein Mann aus Siebenbürgen, der sich in seiner Mietswohnung für Geld zeigte. Er saß auf einem Stuhl, und die Verwunderung des Publikums erreichte den Höhepunkt, wenn der Mann zum Schluß aufstand und mit dem Kopf gegen die Decke des Zimmers stieß. Die Literatur weist eine ganze Anzahl großer Männer auf. Aber die wirklich großen, das heißt langen, sind gerade so selten wie die Männer der Geschichte, welche mit Recht das Beiwort „der Große“ tragen. Es ist statistisch festgestellt (Bollinger), daß schon der sogenannte Hochwuchs seltener vorkommt als das Umgekehrte. Die eigentliche Riesengröße beginnt bei einer Körperlänge von sieben Fuß. Förster gibt in seiner systematischen Darstellung der Mißbildung des Körpers einige Beispiele von Riesen an. Sie sind alle im jugendlichen Alter, zirka zwanzig Jahre alt. Die Größenangaben sind fast alle nach Fuß und Zoll, ohne An-

Nürnberger Stadtbibliothek.

Fig. 70. Der Riese Jakob Damman.

gabe, um welchen Fuß es sich handelt. Die Schwankungen aber nach dieser Richtung hin gehen ziemlich weit auseinander, da zum Beispiel der rheinische Fuß 31,3, der preußische 37,6, der Hamburger 28,6, der englische 30,4 cm beträgt. Es scheint aber, als wenn bisher ein Mensch von 2,80 Meter nicht beobachtet worden wäre und 2,60 Meter Längenmaß schon zu den allergrößten Seltenheiten gehöre. Fast immer handelte es sich bei den Giganten um Jünglinge. Dafür erregen noch heute die Riesendamen das größere Interesse.

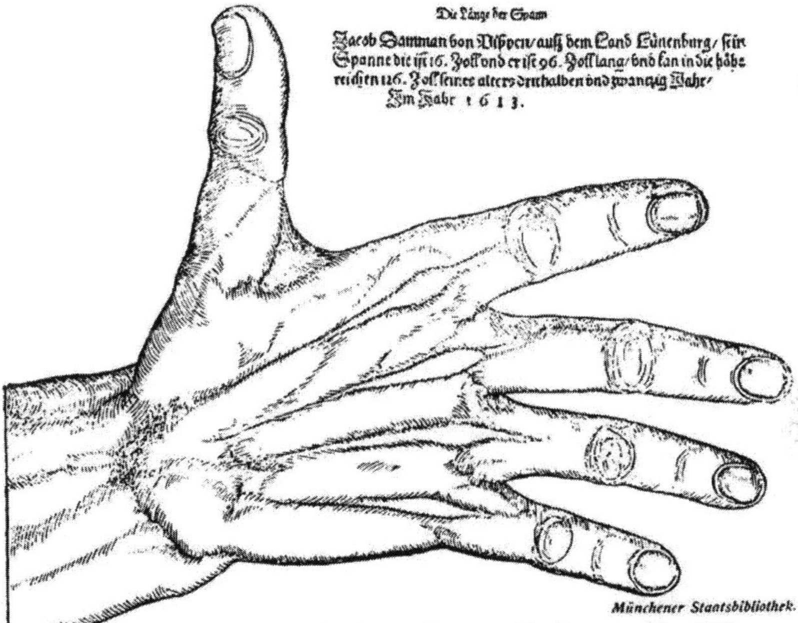

Münchener Staatsbibliothek.

Fig. 71. Die Hand des Riesen Damman. Flugblatt vom Jahre 1613.

Denn ihre stupenden körperlichen Leistungen lagen auf den verschiedensten Gebieten. Die asexuelle Form führt beim Manne zu dem eunuchoiden Habitus, der sich auch durch Längenwachstum auszeichnet. Bei den meisten jugendlichen Riesen herrscht auch in genitaler Beziehung der infantile Habitus, d. h. es fehlen Bart- und Schamhaare. Daß aber der Mangel der Keimdrüsen allein nicht den Riesenwuchs fördert, das sehen wir schon aus dem fehlenden Größenwuchs der geschlechtslosen Mädchen, die mehr durch Zentnerzahl als durch Metergröße imponieren. So brachte Wilhelm von Holland in seinem Gefolge auf die Hochzeit Karls des Schönen eine Seeländerin mit von außergewöhnlicher Länge und Stärke. Sie konnte in jeder Hand ein Faß Bier tragen. Eine Abbildung zeigt den Riesen Gigli von acht Fuß Größe (siehe Figur 68). Nach dem Bilde erscheint die Forderung, daß ein mittelgroßer Mann zwischen den Beinen eines Riesen durchgehen soll, wie dies von dem sogenannten Riesen von Bordeau, einem Trabanten des Königs Franz, ausdrücklich berichtet wird, erfüllt. Nach der Vossischen Zeitung Nr. 48 vom Jahre 1765 gehörte diese Größe einer Riesenfamilie an. Der auf dem Bilde gezeigte Riese trat schon acht Jahre früher einmal in Paris auf dem Jahrmarkte mit einer 15jährigen und nur einen Zoll kleineren Schwester auf; seine Hand bedeckte zwei nebeneinander liegende Männerhände. Eine Berühmtheit anfangs des 17. Jahrhunderts war der Lüneburger Riese Jakob Damman. Er war mit zweiundzwanzig Jahren acht Schuh hoch. Ein Flugblatt vom Jahre 1613 zeigt ihn als Soldat sechsundneunzig Zoll hoch (siehe Figur 70). „In die Höhe langen konnte er hundertsechsundzwanzig Zoll.“ Seine Abbildung auf dem Flugblatt ist offenbar rein phantastisch, wogegen die mehrfach von mir gesehene Größenskizze seiner Hand einen natürlicheren Eindruck macht. Nach dem Flugblatt vom Jahre 1613 ist die Länge seiner Spanne sechzehn Zoll (siehe Figur 71). Diese Riesenhand und diese Riesenspannweite sind keine Übertreibung. Denn die Mehrzahl solcher Riesenbildungen entsteht auf dem Boden des Infantilismus und der Akromegalie, so daß vielfach Hände und Füße unverhältnismäßig groß auch bei allgemeinem Riesenwuchs ausfallen. Solche Riesen wurden zu allen Zeiten als Schauobjekte gesucht und von den

Nürnberger Stadtbibliothek.

Fig. 72. Der Riese Franck.

Großen der Welt teuer bezahlt. Man reihte diese Menschen in die Leibgarden ein und benutzte sie überall da, wo es darauf ankam, in die Augen springenden Besitz und Stärke den Kleinen der Welt unter die Nasen zu halten. Da nun schon die Hochwuchstypen recht selten vorkommen, so kann man sich die

Münchener Neue Pinakothek.

Fig. 73. Riesenbaby. Niederländisches Flugblatt vom Jahre 1646.

Jagd auf die großen Leute vorstellen, wenn königliche Sammler den Ehrgeiz hatten, eine ganze Kompanie langer Grenadiere zusammenzubringen. Die Geschichten und Anekdoten über den Fang solcher langen Kerle für die Potsdamer Garde der preußischen Könige sind bekannt genug, um sie hier zu erzählen. Vom kulturhistorischen Standpunkte aus interessierte mehr die abnorme Körpergröße als der Zwergenwuchs, schon allein aus dem Grunde, weil körperliche Kleinheit viel häufiger vorkommt als der Riesenwuchs. Es trifft sich merkwürdig, daß ich an dem Tage, an welchem ich diese Beiworte für unsere Flugblätter niederschreibe, den größten Mann in meiner nächsten Nähe sehen konnte, der wahrscheinlich zur Zeit in der Welt existiert und der wohl, da er noch im Wachstum begriffen ist, die Anwartschaft hat, die nachweislich größte Länge zu erreichen, die je beobachtet wurde [1]). Der junge Amsterdamer Riese von neunzehn Jahren, van Albert, mißt jetzt schon 2,68 Meter. Er ist dabei fröhlich, gesund und guter Dinge. Bei ihm spielt auch mit Wahrscheinlichkeit die Akromegalie keine Rolle, denn seine Hände sind trotz ihrer großen Handschuhnummer graziös und im Verhältnis zum Gesamtkörper klein. Sein Landsmann Franck aus Geldern (1575) wird wohl diese Größe nicht annähernd erreicht haben, da er mit vierzehn Jahren erst dreieinhalb Ellen lang war (siehe Figur 72). Bei dieser Gelegenheit bestätigte sich wieder die unausrottbare Neigung des Volkes, Absonderliches, Niegeschautes zu betrachten. Inmitten dieser weltbewegenden Tage mit so viel Herzeleid und so viel Gewissensnot und dieser ungeahnten Preissteigerung für die täglichen Bedürfnisse fand der Riese Albert schon am ersten Tage seiner Ausstellung auf Grund eines Plakates, trotz hohen Eintrittspreises, ein volles Haus und aktuelles Interesse.

Riesenbabys.

Als Schauobjekte von wunderbarer Größe des Körpers interessieren noch mehr als die ausgewachsenen Riesen die Riesenbabys. Schon Plinius hatte konstatiert, daß solche frühreifen Kolosse vorkommen. Er behauptete von diesen Kindern, welche die Griechen Ἐκτράπελοι (vom Gewöhnlichen abweichend) nennen, für die aber eine besondere lateinische Bezeichnung fehle, daß sie nicht älter als drei Jahre würden. Unter den Beispielen, die der antike Schriftsteller anführt, wird der Sohn des Euthymenes auf Salamis erwähnt, der dreijährig schon drei Ellen groß war und eine mannbare Stimme hatte. Das Studium solcher frühreifen Kinder, namentlich der Mädchen, ist in unserer Zeit sehr gefördert. Ploß beschreibt eine Reihe solcher Kinder und bildet sie ab, bei denen schon zum Teil im ersten Jahre die äußeren und inneren Symptome der Geschlechtsreife vorhanden waren. Eine geistige Frühreife

[1]) Er soll inzwischen an der Grippe gestorben sein.

entsprechend der Entwicklung des Körpers findet in den meisten Fällen nicht statt. In der Regel erreichte im zehnten Lebensjahr Wachstum und Entwicklung eine Grenze. Auf der Leipziger Ostermesse 1753 wurde die dreijährige Eva Christina Fischer aus Eisenach, wie ein zwanzigjähriges Mädchen entwikkelt, zur Schau gestellt. Sie wog 82 Pfund Leipziger Fleischergewicht, und die Anatomie in Leipzig besaß ihre Abbildung. Die Sektion solcher frühreifen Mädchen hat in manchen Fällen in der abnormen Beschaffenheit der inneren Genitalien (Geschwulstformen der Eierstöcke) die vorzeitige Reizquelle bei denselben erkennen lassen. In andern aber ergab sich kein besonderer für die Frühreife verantwortlich zu machender Befund.

Münchener Neue Pinakothek.

Fig. 74. Riesenbaby. Flugblatt vom Jahre 1760.

In ganz seltenen Fällen hat diese sexuelle Frühreife schon im neunten Lebensjahre zu einer Schwangerschaft geführt. — Ein Berliner Einblattdruck der kleinen Kuhnert vom Jahre 1825, die damals zweieinhalbjährig be-

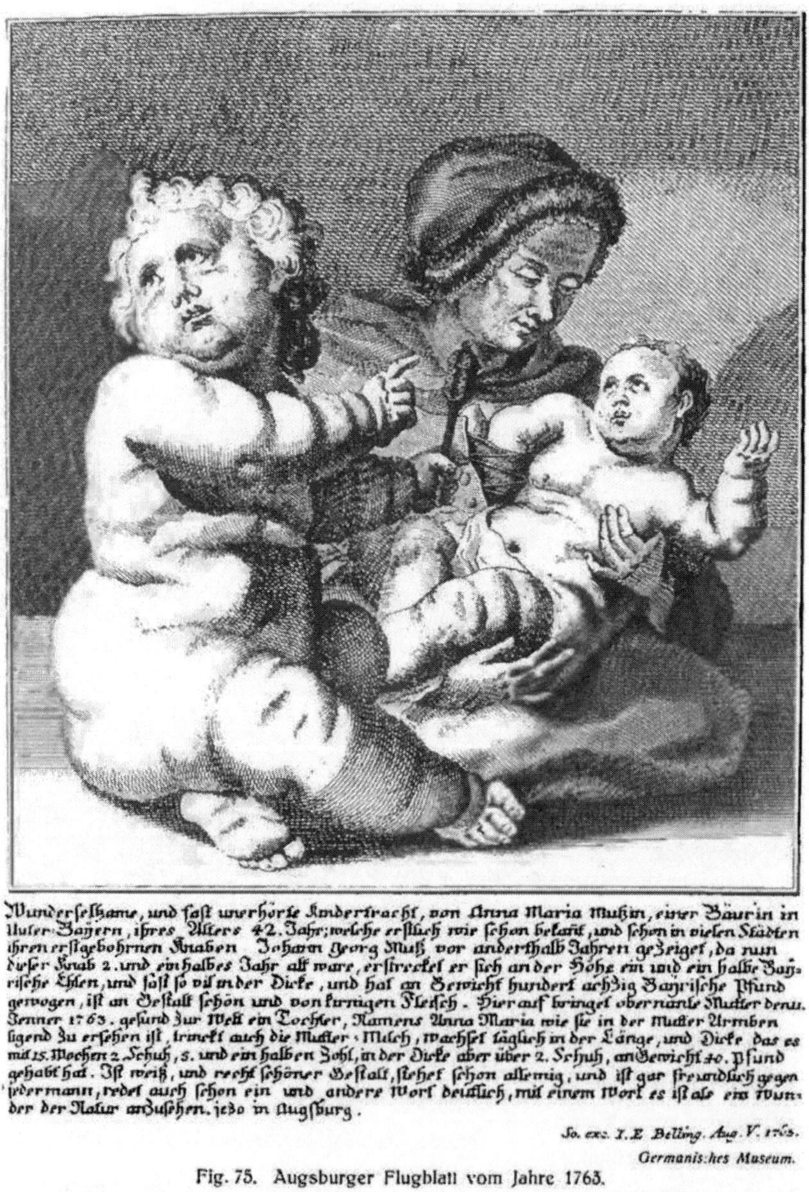
Wunderseltzame, und fast unerhörte Kindertracht, von Anna Maria Mußin, einer Bäurin in Unter-Bayern, ihres Alters 42. Jahr; welche erstlich wie schon bekant, und schon in vielen Städten ihren erstgebohrnen Knaben Johann Georg Muß vor anderthalb Jahren gezeiget, da nun dieser Knab 2. und ein halbes Jahr alt ware, erstrecket er sich an der Höhe ein und ein halbe Bayrische Ehlen, und fast so vil in der Dicke, und hat an Gewicht hundert achzig Bayrische Pfund gewogen, ist an Gestalt schön und von kernigen Fleisch. Hierauf bringet obernante Mutter den 11. Jenner 1763. gesund zur Welt ein Tochter, Namens Anna Maria wie sie in der Mutter Armben ligend zu ersehen ist, trinckt auch die Mutter-Milch, wachset täglich in der Länge, und Dicke das es mit 15. Wochen 2. Schuh, 5. und ein halben Zohl, in der Dicke aber über 2. Schuh, an Gewicht 40. Pfund gehabt hat. Ist weiß, und recht schöner Gestalt, stehet schon allein ig, und ist gar freundlich gegen jedermann, redet auch schon ein und andere Wort deutlich, mit einem Wort es ist als ein Wunder der Natur anzusehen. jezo in Augsburg.
Jo. exc. I. E. Belling. Aug. V. 1763.

Germanisches Museum.

Fig. 75. Augsburger Flugblatt vom Jahre 1763.

reits siebenunddreißig Zoll groß und seit dem zehnten Monat ziemlich regelmäßig menstruiert war, scheint zu wissenschaftlichen Zwecken angefertigt zu sein.

Der bayrische Knabe, der da von seiner Mutter vorgeführt wird (siehe Figur 74), ist wirklich ein vollendetes Riesenkind. Das Münchener Kindl wiegt mit drei Vierteljahren einen Zentner sieben Pfund und trinkt dabei noch die Muttermilch. Die Verse, zu denen sich das Münchener Flugblatt

Fig. 76. Die dicke Seyllerin.

aufrafft, entsprechen der Intelligenz des Kindes. Ein zweites Riesenkind derselben Mutter, auf einem Blatt desselben Stechers, befindet sich in dem Germanischen Museum (siehe Figur 75). Die körperliche Veranlagung der Eltern der Kinder geht aus der Duplizität des Falles mit Sicherheit hervor.

Originell vom Standpunkt der Reklame ist ein holländisches Flugblatt vom Jahre 1646. Der Margarete Hubertus muß da ein vorweltlicher Riese die Anna Katherina ins Nest gelegt haben (siehe Figur 75). Das jeßt fünfjährige Kind wiegt zweihundertachtundzwanzig Pfund und ist in der Taille drei Ellen dick. Die Darstellung vermerkt als Beschauer sämtliche gekrönten und fürstlichen Häupter, die diesen nackten Fleischkoloß bewunderten. Der Moment ist gewählt, wie das Kind vom Kaiser eine goldene Kette und eine Medaille verehrt bekommt. Heutzutage würde man die Photographie eines solchen Riesenkindes zweckmäßig als Reklameblatt für irgendein Nährpräparat verwenden können. Es ist auf den Flugblättern nicht erwähnt, ob diese Kinder schon mit absonderlicher Größe auf die Welt gekommen sind. Es braucht das nicht der Fall gewesen zu sein. Die Größe eines solchen Riesenkindes kann aber zum absoluten Geburtshindernis werden, so daß der entbindende Arzt zu einer operativen Zerstückelung desselben schreiten muß. Ich erinnere mich aus meiner Studentenzeit, daß mein Lehrer von Recklinghausen ein solches Riesenkind von der Größe eines zweijährigen Knaben demonstrierte. Das Kind befand sich von alters her in der Sammlung des Straßburger Pathologischen Institutes und wurde zufällig durch den anhaftenden Nabelstrang als neugeboren entdeckt.

Als Beispiel der angenehmen Körperfülle zeigen wir das Flugblatt der dicken Seyllerin, die mit sechsunddreißig Jahren beinahe fünf Zentner wog (siehe Figur 76).

Den extremen Gegensaß zu dieser Körperüberfülle bildet „Der krumme Tischler von Innsbruck". Das Flugblatt, welches den unglücklichen Skelettmenschen mit seinen kontrakten Gliedern zeigt, stammt aus dem Jahre 1620. Das Tiroler Flugblatt bezeichnet diesen kranken Tischler geradezu als „Warzaichen und Symbol" der Stadt und fordert den Leser zum Besuch der Kirche auf (siehe Figur 77).

Lokaler Riesenwuchs.

Das Interesse für ungewöhnliche Körpergröße steigert sich noch, wenn dieselbe unproportional auftritt, wenn also nur einzelne Glieder über das menschliche Maß hinauswachsen, während der übrige Körper von normaler Größe bleibt. Die moderne Wissenschaft hat versucht, die Akromegalie organisch zu erklären, und in der Erkrankung des dem Türkensattel des Schädels aufliegenden Gehirnanhangs eine der Ursachen hierfür erkannt. Die Phantasie schuf vielleicht aus einem Erlebnis, vielleicht auch aus ein-

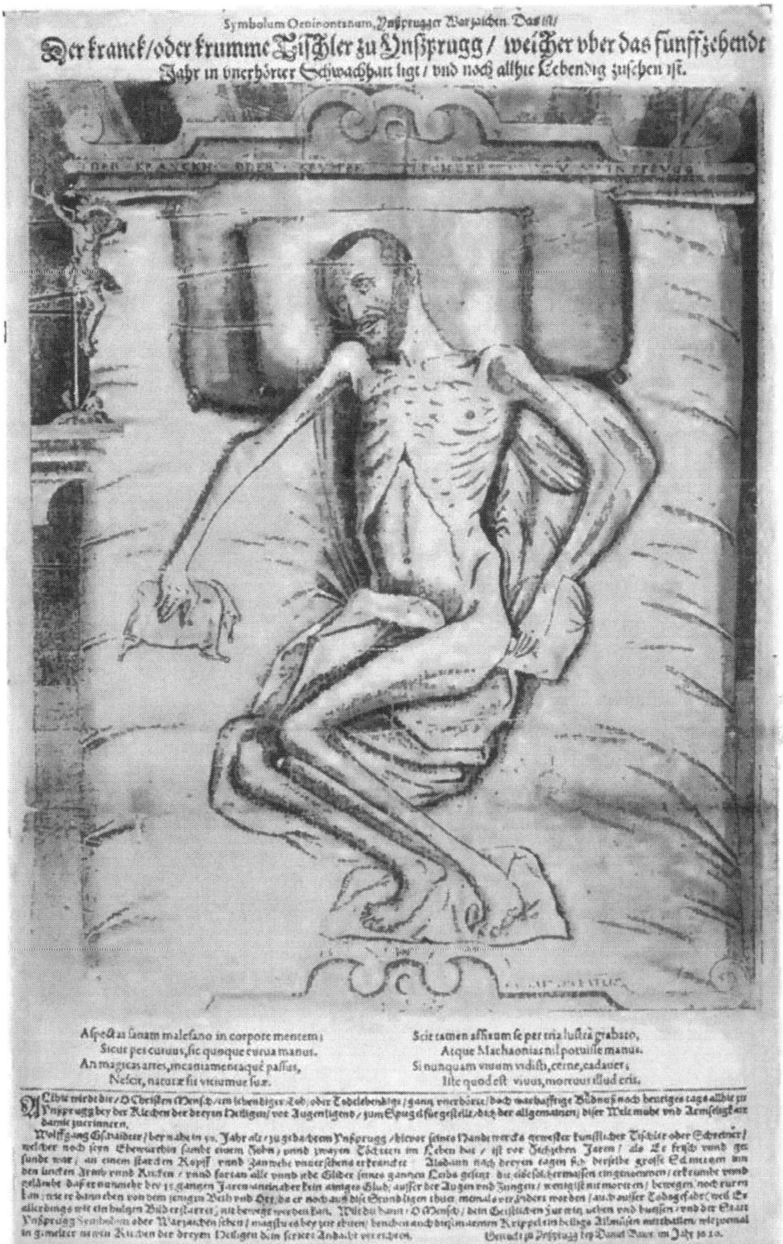

Ulmer Stadtbibliothek.

Fig. 77. Der krumme Tischler zu Innsbruck. Flugblatt vom Jahre 1620.

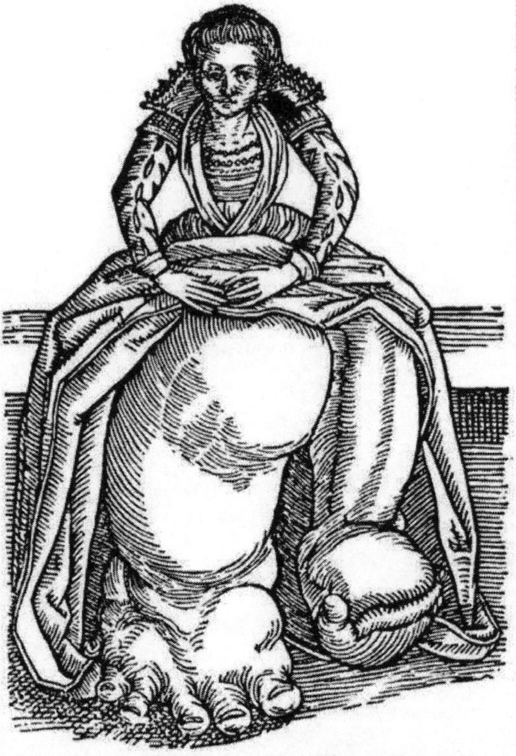

MEssieurs, l'on vous faict à sçauoir qu'en ceste ville est arriué tout recentemẽt vne ieune Damoiselle aagée de 16. ans, laquelle at apporté au monde, si tost qu'elle at esté sortie du ventre de sa mere, deux iambes, l'vne pesant 52. liures, auec six doigts; & l'autre pesant 22. liures, auec trois doigts; ce que ne luy faict non plus de mal qu'a vne aultre personne.

Oultre elle il a encor vn veau sorty d'vne vache, auec deux testes, six iambes, & deux queus, auec vn ventre tres rare à regarder.

Au surplus vn loup marin fort beau & admirable, accompagné d'vn lieure, lequel oubliant son naturel peureux bat tres-bien le tamboure.

On les monstres à toutes heures.

KUnt vnndt zu wissen sey idermenniklich das alhir inn diesse stadt ist kommen eine lebẽdige Jungfraw/ihres alters 16. Jahr / vnd hat so einen sehr grossen fuss/ welcher an gewicht 52. pfundt wigt / vnndt die grosse des Knies ist im bezirck zwo Elen / die dicke des wadens ist im bezick anderhalb Ele dick/ vndt die grosse zehe die ist im bezick acht zool dick / die weite ihres schuhes ist im bezick drey elen/am rechten fusz sechs zehen / der lincke fusz wigt zwey vnndt zwanszig pfundt / vndt hat drey zehen: Mehr hat sie auch bey sich ein kalb/ welches zween Kopff / vndt mit sechs fussen vndt zween schwentzen/auch ein mehr wolf auch einen hasen der auff der trummel schloget Es ist zu sehen den ganstzen tag.

Fig. 78.

Questo è il uero ritratto di una Giouena Italiana, al presente di età di dicidotto Anni, la quale è stata Admirata da quattro teste Coronate, e da molti Prencipi Sourani, et si è fatta Vedere al Publico quasi per tutta l'Europa con Ammiratione de tutti, è parla Italiana, Spagnola, Francese, et Ingles. G. D.

Fig. 79.

facher Wahnvorstellung solche Fabelwesen. Nur in Märchen und Wunderberichten leben solche Wundermenschen mit Riesenohren und -nasen, langen Hälsen und Riesenfüßen in Siebenmeilenstiefeln. Wir werden später noch die traurige

Gelegenheit haben, auf solche Monstren zurückzukommen, welche man dann dem naiven deutschen Publikum als wirkliche Körperlichkeit vorzusetzen wagte.

Als Beleg aber für in Wirklichkeit vorkommende elephantiastische Körperformen bringen wir zwei ganz ähnliche Flugblätter, die jedoch zeitlich über hundert Jahre auseinanderliegen. Auf beiden erleben wir, daß durch geschickte Ausnützung der Perspektive der Eindruck des Gebrechens noch ins Groteske und Unerhörte gesteigert wird. Das ältere Flugblatt ist ein typisches Reklameblatt eines von Stadt zu Stadt herumreisenden Weltwunders. Die sechzehnjährige lebendige Jungfrau hat zwei kolossale Beine, an denen der übrige Körper wie ein Appendix hängt (siehe Figur 78). Das rechte Bein hat ein Gewicht von zweiundfünfzig Pfund, das Knie einen Umfang von zwei Ellen und die Waden sind eineinhalb Ellen dick. Die große Zehe allein ist acht Zoll dick, der Schuh drei Ellen lang. Am rechten Fuß sind sechs Zehen. Am linken Fuß, der nur drei Zehen hat, sind die Größenverhältnisse etwas geringer. Der Schlußsatz des Reklameblattes ist kulturhistorisch interessant und zeigt uns eine wirkliche Monstrositätenschau.

Mehr hat sie auch bey sich ein Kalb
Welches zween Kopff / vndt mit sechs
Füßen vndt zween schwentzen / auch ein
Mehr wolf auch einen hasen
Der auff der trummel shloget.
Es ist zu sehen den ganützen tag.

Das zweite Blatt, welches die analogen Verhältnisse der unteren Extremitäten aufweist, nur mit dem Unterschied, daß bei dieser das linke Bein das gigantischere ist und beide Füße sechs Zehen aufweisen, bildet eine Italienerin von achtzehn Jahren ab (siehe Figur 79). Das Blatt gehört schon dem 18. Jahrhundert an. Auch diese junge Person mit ausgesprochener Elephantiasis hat die Welt bereist und wenigstens die Zeit benutzt, in den fremden Ländern die Sprachen zu studieren.

Medizinisch betrachtet gibt es ja verschiedene Erkrankungsformen, welche zu abnormen Schwellungen der unteren Extremitäten führen können. Aus enormer Lymphstauung und Erkrankungen der Knochen setzen sich solche erworbenen Difformitäten zusammen. In unseren vorliegenden Fällen aber handelt es sich um kongenitale Veränderungen, was schon aus der Überzahl und dem Defekt der Zehen hervorgeht.

Zwerge.

In einem alten anonymen Diskurs über die Wunder der Natur wird der Unterschied zwischen Riesen und Zwergen darin gefunden, daß die einen unser Entsetzen hervorrufen und die andern das Lachen. Und da beide Gemütserschütterungen bei den Menschen beliebt sind und sie sich auch solche Gemeingefühle etwas kosten lassen, so waren zu allen Zeiten auch die Zwerge begehrte und gesuchte Artikel. Wir haben schon davon berichtet, daß in der antiken Welt die Zwerge eine Rolle spielten. Ihre relative Häufigkeit machte sie aber zu Schauobjekten nur dann geeignet, wenn sie wirkliche exzessive Diminutivausgaben vom Menschen waren. Vom anatomisch-pathologischen Standpunkte aus gibt es verschiedene Typen von Zwergen. Die Mehrzahl derselben gehört der achondroplastischen Form an, mit einer starken Verkümmerung des Extremitätenskelettes; sie bildet die unschönste Zwergenform, da der dicke Kopf im Gegensatz zu der Kleinheit des übrigen Körpers steht. Bei der achondroplastischen Form aber, ebenso wie bei dem Zwergenwuchs auf rhachitischer Basis, die ebenfalls häßliche Kleinheit hervorzurufen vermag, kann die geistige Fähigkeit vollkommen normal sein, und gerade diese kleinen Männer, die übrigens auch sonst wirkliche Männer waren und sich als solche betätigten, gaben das Material ab, aus dem sich die Lustigmacher und Schalke sowohl der Alten, als die Hofnarren der Neueren rekrutierten. Die rein infantile Zwergform, ferner der Zwergenwuchs, der auf mikrozephalischer oder hydrozephalischer Basis entsteht, führte meist auch zu einer Schwächung der Intelligenz. So finden wir bei den Zwergen in geistiger Beziehung Abstufungen von hohen Fähigkeiten bis zur völligen Idiotie. Und da nun die Ausbildung des Witzes den Marktpreis solcher Männlein steigerte, so erfuhr die witzige Schlagfertigkeit solcher von der Natur Geschädigten schon frühzeitig eine Schulung nach dieser geistigen Richtung. Den Sammlern aber geht es meist so, daß sie zunächst in ihre Sammlung auch minderwertige Stücke aufnehmen. Wenn heute noch immer gekrönte Häupter den Stolz besitzen, die größte Briefmarkensammlung ihr eigen zu nennen, so ging die Sammelwut Philipps IV. von Spanien auf Zwerge. Von dieser Sammlung hat Velasquez ein illustriertes Verzeichnis in lebensgroßen Gemälden hinterlassen, aus dem wir die anatomische Beschaffenheit der königlichen Lieblinge dank dem Realismus des Malers feststellen können. Des Meisters Hauptwerk „Las Meninas" zeigt die Kinder Philipps in Gemeinschaft mit Hofzwergen. Die klassische Malerei hat uns auch sonst Typen solcher Zwerge zahlreich hinterlassen. Und in der Literatur zerstreut sind die witzigen und frechen Wahrheiten, welche Hofzwerge angeblich ihren Fürsten gesagt haben.

Fig. 80. Der Zwerg und Sänger Worienberg. Flugblatt vom Jahre 1687.

Die Art und Weise, wie der Zwergenwuchs zur Erheiterung und Belustigung diente, war ganz verschieden. Zwerge wurden gelegentlich in Pasteten versteckt, bei Tisch aufgetragen, und sprangen dann, der Gelegenheit entsprechend, passend oder unpassend angezogen, heraus, um auf der Tafel herumzuscharmutzieren. Von andern wird wieder berichtet, daß sie ihr Bett wegen ihrer Kleinheit in einem Bauernschuh aufgeschlagen hatten. Bekannt sind die sogenannten Zwergenhochzeiten. 1622 wurde am Wiener Kaiserlichen Hofe eine solche Zwergenhochzeit veranstaltet, und die Schwester Peters des Großen, Natalia, hatte noch im Jahre 1715 die Geschmacklosigkeit, ein solches Schauspiel zu wiederholen. Alle Zwerge des Reiches waren zu dieser

Hochzeit eingeladen und zweiundneunzig fanden sich ein. So lustig für die Zuschauer eine solche Hochzeit war, so traurig waren doch oft die Folgen

Münchener Neue Pinakothek.

Fig. 81. Flugblatt von Aubry.

eines solchen Beilagers. Ich erinnere mich, als junger Assistent die üblen Verwüstungen (Blasen- und Ureterfisteln) am Körper einer Zwergin gesehen zu haben, die man in Rußland zur Abwendung irgendwelchen Mißgeschickes einer Gemeinde verheiratet hatte.

Da uns hier mehr die kulturhistorischen Fragen interessieren, so können wir auch die Streitfrage unberücksichtigt lassen nach den sogenannten Pygmäen, von denen schon Albertus Magnus behauptete, daß es Affen gewesen wären. Tatsächlich hat Schweinfurth ja die afrikanischen Pygmäen als Volk und Stamm entdeckt, von denen schon die alten Schriftsteller, unter diesen Aristoteles, Plinius, Augustinus und Strabo, berichtet hatten.

Die Flugblätter beschäftigen sich auch im Auslande zahlreich mit Zwergen. So gibt es eine Anzahl englischer Einblattdrucke, die alle Reklameblätter für kleine Leute darstellen. Die Kleinheit der Statur wird genau wie auf Gemälden durch den Kontrast zur Anschauung gebracht. Im ganzen aber gilt das schon vorher Gesagte, daß die Kleinheit als solche keine dauernde Anziehungskraft bewährte. Wir bringen das Flugblatt des kleinen Männleins aus der Schweiz, Hansz Worienberg, wie er sich im Jahre 1687 in Hamburg zeigte (siehe Figur 80). Der sechsunddreißigjährige Mann ist zwei Fuß und sieben Zoll groß, beziehungsweise klein. Aus einem andern Flugblatt, welches in der Nouvelle Iconographie de la Salpêtrière (1910) in einem Aufsatz von Launois veröffentlicht ist, sehen wir das Weltwunder in London gastieren. Damals war der Zwerg siebenunddreißig Jahre, mit langem Bart, und sang. Auf diesem Blatt erkennen wir den auf unserm Blatt nur angedeuteten Schrank geöffnet. In diesem Schrank, der gewissermaßen für den Zwerg Koffer und Zimmer zu gleicher Zeit war, ließ er sich transportieren, um nicht von der Menschheit unentgeltlich gesehen zu werden. Dieser Schrank wurde schließlich auch sein Sarg. Denn als er sich im Jahre 1695 vom Rotterdamer Kai aufs Schiff bringen lassen wollte, brach die Holzplanke mit dem Träger zusammen, und der Kleine ertrank in seinem Kasten.

Das zweite Flugblatt, welches wir aus einer ganzen Anzahl auswählen, zeigt uns das typische deutsche Flugblatt dieser Art, von Aubry gestochen (siehe Figur 81). Der Zwerg Hause, den der Kaiser und Graf Pappenheim lieb und wert gehalten, ist zur Kirmes angekommen, um dort seine Künste zu zeigen. So bildete der Zwerg auf allen Märkten und Kirmessen eine typische Erscheinung unter den fahrenden Leuten.

Warhaffte Contrafactur oder Bildnuß deß einfältigen/ frommen in Teutschenlanden berümbten und wunderbaren Claus Narren/ welcher bey dem Durchleuchtigen Hochgebornen Fürsten und Herrn/ Herrn Friderich und Johannes gebrüdern und Hertzogen in Sachsen/ gelebt/ und viel weise vernünfftige reden zum Schimpff und Ernst fürgebracht/ auch viel zukünfftige ding geweissagt.

Bleib stehn/ und sich Claus Narren an/
Der offt Weißheit bracht auff die bahn/
Zu Ranstätt in Meissen geborn/
Ob sunst all Narren ausserkorn/
Wie dann Gott einmal hat versehn/
Da ich die Gänß solt hüten gehn/
Auff einer Wiessn/ und ungefehr/
Viel Reuter sah kommen daher/
Ergreiff ich die Gänß jung und alt/
Und stäckts under mein Gürtel baldt/
Als ein Hirt fromm/ gieng damit fort/
Biß der Churfürst zu Sachsen dort/
Friedrich genandt/ deß Landes Herr/
Kam lachend/ fragt wer ich wehr/
Als er hört das ich Claus Narr hieß/
Mein Vatter zu sich kommen ließ/
Begehrt meiner/ und ward jhm geben/
Bey dem ich blieb/ weil er thet leben/
Und jhn/ ob andern/ lustig macht/
Offt weisen rath ich herfür bracht/
In Schimpff und Ernst/ nach glegenheit:
Hab auch bißweilen Prophezeyt/
Ja das/ von meiner Wunderthat
Man ein gantz Buch gesammelt hat:
Starb zu Weyda/ als ich war alt/
Sechtzig Jahr/ wie zeigt mein gestalt.

IN EFFIGIEM NICOLAI MORIONIS,
vulgò Claus Narren.

SUnt, quos ingenij divina scientia notos
Reddit in Eois Hesperijsq. plagis,
Quorum dicta canit sapientia, GRAECIA septem
Produxit vanâ cognitione viros.
Hic tibi quem sculptum designat nostra tabella:
Omnibus & cujus nomen in ore sedet:
Stultitiam propter, quam dicta & facta probarunt.
Notus in Italicis Teutonicisq. plagis.
Multa DEI floret Sapientum munere turba,
Quæ sacra consilio templa, forumq; regit.
Grex major toto stultorum currit in orbe,
Omnia nam stultis compita plena vides.
Hi sunt Physignathi, nati de dente Theonis
Turpiculum nasum Rhinocerotis habent.
Una illis non est in toto corpore mica,
Nec possunt apto desipuisse loco.
NICLAUS longè noster diversus ab illis,
Ut prudens stultus jure vocetur, habet.
Verba dedit grato quæ sunt condita lepore,
Addita quoq; loco commoda multa ferunt.
Quot novit lusus, quot novit seria, sacri
Ensifer Imperij qui FRIDERICUS erat?
Dissita nonnunquam vidit, scivitq; futura,
Tam varia passu diditadona DEI!
Post ubi compleRat bis sex quinquennia vitæ,
Extremum WEIDA clausit in urbe diem.

Straßburg bey Jacob von der Heyden.

Fig. 82. Klaus von Ranstädt. Hofnarr erst bei den sächsischen Kurfürsten 1500, dann bei dem Erzbischof von Magdeburg und Friedrich dem Weisen 1525.

Haar- und Bartmenschen und andere Hautveränderungen.

Die Behaarung der Menschen hat zu allen Zeiten nach Farbe, Ausdehnung und Fülle die Menschen interessiert. Der starke Haarwuchs war schon zu Zeiten Simsons der Ausdruck des Ungewöhnlichen und Starken, und von der Farbe des Bartes, dem Mangel an Haaren trugen Könige und Kaiser ihre charakteristischen Beiworte: Karl der Kahle und Friedrich Barbarossa,

Münchener Neue Pinakothek.

Fig. 83. Helene Antonia.

Münchener Neue Pinakothek.

Fig. 84. Barbara Urslerin 1633.

um nur die berühmtesten Beispiele zu geben. Und die Heilige Schrift bekundet schon das schöne und lange Haar von Absalon, dem Sohne Davids. Leider wurde dieses ihm im Leben wertvolle und beneidete Gut sein Verderben. Auf der Flucht vor David blieb er im Walde Ephraim am Jordan an einer Terebinthe mit den Haaren hängen und wurde erstochen. (2. Samuel 13—18.)

In früheren Zeiten hat man sich viel beschäftigt mit dem Verfärben der Haare, dem plötzlichen Ergrauen und vor allem auch mit dem Entstehen feuriger Sternlein, welche den langen Haaren schöner Mägdlein beim Kämmen entspringen. Diesen letzten Dingen hat das Bekanntwerden der Reibungselektrizität den ihnen allzu gerne beigelegten transzendentalen Nimbus genommen. Man weiß demgemäß jetzt, daß die Feuerfunken, welche einzelne Pferde von sich geben, wenn sie im Dunkeln gestriegelt werden, nicht auf schweflige Dünste zurückzuführen sind, welche sich durch Hitze entzünden.

Unter den Schauobjekten haben die Haarmenschen immer eine große Rolle gespielt, in erster Linie solche, welche trotz weiblichen Geschlechtes mit einem stattlichen Bartwuchs versehen waren. Daß es sich hier in den meisten Fällen um Zwitterbildungen gehandelt hat, ist klar. Einzelbeispiele solcher behaarten Weiber füllten einen ganzen Band. Wir begnügen uns als Beispiel solcher ein Flugblatt der Münchener Neuen Pinakothek aufzunehmen, welches uns die achtzehnjährige Helena Antonia aus Lüttich, mit einem langen Barte bekleidet, vorführt (siehe Figur 83). Der Kontrast zwischen Bart und Weiblichkeit ist um so auffallender, wenn die äußeren Merkmale und der Wuchs eines solchen Individuums besonders weiblichen Typus zeigen. Über die Beliebtheit solcher perversen Körperbildung zu bestimmten Zwecken zu sprechen, ist hier nicht der Platz. Wir wollen nur andeuten, daß auch die Legende der heiligen Kummerus, des keuschen Mädchens mit dem langen Barte, ihre Entstehung vielleicht solchem Vorstellungskreise verdankt.

Mehr in der Richtung des Sonderbaren und des Kuriositätenwertes gehen die Fälle, bei denen am ganzen Körper eine abnorme Behaarung auf normaler Haut vorkommt. Diese unglücklichen Menschen bereisen dann die Märkte, die Schaubuden der Welt unter der Marke Hundemensch oder auch Löwenmensch, je nach der Ähnlichkeit ihres Äußeren mit diesem oder jenem Tier. In solchen Fällen handelt es sich darum, daß das fötale Haarkleid erhalten blieb und in Wachstum gerät. Nach den Untersuchungen von Eschricht und Voigt ist es durch eine Anomalie des äußeren Keimblattes zu einer abnormen Entwicklung der sogenannten Lanugo (Wollhaar) gekommen. Sehr oft sind solche Zustände verknüpft mit schweren Störungen der Zahnbildung. Um eine solche Abnormität handelt es sich bei dem Flugblatte des Jahres 1633, welches die Augsburgerin Ursler abbildet, im zwanzigsten Lebensjahr (siehe Figur 84). Von diesen Haarmenschen bildet Aldrovandus eine ganze in Bologna auftretende Familie von Waldmenschen, die angeblich von den Kanarischen Inseln stammen, ab (siehe Figur 86).

Fig. 85. Der 115jährige Öttele mit dem Barte. Flugblatt vom Jahre 1657.

Der lange Bartwuchs ist auch an dieser Stelle erwähnenswert. Es wird berichtet, daß erst Kaiser Hadrianus in Rom seinen Bart wachsen ließ, während die meisten antiken Völker sich den Bart glatt schoren. Nur die Philosophen trugen einen Bart, die Stoiker ließen sich scheren. In den Chroniken der Städte ist gelegentlich einzelner Personen Erwähnung getan mit überlangen Bärten. So soll Hans Steiniger aus Augsburg einen Bart von vierthalb Ellen gehabt haben. Häufig findet man noch das Flugblatt des Johann Öttele (siehe Figur 85) vom Jahre 1657, der, hundertfünfzehn Jahre alt, noch einen fünf viertel Ellen langen Bart hatte und von seiner Heimat Brabant aus von Markt zu Markt herumzog. Wir bringen den Stich des Ritters Eberhard

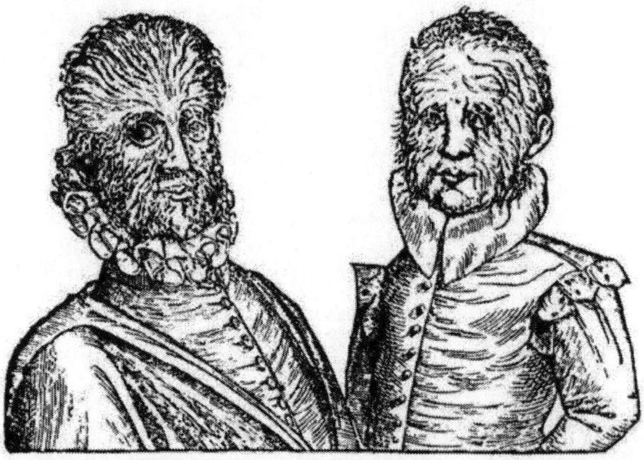

Fig. 86. Vater und Sohn. Holzschnitt aus Aldrovandus.

Rauber in seinem achtundsechzigsten Lebensjahr. Die natürliche Tochter des Kaisers Maximilian II. nahm diesen Langbart zum Gemahl (siehe Figur 87).

Das Interesse der Frauen für schönen Haar- und Bartschmuck der Männer ist deshalb bemerkenswert, weil dem männlichen Geschlechte ja die Zierde der stolzen Edelhirsche fehlt. Der böse Leumund behauptet nun ja, daß manche Frauen bestrebt sind, ihren Männern den fehlenden Stirnschmuck zu ersetzen. Die Natur aber hat gelegentlich auch schon Männer mit natürlichen Hörnern begabt. In der Geschichte der Monstren von Olysses Aldrovandus werden mehrere Fälle von Hornbildungen am Kopfe erwähnt. So erzählt Lanfrancus, daß er einen Mann gesehen hat, der auf seinem Kopfe Hörner von Daumenlänge gehabt habe. Auch Lusitanus erwähnt einen Knaben, der ein Horn auf dem Kopf

Fig. 87.

gehabt hat, und da er von seinen Kameraden Cornutus, der Gehörnte, genannt wurde, so ließ er sich von einem Chirurgen das Horn herausschneiden,

ourtraict au vif de l'hôme cornu, descouuert au pays du Mayn

AV PEVPLE FRANCOIS, SALVT.

[illegible]

Fig. 88. Französisches Flugblatt ca. 1630.

leider mit unglücklichem Resultat, da der Knabe daran zugrunde ging. Solche Fälle von Hornbildung am Kopfe kommen nicht selten vor. Ich zeige ein solches an der richtigen Stelle des Kopfes sitzendes, über zwei Zentimeter langes Hauthorn bei einem zwanzigjährigen Mädchen (siehe Figur 89), welches ich 1906 operierte und welches unoperiert die Aussicht gehabt hätte, die respektable Länge zu bekommen, welche Suttens im Journal of Comparative medicine and Surgery 1887 abbildet. Hier wuchs ein solches Hauthorn zu einem kräftigen Geweih aus, welches über das ganze Gesicht ragte. Als mulier cornuta bildet Thomas Bartholinns eine Frau ab, die er selbst 1646 beobachtete und abzeichnen

Fig. 89. Mädchen mit Hauthorn.

ließ, der ein Hauthorn um den ganzen Kopf herumwuchs. Ein äußerst seltenes französisches Flugblatt zeigt uns, beziehungsweise dem französischen Volke, einen solchen gehörnten Mann. Leider ist die Jahreszahl auf dem Einblattdruck weggeschnitten. Aldrovandus aber, der den Mann in anderer Stellung abbildet, beschreibt diesen Franz Trovilli als zu seiner Zeit lebend, also zirka 1640 (siehe Figur 88).

Daß diese atypische Wachstumsform der Epidermis entsprechend in Szene gesetzt wurde, ergibt sich aus dem Bilde und der Beschreibung.

Ein sonst nicht weiter vorkommendes Flugblatt, offenbar noch aus der Mitte des 16. Jahrhunderts, ist ein Reklameblatt eines Mannes mit einer ganz

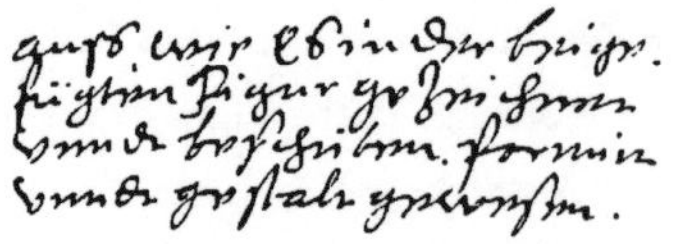

Hans de Moer / geboren auß Brabant von Ralfurt / zwo meilen weges von Mechelen gelegen / seines alters 41. Jar. Ist gestalt als ein Indianischer Han / vnd hat ein Ohr wie die Elephanten haben / ferner hat er ein wunderbarlich lang gewechs hangē / welchs er von einer Achssel auff die ander schlagen kan / hinden aber ein seltzames gewechs herauß / wie die Spanischen Kappen sind / welcher Kappen vier auffeinander sind Was aber solche wunderbarliche Geburt bedeut / ist Gott dem HERRN allein bewust.

enormen Hautgeschwulst (siehe Figur 90). Der Mann steht im einundvierzigsten Lebensjahr, und das kolossale Angiom, wahrscheinlich von blauroter Farbe, hat den Vergleich nahegelegt mit dem indi-

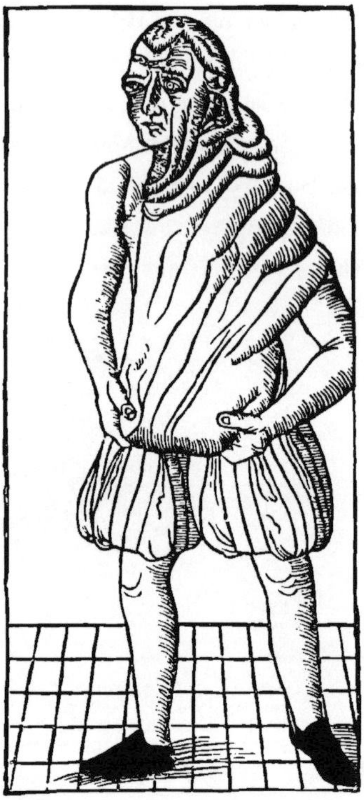

Fig. 90.

Fig. 91.

anischem Hahn und einem Elefantenohr. A tergo steht geschrieben: „Anno 1570 am 12. August habe ich dieses Monstrum zu Speyer auf dem Reichstag all da im Leben gesehen, ist von Person kurz. Von dem Kopf samt dem Hirn abhangende Lappen mit blau, rot und gelb durcheinander vermischt, sieht die Geschwulst einem zornigen indianischen Hahnenkopf gleich.“ Dieser Vergleich mit einem balzenden Puter kommt der Wirklichkeit nahe. Einen ganz ähnlichen Fall, bei dem die Geschwulst aber nicht auf der linken, sondern auf der rechten Schulter sitzt, sah in Bologna Aldrovandus (siehe Figur 91); „ein wunderbarer Indianer mit der bis auf den Bauch herabhängenden Fleischgeschwulst wurde zu dem sehr berühmten Herrn Olysseus Aldrovandus gebracht". Er beschreibt nun, daß dieser Mann die ganze Geschwulst hochheben konnte; unter ihr war eine solche Hitze, daß man wirklich annehmen konnte, daß die Kochungen des Magens von diesem Umschlage stark unterstützt würden.

Acardiaci.

Eine besondere medizinisch und entwicklungsgeschichtlich interessante Form von Mißbildungen bilden die Föten, bei denen nur der untere Teil

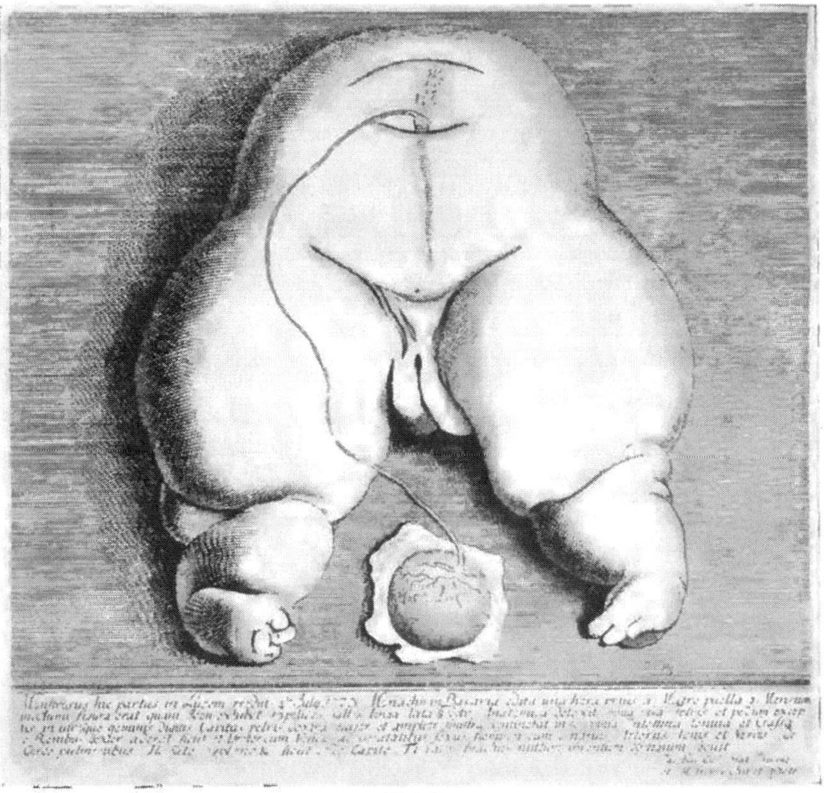

Fig. 92.

Ware abcontrafactur vnd bericht eines kindes/welchs eyner wunderlichen vnd erschrecklichen gestalt/ Denn vierden december zunacht/sampt andern Zweyenn kindern geborn ist worden/zu Breslaw.

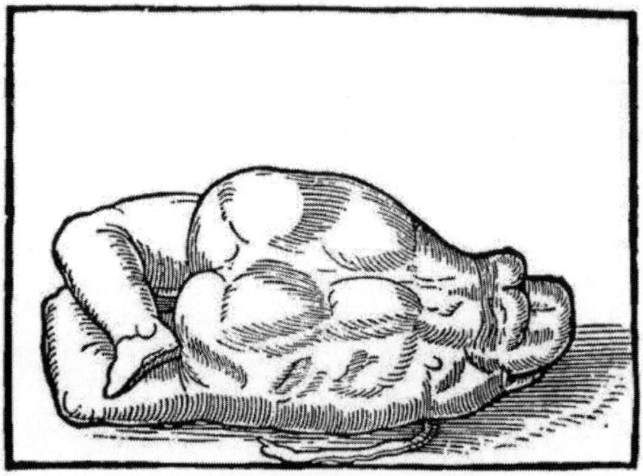

IM Jar Tausent Fünffhundert vñ einvndfunfftzigstē/den nechstē freytag nach Andree des heyligen Apostels/den Vierdē December zunacht/Sint zu Breslaw/Jm newen Hospital/so zu allen Heiligen genent wirt/von einer Mutter/mit namen Vrsula Valtē Horspergin/eines Fleischers weib drey Kinder geborn/das eyne welchs eyn Kneblein gewest/vnd bald nach der Tauffe gestorben. die ander zwey sind Meidlein gewesen/ vnd das eine ist nicht volkomlich gewest vnd tod. Das dritte welchs alhie abcontrafect stehet/einer wunderlichen seltzamen vnnd erschrecklichen gestalt/ Dan es weder Kopff/hend nach arm hat/es ist nur der leib vnd füslein zu erkennen gewesen/doch nicht volkomlich vnd tod. Dieweyl aber solche erschröcklich wunder vnd monstra antzweyffel gemeinlich Gottes zorn anzeigen/So sollen billich alle Christliche hertzen zu Got dem ewigen Vater vnsers lieben Herrn Jhesu Christi seufftzen vnd bitten/er wolde sein straff vnd zorn so itzt vorhandē/greifflich vñ augenscheinlich vormärckt/Durch seine große barmhertzigkeit gnediglich abwenden/vmb seines gelibten Sons Jhesu Christi willen/ Amen

Gedruckt zu Breslaw.

Fig. 93.

des Körpers, die Beine, eventuell noch Becken und Bauch entwickelt ist, bei denen aber jegliche Andeutungen des Kopfes und auch der Brust fehlen. Allen diesen Halbkörpern ist das Gemeinsame, daß sie herzlos sind. Dieser Zustand bedingt, daß sie immer zusammen mit einem ausgetragenen Fötus zur Welt kommen, dessen Herz den Acardiacus während seines intrauterinen Wachstums durch eine Gefäßverbindung zur Nabelschnur mit Blut versorgt. Die größere Mehrzahl dieser Bildungen ist weiblichen Geschlechts. Veranlassung, auch diese Form von Mißbildungen zu erwähnen, gibt ein Münchener Flugblatt vom Jahre 1775. Als Herausgeber des Blattes zeichnet der Landes- und Stadtchirurg und Geburtshelfer Jakob Giel. Derselbe wendet sich offenbar an die wissenschaftliche Welt, was ja schon aus dem lateinischen Text hervorgeht. Man erkennt auf dem Blatt die untere Hälfte einer weiblichen Frucht und den Realismus der Zeichnung aus der korrekten Wiedergabe der Fußveränderungen. Dagegen ist, wie es scheint, Nabelstrang und Plazenta nicht nach der Natur und deshalb auch falsch und unnatürlich wiedergegeben (siehe Figur 92).

Ein zweites Flugblatt aus Breslau im Jahre 1551 zeigt uns einen einigermaßen richtig gesehenen und gezeichneten Acardiacus, der im Breslauer Allerheiligenhospital zur Beobachtung kam und zu Nutz und Frommen des sündigen Volkes damals veröffentlicht wurde (siehe Figur 93).

Alle bisher gezeigten Flugblätter geben wirkliche Geschehnisse wieder; vielleicht etwas aufgeputzt, etwas vergrößert, aber mehr oder weniger Naturabschriften. Wir werden in folgendem reichlich Gelegenheit haben, gerade die die Körperoberfläche befallenden Wundererscheinungen als typische Betrugsmanöver zu entlarven.

DIE WUNDERSUCHT.

Die Zeiten, die wir jetzt durchleben, erscheinen mir trotz der Drangsalierung und der Unbequemlichkeiten des Einzelnen groß; groß insofern, als wir die Zeitgenossen einer Epoche sind, die von uns als Wendepunkt in der Geschichte nicht nur des Vaterlandes, sondern der ganzen Welt empfunden wird. Führt uns doch dieser Wendepunkt vielleicht einem neuen großen Zeitalter zu, welches aber in Weltenferne liegt von jener Herrlichkeit, die uns Wilhelm II. bringen wollte. Dieses Thule ist wohl für immer versunken: denn Wilhelm II. war jedenfalls der letzte Vertreter einer vergehenden Weltanschauung. Er verkörperte sie im größten Stil von weit sichtbarer Höhe aus. Er war der letzte Ritter im Harnisch einer göttlichen Bundesgenossenschaft und der von Gott gesandten, gottgewollten Herrscheridee. Der Imperialismus des Einzelnen ist dahin. Und die Verehrung einer gewissen nationalen Gottpersönlichkeit, die man durch Geschenke, Gebete und Belobigungen sich günstig gesinnt macht, ist im Schwinden. „Gott mit uns“, das heißt gegen die andern, war im Kampf eine verbrauchte Parole wider den Heiligen Geist und eine Erneuerung des althebräischen ultra-aristokratischen Gedankens der Auserwählung. Denn Gott ist mit uns, wie er mit den Patagoniern ist.

Täuschen wir uns nicht, so befinden wir uns in einer Entwicklungsepoche der Menschheit auf nationalem und kulturgeschichtlichem Gebiet, wie sie nur selten im Lauf von Jahrhunderten vorkommt. Wir müssen weit zurückgehen, bis wir eine ähnliche Zeit finden. Da gab es einen römischen Kaiser, der in mancher Beziehung dem unsrigen ähnelte. Neben vielen gleichen liebenswerten Zügen ein ähnlich äußerliches Gepräge; ich denke an Julianus Apostata. Auch er suchte mit halbstarkem Arm sich gegen eine große, nicht aufzuhaltende Idee anzustemmen. Mit allen ihm zu Gebote stehenden Machtmitteln kämpfte er, den vorwärtsstürmenden Geist der Zeit aufzuhalten in seiner Verehrung für alte und hergebrachte Sitte und Lebensform. Auch er verschmähte nicht den Donner und Blitz der Theatermacher mit gedrilltem Männerchor. So schickte er als Gesandten an die Pforte der ältesten Orakelstätte, des Vatikans der damaligen Zeit, seinen Leibarzt Oribasios. Aber ein seinen Zwecken günstiges Orakel der Pythia bekam er nicht mehr, vielmehr trat aus der

Seitenpforte des verschlossenen Tempels ein ausgedienter „Schweizer" und stammelte, daß die Zeit der Orakel vorbei sei. Und mir scheint, daß unser Vergleich mit der eigentlichen Geburtsstunde des christlichen Weltreichs ebenso auf unsere Epoche hinweist, wie auf die beginnende Agonie seiner Priesterschaft. Seit drei Jahrhunderten hatte die grandiose umstürzlerische Idee der christlichen Liebe und der christlichen Gemeinschaft an den herkulischen Säulen des Olymps gerüttelt und stand nun im Begriff, die Welt zu erobern. Was aber Christus der Unvergleichliche der Welt schenken wollte, und der Gottesstaat, den er errichten wollte, ging nicht in Erfüllung. Denn statt eines menschenliebenden Regimentes bemächtigte sich eine machtgierige Gesellschaft des christlichen Gedankens, und aufs neue ging es um die brutale Herrschaft der Welt. Mit der milden Fahne des Heilandes in der einen und der Brandfackel in der anderen Hand stürzte sich eine machtgierige Klerisei auf die Menschheit, und Blut und Qual zeichnet den Weg, den sie ging. In Rom errichtete man ein Imperium des Glaubens, und zu Ehren der siegreichen und gewaltigen Kirche wurden Tempel und Altäre erbaut, die in ihrer Pracht und Schöne zu dem höchsten Besitz der Menschheit wurden, vergleichbar den ewigen Bildern der Olympier. Jahrhunderte waren wiederum ausgefüllt mit Religionskämpfen in der einen Kirche. Das führte zu endgültigen Zerwürfnissen in ihr. Kirche stand der Kirche gegenüber und Pfaffen bekämpften Pfaffen. Die Menschen trugen den Dolch im Gewande, bereit, ihn dem Andersgläubigen in die Brust zu stoßen. Die kirchlichen Dogmen wechselten, aber der Haß blieb derselbe. Die in unseren Tagen einige Monate nach Kriegsbeginn einsetzende akute Volkspsychose der Spionensucht glich jener verhängnisvollen, Jahrhunderte dauernden, blutigen Ketzersucht und dem Hexenwahn, dem im Laufe der Zeit nach Berechnung gelehrter Forscher so viel unschuldige Brandopfer gefallen sind, wie Todesopfer des Weltkrieges in allen Landen. Wir aber leben der Hoffnung, daß die Welterschütterung unserer Epoche neue Ideale der Menschheit gebären wird. Es ist nicht unsere Aufgabe und hier nicht die Stelle, Grenzen und Richtungen dieser zu umreißen; denn die Wunschliste und die Hoffnung der Volksbeglücker wird sich je nach politischer Auffassung und Stellung noch zurzeit verschieden gestalten. Aber ich denke kaum auf Widerspruch zu stoßen, wenn ich den Wunsch ausspreche, daß die Menschheit und vor allem ihre Führer bis an die Grenze ihrer Leistungsfähigkeit bestrebt sein möchten, die Ursachen und Quellen des noch unsere Zeit infizierenden Aberglaubens abzubauen und zu verstopfen.

Von selbst werden sich diese Gedanken dem Leser der nachfolgenden Studie aufdrängen. Denn in die atemraubende, ekelhafte Atmosphäre des Aberglaubens, in die Tiefen menschlicher Benommenheit und Stupidität führt unser Weg; die Aufnahme des geistigen Brotes, dessen Sauerteig, Wundersucht und Aberglauben von Pfaffenhänden angesetzt und angerührt war, vergiftete das Volk für Jahrhunderte. Aber nicht persönliche Grausamkeit und angeborener Sadismus waren die Quelle dieser Jahrhunderte lang dauernden Schande. Es hatte meines Erachtens diese geistige Infizierung des Volkskörpers mit jenen ebenso unmoralischen wie wirksamen Mitteln nur das eine Ziel, das Volk im Bann von Kirche und Obrigkeit zu halten.

Der Historiker steht auf festem Boden, wenn er die politische Entwicklung der Länder auf Grund der Begebenheiten aufrollt und betrachtet. Viel schwieriger und offenbar auch weniger objektiv gestaltet sich die kulturgeschichtliche Analyse, mit dem Ziele, Seelengrundstimmung und Gemütsrichtung einer Zeit im Wesen zu deuten. Denn die Jahrhunderte setzen sich aus Minuten zusammen, Völker aus den verschiedensten Schichten, und diese sind wiederum im Norden und Süden erheblich verschieden. Die romanischen Völker fühlen leidenschaftlicher als die Nordländer. Wasser, Wein, Nebel und Sonne geben auch einem einheitlichen Volke wiederum ein lokales Kolorit; Zeiten der Dürre und des Überflusses verschärfen oder verflachen die Gegensätze. Wenn man also den Zeitgeist ganzer Generationen geschichtlich erfassen will, so kann man als Wesentliches nur solche auffallenden Erscheinungen festhalten, welche bei dem ewigen Auf und Ab immer an der Oberfläche bleiben und dem erhabenen Beschauer dauernd sichtbar bleiben. Die Kulturhistoriker unserer Zeit feiern Orgien der Erinnerung. Gerade so als wenn die geruhigen Zeiten gesitteter Ordnung, sparsamer hausväterlicher Betätigung nie gewesen wären, wiederholen sich heute die Revolutionsbilder aus früherer bewegter, volkserregter Zeit. Der Menuettanz der todesbedrohten Bourgeoisie wird verständlich durch das heurige Tanzen auf vulkanisch bedrohtem Boden. Die Demoralisierung des

Geschlechtsverkehrs, das Sinken des Autoritätsglaubens, gesteigert bis zur inbrünstigen Insubordination, Verschwendung in höchster Potenz, Darben und Entkräftung bis zum Hungertode, Erraffung ungeheurer Reichtümer in kürzester Zeit und ins Ungemessene sich steigernde Arbeitslosigkeit und Mittellosigkeit heute wie damals dicht nebeneinander. Als Unterschicht dieses von Uniformierung befreiten Volkes auf der einen Seite die nach Macht und Reichtum strebenden Sklaven und Freigelassenen, Sansculotten und Kommunisten, auf der anderen Seite die zähneknirschenden Aristokraten, Edelleute und Militaristen, die mit der Faust im Gewande die Wiederkehr ihrer Zeit erwarten.

Die Pfaffenwirtschaft, Teufel und Hexen.

Es gehört aber zur Erkenntnis, daß im 16. bis zum Anfang des 18. Jahrhunderts das ganze deutsche Gefühlsleben vom Glauben beherrscht wurde, kein historischer Spürsinn. Das unbebrillte Auge erkennt die restlose Vorherrschaft des absoluten religiösen Glaubens auf allen Gebieten an. Die Kriege und Schlachten, Gemälde und Melodieen waren religiös, die Frieden waren Religionsfrieden. Aber nicht nur das politische Leben hatte den religiösen Unterton, auch das bürgerliche war ganz auf ihn gestimmt. Als dichtes Fadennetz umstrickte die Glaubensmache das Familien- und bürgerliche Leben. Dieselben Fäden umspannen Volks- und Hochschule, Handwerk und Bauerntum, Kunst und Wissenschaft; dieses Glaubensmaschennetz vereinigte sich und erstarkte zu fesselnden Stricken, die alle in der Hand der Klerisei endeten. Selbst die, welche am reichen Tisch der Geistlichkeit mitbeköstigt wurden, fühlten die Fesselung mehr als ihnen lieb war. Vor allem quälte das Volk bis zu den Fürsten und Königen hinauf die schwere Geißel der geistlichen Gerichte. Auch die Hochgeborenen waren Sklaven des Glaubens.

Es ist hier nicht die Stelle und liegt auch ganz abseits unserer Bestrebungen, irgendwelche Kritik zu üben an dem religiösen Glauben als solchem. Es folgerte ganz von selbst aus dem Studium des vorliegenden Materials unser Feldzug gegen den Aberglauben, die Wundersucht und das sogenannte Obskurantentum. Aber bei der Analyse des schrankenlosen Aberglaubens, dem das deutsche Volk in dieser Zeit schmachvoll verfallen war, muß man notwendigerweise auch einen Blick werfen auf den Umfang des offiziellen Glaubens. Die inneren Wahrheiten des Evangeliums hatte die theologische Wissenschaft allmählich zu rein dogmatischen Lehren umgebildet. Der Glaube an die Grundpfeiler der mittelalterlichen Kirche und die Kraft priesterlicher göttlicher Funktion war beim gemeinen Volke tief eingewurzelt. Die Fürsten und Großen der Welt glaubten an die Kraft der Reliquien und sammelten sie. Der Kurfürst von Sachsen brachte allein etwa 5000 Stück zusammen, und das Erzstift Magdeburg besaß Reliquien mit Ablaßwert für Tausende von Jahren. Nach den „Kultur-Kuriosa" von Kemmerich befanden sich im Reliquienschatz der katholischen Welt u. a. vom hl. Sebastian vier Körper, fünf Köpfe und dreizehn Arme; von den St. Georg und St. Pankrazius existierten allein noch dreißig Körper; von Jesus allein gab es dreizehn Vorhäute; eines dieser hochheiligen Praeputien wird noch heute als der heilige Praeciputius in Charroux verehrt. Dabei knüpfte sich an diesen „fleischenen Verlobungsring" noch eine schwierige theologische Streitfrage, da doch Jesus als Jude eigentlich „ohne" war. Als vornehmste Reliquie in der ganzen Welt galt die Vorhaut des Vater Abraham, die am Feste der Beschneidung Christi vom Papste angebetet wurde (Voss. Zeitung Berlin 1728, Nr. 14). Diese Zustände fanden ihren Höhepunkt um dieselbe Zeit, als sich wenigstens in den Köpfen von ein paar Männern öffentlich ausgesprochene Opposition bemerkbar machte. Der Bogen war überspannt, die Grenze der dem menschlichen Geiste zuzumutenden Dummgläubigkeit erreicht. Der Reibungsstoff zwischen Glaubensmöglichkeit und menschlicher Einsicht hatte sich in dem Maße angesammelt, daß sich daran endlich die sogenannte Reformation entzünden konnte und mußte.

Es hatte der kirchlichen Macht über die Geister ein souveränes Machtmittel gefehlt. Ich denke hier nicht an den Heerbann und die politische Macht der Päpste, sondern an eine mehr innere Gewalt. Man konnte auch keine rechte Anleihe auf Grund der Tradition in der Antike machen. Die Auflehnung gegen die Götter, die Gefahr für den Staat und ähnliche Staatsgründe im Altertum waren viel zu allgemeiner Art, als daß sie der Klerisei in jedem Falle eine Handhabe bieten konnten. So mußte ein neues universelles und souveränes geistliches Machtmittel erfunden werden. Das raffinierteste Verbrechen am Geiste der Menschheit, das je eine macht- und beutegierige rücksichtslose Gesellschaft ausgedacht hat, war die Inthronisation des Satans. Luzifer, das Haupt der Dämonen, wie ihn der Kirchenvater Augustinus aus heidnischer Vorstellung übernommen hatte, wurde das Lieblingskind der Klerisei. Die Theologen schufen sich mit Unterstützung der Juristen den für kirchlichen Zwang unentbehrlich werdenden Teufelsglauben. Der alte böse Feind, der im germanischen Volksglauben noch einen bescheidenen, beinahe humoristischen und zauberischen Charakter hatte, erwuchs in der Hand der internationalen Geistlichkeit zu einem schauderhaften Machtmittel. Die Lehre des die himmlischen Gewalten bekämpfenden Satans wurde so gefährlich und als Machtmittel der Kirche so tyrannisch, weil die absurde Vorstellung Gemeingut wurde, daß der Teufel persönlich mit den einzelnen Menschen in Berührung komme, sowohl in eigener Person als auch auf dem Umweg durch Hexer und Hexen. Schon die Anzweiflung dieser Behauptung galt als schwerste Ketzerei und brachte den Tod. Der Teufel versuchte und verführte den Menschen und seine Opfer; seine Anhänger bekamen durch ihn überirdische Macht zu allerlei Bösem und Schlechtem. Mißernten, Krankheiten, Feuersbrünste, daß die Frauen nicht empfangen und die Männer den Weibern die ehelichen Werke nicht leisten können, galten als teuflische Werke oder Anstiftungen. Als letzte Gemeinheit pfäffischer Phantasie galt es als ausgemacht und sicher bewiesen, daß der Teufel geschlechtlichen Umgang mit den Menschenkindern liebte. Die erfolgte Gemeinschaft mit dem allgegenwärtigen Teufel nachzuweisen und die armen Sünder aus den Krallen des Teufels, das heißt durch Einäscherung zu befreien, war kirchliche Pflicht zu Ehren des Gottessohnes, der die menschliche Liebe als welterlösendes neues Prinzip in die Welt gebracht hatte.

Diese physische Macht der geistlichen Gerichte begnügte sich aber nicht mit diesem rein ethischen Erfolg. Das Besitztum der am Brandpfahl lebend oder tot eingeäscherten Sünder verfiel der Kirche. Damit aber das naive Volk nicht auf den naheliegenden Gedanken käme, daß mit der Rettung der katholischen Seele Hand in Hand ginge ein zum Himmel stinkendes kirchliches Piratentum, schuf man sich eine gesetzliche Unterlage, welche in Köln am Rhein das Licht der Welt erblickte. Die Eltern des Hexenhammers waren Jakob Sprenger und Heinrich Krämer (Institor) und die Geburtshelfer die Professoren der Theologie an der Kölner Universität. Dieses Gesetzbuch ist ohne jeden Zweifel die größte Beleidigung, die dem menschlichen Geiste, der menschlichen Kultur und dem Inbegriff eines religiösen Gefühls je angetan worden ist. Man muß nun nicht etwa glauben, daß dieses Schmachwerk nur dem draufgängerischen Fanatismus der beiden Männer entstamme; die eklige Mißgeburt kam erst nach einer jahrhundertelang dauernden Schwängerung der deutschen Volksseele mit diesen Wahnideen zur Welt. Die geistigen Vorarbeiter und die Patrone des Hexenhammers reichen Jahrhunderte hinauf, und römische Sendschreiben hatten das gemeine Volk auf die Geburt dieses Scheusals lange genug vorbereitet. Verantwortlich allein für die sadistisch erotische Fassung des Buches waren, wie mir scheint, nur die impotenten Herausgeber.

Die stinkende Jauche eines Krebsgeschwürs ist liebliches Parfüm gegen den die Menschheit beleidigenden Odem, der diesem Buche entsteigt. Dabei war dieser Malleus maleficarum (im Titel dem Malleus judaeorum 1420 nachgenannt) nicht privates bibliophiles Werkzeug geiler sadistischer Pfaffenphantasie, sondern das von zwei Päpsten legalisierte Gesetzbuch der Inquisition; im drittem Band wurden mit liebevoller Sorgfalt sämtliche peinliche Verhörsmethoden, die Vornahme der Folterung und die Art der Aburteilung für Jahrhunderte festgelegt. Im Gegensatz zum sonstigen kanonischen Recht wurden selbst reuige und bußfertige Ketzer dem Scheiterhaufen überliefert. Bezeichnend für die Moral des Buches ist, daß es dem Richter gestattet, dem gefolterten Opfer im Falle des Bekennens das Leben zuzusichern. Dann möge er sich aber vor der Fällung des Urteils entlasten und einen anderen Richter an seine Stelle setzen. Das ganze Werk trägt einen besonderen erotisch-sexuellen Charakter. Mit Vorliebe werden die Kapitel breit behandelt, welche über die Art des Samens des Incubus, die Zeugungskraft und den Liebesgenuß handeln; die Behexung der männlichen Glieder, der ehelichen Werke, die ganze Art der Folterprozedur, die Rasur des Körpers, das allmählich ansteigende peinliche Verhör (d. h., da gesetzlich eine mehrfache Folter verboten war, wird die Folter nur unterbrochen), sprechen für das sadistische Raffinement der Autoren. Man lese als Beleg hierfür die fünfzehnte Frage über die Art, wie die Hexe am ersten Tage peinlich zu verhören sei (M. m. 3. Kap. 14 15).

Von den später in der Literatur vielfach erwähnten Erinnerungszeichen teuflischer Buhlschaft am weiblichen Körper (Flecken, Warzen und kleinen Blutgefäßgeschwülsten), namentlich in der Nähe der Genitalien, in die man ohne Schmerz zu erregen mit der Nadel stechen kann, habe ich im Hexenhammer selbst nichts gefunden. Er empfiehlt die Rasur der geheimen Stellen, „mag man auch in deutschen Landen ein solches Abscheren an den geheimen Stellen für durchaus unanständig halten", nur weil die Weiber an und in diesen Werkzeuge des Teufels verstecken.

Im Hexenhammer selbst werden nun als Belege und dokumentarische Beweise für die einzelnen Paragraphen Geschichten angeführt von solch bornierter und offenkundiger Verlogenheit, von solch in die Augen springender Unwahrscheinlichkeit, daß heutzutage selbst dem allerdümmsten Bauernjungen solche Beweisführung wider den Strich gehen würde. Die Berufungen des Gesetzbuches gehen auf Autoren zurück und Erlebnisse dieser. welche an tausend Jahre tot sind. Man scheut sich auch nicht, gelegentlich das Alte Testament, den seligen Aristoteles, Horaz und Homer für seine Zwecke zu zitieren und auch den Cato, der da sagte: „Wenn ein Weib weint, es den Mann zu täuschen meint." Bezeichnend ist dieses Burschen Sprenger Etymologie des Wortes Femina, es komme „von Fe (gleich Fides Glaube) und minus (weniger), es gleicht also eine Frau (Femina) jemanden, der weniger Glauben hat". Wenn es nicht so furchtbar ernst wäre, könnte man ja über den Haßgesang des Kölner Landsmannes gegen das Weib, den er im 1. Buch, 6. Frage losläßt, herzlich lachen. Der Schluß des Kapitels lautet: Bitterer als der Tod ist das Weib, weil der Tod des Körpers ein offener schrecklicher Feind ist, das Weib aber ein heimlicher schmeichelnder Feind. Und daher heißt man sie nicht mehr eine bittere und gefährlichere Schlinge der Jäger, als vielmehr der Dämonen, weil die Menschen nicht bloß gefangen werden durch fleischliche Lüste, sondern auch, weil sie unzählige Menschen und Tiere behexen. Ihr Gesicht ist heißer Wind und ihre Stimme das Zischen der Schlange. Ein Netz heißt ihr Herz: das heißt die unergründliche Bosheit, die in ihrem Herzen herrscht; und die Hände sind Fesseln zum Festhalten, wenn sie die Hand anlegen zur Behexung einer Kreatur. Alles geschieht aus fleischlicher Begierde, die bei ihnen unersättlich ist. „Dreierlei ist unersättlich (die Zunge, der Geistliche und das Weib) und das vierte, das niemals spricht: ‚es ist genug', ist die Öffnung der Gebärmutter. Darum haben sie auch mit den Dämonen zu schaffen, um ihre Begierden zu stillen."

Die Dokumente des Hexenhammers berufen sich alle auf Ereignisse, die weder zeitlich bestimmt sind noch unter Namensnennung festgelegt werden. Manchmal sagt der Dominikaner, Prior und Professor der Theologie in Köln, Sprenger, der Name würde aus Zartgefühl oder aus anderen Gründen verschwiegen. Dagegen wird die Diözese meistens angegeben. Es widerstrebt zwar, den hanebüchenen Blödsinn nochmals dem Druck zu übergeben, aber das ist deshalb von kulturgeschichtlicher Notwendigkeit, weil diese „Belege" die Vorbilder abgeben für den Inhalt und den Wortlaut vieler Wundergeschichten der folgenden Jahrhunderte, die dem Volk in Flugschriften und Einblattdrucken mitgeteilt wurden und die dann in die Chroniken übergingen. Wir wollen an dieser Stelle einige der aktenmäßigen Geschehnisse aus dem Hexenhammer wiedergeben, um anzudeuten, wie die geistige Gesundheit des deutschen Volkes methodisch infiziert wurde.

„Als in der Stadt Innsbruck über die Hexen Inquisition abgehalten wurde, meldete sich eine gewisse ehrbare Person, die Frau eines erzherzoglichen Dieners und bekundete in Gegenwart des Notars in Form Rechtens folgendes."

Bei dieser Geschichte ist es besonders bemerkenswert, daß der eigene Ehemann mit Hilfe seiner Dienerin die eigene Frau lebendig einäschern ließ.

Als sie (die Angeberin) zur Zeit ihres Jungfernstandes bei einem Bürger diente (sie wird wohl dessen Schnur gewesen sein), ereignete es sich, daß seine Frau an heftigem Kopfschmerz zu leiden hatte. „Als zu dessen Heilung eine Frau herbeigekommen war und mit ihren Sprüchen und gewissen Praktiken den Schmerz lindern sollte, bemerkte ich, während ich ihre Praktik aufmerksam beobachtete', daß gegen die Natur des Wassers, welches in eine Schüssel gegossen war, dieses selbe Wasser unter weiteren Zeremonien, die aufzuzählen nicht nötig sind, in einen anderen Topf emporgestiegen war. In der Erwägung, daß davon der Kopfschmerz bei der Herrin nicht gelindert würde, stieß ich einigermaßen unwillig die Worte gegen die Hexe aus: ‚Ich weiß nicht, was Ihr treibt: Ihr tut nichts als abergläubiges Zeug, und zwar um Eueres Vorteils willen.' Da entgegnete die Hexe sogleich: ‚Ob es abergläubiges Zeug ist oder nicht, wirst du am dritten Tage merken.' Das bewies der Ausgang der Sache, denn am dritten Tage, als ich am frühen Morgen dasaß, merkte ich einen Erguß, und plötzlich befiel meinen Körper ein so gewaltiger Schmerz, zuerst im Innern, daß kein Teil des Körpers war, an dem ich nicht schreckliche Stiche fühlte. Dann schien es mir nicht anders, als wenn fortwährend feurige Kohlen auf meinen Kopf geschüttet

Fig. 94. Der Hexenritt.

würden, drittens wäre auf der Haut des Körpers vom Scheitel bis zu den Fußsohlen kein nadelstichgroßer Raum gewesen, wo nicht eine mit weißem Eiter gefüllte Pustel gewesen wäre. So verblieb ich in diesen Schmerzen bis zum vierten Tage, indem ich heulte und mir nur den Tod wünschte. Schließlich forderte mich der Gatte meiner Herrin auf, in einen gewissen Stall zu treten. Während er voranging und ich langsam einherging, sagte er, als wir vor der Tür des Stalles waren, zu mir: ‚Siehe da über der Stalltür das Stück weißes Tuch!' ‚Ich sehe es wohl.' Darauf er: ‚So viel du kannst, beseitige es, weil du dich dadurch vielleicht besser fühlen wirst.‘ Da hielt ich mich mit einem Arme an der Tür an und nahm mit dem anderen, so viel ich konnte, das Stück weg. ‚Öffne,‘ sagte der Herr, ‚und betrachte das darin Niedergelegte genau.‘ Als ich das Stück geöffnet hatte, fand ich dort mehrerlei eingeschlossen, besonders aber gewisse weiße Körner von der Art wie die Pusteln, die an meinem Körper waren; auch Samen und Hülsenfrüchte, dergleichen ich nicht essen oder sehen konnte, samt Knochen von Schlangen und anderen Tieren erblickte ich. Und als ich, darüber erstaunt, den Herrn fragte, was zu tun sei, forderte er mich auf, alles ins Feuer zu werfen. Ich tat es, und siehe, plötzlich, nicht nach Verlauf einer Stunde oder Viertelstunde, sondern im Augenblick, wie die Sachen ins Feuer geworfen worden waren, bekam ich meine alte Gesundheit wieder.“

Fig. 95. Der Hexenritt.
Holzschnitt aus Ulr. Molitor de Laniis 1489.

Ein andermal wird langatmig abgehandelt über die sogenannten Hexenhebammen. Falls die Wöchnerin nicht selbst schon Hexe ist, trägt die Hebamme, gleichsam als wollte sie eine Arbeit zur Erwärmung des Kindes vollbringen, dasselbe aus der Kammer heraus, und opfert es, indem sie es in die Höhe hebt, dem Fürsten der Dämonen. Bei der folgenden ganz blödsinnigen und ebenso traurigen Geschichte ist es wieder der eigene Mann, der Gattin und Tochter dem Feuertode überantwortet, dabei allerdings die unglaubliche Delikatesse und Gemütszartheit zur Schau trägt, Tochter und Mutter erst nach der Zeit der monatlichen Reinigung zu verklagen.

Ein Erschröckliche Newe Zeittung so sich begeben vnd zuetragen In disem 1621 Jar mit eim Geldt wechßler wie Er von Gott so Elentslich gestrafft, gibt die Zeittung gnuegsam bericht. 15.

Hört zue der Erschröckliche Newe Zeittung so sich begeben mit ein Geldt Wechßler In Eim Marckht fleckhen genat Warendorff nit weit von Klage: fürt sein Nam Caspar Schadtman welcher Gott vnd des Menschen fluech auf sich geladen Dann Er In der Landtschafft das güete geldt mit list auf gewichßlet dasselbig verschmeltzt, bös nichts wert geldt daraus gemacht vnd die landtschafft dar: mit betrogen also das ein Erschröckliche Teirung daraus eruolgt In allem was der mensch zue erhaltung seines lebens notturfftig were deswegen die Arme zue Gott schreyen vnd sueffzen das er wölle die straff von Inen abwenden, welche bitt der güettig Gott erhört vnd disen verfluechten geldt wechßler aus welchem die grosse teürung entsprungen sichtbarlich vnd erschröcklich gestrafft also das er bis über die Knoden seiner fies In die Erden sunck vnd Im das wilde Feur vnd dampf der höllen zue mundt Nasen vnd ohren aus schlueg das es schröcklich ward an zue schauen man tett In fragen wie Er die straff verschuldt vnd ob Im nicht zue helffen were gab er zur Antwort Nein da Er die Arme hefftig betrogen vnd Gott hab im zu ein: em Exempel daher gestelt auf das alle die Jenigen an Im spieglen die seinem fließ: stapffen nach volgen das Jedem also ergehn würt wa sie nit daruon abstön, würden sie hie da zeittlich biessen vnd dort die Ewige qual vnd pein leiden, da das Volckh dise wort hördten würden sy hoch erschröckhen vnd mit grosser forcht von Im abwich: en Was Gott durch di Erschröcklich Spectacel will andeuten Ist wol zue merckhen lieber leser weil der verfluecht Geitz Teüfel fast die gantz Welt Regiert, gedruckt Im Jar 1621

Fig. 96. Erschröcklich Spectakel von einem durch höllisch Feuer verbrannten Geldwechsler vom Jahre 1621.

„Als ein gewisser Jemand, wie er selbst berichtete, bei sich erwog, daß seine Frau zur Zeit der Niederkunft, gegen die gewohnte Weise der Wöchnerinnen, keine Frau zu sich hineinkommen ließ, außer der eigenen Tochter allein, die das Amt der Hebamme versah, versteckte er sich um jene Zeit heimlich im Hause, da er den Grund derartigen Verhaltens erfahren wollte. Daher bemerkte er auch die Ordnung bei der Gotteslästerung und teuflischen Opferung in der vorbezeichneten Weise; dazu, daß, wie ihm schien, das Kind durch das Werkzeug einer Hänge (woran die Töpfe aufgehängt werden), nicht durch menschliche Hilfe, sondern durch die der Dämonen gestützt in die Höhe fuhr. Darüber im Herzen bestürzt, und da er auch die schauerlichen Worte bei der Anrufung der Dämonen und die anderen nichtswürdigen Riten bemerkt hatte, bestand er gar heftig darauf, daß das Kind sofort getauft würde; und da es nach einem anderen Flecken getragen werden mußte, wo die Parochialkirche war, und man dabei über eine Brücke über einen gewissen Fluß zu gehen hatte, stürzte er sich mit entblößtem Schwert auf seine Tochter, die das Kind trug, und rief vor den Ohren der beiden Männer, die er sich zugesellt hatte: „Ich will nicht, daß du das Kind über die Brücke trägst, weil es entweder allein hinübergehen wird, oder du in dem Flusse untergetaucht wirst." Da erschrak sie samt den anderen Weibern, die dabei waren, und fragte, ob er nicht seiner Sinne mächtig sei; denn jenes Geschehnis war allen übrigen unbekannt, mit Ausnahme der beiden Männer, die er sich beigesellt hatte. Da rief er: „Elendestes Weib, durch deine Zauberkunst hast du das Kind durch die Hänge hochsteigen lassen; bewirke jetzt auch, daß es über die Brücke geht, ohne daß es jemand trägt, oder ich tauche dich im Flusse unter!" Also gezwungen, legte sie das Kind auf die Brücke, und indem sie mit ihrer Kunst die Dämonen anrief, sah man das Kind plötzlich auf der anderen Seite der Brücke. Nachdem also das Kind getauft worden war, kehrte er nach Hause zurück; und wenn er auch schon die Tochter durch Zeugen der Hexerei überführen konnte, während er das erste Verbrechen, die Opferung, gar nicht hätte beweisen können, da er ganz allein jenem gotteslästerlichen Ritus beigewohnt hatte, so verklagte er die Tochter samt der Mutter (erst) nach der Zeit der Reinigung vor dem Richter, und gleicherweise wurden sie eingeäschert und das Verbrechen der gotteslästerlichen Darbringung entdeckt, das durch Hebammen begangen zu werden pflegt."

Das Behexen der Haustiere, sowie die Kunst, Regen und Hagel zu machen, war eine in den bäuerlichen Gemütern feststehende Tatsache. Entweder wurden Mensch und Tier durch Berührung oder durch den Blick behext, oder die Hexen legten unter die Schwelle der Stalltür, oder dort, wo die Tiere zur Tränke gingen, irgend ein Hexenwerk hin. Eine in Ravensberg eingeäscherte Hexe namens Agnes sagte (natürlich erst unter Folterqual) aus, daß sie überall da, wo bessere Pferde und fettere Haustiere waren, unter der Schwelle Knochen verschiedener Art von Tieren im Namen des Teufels und aller Dämonen hingelegt habe. Eine andere Hexe mit Namen Anna hatte einem Fuhrmann dreiundzwanzig Pferde behext, und als er sich schließlich das vierundzwanzigste Pferd gekauft hatte, sagte der schon in äußerste Armut geratene Fuhrmann zu der Hexe: „Siehe, jetzt habe ich wieder ein Pferd gekauft. Ich verspreche Gott und seiner Mutter, wenn dieses Pferd stirbt, werde ich dich mit meinen eigenen Händen töten.“ Verhaftet und befragt antwortete sie, sie habe nur eine Grube gemacht, in diese habe der Teufel gewisse ihr unbekannte Dinge hineingelegt. „Daraus entnimmt man, daß sie nur die Hand und den Blick anzulegen habe, damit die Hexe mitwirke, denn sonst würde dem Teufel nicht die Möglichkeit gegen die Kreaturen zu wüten erlaubt werden.“ Und dies geschieht nur um der größeren Beleidigung der göttlichen Majestät willen. In anderen Fällen springen die Tiere auf den Feldern in die Luft und stürzen auf die Erde und verenden, natürlich auf Betreiben der Hexen.

Es ist bedauerlich, eingestehen zu müssen, daß dieser hanebüchene Blödsinn noch heute bei den Bauern, wenn auch nicht direkt, geglaubt wird, so doch auf Grund der jahrhundertelangen Tradition und, weil es nichts kostet, mitgemacht wird. Bei den evangelischen Bauern der Hallenser Gegend zum Beispiel werden am 1. Mai, der Walpurgisnacht, unter geistlichen Zeremonien über jeder Tür, namentlich der Stalltür, mit Kreide drei solche hexenabwehrende Kreuze gemacht. Das ist nur einer der vielen Gebräuche dieser Art (wie sonst zum Beispiel das geräuschlose Wasserholen um Mitternacht des 1. Mai als apotrophes Mittel). Das sind die vielfach belächelten aber doch immer wieder ausgeführten Praktiken und Reminiszenzen aus einer traurigen, blutigen Zeit, mit einem beispiellosen Tiefstand der Moral und Kritik.

Das Fressen von Menschenfleisch bei den wilden Völkern scheint mir verständlicher als das zu einem Volksfest aufgeputzte Schauspiel des öffentlichen Hexenbratens. Denn die Wilden tun es aus dem größten Gemeingefühl, dem Hunger, und weil sie in der Entwicklung noch auf halbtierischem

Standpunkt stehen; aber jene Inquisitoren konnten in Barby zum Beispiel, und dies unter dem Beifall einer gaffenden, gläubigen Bevölkerung, auf einmal einundvierzig Weiber lebendig verbrennen.

Hexenhammer I, zehnte Frage, Seite 158. „Betreffs der Frage, daß bestimmte Hexen . . . Kinder zu zerreißen und zu verschlingen pflegen, ist der Inquisitor von Como zu nennen, der uns erzählt hat, er sei deshalb von den Einwohnern der Grafschaft Barby zur Inquisition gerufen, weil jemand, als er sein Kind aus der Wiege verloren hatte, durch Aufpassen zu nächtlicher Weile eine Versammlung von Weibern gesehen und wohl gemerkt hatte, daß sein Knabe getötet, das Blut geschlürft und er dann verschlungen wurde. Darum hat er in einem Jahr 41 Hexen dem Feuer überliefert, während einige andere nach Österreich flohen."

Auch in unseren Tagen erlebten wir noch zu demagogischen Zwecken betrieben das traurige Schauspiel der Anklagen wegen Ritualmords, und die krankhafte Volkspsyche wurde, während ich dies niederschreibe, gerade mit den Mitteilungen gemartert, daß zweihundert Kinderleichen zu Ziegenwurst verarbeitet seien.

Luther und seine Zeitgenossen.

Das Publikum für unsere Einblattdrucke und Flugschriften ist dasselbe gewesen wie dasjenige, welches sich heutzutage um Stundenzeitungen und Extrablätter reißt. Da aber Lesen in der damaligen Zeit im wesentlichen das Besitztum der gebildeteren Stände war, so ist damit schon die Adresse der gedruckten Mitteilungen an die gebildeteren Schichten im Volke gegeben. Aber nicht nur diese waren durch Wundersucht und Aberglauben infiziert. Auch die führenden Geister lagen im Bann solcher Wahnvorstellungen. Auch die besten Köpfe und diejenigen Männer, die als Bahnbrecher neuer volksbefreiender Taten Unsterblichkeit errangen, hielten am Teufelsglauben und der Vorstellung der persönlichen Macht Satans über die Menschen fest. Es ist ein allgemeiner Irrtum, wenn man die Quellen der Verblödung der Völker und der religiösen Unduldsamkeit in der Zeit des dunkelsten Mittelalters sucht. Das Gegenteil ist der Fall; namentlich die letzte Hälfte des Mittelalters ist reich an Äußerungen freigeistiger Lebensauffassungen, und manche wagten es, ihre kühnen Gedanken freier zu äußern. Die ganze sogenannte Reformation ist an diesem wundesten Punkte des deutschen Volkskörpers und der Volksseele ohne Beachtung vorbeigegangen. Schuld vor allem daran ist der große Mann, der im Mittelpunkte der Religionserneuerung stand, Dr. Martin Luther: in dessen Gedankenwelt waren die frühkirchlichen Wahnvorstellungen so fest verankert, daß er noch nicht einmal den Ansatz machte, sich aus diesem Wahnwust zu befreien. Seine Briefe und Tischreden geben hierfür ein sprechendes Zeugnis. Was der große Mann da im Gespräche mit Gesinnungsgenossen und Freunden freimütig äußerte, ist eindeutig genug. Als man den Prediger Öcolampadius eines Morgens tot im Bett fand und die Leute meinten, er sei an der Pest gestorben, ruft Luther: er ist am Teufel gestorben, der hat ihm den Hals umgedreht. Seine Anschauung betreffs der teuflischen Einwirkung auf Gesundheit ersieht man zum Beispiel aus seinen Tischreden (Seite 616): „Der Kirche Gebet tut große Miracula. Es hat zu unserer Zeit zu drey von den Toten auferweckt. Mich, der ich offt bin krank, meine Hausfrau Katha, die auch totkrank gelegen, und Melanchthonen. Der Teufel wurde dann überwunden und ließ seine Beute zurück." Auch die katastrophale Meinung, daß sich der Satan der Hexen als Werkzeug bediene, wird von ihm geteilt. Luthers Meinung nach können die Hexen aus Türpfosten, Hellebarden und anderen Hausgeräten Milch melken. Ebenfalls glaubt Luther fest an die fruchtbare Vermischung des Satans mit Menschen und erklärt diese Buhlschaft als greuliche und schreckliche Plage. Auch daß der Satan eigene Produkte anstatt des richtigen Kindes in die Wiege lege, Wechselkinder (oder sächsisch Kielkröpfe) erkennt er an, meint aber, daß man sie taufen solle, da man im Anfang dem Kinde seine Herkunft nicht ansehe. „Der Teufel vermag gottlosen Menschen ein Geplärr vor die Augen zu machen, daß sie eine Jungfrau vor sich zu sehen vermeinen, wenn der Teufel im Bette ist." Während nun zum Beispiel von Melanchthon die Meinung geht, daß er ein Milderer der Hexenprozesse und der Tortur war, erklärt Dr. Martinus Luther in seinen Tischreden, man solle die Zauberinnen hart strafen zum Exempel, damit andere abgeschreckt würden von solchem teufelischen Fürnehmen. Luthers Zorn gegen Teufel und Hexen ging so weit, daß er erklärte, letztere mit eigener Hand zu verbrennen (Anton Lauterbach, Tagebuch auf 1583, herausgegeben von Seidemann, Dresden 1872, Seite 12).

Die Stellen, die Luthers Credo in Sachen Aberglauben beweisen, sind so zahlreich, daß nach der Meinung der Gelehrten Luthers Dämonologie in eine wahre Dämonomanie ausartete. Charakteristisch aber und lehrreich für seine Gespenstersucht, seinen Teufels- und Hexenglauben sind seine Äußerungen über die zahlreichen, ins tägliche und gemeine Leben einschneidenden zauberischen Betätigungen (Luthers Werke von Walch, Band 3, Seite 1714 36 und 37). „Die Hexen sind die bösen Teufelshuren, die da Milch stehlen, Wetter machen, auf Böcken und Besen reiten, auf Mänteln fahren, die Leute schießen, lähmen, verdorren, die Kinder in der Wiege martern, die ehelichen Gliedmaßen bezaubern und dergleichen. Beschwörer sind, die da Vieh und Leute segnen, die Schlangen bezaubern, Stahl und Eisen versprechen, und viel sehen und saufen und Zeichen können; Wahrsager, die den Teufel hinter den Ohren haben und den Leuten sagen können, was verloren ist, und was sie tun oder tun werden, wie die Tartern und Zigeuner pflegen; Zauberei treiben, die da Dinge können eine andere Gestalt geben, daß eine Kuh oder Ochse scheinet, das in Wahrheit ein Mensch ist, und die Leute zur Liebe und Buhlschaft zwingen und des Teufelsdinges fiel" (Band XI, Seite 441 f.). Luther glaubte auch an Teufelsbündnisse, denn „zum ersten können sie die Leute durch Zauberei blind, krumm, lahm und ungesund machen, verderben ihnen die Beine, verbannen sie durch Blendwerk, töten sie gar oder machen, daß sie durch lange und unheilbare Krankheit sich abzehren müssen. Zum andern machen sie Donner und Ungewitter, verderben die Früchte auf dem Felde und töten das Vieh. Item sie stehlen den Leuten Butter, Käse und Milch, melken das Vieh über einer Türschwelle, Beil oder Handtuch." Mit diesen Direktiven gab Luther den Angebern und Inquisitoren das Messer in die Hand. In seiner Teufelssucht erzählt er von der eigenen Mutter, daß sie von einer zauberischen Nachbarin sehr geplagt sei. Die Pontifices rächten sich am Reformator, indem sie behaupteten, Margaritam Lutheri matrem ex diaboli coitu concepisse (Wierus de lamiis III, Kapitel 23). Nach diesen Ausführungen ist es verständlich, wenn Hexenprozesse nach der Reformationszeit erst recht in Aufnahme kamen. Der biedere Meister Johann Dietz, des Großen Kurfürsten Feldscher und Hofbarbier, erzählt, daß es noch viele tausende Hexen zu seiner Zeit gebe, welches die vielen Brandsäulen genug anzeigen; seine großen Bedenken zerstreut er in dem Bewußtsein, daß die klugen und gelehrten Leute nicht so töricht handeln würden, unschuldige Menschen ohne genugsame Überzeugung verbrennen und hinrichten zu lassen. Die Herausgeber der bekannten Geschichte der Hexenprozesse von Soldan taten recht, dem Werke als Motto das Lied vom bayrischen Krieg voranzusetzen.

Die Teutschen wurden wohlgemut
Si giengen in der Ketzer Plut
Als wers ain Mayentawe.

Erasmus von Rotterdam hatte sich innerlich offenbar einer freieren Auffassung über diese Dinge zugewandt. Er fühlte aber keinen Beruf zum Märtyrer, und ähnliches gilt natürlich für die große Zahl gelehrter Männer, aus deren gelegentlichen Äußerungen dieselbe freiere Geistesrichtung hervorgeht. Aber man hütete sich vor dem geschriebenen Wort. Das riskierten eben nur kampfesfrohe und begeisterte Männer wie Ulrich von Hutten, Agrippa von Nettesheim und sein Schüler Johann Weyer.

Man bedenke, daß noch im Jahre 1749 die Superiorin des Klosters Unterzell bei Würzburg, Maria Renata, enthauptet und verbrannt wurde, weil sie ihren Klosterinsassen gelehrt hatte, daß es weder Hexen noch Besessene gäbe. Vergessen wollen wir nicht das Wort des prachtvollen Hans Sachs in seinem Gespräch von fünf Unholden:

Des Teufel Eh und Reiterey
Ist nur Gespenst und Phantasey.

Ebensowenig aber, daß Johann Fischart, einer der größten deutschen Satiriker des Reformationszeitalters, es über sich bringen konnte, das schlimme und verderbliche Werk des Franzosen Johann Bodin „de Magorum Daemonomania", ebenso wie dessen Streitschrift gegen Dr. Weyer ins Deutsche zu übersetzen [1]). Die Folge war ein weiteres Aufflammen der Brand- und Schandsäulen in Deutschland. Der niederrheinische Arzt Johann Weyer (Wierus) hat das unsterbliche Verdienst, gegen das ganze Hexenunwesen aufgetreten zu sein und als erster den Anstoß gegeben zu haben zur Reformation dieses schauderhaften Zustandes, gegen den die römische Ablaßwirtschaft kindliche Spielerei war. Aber er kämpfte inmitten dieses geistigen Schmutzes allein

[1]) Vom Ausgelassenen Wütigen Teuffelsheer, Straßburg 1586.

auf einsamem Posten ein Leben lang beinahe vergebens. Die Wellenbewegung, die er anregte, hätte eine Sturmflut sein müssen, so verflachte sie bald, und erst der Jesuit Friedrich Spee regte durch seine anonyme Cautio criminalis (1630) sie von neuem und mit größerem Erfolg wieder an.

Die Ärzte der damaligen Zeit, ihrem Stande nach geborene Gegner der okkultistischen und menschenfeindlichen Bewegung, machten von ihrer Vokation wenig Gebrauch. Sie steckten selbst bis zum Halse in Unwissenheit und pfäffischer Abhängigkeit. Das Steckenpferd der dämonischen Krankheit wurde von ihnen mit Sporen geritten. Die Ausrede beim üblen Ausgang der Behandlung, daß gegen satanische Macht selbst die hohe ärztliche Kunst erfolglos kämpfe, war ein zu bequemer und billiger Schutz. Voltaires Ausspruch, der Satan solle sich immer an die theologische und nie an die medizinische Fakultät wenden, wenn er Erfolg haben wollte, war für ein 17. Jahrhundert gänzlich verfrüht, für ein 18. Jahrhundert noch unberechtigt. Es ist hier nicht Platz, den Männern nachzugehen, welche ihrer Zeit voraus freiheitlichere Gesinnungen auf diesem Gebiete bekundeten. Paracelsus ist aus seinen medizinischen Werken als Vorkämpfer der liberalen Richtung zu beurteilen. Ihm gegenüber lebte z. B. der große Kriegschirurg Ambroise Paré noch unstreitbar und eindeutig in tiefstem Aberglauben. Sein Werk, die große Chirurgie, ist hierfür der exakteste Beweis. Der Mann, der in technischer und kriegschirurgischer Hinsicht die Chirurgie so gefördert hat, daß sein Auftreten eine Wendung brachte in der Entwicklung dieser Wissenschaft, beweist im 24. Kapitel seines Werkes (De Monstris et prodigiis) einen frühmittelalterlichen Standpunkt. Die Monstrositäten entstehen nach ihm durch die Kunst der Dämonen. Subkubus und Inkubus unterscheidet er, und über widernatürliche Krankheiten und Heilmittel schreibt er langatmige Kapitel, die geschmückt sind mit den phantastischsten Illustrationen. Auf französischer Seite war es im Anfang des 17. Jahrhunderts der geistreiche und in Deutschland viel zu wenig gekannte Montaigne, der als weißer Rabe aus seinem runden Turme reiche und freie, der Zeit vorauseilende Gedanken der Welt verkündete. Vor allem bekämpft er die Erpressung der Geständnisse unter der Folter.

„Etiam innocentes cogit mentiri dolor."

Unmenschlich und unnütz zugleich sei die Tortur. Noch Friedrich Hoffmann, der große Arzt (Gesamtausgabe 1748, Tom. VI, Seite 94), fand in seinen Behauptungen, daß der Teufel nicht in der Lage sei, eine Lebensform in die andere überzuführen und die Gesetze der Schwerkraft aufzuheben, und daß die Aussagen der Hexen krankhafte Vorstellungen seien, heftigen Widerspruch, auch bei seinen Fachkollegen. Eigentümlich klingt der Schlußsatz dieser Abhandlung „de Diaboli potentia in corpora per physicas rationes demonstrata" in einem medizinischen Lehrbuch aus der Mitte des 18. Jahrhunderts mit der rührenden, beinahe wie Prophezeiung klingenden Apologie, daß er nicht zweifle, daß des Teufels Werk und seine Macht immer geringer werden und schließlich verschwinden würde durch die Verbreitung des Lichtes der Wahrheit und durch Wissenschaft und Kunst.

Heiligenwunder und Wunderhistorien in Chroniken.

Kann es bei solcher Verfassung der führenden Geister auffallen, daß die Glaubensseligkeit des biederen Bürgertums eine grenzenlose war. Schon allein das dauernde Anhören der Predigten, bei denen der Kanzelredner der widerspruchslose Lehrer ist, führt zu einer Stärkung des Autoritätsglaubens, zum Schwören auf das Wort des Magisters. Der Inhalt aber dieser Reden an das andächtige Volk hatte das kritiklose Glauben zur Voraussetzung. Ich will hier nicht in den Kreis der Besprechungen alt- und neutestamentarischer Wundergeschichten eintreten. Es genügt schon der Hinweis auf das Leben und die Taten der Heiligen, mit deren bildlicher Verherrlichung die Wände und Fenster der Bethäuser prächtig geschmückt waren. Die Taten der Heiligen und die wunderbaren Geschehnisse, deretwegen eben ihre Heiligsprechung erfolgte, waren so weltenfern von realen Möglichkeiten, daß eben ein von Kindsbeinen auf einseitig und tendenziös geschulter und gedrillter Verstand auf Kritik oder nur Begreifen und Verstehen dieser Wunder von vornherein verzichten mußte. Werfen wir zum Beispiel nur einen kurzen Blick auf das wunderreiche Leben der beiden Schutzpatrone und Heiligen der Medizin, Kosmas und Damian. Mit welch bizarren und ausgesucht unnatürlichen Geschehnissen ist die Geschichte dieser heiligen Ärzte geschmückt! Die Brüder müssen eine Operation machen und schneiden einem Christen ein Bein am Oberschenkel ab. Sie heilen statt dessen ein einem toten Schwarzen abgeschnittenes Bein an und der Klient geht stolz von dannen. Bei ihrer

Marterung prallen Pfeile und Steine, die auf die Gekreuzigten geschossen und geschleudert werden, auf die Absender zurück. Die Brüder, im Leben innig verbunden, sollten im Tode nicht zusammen bestattet werden. Denn der eine von ihnen hatte ihr Heilprinzip, ohne Lohn zu behandeln, einmal durchbrochen und zum Dank von einer Frau drei Eier angenommen, ein Verbrechen in den Augen des anderen Bruders, dessentwegen er nicht neben ihm bestattet sein wollte. Ihr wunderreiches Leben fand darauf durch ein neues grandioses Wunder seinen Abschluß. Ein dabeistehendes Kamel öffnete das Maul und sagte (wie ich dies auf einem Venezianer Bilde habe dargestellt gesehen), noch dazu in lateinischer Sprache: „Wollet sie nicht trennen.“ Und so wurden denn die beiden Heilbrüder, die späteren Patrone der Medizin, in ein Grab gelegt.

Das ist natürlich nur eine ganz kleine Stichprobe aus der Wunderwelt der Lebensbeschreibung der Heiligen. Und vergessen wir aus dieser unnatürlichen Umgebung nicht die Wundertiere der Apokalypse, die Melusinen der deutschen Märchen, die Drachentiere unserer Helden. Und wie die Gedankenwelt und die Phantasie der damaligen Zeitgenossen von Wundertaten und Wundererscheinungen erfüllt war, so nahmen diese Dinge auch breiten Raum ein in den Geschichtswerken der damaligen Zeit, den Chroniken von Stadt und Land. In diesen wurden nach alter Überlieferung Tatsächliches und Gedachtes zusammengetragen, und die Chronisten liebten es, das Wunderkolorit der übernommenen Erzählungen noch durch eigene Tünche zu steigern. Auch hier genügen einige Stichproben. Zunächst eine Mitteilung aus „dem täglichen Schauplatz der Zeit“, einer Chronik von Ziegler von Klephausen, Leipzig 1695.

„Im Jahre 1595 machte diese erschreckliche doch wahrhaftige Begebenheit, welche sich zu Bacharach einer Churpfältzischen am Rheine gelegenen und wegen des herrlichen Weines berühmten Stadt zugetragen den 4. Merz höchstmerkwürdig. Es war nemlich daselbst ein böser Mensch dessen Nahmen die Feder verschweiget welcher Fressen und Saufen zur Tugend und die abscheulichste Gotteslästerung zur Gewohnheit machte. Dieser gieng ernennten Tages war gleich die Fastnacht in ein Wirthshaus und feierte dieses nasse Fest nach dem schändlichen Gebrauch gleichfalls aufs üppigste. Seine Frau welche hochschwangern Leibes war, bemühte sich ihn von seinem gottlosen Wesen abzumahnen und womöglich mit sich nach Hause zu nehmen.

Allein statt billiger Folge lohnte er ihr mit harten Schlägen und schrie ihr aus bösem Gemüte nach: sie solle sich mit ihrem jungen Teufel den sie jeʒt trüge und der ihr auch in der Geburt helfen sollte heimpacken oder er wolle ihr den Degen durch die Rippen stoßen. Auf welches verteufelte Zurufen ihr die Ungeduld diese Worte auspreßte: Ei trage ich einen lebendigen Teufel so sei es also! Worauf sie betrübt nach Hause ging und den Bösewicht in seiner Schwelgerei siʒen ließe. Sobald sie aber heim gelanget überfielen sie die Geburts-Wehen da sie denn mit jedermanns Erstaunen eine der abscheulichsten Mißgeburten zur Welt brachte. Von oben her bis an die Hälfte des Leibes war es wie ein rechtes Kind gebildet von unten aus aber war es eine erschreckliche Schlange welche einen drei Ellen langen Schwanz hatte. In währendem Schrecken kömmt der gesättigte Trunkenbold auch nach Hause und als er in die Wochen-Stube tritt springt dieser Teufels-Wurm als ein Bliʒ auf ihn los umwickelt ihn mit dem Schwanze und sticht ihn hin und wieder daß er nicht nur voller Beulen wurde sondern auch jämmerlich verrecken mußte. Inmittelst gab auch die unglückseelige Gebährerin ihren Geist aut und so dann verschwand dieses Teufels-Gespenst diese nachdrückliche Lehre hinterlassende: Das Gott zwar nicht jeden Sünder sofort gleichergestalt bestraffe jedoch dann und wann durch solche Beispiele zeige was dort vor ein erschrecklich Gericht die verschonten Sünder zu erwarten haben."

Man sieht eine gelehrige Schülerarbeit aus der Schule der Verfasser des Hexenhammer.

Je nach der Färbung solcher Chroniken, dem Standpunkte des Autors und dem Zweck der Berichterstattung sind die Historienbücher mehr oder weniger mit unglaubhaften Wunderberichten durchseʒt. Das Buch der Chroniken und Geschichten vom Anbeginn der Welt oder die sogenannte Schedelsche Weltchronik ist ziemlich frei von solchen Übertreibungen und hält sich mehr an positive Ereignisse. Dasselbe gilt zum Beispiel auch von der berühmten Sebastian Münsterschen Cosmographey, in Basel erschienen. Wiederum ist die Gottfriedsche Chronik oder Beschreibung der vornehmsten Geschichten bis 1619 eine mit vielen wenig geschichtsmäßigen Kupferstichen und ebenso vielen eingeflochtenen Legenden durchseʒte Chronik. Von den mir zu Gesicht gekommenen Werken dieser Art erweist sich aber die Jahrhundertchronik des Johann Wolf vom Jahre 1600 entschieden als größte Fundgrube für phantastische Übertreibungen. Die Jahrhundertchronik ist gewissermaßen ein erweiterter Lykosthenes, indem Portenta, Monstrosa, Prodigia, Signa und Ostenta schön illustriert und noch schöner zurechtgestutzt der Nachwelt überliefert werden.

Wir werden auf gelegentliche Mitteilungen dieser Art noch zurückkommen müssen.

Wunderberichte in Weltchroniken, Reisebeschreibungen und Jahrmarktschwindel.

Eine weitere Beeinflussung der Phantasie des Bürgers nach der Seite des Wunderbaren, Sensationellen und Grenzenlosen war die in damaliger Zeit beliebte Lektüre der Reisebeschreibungen und der Erlebnisse in fremden Ländern. Waren diese auch größtenteils deutsche Übersetzungen ausländischer Bücher, so hatte auch in ihnen die Einbildungskraft nicht geringeren freien Spielraum. Des Metzer Domherrn Otto von Diemeringen Deutsche Bearbeitung des John de Mondeville (des Ritters Herrn Hannsen von Montevilla, von Anthony Sorg in Augsburg 1481 gedruckt) wimmelt von Unglaublichkeiten. Die Geschichten sind dabei von lieblicher Einfalt und ohne die zielbewußte Gehässigkeit der nächsten Jahrhunderte.

Wahre Orgien nach dieser Richtung und ohne diese Einfalt, oft in betrügerischem Sinne, um die Druckware abzusetzen, gehäufte Publikationen dieser Gattung, erfolgen im 16. und 17. Jahrhundert.

Es ist klar, daß in einer Zeit, in der durch die Erschließung der neuentdeckten Welt nie gesehene Dinge und namentlich auch Tiere auf deutschen Märkten erschienen, einmal die Sensationsbegierde erweckt und gesteigert wurde, anderseits daß man sich auch über nichts mehr wunderte und so um so leichter auf Täuschungen blind hineinfiel.

Zum Beweise erwähnen wir einmal das fliegende Blatt mit der Abbildung eines Menschenfressers [1]), welcher in Irland angeblich gefangen wurde, eine Mischung aus Mensch und Kamel (siehe Figur 97). Ist die Vorführung dieses ein glatter Schwindel, den, wie das Blatt selbst sagt, tausende Menschen „vor Geld bewunderten“, so ist das ägyptische Ichneumon [2]), welches dem

[1]) Abbildung des Flugblattes vom Jahre 1720: Theod. Hampe, Fahrende Leute, S. 120.
[2]) Abbildung des Flugblattes vom Jahre ca. 1580: Theod. Hampe, Fahrende Leute, S. 96.

schlafenden Krokodil in den Leib kriecht und es dann auffrißt und von den Gelehrten als eine Figur des Herrn Christi, der auch dem Tod seine Macht genommen und erwürget hat, erklärt wurde, nur eine phantastische Aufputzung des ziemlich harmlosen Tieres. Von solchen Täuschungen, die offenbar auf Märkten und in Buden gezeigt wurden, sind nur wenige Exemplare im Original erhalten geblieben. Ich habe vor vielen Jahren für die Sammlung des Kaiserin-

Fig. 97. Der Menschenfresser. Deutsches Flugblatt 1690.

Friedrich-Hauses die Fälschung eines Meerweibchens erworben, die schätzungsweise einige hundert Jahre alt ist (siehe Figur 98). Es schien mir ein menschlicher Embryo, ungefähr im achten Monat konserviert und mit Perücke versehen, sehr geschickt und, ohne daß man die Übergangsstelle sah, in einen größeren Meerfisch hineingesteckt zu sein. Das Ganze machte einen durchaus organisch einheitlich gewachsenen Eindruck. Als wir später einmal die innere Konstruktion durch Röntgenstrahlen feststellen wollten, erkannten wir, daß auch wir hereingefallen waren, und daß das Ganze ein geschicktes Kunstprodukt war. Es ist hieraus allein schon ersichtlich, wie sich naivere Betrachter seinerzeit solcher vollendeten Täuschung gegenüber verhalten mußten.

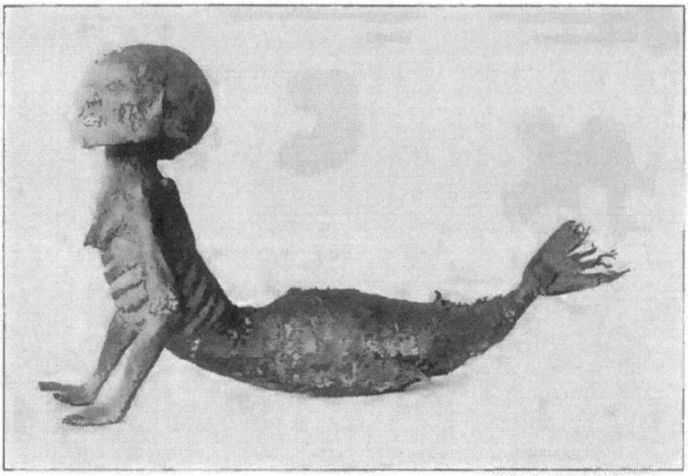

Kaiserin-Friedrich-Haus.

Fig. 98. Meerweibchen. Fälschung aus dem 18. Jahrhundert.

Ähnlich werden die Tritonen und Zentauren ausgesehen haben, durch welche sich im Altertume die römischen Kaiser, Plinius und Pausanias, der antike Baedeker, täuschen ließen. Noch im 18. Jahrhundert zeigte man in Hamburg eine Hydra mit sieben Köpfen, und Dorfeuille konnte noch auf Grund solcher öffentlich gezeigten Drachen eine Dissertation schreiben über die Existenz derselben.

DOKUMENTARISCHER NACHWEIS DER DUMMGLÄUBIGKEIT AUS FLUGBLÄTTERN.

Um das Maß der Leichtgläubigkeit, wir wollen schon lieber sagen der Dummgläubigkeit, des Volkes der damaligen Zeit richtig einzuschätzen, sollen hier zunächst Dokumente veröffentlicht werden aus allgemeinem, geistigem und geistlichem Gebiet. Wie einem Kinde suchte man dem deutschen Volke durch ständiges Vorhalten der Rute und durch Erzählungen von Geschichten für Kleinkindergemüt moralisierend beizukommen. Diese Einblattdrucke sollen als Vorgeschmack unsere Aufnahmefähigkeit zunächst einmal fördern, um diese für die ganz schwere Kost vorzubereiten, die später dem Leser noch zugemutet werden muß. Die gläubige Ehrfurcht vor dem gedruckten Wort, namentlich in Zeitungsformat, hat in unseren Tagen zu einer nationalen Katastrophe geführt. Das sind die Nachwehen und Folgen einer jahrhundertelang dauernden Impfung und kritiklosen Aufnahme der Zeitungsnahrung, die von den Regierenden gebilligt und von klerikaler Seite unterstützt wurde. Denn nichts fürchteten die Machthaber so wie die geistige Aufklärung des Volkes, die Sprengung und Öffnung seines Gedankenghettos und die Freiheit seiner Gesinnung. Die erschröcklichen Nachrichten, die den damaligen Leser erbauen, reinigen und zur Buße aufpeitschen sollten, erscheinen uns heute als Fastnachtsallotria, aber jahrhundertlang rissen sich die Gläubigen um solche Zeitungsmär. Aus allen Gebieten holte man sich den Sensationsstoff, und je weniger sauber die Quelle war, um so ergiebiger war der Fischzug aus dem Trüben. Um in diese Vielgestalt der Wunderlektüre etwas Ordnung zu bringen, beginnen wir, nachdem wir unsere Seele in Aschermittwochstimmung getaucht, mit den Verwandlungen von Menschen in Tiere.

Verwandlung von Mensch in Tier.

Schon der Hexenhammer behandelt diese Materie. Aber es ist aus dessen Inhalt ersichtlich, daß er ausgangs des 15. Jahrhunderts bei seinen Behauptungen von Verwandlungen der Menschen in Tiere noch mit einer gewissen Vorsicht und Rücksicht auf das menschliche Fassungsvermögen und den vorhandenen Rest von Logik und Vernunft vorgehen mußte. In der

10. Frage des 1. Buches wird mit einem großen Aufwand von sophistischer Beredsamkeit darüber verhandelt, ob die Hexen sich durch Gaukelkunst wirklich in Tiere verwandeln können. Es wird dabei auf den heiligen Augustinus zurückgegangen, der die Geschichte der Zauberin Circe, die die Gefährten des Odysseus in Tiere verwandelt habe, bespricht und der zur Auffassung kommt, daß diese zauberische Gaukelei keine Wirklichkeit gewesen wäre, sondern daß sie durch Veränderungen der Phantasie der Menschen vorgetäuscht sei. Demgegenüber führt allerdings der Hexenhammer aus den Lebensbeschreibungen der heiligen Väter die Geschichte einer Jungfrau an, die einem gewissen Jüngling nicht willfährig war, als er sie zur Unzucht verführen wollte. Der Jüngling, ärgerlich hierüber, ließ die Jungfrau (durch einen Juden natürlich) behexen, worauf das Mädchen in eine Stute verwandelt war. „Diese Verwandlung geschah nicht wirklich, sondern durch Täuschung des Dämonen, der die Phantasie des Weibes und derer, die sie anblickten, so veränderte, daß das Mädchen als Stute erschien. Sie wurde zum heiligen Macharius geführt, dessen Sinn der Dämon wegen seiner Heiligkeit nicht täuschen konnte, denn ihm allein erschien sie als Weib und nicht als Stute.“ In der Schlußbetrachtung kommt der Hexenhammer zu der Auffassung, daß die Dämonen durch Anwendung von Samen in der Lage sind, gewisse unvollkommene Kreaturen zu machen. Er stützt sich hierbei auf die Ansicht des großen Albertus. Im 4. Kapitel des 2. Buches werden aber Heilmittel angegeben, wenn Menschen bisweilen in Tiergestalten verwandelt sind, nachdem vorher noch einmal ein ganzes Kapitel die Frage abhandelt über die Art, wie die Hexen den Menschen Tiergestalt geben. Das Hauptmittel ist natürlich die Ausrottung der Hexen durch den weltlichen Arm. Es wird an dieser Stelle in langem und breitem folgender Fall erwähnt, den die Inquisitoren von den streitbaren Brüdern des Ordens des heiligen Johannes von

Fig. 99. Titelblatt aus De Monstris et Monstrosis. Georg Stengel Soc. Jes. 1647.

Erschröckliche Wunder-Verwandelung/

Eines Menschens in einen Hund/

im untergesetzten Kupfer-Blat abgebildet

und

Von bewehrter Hand beschrieben/ Im Jahr Christi/ 1673.

DAs gemeine Geschrey gleichet sich einem betrüglichen Spiegel/ welcher offt ein Ding anderst zeigt/ als es ist/ offt etwas Kleines vergrössert/ oder auch das entfernet nah-fürstellig macht. Ein Zeugniß dessen gibet dieser Zeit die weit und breit erschollene Verwandelung einer fürnehmen Person in einen Hund. Wiewohlen nun dessen Bericht und Geschicht/ von verschiedenen Orten will bekräfftiget werden: solches auch als ein erschröckliches Straff-Zeichen für alle Gotteslästerliche und Ungerechte/ wohlanzunehmen/ und zu achten; so wird doch aus denen eingekommenen Umbständen Christlicher gemuthmasset/ daß es kein Neues/ sondern ein bereit vor 40. Jahren/ jedoch in Warheit geschehenes Wunder sey/ welches von bewehrten Geschichtschreibern dergestalt erzählet wird / Im Jahr 1632. in Mertz-Monat lebete an den Muscovitischen Grentzen ein Mann / vom Geschlecht Edel/ und seiner Würde/ oder seines Ambts/ ein Schultheiß oder Richter/ Namens Albrecht Perikosel. Dieser pflegte die armen Leute/ so sie ihre Steuer zu erlegen sich säumeten / deß grossen und kleinen Viehes zu berauben/ und solches mit Gewalt an sich zu ziehen. Muste aber erfahren/ daß auf eine Zeit/ und in einer Nacht/ da er abwesend gewesen/ alles mit Unrecht an sich gebrachte Vieh umgefallen/ und verrecket. Alles/ was der ungerechte Mann/ entweder gewaltthätiger weiß geraubet/ oder auch von eignen Mitteln erkaufft hatte/ das lag durch eine plötzliche und gäntzliche Niderlag erwürgt da. Sobald nun derselbe wider nach Haus kommen/ lieffen ihm seine Bediente/ anderseits auch sein Eheweib/ entgegen/ mit vielen Weh-klagen meldende / den von GOtt zugeschickten Vieh-Verlust/ und grossen Haus-Schaden. Was that hierauff der Gotteslästerliche Mensch? O deß Frevels/ darüber sich die Sonne entsetzen/ und ihren angeschaffenen Schein gäntzlich verlieren solte! Er fienge an zu schäumen und zu knirschen/ brandte ein geladenes Pistol gegen den Himmel loß und brach in diese unsägliche Reden heraus: Der es erwürget/ der freß es auch. Hast du nicht gewolt / daß ichs esse/ so friß du es! auf solch rasendes Bellen wider Gott/ flelen etliche Bluts-Tropfen/ als rechte Thränen/ vom Himmel/ und der Mensch selbst wurde alsobald in einen schwartzen Hund verwandelt/ welcher mit Hündischen Geheul das selbst-gestorbene Vieh/ oder Aas angefallen/ und sich damit als eine Bestie ersättigt. Sein Eheweib war zur selben Zeit schwanger/ und lebe noch ein Zeitlang nach diesem Unfall ihres Ehmanns / wurd aber endlich vom Schrecken eines so grausamen Gerichts GOttes entseelet. Dieses schreibet ein berühmter Geschichtschreiber/ und schliesset endlich mit diesen Bekräfftigungs-Worten: Was ich hier erzehle/ hab ich nicht nur von Zeugen/ die es gehöret/ sondern gar mit Augen gesehen.

O Jammer / wann GOtt straffen will!
O Schrecken / wann er grimmig richtet /
Daß gar sein Bildnüß geht zernichtet!
Bedenck es Mensch! leb fromm und still!

1. Die um Gebält bittende Unterthanen.
2. Wie ihnen das Vieh gewaltthätig entführet wird.
3. Das in einer Nacht verreckte Vieh.
4. Der Gotteslästerliche Mensch.
5. Der in einen Hund verwandelte Mensch.
6. Dessen gebährendes Eheweib.
7. Deß verwandelten Menschens Wagen.

Fig. 100. Fliegendes Blatt vom Jahre 1673.
Verwandlung eines adligen Richters in einen Hund.

Jerusalem nach wahrheitsgetreuer Erzählung erfahren haben. In der Stadt Salamis im Königreich Zypern landete im Seehafen ein Schiff. Aus diesem entfernte sich ein kräftiger Jüngling, trat an das Haus einer Frau heran, um von ihr Eier zu „hamstern“. Er aß die Eier und lief dann in schnellem Lauf nach seinem Schiffe, um weiter mitzufahren; er wurde aber nach einer Stunde stumm und des Verstandes beraubt. Als er auf das Schiff wollte, schlug die Bemannung mit Stöcken auf ihn und fragte verwundert, ob denn der Esel auch auf das Schiff wolle. Da er selbst nicht sprechen konnte, mußte er mit schwerem Herzen die Abfahrt des Schiffes mit ansehen. Während er nun überall für einen Esel gehalten wurde, lief er in der Not zu dem Hause der Frau zurück und diente ihr drei Jahre lang als richtiges Lasttier. Während alle andern Menschen ihn für einen Esel hielten, haben nur die Hexen ihn als wahren Menschen erkannt und sich mit ihm unterhalten. Der Eseljüngling kam im vierten Jahre seines Stalldienstes an einer offenen Kirche vorbei, in der der Gottesdienst nach Art der Lateiner und nicht der Griechen abgehalten wurde. Er kniete nieder und blickte mit gefalteten Vorderfüßen das Sakrament aus seinem Eselskopfe an. Genuesische Kaufleute, verwundert über den Anblick und weil solche Tierverhexungen im Orient viel häufiger vorkommen als bei uns, erkannten dann das Wesen des Verbrechens und veranlaßten die Verhaftung des Esels und der Hexe. Der Jüngling wird in seine alte Gestalt zurückversetzt, die Hexe der Schwere des Verbrechens entsprechend bestraft. Es ist dem Literaturkundigen natürlich schon längst aufgefallen, daß dies glaubwürdige Dokument des Hexenhammers einfach eine freie Anleihe ist aus des Apulejus berühmtem Goldenem Esel, jenem witzigen, satirisch-mystischen Roman aus der Zeit der Regierung des Kaisers Hadrian. So sehen die glaubhaften Dokumente des Hexenhammers aus.

Auch des Prästantius Vater muß herhalten, der ein Pferd gewesen, und Nebukadnezar, der Gras gefressen (siehe Figur 99).

Als Proben dieses Genres publizieren wir die Verwandlung des Schultheißen, der ein Pistol gegen den Himmel losläßt, in einen Hund (1673, siehe Figur 100 und 101).

Die Geschichte des Edelmannes, von bewährter Hand beschrieben aus dem Jahre 1673, liegt gleich in mehreren verschiedenen Flugblättern vor. Der

Erschrecklicher Fluch-Spiegel /

oder entsetzliche Vorstellung

Eines unbarmhertzigen und Gotteslästerlichen Menschens / wie derselbe durch GOttes gerechtes Gericht in einen abscheulichen Hund verwandelt worden /

Woran sich alle unbarmhertzige Gottslästerer und Flucher bespiegeln sollen /

Aus Prag von einer Geistl. vornehmen Ordens-Persohn ausführlich berichtet / und sonsten von vielen Orten gnugsam bekräfftiget und Confirmiret im Jahr Christi 1 6 7 3.

DAß der allmächtige GOTT alle Laster und Boßheit / insonderheit aber / daß anitzo so gar gemeine / und vor keine Sünde mehr geachtete / Schweren / Fluchen und Gotteslästern / nicht ungestrafft lasse / bezeuget die heilige Schrifft deutlich genug / sind uns auch deßwegen / sonderliche Schreck-Exempel vor die Augen gestellet. Weil aber die gottlose Welt / solches wenig betrachtet / noch achtet / noch daraus bessert / auch das verfluchte Laster / ie länger ie mehr einreisset / und fast von den grösten Hauffen / vor keine Sünde mehr will geachtet werden / als unterlässet der gerechte GOtt nicht / auch zu dieser unser Zeit / denen Gottlosen / zu weilen noch rechte erschreckliche Exempel vor die Augen zu legen / ob sie etwan in sich gehen / und zur Buße sich wollen bewegen lassen. Ein solch traurig Spectacul / hat sich in dem zu Ende lauffenden nechst verwichenen Jahr / etliche wenige Meilen allhier von Prag / im Königreich Böhmen sehen lassen / welches / weil es von GOttes gerechten Rach / wider die Flucher und Unbarmhertzigen gleichsam eifrig prediget / mit Stillschweigen auch nicht übergangen / sondern in aller Welt kund gethan werden soll / was demnach die Begebenheit / dieser schrecklichen Historie betrifft / verhält sich solche nach zu unterschiedlichmalen / eingeholten glaubwürdigen Nachricht / auff folgende weise: Ein sehr vornehmer Cavallier / welcher auß seiner weitbekandten / Hoch-Adel. Familien willen / billig nicht zu nennen / hat zu Anfang des Christmonats st. N. nechst vergangenen Jahrs / seine Unterthanen / zur Steur / und Contribution / nach seinem Gebrauch starck angetrieben / unter solchen befindet sich eine arme Wittwe / welche ihr unlängst verstorbener Mann / nebenst fünff Wäysen / in einen armseligen / elenden und Jammervollen Zustand gelassen / ihr gantzes Vermögen / Nahrung und Reichthum / war eine einzige Kuhe / also sie nun zur besagten Zeit / ebener massen zur Contribution / mit gewaltsamer Hand getrieben wurde / wuste sie in solchen Nöthen zu nichts anders als Bitten und Flehen zu greiffen / womit sie das unbarmhertzige Hertz / ihres gestrengen Herren zu erweichen suchte / ihr bitten war / man möchte doch nur so viel Gedult und Mitleiden mit ihr haben / biß sie / nach und nach / den Rest abführete / damit sie nicht auf einmal / umb alles Vermögen und Lebens-Mittel gebracht würde / die doch so gar gering / und in diesem einigen Kühlein bestünden / wovon sie sich samt ihren armen und elenden Kindern ernehrte / alleine es war alles vergebens / sie ward gezwungen diesen Unbarmhertzigen / gedachtes Rindgen / in seinem Stall zu bringen / welches mit solchen kläglichen Geschrey / und bittern Thränen volbracht wurde / daß es einen Stein erbarmen mögen. Die Gemahlin dieses Unmenschens / jammerte solches / sie versuchte auch eine bewegliche Intercession zu thun / er solte doch das Elend / der armen / nackt und blossen Wäysen ansehen / welcher er zornigklich antwortete / was gehen mich die nackten Hunde an / die mitleidige Vorbitterin fähret doch ferner fort / und spricht / ach Herr er bedencke doch / sie haben jo nunmehr nichts zu essen / der er gleich entgegen sehr / sie mögen fressen was andere Hunde fressen. Die arme Wittwe nahet sich indessen nochmal zu ihm / bat ihn auf den Knien / umb des jüngsten Gerichts und der Barmhertzigkeit Gottes willen / Gedult mit ihr zu haben / die aber der grausame Unmensch ungestüm anfuhr / pack dich fort / erlege was du schuldig bist / alsdenn / und ehe nicht / solt du dein Begehr erlangen / worauf das arme Weib / unverrichter Sachen / mit weinen und seufftzen abziehen muste / aber was geschicht / ehe drey Tag vergehen / fallen ihm etlich 60. Stück seines besten Viehes umb und sterben / worüber der Bößwicht entrüstet / sich grausam gebärdet / den Namen Gottes schrecklich fluchte, sich gegen den Himmel wandte / und in diese verfluchte Wort ausbrach / Du und kein ander hat mir diesen Possen gethan / O daß ich mich doch nur an dir rächen solte / mit solchen vermaledeyten Worten / eilet er in sein Zimmer und als ein rasend / oder besessener Mensch / ergreiffet er ein par Pistolen und mit Wiederholung dieser und mehr grausamen Gotteslästerung / brennet er solche gegen den Himmel loß / als er aber hiermit nichts richten können / spricht er ferner gottloser weise / ich weiß doch / daß er's (verziehe Gott) der elenden Bestie und ihrer Kühe wegen gethan / alleine was gilts ich will mich rächen / so wahr ich ein ehrlicher Cavallier bin / sie sols mit mit ihren nackten Hunden / daß todte Aaß einig und allein auffressen / ich will daß sehen wer ihr da helffen soll / wie wol sie dieses nicht einmal werth seyn / doch spricht er (nochmal gegen dem Himmel) müssen mir solches gleichwol deine Hunde auffressen / wenn dir auch noch so leid wäre (verzeihe mir barmhertziger Gott solche Gotteslästerung zu schreiben) aber sihe Gottes gerechtes Gericht / gleich in dem augenblick / verleurt er alle menschliche Sinnen / Geberden und Ansehen / reißt sich alle Kleider vom Leibe / und wird ein grosser schwartzer langhäriger abscheulicher Hund / ausser dem Kopf / welcher noch / wie er sonst gestalt gewesen / am Leibe aber in allen einem Hunde gleich / anitzo wird er auff einer sonderlichen Karreten herumb geführet / und ist ein Schinder-Knecht ihm bestelt / der auff ihn warten / und das Aaß (weil er sonst nichts anders frist) bereiten muß / bißhero ist er in der Gegend / von einem Kirchspiel / zum andern geführet worden / und hat seine Gemahlin / schon eine grosse Summa Geld auffgewendet / und Almosen / Meß lesen / und andern dergleichen H. Gottesdienst / und Vorbitten bey GOtt / ob ihm etwan wider dadurch möchte geholffen werden / und wiewol man sich beflissen / wegen des hohen Geschlechts solches in Geheim zu halten / hat es aber doch in die Länge nicht sein wollen / in dem auch das gerechte Gericht Gottes / denen Muthwilligen / Boßhafftigen / Fluchern / Gotteslästerern und Unbarmhertzigen / hierdurch ein sonderlich Exempel / und Buß-Spiegel / hat wollen vor Augen stellen etc.

Gedruckt im Jahr Christi 1673.

Germanisches Museum.

Fig. 101. Fliegendes Blatt vom Jahre 1673.
Verwandlung eines Gotteslästerers in einen Hund.

Der in ein Schwein Verwandelte
Polnische Edelmañ.

Es hat sich der Seegen Gottes in
Pohlen dieses 1701 Jahrs dermas-
sen an denen Feldfrüchten so
reichlich erzeiget, daß das Getreyd
auf den Aeckern nicht nur allein
dick stunde, sondern es gab auch
im dreschen gar wohl aus, wie dan
zu Wilda einem Bürger, als er auf
seinem Acker gewesen, von den
Schnittern ein handvoll Korn
dargereichet worden, darunte[r]
er einen Halm gefunden, wora[n]
22. Ahren gestanden und er darin
nen 1313. Körlen gefunden, woraus der Göttl. Seegen reichlich
gespüret, und deswegen seiner All
macht billich zu dancken, so vo[n]
den armen fleissig beschiehet zu-
malen das Getreyd in gar wolfei-

len Preiß gekoñen ist: welches leit-
te aber einem Pohlnischen Edelmañ
weiln er sein eingesamletes nicht
nach seinem Geitz u: Wucher versilb
ehern konte; so sehr verdrossen, daß er
grausam wieder Gott gelästert u. sich
verschworen, ehe den Schweinen sein
Getreyd vorzuwerffen, als so wol-
feil denen bedürfftigen Leuten hinaus zugeben. Allein die Göttl. Rache hat ihn alsbald in ein Schwein
verwandelt, u: ob zwar das Angesicht
samt seinem Knebel-Bart gebliebe[n]
daß ihme jedermañ keñen konte,
so muste die Bestie doch auf allen vieren wie ein Schwein allen
Kippern u: Geitzhälsen zum Exempel herumgehen, wie solches die o-
bige Figur, welche nach dem Original
nachgemacht, vor Augen darstellet.

I. F. Leopold exc.

Fig. 102. Fliegendes Blatt vom Jahre 1701.

Stoff hat die Leute damals sehr interessiert. Das geht auch schon aus meiner Beobachtung hervor, daß gerade dieses Flugblatt in den meisten Sammlungen noch vorkommt. Also entweder kann man annehmen, daß die Auflage desselben eine sehr große war oder daß sich die Leute dieses moralische Extrablatt mit Pietät aufbewahrt haben. Also des Blödsinnes Inhalt ist, daß ein vornehmer Kavalier, nach einem andern Flugblatt ein Schultheiß und Richter, ein gewalttätiger und ungerechter Mann, aus Wut über eine auf seinem Gute ausgebrochene Viehseuche ein Pistol gegen den Himmel losgelassen habe unter Beschimpfungen Gottes. Zunächst fielen darüber vom Himmel etliche Blutstropfen als rote Tränen, sodann wurde der Mann in einen schwarzen Hund verwandelt, der auf dem einen Bilde wie ein Pudel, auf dem andern wie ein Löwe aussieht. Der „berühmte Geschichtsschreiber" hat dieses im Jahre 1632 geschehene Strafgericht nicht nur von Zeugen erfahren, sondern mit eigenen Augen gesehen. Aus dem Exemplar des Germanischen Museums erfahren wir noch die amüsante Einzelheit, daß der in einen Hund verwandelte, aus Delikatesse nicht Namens genannte Kavalier von einem Schinderknecht in einem besonderen Wagen von Dorf zu Dorf herumgefahren wurde und wohl auch für Geld gezeigt wurde, obwohl seine hohe Gemahlin ebenso hohe Summen geopfert hat für Almosen und Fürbitten bei Gott.

Der Ruhm dieses Edelmannes von den musovischen Grenzen hat aber einen polnischen Edelmann nicht schlafen lassen. Dieser hat zu Zeiten großer Getreideernten grausam wider Gott gelästert und sich verschworen, lieber sein Getreide den Schweinen zu geben als wohlfeil den bedürftigen Leuten. Zur Strafe dafür wurde er in ein Schwein verwandelt, behielt aber sein Angesicht und den Knebelbart, damit ihn jedermann erkennen konnte. Das Bild des Flugblattes ist dem Original nachgearbeitet (siehe Figur 102). Wenn man das wenige Jahre ältere Hundeverwandlungsblatt nicht vor sich hätte, so könnte man vermuten, daß hier ein Erpressungsversuch oder eine Agitation durch die Presse gegen eine bestimmte Person ausgeübt werden sollte.

Wunderzeichen an Tieren und Pflanzen.

Wir fanden unter diesen Wunderdrucken eine Gruppe, welche sich dadurch kenntlich macht, daß an tierischen, meist auch eßbaren Meeresbewohnern wunderbare Schriftzüge, Erscheinungen und Offenbarungen vorkamen. Der Wille Gottes dokumentiert sich an der Schuppenbildung von Meerfischen, die zufällig in irgendeinem Faß gefunden wurden. Als Beispiel betrachten wir die drei Zauberheringe, welche an ihren Seitenteilen güldene Buchstaben tragen und die in einem Zuge in Norwegen gefangen wurden. Dieses Seewunder vom Jahre 1587 wurde von dem Nürnberger Leonhard Heußler zu Papier gebracht und auf die Menschheit losgelassen, welche dann wohl den Versuch gemacht hat, die rätselhafte Inschrift V. I. C. I. zu entziffern. Der wie es scheint spätere Nachdruck von Augsburg erklärt, daß der allmächtige Gott allein die Auslegung dieser Buchstaben und Charaktere geben könne. Das größere Rätsel, weshalb nun der liebe Gott, wenn er schon die Menschen warnen und zur Buße anregen will, selbst wieder Rätsel aufgibt und nicht wenigstens auf den Heringen sich einer allen verständlichen Schriftsprache bedient habe, lassen beide Briefmaler unerörtert. Die Wellenbewegung, welche diese Wunderheringe in Europa verursachten, wurde stürmisch; man schloß aus den Charakteren auf den Jüngsten Tag, erstaunliche Naturbegebenheiten, Pest usw. Man schickt die Heringe endlich dem König von Dänemark, Friedrich II., welcher die Meinung der Theologen und europäischer Gelehrten einholte. Unter diesen fand das Buch, welches Ananias Jerankurius über den Zusammenhang der Wunderheringe mit den Offenbarungen und Weissagungen der Bibel schrieb, das größte Interesse (siehe Figur 104 und 105).

In dasselbe Horn bläst der Autor eines hundert Jahre jüngeren Flugblattes, „Das denk- und merkwürdige Schauessen vom Jahre 1685.“ Die seltsamen Austern, welche an sich die großen Lichter und Planeten des Himmels zeigen, kamen in einer Tonne von Hamburg aus nach dem Sachsenland an einen vornehmen Wirt. Hier wird die göttliche Offenbarung zu einer politischen Auslegung benutzt mit dem Wunsche, „Gott behüt Land, Reich und See, das nicht etwas Neues angeh“ (siehe Figur 106).

Eine hübsche Kraftprobe dafür, welche Anforderung an die Leichtgläubigkeit die Flugblätter stellen, bildet die Zeitungsnachricht vom Jahre 1675 mit dem Mäusewunder (siehe Figur 103). Ein Reitersmann schlug die letzte Maus eines regimenterweis aufgestellten Mäuseheeres tot, worauf sich unter Führung von Ratten die Feldmäuse auf den Reitersmann stürzten; dieser konnte sich nur durch schleunige Flucht retten; der Refrain ist der gleiche:

Wahre eigentliche Abbildung der wunderbahren
und denckwürdigen Begebenheit von Mäusen / so sich den 1. Septembr. dieses 1675. Jahrs bey Brockdorp unweit Hanover zugetragen.

SO mancherley der Straffen GOttes/ so wunderbarlich sind sie auch/ und müssen auf seinen Befehl nicht nur Feuer und Wasser/ Hagel und Donner / sondern gar auch die unvernünfftige Thiere auch so gar das Ungezieser uns zur Straff und Warnung sich darstellen. Wunderwürdig ist es/ und eben so nachdencklich/ was man durch gewisse Nachricht von Hanover erhalten / daß unweit selbiger Stadt bey einem Dorff Brockdorp genant einem zu Pferd über Feldreisenden Mann/ eine unglaubliche Menge der Mäuse begegnet/ so sich auf dem Feld in Schlacht Ordnung gleich einem Kriegs-Regiment gestellet / welches ein grosser Ratz/ als Feld-Obrister / gleichsam anführete und fornen angienge. Dann auch ferners in der Mitte als Fendrich/ und zuletzt wider dergleichen folgte: Welches eben so verwunderlich und nachdencklich als abscheulich anzusehen ware. Es solte einer hier bey nahe auf die Gedancken gerathen und mit diesem Ungezieser (jedoch dem Göttlichen Rathschluß unvergreifflich) die unbedachtsamen Menschen in die Thier-Schule gehen / und von denselben die löbliche Ordnung/ den schuldigen Gehorsam gegen die Obern / und die guldene Einigkeit unter sich selbst lernen heissen. Zu welcher Erinnerung nicht unbillich der fernere Erfolg mit denen Mäusen Anlaß giebet. Dann als aus vorwitziger und ohnnötiger Gelüstung der vorbeyreitende Reutzling sich unterstunde vom Pferde zu steigen und die letzte grosse Mauß mit einem Stock zu todt geschlagen/ sind also die andere Mäuß zugleich in voller Menge ihren Eifer zu bezeugen auf den Mann loß gangen/ und so mit allerseitiger Umgebung und Gezisch in ihn gesetzet/ daß es ihme gewiß das Leben gekostet/ wann er nicht in höchster Eile zu Pferd gestiegen und durch gerennet wäre. In deme er von Ferne die wütende und hierdurch zur Rach bewegte Mäuse sich in die drey Felder weit ausbreiten und selbe gleich als darvon überzogen und bedecket / nicht ohne höchstes Bewundern und Erstaunen gesehen. GOtt ist die Deutung am besten bekant/ welcher offt durch ein kleines etwas grosses vorzustellen pfleget / wie dann aus Geist- und Weltlichen Historien genugsam bewust das er mehrmals durch die Mäuse grosse Straffen verrichtet oder angedeutet habe/ wie man von Hameln und dem Mäuse-Thurn im Rheingau [illegible] Exempel hat/ und auch dieses Jahr in Sachsen und andern Orten die Mäuse an Früchten und anderm überaus grossen Schaden gethan.

A. Der Ratz/ wie ihn der Reuter todt schlägt. B. Wie der Reuter die Flucht nihmt.

GOTT hat alles wolgemacht / alles dienet ihm zum guten/
Doch / zu weilen brauchet er/ auch die scharffe Straffen-Ruthen/

Lasst ihr Menschen euch die Mäuß / hier zur Lehr und Warnung dienen/
Fürchtet GOtt/ er möchte (wer weiß?) lassen sich durch Buß versühnen.

Fig. 103. Die Mäuseschlacht. Flugblatt vom Jahre 1675.

Laßt ihr Menschen euch die Mäus
Hier zur Lehr und Warnung dienen.
Fürchtet Gott, er möcht — wer weiß
Lassen sich durch Buß versühnen.

Die Phantasie nähert sich der kindlichen dann, wenn aus zufälligen Linienführungen und Überschneidungen am Tapetenmuster oder einer Gewebsfaserung menschliche oder tierische Bildungen gedeutet werden. Namentlich im 17. Jahrhundert scheint es Mode gewesen zu sein, dies Steckenpferd ausgiebig zu reiten. So fanden wir in den Ephemeriden eine Anzahl solcher zufälligen Erscheinungen, mit wissenschaftlichem Mäntelchen bekleidet publiziert und abgebildet; so einen geschliffenen Achatstein mit dem Namen Jesus Christus, Wurzeln, denen irgendwelche menschliche Körperform angedichtet wird und so weiter. Aus dem Jahre 1625 geben wir zwei Flugblätter wieder und stellen der Phantasie der Herausgeber damit das schönste Zeugnis aus, welches eigentlich jeden weiteren Kommentar überflüssig macht. Man vergleiche nur die Umwandlung des Strunkes bei beiden Zeichnern. „Aus dem abgehauenen Pyrbaumstrunk erwuchs ein Gebilde, welches auf dem Ratshause von Frankenthal abgeliefert wurde und dessen Auswüchse von vielen Herrschaften kommuniziert wurden“ (siehe Figur 107 und 108).

„Hätte man es nicht vorzeitig abgebrochen,
Viel seltsams Dings wär drauß herausgekrochen.
Die Deutung ist dir Herr bekannt,
All Änderung steht in deiner Hand.“

Nürnberg machte sechs Jahre später Frankenthal eine direkt schmutzige Konkurrenz, wie wir aus einem Nürnberger Flugblatt vom Jahre 1631 entnehmen. An einer Mauer der Stadt beim Vestener Tor hat sich ein großes Gewächs gezeigt in der Form eines Löwen. Dieser Eteulöwe am achteckigen Turm ist natürlich der schwedische Löwe, der den Drachen des Papsttums angreifen wird (siehe Figur 109).

Meerwunder.

Als weitere Belege für den Wunderglauben der damaligen Zeit bringen wir hier in aller Kürze Einblattdrucke zur Kenntnis, die alle in den gemeinschaftlichen Begriff des Meerwunders gehören. Eine nähere Beschreibung ist

Nürnberg, Stadtbibliothek.

Fig. 104. Das Heringswunder. Flugblatt vom Jahre 1587.

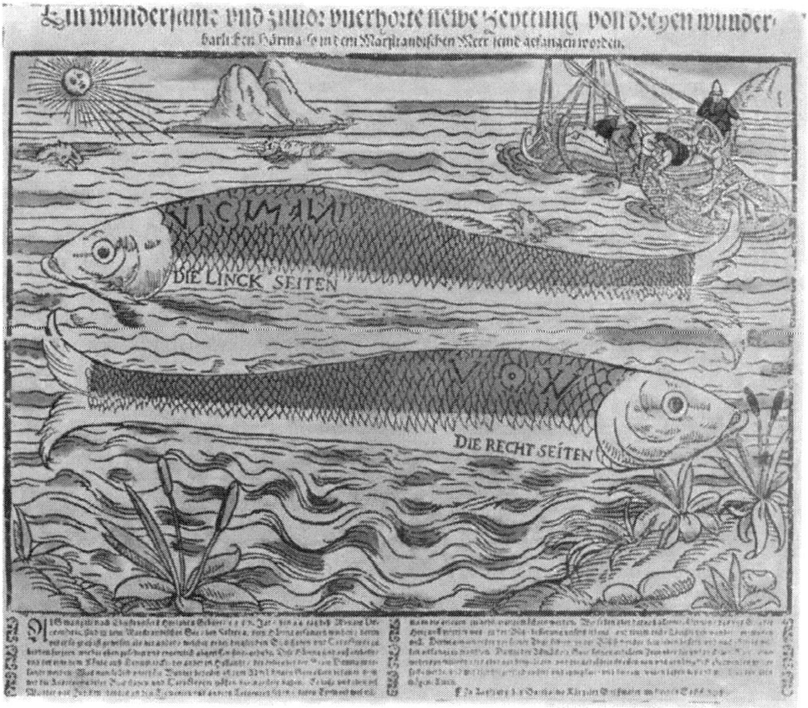

Nürnberg, Germanisches Museum

Fig. 105. Das Heringswunder. Fliegendes Blatt vom Jahre 1586.

Recht Sonder- und Wunderbahres/
Auch
Denck- und Merck-würdiges

Schau-Essen/

Nicht so wohl zu Belustigen der Augen/ als Betrachtung der weit-aussehenden
Allmacht und Weisheit GOttes/
In so gestalten
Ostrien/
Wie gegenwärtiges Kupffer-Bildnüß ausweiset/ deren man in einer gantzen Tonne voll/ den meisten Theil also befunden/ dieses angehnde 1685. Jahr.
Von sicherer und guter Freunds-Hand also im Grund-Riß überschicket.

NJemalen ist die üppige Welt ohne Sünde/ und Bosheit/ darum ermangelt auch Gott niemalen an Wundern und gleichsam der Verweisung/ rechter Erkäntnüs-Spiegel derselben. Sehet da/ eine besondere Delicatesse/ für die besondern Politischen Klügler/ ihre Witze an dieser/ und vielen dergleichen Austern/ oder Ostrien/ zu schärffen. Wunderweise ist GOtt in seinen Wercken/ und lässet nichts ohne Sinnreiche Vor-Bedeutung geschehen. Er zeiget offt durch die grossen Liechter und Planeten am Himmel die Gedancken deren auf Erden/ ja/ er setzet so gar seine Wunder-Hand/ gleichsam mit dem Spiegel-Ring seiner Allmacht in das Meer/ wie an dieser Ostrie zu schauen/ um vielleicht dardurch zu weisen/ daß er auch in die Tieffen und verborgene Hertzens-Gründe/ samt deren offt verbosten Anschlägen der Menschen sehen könne. Die Austere heget hier entdecket/ und also entdecket er die Gedancken aller widrigen Gemüther/ wider die einfältig- und Gottliebende Tauben-Hertzen. GOtt gebe nur/ daß Jupiter und Mars wohl zusammen stehen/ und den bereits halb dunckeln Mond/ vollend gar verfinstern. Der Han/ ein schöner Vogel/ trette denen beyden hohen Planeten in ihrer Vereinbahrung zwar wohl in das Mittel/ aber nicht auf die Füsse. Und GOtt gebe/ daß auch der Rücklings-gekehrte Löw/ sich wenden/ und dem blassen Mond in den Nacken fallen wolle. Damit wir einmal die herzlichsten Donau-Austern/ bis nacher Constantinopel einfischen/ und an solcher Delicatesse/ eines so reichen Türckischen Austern Zugs/ beydes Hertz und Augen weiden und vergnügen können. Es sind aber solche seltsame Austern für gewiß/ von Hamburg aus/ in einer Tonne von unzahlbarer Menge/ nacher Sachsen-Land an einen vornehmen Wirth/ übermachet/ und bey Eröffnung also erfunden worden. GOtt/ der Allweise/ vollziehe die gute Deutung/ und wende ab alles Böse.

Wann so die Austern solten schmecken/
Daß so verschiedne Ding drinn stecken/
Wer wolt mehr gerne Austern schlecken.
Drum merckt/ schaut zu/ Ihr Bunds-Verwandte/
Daß nicht der Han im Austern-Lande/
Vielleicht anstiffte Schad und Schande.
GOTT behüt/ Land/ Reich und See/
Daß nicht etwas Neus angeh.

Fig. 106. Die Wunderaustern. Fliegendes Blatt vom Jahre 1685.

nicht vonnöten, da der Text die Geschichte des Einzelfalles erläutert. Wir überlassen es auch dem Leser, Vermutungen zu äußern, welches unschuldige Tierchen der erschröckliche Meer-Trachen von Roschella (siehe Figur 111) in

Wirklichkeit gewesen ist. Die Geschichte des von den Reichsräten gefangenen und dänisch sprechenden Meergottes (siehe Figur 113) ist schon eine kräftigere Zumutung an das deutsche Publikum. Wir verweisen auch auf den abscheulichen Aalandfisch, der in der Hand die Strafrute Gottes hält wegen der Kleiderhoffart, besonders aber der Halskrausen (Figur siehe später im Kapitel Mode). Die wahrhaftige Kontrafraktur des wunderbarlichen Seefisches Nürn-

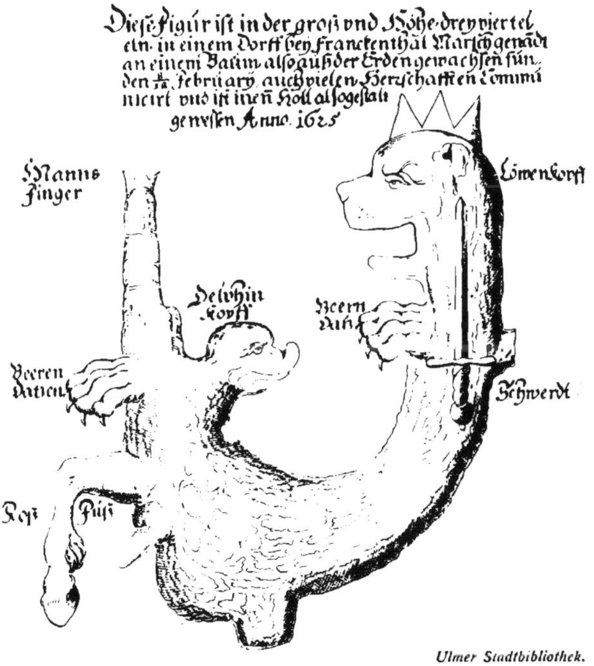

Ulmer Stadtbibliothek.

Fig. 107. Wunderbaum. Fliegendes Blatt vom Jahre 1625.

berg 1546 ist die allbekannte Mystifikation, die wohl zuerst bei Rondeletius und Geßner erscheint, dann um die Wende des 15. bis 16. Jahrhunderts in einer großen Anzahl illustrierter Bücher zu finden ist und sogar auch in die Chirurgie des Ambroise Paré übergegangen ist (siehe Figur 110). Dieser letzte Spezialkollege begnügt sich aber nicht mit dem Meermönch, sondern bildet auch noch den Meerbischof ab. Diese „Mörwunder" in der damaligen Tagespresse zu finden darf uns um so weniger wundern, da wir wissen, daß sich die Naturgeschichten der damaligen Zeit ernsthaft mit diesem Gegenstande beschäftigten und dies die Kinder sozusagen in der Schule lernten. Das erste naturgeschichtliche Werk in deutscher Sprache von Conrad Megenburg hat noch zwischen dem Kapitel von dem Geflügel und den Fischen eins von den Meerwundern. Diesen Abschnitt nachzulesen ist besonders lohnend, weil es die Eigenart dieses ersten deutschen Naturlehrers charak-

Ulmer Stadtbibliothek.

Fig. 108. Derselbe Wunderbaum 1625.

terisiert. Ich kann mir nicht versagen, einige Namen der von ihm aufgeführten zwanzig Meerwunder hier wiederzugeben. „Abides ist ein Meerwunder, das mag zu deutsch heißen ein Ausgängel darüm, so Aristoteles spricht, das Tier ist ein Meertier, also daß es erzogen wird im gesalzenen Wasser. Danach verändert es seine Natur, verkehrt seine Gestalt vollkommen, geht aus dem Wasser, wird ein Landtier und nährt sich auf dem Land. Darum verändert es auch seinen Namen, heißt dann auf Latein

Warhafftiger Abriss. mit Wunder Zuschauen. Von im selbst gewachsenen Löwens so an einer Maure Zu Nürnberg Zu sechen ist A. 1631 Jar.

Viel mancherlei Zeichen haben sich sechen Lan,
Aber nie der gleichen wie dises hie thut stan,
Zu Nürnberg an der Stadt maur auser beim Vestner Thor
Ist dises Zu schauen wils kürzlich melden nur.
Underhalb eines Turns welcher der Lue stin sol
Hat sich von steen genoß ein gewächß erzaigt wol.

Geformiert wie ein Löw Natürlich und gar eben.
Mit grimmen gsicht wie im Abriß zu sehen,
Fast zwo mans hoch gross mit wunder Zuschauen,
Viel volcks kleint und auch von Man und Frauen
Man hat darvon auch weit und fern vernommen,
Also gar nach Arbeitriam zu komen.

Fig. 109. Der Wunderlöwe zu Nürnberg. Fliegendes Blatt vom Jahre 1631.

Astois, das mag auf deutsch heißen peiständel, darum weil es pei uns steht auf dem Land. Wahrlich das ist wohl ein Wunder, daß sich an dem Tier natürliche Sitten und auch der Name verändert. Bei dem Tier verstehe ich einen jungen Menschen, der in der Jugend gar tugendhaft ist, weil er unter

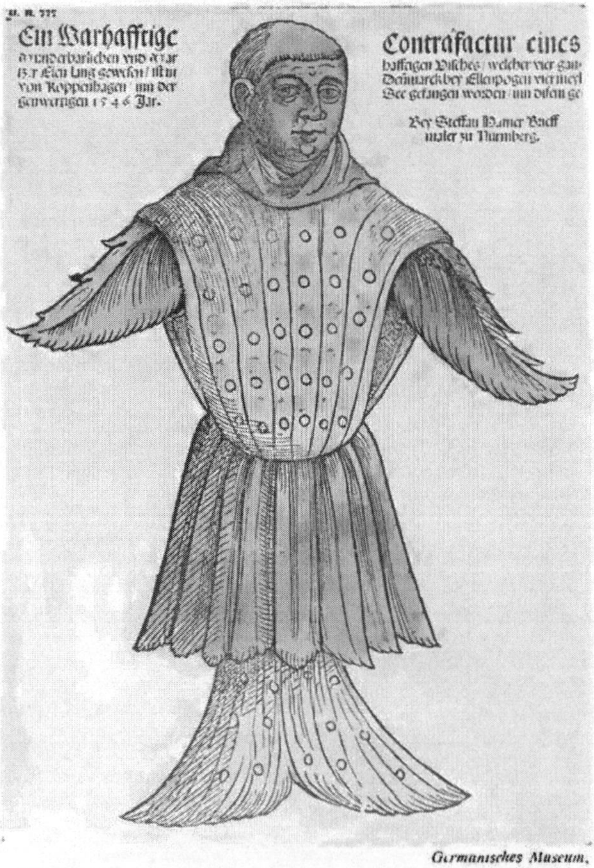

Germanisches Museum.

Fig. 110. Der Meermönch. Altkolor. Flugblatt vom Jahre 1546.

der Rute lebt in dem gesalzenen Wasser einer guten Strafe und weiser Lehre. So heißt er denn ein Engel oder engellisch. Aber so er sein selbst wird, so verkehrt er alle seine Tugend in Untugend, darum heißt er dann ein Teufel, von dem der gemeine Spruch sagt: junge Engel, alte Teufel." Für Megenberg ist Aristoteles Lehrer und göttliches Vorbild.

Germanisches Museum.

Fig. 111. Der Meerdrachen. Flugblatt vom Jahre 1630.

Der Autor beschreibt nun Meerdrachen, Meerhunde, Meerrinder, Meerweiber und Meerjungfrauen. Wir wollen hier nur noch kurz etwas aus seiner

Erschröckliches See-Thier/ welches Anno 1727. sechs Meilen von Friederichs-Hafen gelegenen Dorff/ Manno Rylla allwo es durch einen Tempest oder grausamen Sturm an Land geworffen und von denen Bauren durch Wurff-Eisen ertödet und gefangen worden.

DJeses Thier ware 9. und einen halben Fuß lang/ und 8. Fuß dick/ mit 4. Füssen/ die forderste waren 2. Pferd und die hinderst 2. Gänß Füsse/ der Kopff ware 2. und ein halben Schuh lang/ und anderthalb Schuh breit/ gleichete einem Schwein/ hatte einen langen weisen Bart/ und 3. Zähne wovon der Mittelste gleich einem Elephanten Zahn/ so 5. Quartier lang/ 2. kleine spitzige Ohren wie eines Fuchsen/ 2. Augen welche so groß als der unterste Theil von einem Zucker-Hut/ und das Maul sehr weit; der vorderste Theil dieses Thiers ist auf den halben Rucken gantz glatt/ auf welchem 2. Schwerdter zu ersehen/ der hinderste Theil hingegen voller roth und weissen Schuppen/ sambt einem gedoppelten Schweiff mit 2. Katzen Augen/ die Stimme dieses Thiers ware wie eines brüllenden Ochsen. Solches Wunder Thier zu fangen/ haben sich 400. Bauren mit 20. Hunden versammlet/ als aber dieses Ungeheur gleich 3. Hunde lebendig verschlungen/ haben es die Bauren mit grossen Wurff-Eisen/ womit man die See-Hunde fangt geworffen/ daß es sich endlich zu todte bluten muste. Daß aber GOtt auß dem Grund des tieffen Meeres seine Warnungs Zeichen hervor steigen und uns vor Augen kommen lässet/ wie wir erst neulich an einem dergleichen Meer-Wunder/ woran viele Straff-Zeichen/ als Krieg/ Hunger und Pest erblicket haben; Was aber dieses Ungeheur so hier nach wahrem Bericht in Kupffer abgebildet stehet/ vor eine Bedeutung hat/ ist dem Allmächtigen Schöpffer bewußt; Genug daß es nichts als Warnungs-Zeichen seyn/ welche uns GOtt sowohl an dem Himmel/ als aus dem Grund des Meeres uns zur Warnung erscheinen läst; Und daß es wohl glaublich/ daß die Straffe der Sünden-vollen Welt nicht mehr weit seye.

1. O Du Sünder/ O du Sünder/
Lege deine Boßheit ab/
Schaue dieses Wunder-Zeichen/
So noch wenig seines gleichen/
Ich niemahl gesehen hab.

2. Was will GOtt darmit dir zeigen/
Nichts als Straffe deiner Sünd/
Wann du nicht wilst Buß erwecken/
Wird sein Eyffer dich erschröcken/
Völlig er die Ruthe bind.

3. Hunger/ Krieg und theure Zeit/
Kan gar bald und plötzlich seyn/
Dann die grosse Wunder-Sachen/
Must du wahrlich nicht verlachen/
Dann es möcht dein Unglück seyn.

4. GOtt schickt dieses Ungeheuer/
Auß dem tieffen Meeres-Grund/
Als ein Vorbott seiner Straffen/
Auf/ erwach/ wilt du noch schlaffen/
Eil zur Buß noch diese Stund.

Mel. O du Sünder/ O du Sünder ꝛc.

Augspurg/ zu finden bey Elias Bäck/ a. H. Kupfferstecher/ Wohnhafft auf dem unteren Graben.

Fig. 112. Augsburger Flugblatt vom Jahre 1727.

Beschreibung

Eines Vnerhörten Meerwunders so sich zwischen Dennmarck vnd Nortwegen hat sehen lassen / Von einer Hochansehenlichen Stands Person beschrieben.

ES seind verschienen 1619. im Majo. von Kön. May: in Dennmarck zween von Reichs Rähten/ mit namen Wolff Rosensparr/ vnd Christian Holck/ als Gesandte in Nortwegen geschickt worden/ einen Landtag zuhalten/ Wie auch sonsten allerley Königl. geschefft zuverrichten/ Welche sich dann/ mit jhrem Volck auff einem grossen Königl. Ohrlag/ oder Kriegsschiff/ mit Gottes hülff auff die Reiß begeben/ Vnd als sich nach vollendung jhrer geschefften/ widerumb zuruck nacher Koppenhagen gesegelt/ vngefähr auff halber Reiß an einem schönen hellen tag/ seind die Gesandten auff deß Schiffs Gallerey/ jhr Volck aber auff dem obersten Vberlauff gespatziert/ hinunder in das Wasser gesehen/ da daß Meer sich in lauter vnd clar gerecht/ haben sie vngefehr dieff im Wasser gesehen einen Mann/ gleichsam als wann er vnder jedem Arm ein Pünt stro trüge/ vnd gienge auff der gassen in einer Statt: Darab sie sich sehr verwundert/ vnd also bald zu raht worden/ deß Schiffs bedt hinunder vom Schiff auff das Wasser zu setzen/ in welches also bald jhren fünff von Boßleuthen sampt dem Schiffer gestiegen/ Haben alßbald den kleinen Werffancker/ mit einem angehenckten Schweinnen schuncken vom Schiff hinunder gelassen/ so dieff daß gemeldter Meerman den sehen vnnd ergreiffen hat können/ Welcher so bald er den ersehen/ sich stracks darauff geschwungen/ den Schweinsschuncken erfaßt/ vnd ablösen wöllen: Die Boßleuth aber sampt dem Schiffer dasselbige ersehen/ nicht vnbehend solchen Meerman/ mit jhren Schiffhacken vnder dem Wasser entpfangen/ den hinauff gezogen/ vnd mit grosser geschwindigkeit in deß Schiffs bodt gebracht/ vnd auß demselbigen/ in einem hinauff in das Schiff gezogen/ Da er dann auff dem Obern Vberlauff deß Schiffs/ ein geraumbte zeit gelegen/ sich bewegt/ vnd gewunden als ein Fisch/ aber kein sprach noch stimm von sich geben/ Als er nun mit zablen vnd wüten sich ermüdet/ ist er letstlich so still gelegen/ gleichsam er Todt were: sein gestalt ware gleich als ein ander Mensch/ mit einem langen Haar biß auff die Achßlen/ deßgleichen vberzogen mit einem langen Rock von Haar/ Wie die Haut von Merhünden/ In summa alle seine Glidmaß vnd Geschöpff/ mit Hart vnd Fleisch/ waren nicht anderst/ dann als eins natürlichen Menschen/ hat jhn auch niemand anderst/ als für einen natürlichen Menschen judicieren vnd verhalten können.

Da er nun/ wie vermeldt/ lang also hat gelegen/ haben die angeregte Reichs Rähte/ sampt etlichen vom Adel so sie bey sich gehept (vnd fleissiglich vmb denselbigen Meerman gestanden) Auff jhre Dennische sprach wider sich selbs gesagt/ Das mag wol ein wunderbarer Gott sein/ Der solche Menschliche Geschöpff/ vnd viel mehr wunders im Wasser hat/ als auff Erden: Wie nun der See/ oder Meerman diß erhört/ hat er angehept zu reden/ vnd mit verstendtlichen Worten zu jhnen gesagt/ Ja wann du es so wol wüstest als ich es weiß/ dann wurdest du erst sagen das er ein wunderbarer Gott wäre/ das auch viel mehr wunderliche Creaturen im Wasser/ vnd vnder der Erden/ dann aber auff der Erden sich erfunden. Vnd so jhr mich nit zur stund werden widerumb in das Wasser setzen/ soll weder Schiff noch Gut von euch zu Landt kommen/ Hiemit sein Red geendet/ vnd kein wort mehr sprechen wöllen. Auff welches die beede Herren Reichs Räht instanter jhren Schiffleuthen befohlen jhn auffzunemmen/ vnd widerumb in das Wasser zusetzen/ Welchen sie dann gehorsam erstatten wöllen/ so bald sie aber jhn auffheben/ vnd auff das Bort des Schiffs gesetzt/ den also fein sanfft widerumb in das Wasser hinunder zulassen/ hat er flucks die Füsse selbs an das Bort diß Schiffs gesetzt/ sich also selbs jhnen vnder den Henden hinweg/ vnd hinauß geschwungen/ also seines wegs darvon geschwommen. Diese Histori haben vns mehrgedachte Reichs Räht (Welche mit jhrem Schiff vngefahr ein halb weg sechs vom Schloß vor Ancker gelegen/ sich lassen zu Land setzen/ vnnd drey Tag bey vns auff Hammershauß/ auff guten Wind gewartet/ dieweil jhnen damals der Wind etwas zu wider/ vnd nicht zur notturfft wolte secundieren) mit grosser admiration, als für ein sonderliches wunder miraculosè erzellt.

Weil dann bey diesen zeiten/ so viel wunder gesehen werden oben am Himmel/ von vngewohnlichen newen Sternen/ Cometen vnd dergleichen/ auff Erden von Wundergeburten/ vnder der Erden/ von Erdbeben/ vnd verfallung grosser Bergen/ auff dem Meer von vngehewren Wallfischen/ vnd vnder dem Meer/ von einem vnerhörten Meerman/ so werden gewißlich auch sehr wunderliche eventus, vnd zuständ erfolgen/ darumb sich dann wol menniglich mit rechtem ernst zu besehen/ vnd Gott dem Herren in die Ruthen zufallen/ vrsach hat. Der liebe Gott/ wölle vmb Jesu Christi willen/ sich seiner betrübten gleubigen erbarmen.

Germanisches Museum.

Fig. 115. Das Meerwunder. Flugblatt vom Jahre 1619.

Beschreibung des Meermönches wiedergeben, welche allerdings von der Illustration des Nürnberger Flugblattes (siehe Figur 110) wesentlich abweicht. Monachus Marinus heißt der Meermönch, von Gestalt ist er ein Fisch, oben ein Mensch und hat ein Haupt wie ein eben beschorener Mönch. Oben an dem Haupt hat er Platten sam der Stephan des ersten hat und einen schwarzen Reif um das Haupt oberhalb der Ohren. Das Meerwunder hat die Art, die Leut' am Meergestade an sich zu locken, wenn es sieht, daß die

Fig. 114. Flugblatt vom Jahre 1775.

Leute lustig über sein Spiel im Meere sind, so freut es sich und spielt desto mehr auf dem Wasser, bis ihm ein Mensch so nahe kommt, daß er ihn wegzucken kann, so führt er ihn unter Wasser und frißt ihn.

Die früheren Autoren kannten aber noch eine viel größere Auswahl solcher Meerungeheuer, und die Buchillustratoren haben ihre Phantasie hierbei recht auf die Weide führen können (siehe zum Beispiel Bemlers Buch der Gesundheit, Augsburg 1475). Es ist bedauerlich, konstatieren zu müssen, daß diese Gattung Meerwunder statt mit Zunahme der Aufklärung in den kommenden Jahrhunderten sich zu vereinfachen, an bizarrer und grotesker Form zunahm; als Beweis dafür, daß die geistigen Väter solcher Geschöpfe, um Aufsehen zu erregen, immer ungeheuerlichere und unmöglichere Formen ersannen, veröffentliche ich noch zwei Flugblätter aus den Jahren 1727 und 1775. Das Seetier von Friedrichshafen von neun Fuß Länge ist eine Komposition aus der Tierwelt; es erinnert an das Couplet von dem Kinde, das von jedem Liebhaber der Mutter etwas erbt. Pferd, Gans, Schwein, Elefant, Fuchs, Katze, Ochs sind beteiligt, und außerdem trägt es noch zwei Schwerterzeichen auf dem glatten Rücken; im herrlichen Kontrast zu diesem blühenden Blödsinn, den man für einen Spott und Satire halten möchte, stehen die pietistisch-ultrareligiösen, nach der Melodie „O Sünder, o Sünder" zu singenden Verse (siehe Figur 112).

Der Hamburger Correspondent von demselben Jahre 1727 Nr. 3 berichtet des längeren über ein ganz ähnliches Seewunder, welches allerdings in Lindos in Griechenland gefangen wurde; der Körper desselben war bedeckt mit allen möglichen Zeichen, Buchstaben und Bildern (Totenkopf, Weibsgesicht, Fahnen, Kreuzen etc.).

Das zweite Meertier vom Jahre 1775, in Spanien gefunden, ist zwanzig Ellen lang und nur sechzehn Ellen hoch; es brüllt wie hundert Stiere. 1775! (Siehe Figur 114.) Aber noch heute ist diese Gattung Meerwunder nicht ganz ausgestorben; aber nur in den Hundstagen erscheint noch in sonst leeren Zeitungsspalten die Seeschlange.

Wunderzeichen an Menschen.

Wir wollen jetzt mit Mißbehagen an die Betrachtung der Flugblätter gehen, deren phantastisch-wundersamer Inhalt in einer nahen Beziehung zur Medizin steht. Die seltsamen Entgleisungen der menschlichen Psyche, von denen hier die Rede sein wird, sind dem Kliniker und vor allem dem modernen Psychiater wohl bekannt; wir unterscheiden diese Formen hysterischer Erkrankungen heute im einzelnen und sind es gewohnt, bei fraglichen Erkrankungserscheinungen in die diagnostische Rechnung diese Möglichkeit einer krankhaften Willensstörung einzufügen.

Das Fastenwunder.

Der Naturmensch beschäftigt sich zunächst und am liebsten mit den geregelten Funktionen der Aufnahme von Nahrung und der Entleerung der verbrauchten. Er weiß, daß von der ordnungsmäßigen Wiederkehr und Befriedigung dieser Bedürfnisse im allgemeinen die Gesundheit des Menschen abhängt. Störungen und Stockungen erkennt er als erste Krankheitsursache an. Der Hunger mahnt zur Nahrungsaufnahme. Als der Wunder größtes muß ihm unter allen Umständen das andauernde Fasten ohne Hungergefühl und bei unverändertem Wohlbefinden erscheinen. Am leichtesten und einfachsten setzte man die Welt demnach als Fastkünstler in Erstaunen und Verwunderung; und so ist es verständlich, wenn immer wieder von neuem namentlich die zur Hysterie auch sonst neigenden jungen Mädchen in der Welt auftraten mit der Behauptung, seit Monaten oder Jahren nichts gegessen zu haben. Um solch Wunder anzustaunen und mit reichen Geschenken zu belohnen, kamen die Leute von weit her.

Der rheinische Arzt Dr. Johann Weyer, der als erster den Mut hatte, wenigstens mit halbgeöffnetem Visier und im Harnisch und der Rüstung seiner geklärten Lebensauffassung und einer Jahrhunderte voreilenden Freiheit des Verstandes gegen den Hexenwahn vorzugehen, schrieb auch ein kleines Büchlein (1577 bei Oporinus in Basel erschienen) mit dem Titel „De commentitiis jejuniis", zu deutsch: Über das schwindelhafte Fasten. Unter den vielen die Umgebung ängstigenden und quälenden schweren Symptomen gewisser weiblicher Personen, die wir heutzutage hysterische nennen, spielten Lähmungen und Ohnmachten, Krämpfe, Blindheit, blutig oder auch wunderlich gefärbter Harn, Abgang von allerlei Fremdkörpern eine große Rolle. Oft handelt es sich um unbewußte, häufiger aber auch um bewußte Täuschungssucht. In der damaligen Zeit, die nach Wundern so begehrlich war und die sich durch unerhörte Dummgläubigkeit auszeichnete, brauchte eine solche schwerhysterische Person nur einen geschickten Impresario zu finden, und die Stadt und bald auch das ganze Land hatten ihr zugkräftiges Wunder, zu dem man pilgerte, um es mit Geschenken zu überhäufen. Weyer kann in seiner Schrift allein zehn solche im 16. Jahrhundert vorgekommenen Fälle registrieren. Es nutzte nichts, daß der Schwindel aufgedeckt wurde, immer wieder tauchten Fasten- und Hungerkünstler, namentlich Künstlerinnen auf[1]). Der berühmteste Fall war die schöne Margaretha Ulmer aus Eßlingen, die um 1546 herum alle Welt betrog. Die Zugkraft eines solchen Wunders war

[1]) Siehe auch Fabricius Hildanus, Epistola de prodigiosa puella Coloniensis inedita. Bern 1604.

Eine warhaffte Histori/welcher massen zu Schmidtweyler/in deß Durchleuchtigsten Hochgebornen Fürsten vnd Herrn/Herrn Johann Casimirs/Pfaltzgraffen bei Rhein/Vormunds/vnd der Churfürstlichen Pfaltz Administrators/Hertzogs in Beyern/x. Oberkeit vnd Gericht Kobelberg gelegen/ein Mägdlin siben Jar lang weder gessen noch getruncken/vnd doch von Gott wunderbarlicher weiß bei Leben erhalten worden.

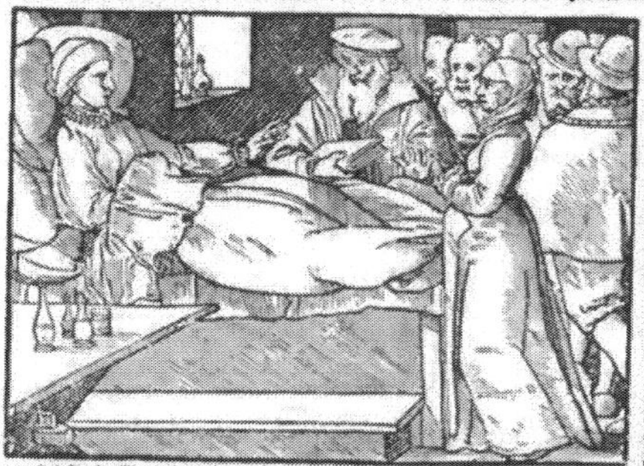

Getruckt zu Straßburg Anno 1585.

Kgl. Kartensammlung, Berlin.

Fig. 115. Das Fastenwunder zu Schmidtweyler. Straßburger Flugblatt vom Jahre 1585.

natürlich um so größer, wenn zu den düpierten Opfern Könige und Kaiser gehört hatten. Die schöne Margaretha war keine reine Form von Hungerkünstlerin, da sie neben völliger Enthaltung von Speise und Trank auch noch den ganzen Bauch voll Würmer und Schlangen hatte, die sie aus ihrer Seite herausholte. Der Spuk dauerte vier Jahre lang und zog eine Unmenge Neugieriger in die Stadt, zumal da Kaiserliche Leibärzte die Kranke untersucht hatten, ohne daß sie in der Lage waren, einen Betrug festzustellen. Endlich wurde es dem Magistrat mit der Wunderjungfrau doch zu toll, Ärzte und Hebammen wurden ihr ins Haus geschickt mit dem ausdrücklichen Befehl, den Leib aufzuschneiden und die Tiere zu entfernen. Jetzt entpuppte sich die Auftreibung als ein geschickt fabriziertes Luftkissen und das Ganze natürlich als gemeiner Betrug. Die blamierte Stadt, die schließlich doch durch das Wundermädchen dem Weltverkehr nähergebracht war, rächte sich an der geschäftstüchtigen Mama nach heutigem Gefühl etwas streng. Sie wurde gefoltert, stranguliert und verbrannt. Der schönen Hungerkünstlerin durchbohrte man mit einem glühenden Eisen das Gesicht und kerkerte sie lebenslänglich ein.... Ganz ähnliche Fastenwunder vollbrachte das Wundermädchen von Speyer (siehe Figur 116). In England hatte sich das heilige Mädchen von Kent berühmt gemacht. Die einzige Nahrung, die es nahm, war eine Hostie, die ihm in der Klosterkirche vom Himmel herabschwebte. Während nun das Volk das Mädchen göttlich verehrte, ließ der unmutig gewordene König die Heilige einschließen und überwachen. Da stellte sich heraus, daß sie den natürlichen menschlichen Gesetzen unterworfen war. Nach drei wirklichen Hungertagen konnte sie es nicht mehr aushalten, sie gestand, daß die Mönche die Sache angestiftet hätten, daß die Hostie an Frauenhaaren zu ihr herabgelassen worden wäre. Sie büßte mit ihren frommen Brüdern den Schwindel mit dem Tode. Der Menschenfreund Weyer hatte Gelegenheit, 1573 als Leibarzt seines Herzogs Wilhelm von Jülich selbst das Wundermädchen von Unna, die bereits ein Jahr ohne Speise und Trank lebte, zu entlarven.

„Wie zur Diana von Ephesus strömte das Volk der Religion wegen zu dem Wundermädchen und viel Geld kam ein! Zumal da der Magistrat von Unna mit Brief und Siegel nach neuntägiger scharfer Beobachtung versichert hatte, daß das Wunder in Wahrheit ohne Betrug sei.“

Nachdem das Mädchen von den Eltern zur besseren Ausbeutung nach Cleve gebracht und von dortigen Edelleuten, Gelehrten, Hohen und Niedrigen gleich verehrt wurde, verlangte Weyer, daß das Mädchen zur Beobachtung für drei Wochen in sein Haus gebracht würde. Man kann sich den Erfolg dieser Untersuchung vorstellen. Das Mädchen wurde von ihm so entlarvt, daß Leugnen nicht mehr möglich war; nach Verlauf von nicht ganz einer Woche speiste das Mädchen mit gutem Appetit an Weyers Tisch. Der erzürnte Herzog

DIeses Wunder Mäidlein Margaretha Weissin / eine Tochter Seyfried Weissen / im Dorf Rord / zwo Meilen von Speyer wohnhafft / hat umb Michaelis Anno 1539. im 10. Jahr ihres Alters / einen hefftigen Haupt- und Bauchschmertzen bekommen / und zu gleich einen solchen Eckel vor den Speisen / daß Sie umb Weynachten gantz nichts mehr hat essen können / ist auch solche Zeit über durch den Stul und auß der Blasen nichts von ihr kommen. Im folgendem 1540. Jahr / umb Ostern / hat Sie auch angefangen vor allem Tranck ein Eckel zu bekommen / und umb Pfingsten gantz nichts mehr trincken können: Doch hat Sie den natürlichen Schlaff behalten / und hat sich ihr Hirn offt durch die Nasen / aber nicht durch den Mund gereiniget / und wann Sie bißweilen Kindischer Weiß geweinet / sind ihr die Zähren häuffig auß den Augen geflossen. Anno 1542. als der Römische König Ferdinandus auf den Reichs Tag nach Speyr kommen / und von diesem Mägdlein berichtet worden / hat Er selbiges / sambt ihrem Vatter im Monath Februario dahin zu sich bringen / mit neuen Kleidern / wie Sie alhie stehet / anlegen / und in einem Gemach fleissig bewahren lassen / da sich befunden / daß Sie damals völlig 12. Jahr alt / und 5. der beygesetzten Linien an der Statur des Leibes lang / ohne Speiß und Tranck warhafftig biß dahin ihr Leben zugebracht hat.

Fig. 116. Das Wundermädchen Margarete Weiß von Speyer. Flugblatt vom Jahre 1539.

war schwer zu beruhigen, aber auf Weyers inständige Bitten sah er von einer entehrenden Strafe ab. Der Magistrat von Unna bekam eine scharfe Note über seine Dummheit und den Befehl, das betrügerische Mädchen in der Furcht Gottes erziehen zu lassen. Aber alle über das angebliche Fasten deutsch und lateinisch erschienenen Schriftstücke seien sorgfältig zu sammeln und auf offenem Markte zu verbrennen. Damit glaubte der Herzog, wie man sagt, zwei Fliegen mit einer Klappe zu schlagen, denn auch er war ja ein Opfer dieser Betrügerin geworden, allerdings nicht in dem Maße, wie Kaiser Maximilian durch ein Augsburger Mädchen 1510 und König Ferdinand durch eines aus Speyer i. J. 1542. Am schlauesten war die Barbara von Unna. Nach dort zurückgekehrt, erklärte sie, daß sie tatsächlich vorher so lange gefastet habe, aber der gute Dr. Weyer habe sie durch seine Tränklein kuriert und jetzt sei sie bei gutem Appetit.

Über alle diese Wundermädchen gab es natürlich Flugblätter; aber nur wenige blieben erhalten: Das Wundermädchen Margaretha Weiß aus Roed bei Speyer, zwölfeinhalb Jahre alt, welche seit zehn Jahren ohne Speise, seit einem Jahr ohne Trank; 1542 (siehe Figur 116).

Als Beispiel dieser Gattung bringen wir ferner das große Flugblatt aus Straßburg v. J. 1585 (siehe Figur 115). Der Titel meldet, daß die Katharina sieben Jahre weder gegessen noch getrunken habe; der Inhalt des Einblattdruckes stellt „das Protokoll der nach dem Heimatsort Schmiedweiler gesandten Kommission, der auch unter anderen der Arzt Heinrich Smetius angehörte, vor; diese beschloß, das Mädchen durch Doppelwachen bei Tag und Nacht kontrollieren zu lassen „zur Vermeidung der Abgötterei und der höhnischen Nachred minderwerthiger" Leute. Über das Resultat wird nichts berichtet; Heinrich Smetius war ein berühmter flandrischer Arzt, Dichter und Linguist; seit 1585 Professor der praktischen Medizin in Heidelberg und erklärtester Feind des Paracelsus. Der Fall ist in seinen Miscellanea medica cum medicis ... Henry Weyero communicata, Frankfurt 1611 erwähnt. Der Fastenschwindel forderte noch jahrhundertelang seine doppelten Opfer. Der Hamburgische Correspondent v. J. 1736 Nr. 39 meldet: Antwerpen. Vergangenen Sonnabend mußte eine Frau, welche den Leuten weiß gemacht, als ob sie viele Jahre ohne Speise und Trank gelebet hätte, auf folgende Art Busse tun. Sie saß Barfuß in einem weißen Hembde auf der Schinderkarre, eine brennende Wachskerze in den zusammengefalteten Händen habend, und ward auf diese Weise, in Begleitung der Gerichtsdiener, vor alle Thüren der Hauptkirchen geführet, vor welchen sie allenthalben absteigen mußte, und Gott und die Justiz kniend um Verzeihung bitten. Hierauf ward sie wieder nach dem Gefängnis geführet, und hat man den Ausgang noch zu erwarten. Bey dem großen Zulauff der Leute sind unterschiedliche beschädigt, teils gequetschet und zertreten worden.

Ein Schweizer Flugblatt vom Jahre 1607, das uns die Geschichte einer Jungfrau Apollonia mit Namen erzählt, welche sechs ganze Jahre keine Speis'

4. R. 196

Warhafftige Beschreibung/

Von einer Jungfrawen/die jetzt vergangen Michaelis sechs gantzer Jahr/keiner Speiß noch Tranck genossen/auch nicht arbeit oder schaffet / sondern stäts an einem Orth

Erstlich gedruckt zu Bern im Schweitzerland. Im Jahr 1607.

Fig. 117. Fastenwunder. Flugblatt vom Jahre 1607.

und keinen Trank genossen hat, klärt uns ausnahmsweise einmal über die Entstehungsgeschichte solchen Fastenwunders auf. Das Mädchen hat einfach nicht arbeiten wollen; während der Unwille zur Arbeit, in unseren Tagen epidemisch auftretend, das Verhungern des Volkes notwendigerweise zur Folge haben dürfte, hat der Hungerstreik damals, wie diese Geschichte lehrt, wenn ich so sagen darf, seinen Mann gut ernährt. Das Mädchen selbst aber erzählt, ihr sei, als sie mit Flachsbrechen beschäftigt war, und zwar an einem Sonntage, ein Knabe erschienen, der sie an Gottes Wort erinnerte, daß man am siebenten Tage ruhen soll. Und als sie weiterarbeitete, sei ihr ein zweites und ein drittes Knäblein erschienen, welche mit derselben Aufforderung ihrer Einrede, daß sie dann auch kein Brot habe, begegnet seien, sie solle auf Gott vertrauen, dann würde sie nie mehr wieder Hunger haben und auch nie mehr so schwer arbeiten brauchen. Von Stund auf ließ sie ihre Arbeit stehen und ging zur Kirche, und von Stund an hatte sie auch keinen Hunger und auch keinen Durst mehr (siehe Figur 117).

Die Phantasie, mit welcher solcher Fastenschwindel in Szene gesetzt wurde, ist bewundernswert. Das gewöhnliche Fasten hatte schon den Reiz der Neuheit verloren, da trat Eva Fliege in Holland auf. Unter dem Namen „het Besje van Meurs" war sie seinerzeit am Niederrhein berühmt, weil sie siebzehneinhalb Jahre lang ausschließlich von ... Blumenduft gelebt hat. Drugulin erwähnt unter Nr. 1275 ein großes Reklameflugblatt dieser „Fliege", auf dem das Mädchen mit einem großen Blumenstrauß in der Hand porträtiert ist.

Zum Abschluß der Besprechung dieser Gattung werfen wir noch einen Blick auf ein Nürnberger Flugblatt vom Jahre 1701. Hier soll dem Publikum nicht mit dem imponiert werden, was die Menschen an seltsamen Dingen und Fremdkörpern aller Art schon im Bauche haben, sondern Schaulustige können bei der Nahrungsaufnahme, bestehend aus Katzen, Steinen, Federn, Flachs und Pelzsachen, dabei sein, welches der nimmersatte Menschenfresser herunterschlingt. Das Publikum kann sich durch Augenschein davon überzeugen, wie er diese sonst unverdaulichen Dinge herunterfrißt. Er frißt aber auch Menschen, „wie er solches an einem Juden bewiesen". Es wirft ein eigentümliches Licht auf den Nürnberger Senat, daß er diese, wenn auch gauklerische Menschenfresserei, öffentlich geduldet hat, dies zumal, wenn wir in den Akten und Dekreten des Nürnberger Rates lesen, daß er oft in zartfühlender Weise das Auftreten harmloserer Gaukler der schwangeren Frauen wegen verboten hat. Wir nehmen aber zugunsten dieser sonst so hervorragenden Körperschaft an, daß sie das kuriose Schauspiel des Menschenfressens, und wenn auch nur von Juden, nur ausnahmsweise an Sonn- und Feiertagen zuließ; im Jahre 1701!

Eigentliche und wahrhaftige Abbildung deß vielfressigen böhmischen Bauren-Sohns, welcher
im gegenwärtigem 1701. Jahr in Österreich und Sachsen in unterschiedlichen Orten zu grosser
Verwunderung vieler glaubwürdiger Personen eine lebendige Katz mit Haut und Haar, nicht weniger andere Dinge, als Kieselsteine, Werck, rohes Fleisch, Filtz, Felle, Glas und dergleichen mit höchster Begierde verschlungen und gefressen: wie dann auch ein gantzes Kalb ihm blos zu einem
Frühstück dienet, und solle er in Böhmen ebenfalls 2. kleine Kinder, sein Bruder aber, der mit ihme
ein Zwilling, und auch ein solcher Vielfrass ist, in Prag einem Juden lebendig gefressen haben.
Er wurde in einem Wald gefangen, u: last man ihn anitzo umbs Gelt sowohl denen Leuten sehen, als
nicht minder vor ihnen allerhand unatürliche Sachen verschlucken.

Fig. 118. Der Vielfraß. Fliegendes Blatt vom Jahre 1701.

Wunderbare Körperzeichen.

Eine innerliche Parallele zu den fastenden Wunderjungfrauen bieten die meist jugendlichen Mädchen, auf deren Körper Zeichen fallen. Die Analyse, ob es sich um hysterische Zustände des Unterbewußtseins bei ihnen handelt oder um bewußten Schwindel mit der Absicht, durch ihn die Aufmerksamkeit auf sich zu ziehen und mühelos und einträglich zu leben, muß der Untersuchung im Einzelfalle vorbehalten bleiben. Die Möglichkeit, daß vorhandene oder entstehende Pigmentierungen oder Blutadergeschwülste (in ihren äußeren Konturen Herzen oder Kreuzen oder sonstigen heiligen Figuren ähnelnd) oder auch der sogenannte Dermographismus (Quaddelbildung bei Berührung der Haut durch den Fingernagel) die erste Veranlassung zum Zeichenwunder gab, ist nicht von der Hand zu weisen. So scheint dies der Fall gewesen zu sein in dem Wunder des blutschwitzenden Knaben. Denn ausdrücklich wird in der Wundergeschichte betont, daß der Blutaustritt an den Händen und am Kopf weder von dem Knaben noch von den Eltern zunächst beachtet wurde (siehe Figur 119, wahrhaftige Kontrafaktur und neue Zeitung eines Knäbleins, welches Blut schwitzt, 1588).

„Es haben seine Eltern solches lange Zeit still gehalten und niemand offenbaren wollen, bis endlich Nachbarn und Freunde den Vater veranlaßt haben, den Knaben zu den Geschworenen Doctoribus der Arzneien zu führen und ihn besichtigen lassen, die es aber nicht anders als ein großes Mirakel erkennen konnten.“ Das Flugblatt weist darauf hin, daß in der Historia der heiligen Passion Jesus Christus unter der schweren unerträglichen Last Blut geschwitzt und verröhret habe; „außer dem Herrn Christo aber weiß man nicht viel, daß ein Mensch Blut geschwitzt habe“. Der Knabe wird jetzt von vielen namhaften Personen, hohen und niedrigen, geistlichen und weltlichen Standes (natürlich für Geld) besichtigt (siehe Figur 119).

Bei diesem sogenannten Wunder des Blutschwitzens haben wir ein klassisches Beispiel dafür, wie natürliche, aber seltene oder unbekannte körperliche Zustände zu Wundern und Mirakeln frisiert werden. Die an Wundern und am Wunderglauben stark interessierte Geistlichkeit war natürlich hinter der Gardine die anonyme Leiterin der Firma. Das Blutschwitzen durch unverletzte Haut, die Hämidrosis, ist eine seltene, aber medizinisch bekannte Tatsache. Sie kann sich über die ganze Oberfläche der Haut er-

Warhafftige Contrafactur/vnd Newe Zeyttung/eines
Kneblins welches Yetzunder etlich wochen her/vnnatürlicher weyß/Blůt Schwitzet.

Vnder andern vilen zeichen vnnd wundern/ Die vnns der Almächtige Gott/yetzt ein zeitlang her/an Elementen vnd anderen Creaturen hat gezeyget vnnd anschawen lassen/ist dieses/so sich yetziger zeit in Augspurg zu tregt auch nit das geringest vnd wenigest Wir lesen vnnd wissen/auß der Historia deß heyligen Passions. Wie vnser Herr vnd Heyland Jesus Christus/da Er yetzunder vnder dem schweren vnträglichen laast vnnserer Sunden/an sein bitter leid vnd sterben hat tretten sollen vnd an dem Oelberg ernstlich gebetet das sein Himlischer Vatter/da es müglich sey: disen Kelch von im nemen wölle/das Er da zu mal angstlichen Blůt schweiß geschwitzet vnd vergossen hat. Außer dem Herren Christo aber weist man nit vil/das ein Mensch Blůt geschwitzet hette/Biß auff dise yetzige zeyt/erfaren wir/so vil das Blůtschwitzen anlanget/ein gleichmässiges Exempel wie dann nachuolgents Kürtzlich erzelet wirdt. Es wonnet zu Augspurg/in der bekanden Statt/ ein Burger seines Handwercks ein Kürßner/mit namen Bartholme Kreutzer/ der hat mit seiner Ehewirttin Anna/einen Sohn erzeuget/den Sye Johannem genennt haben/welcher vmb verschine Faßnacht/vor Dato/Acht jar seines Alters erraicht hat. Ist ein schöner/volkomner/wolgestalter vnd Weisser knab/wie dan dises gegenwertige Contrafet außweyset/ dann Er mit verwilligung seiner Eltern/auff den vierzehenden tag des Monats Martij/ Im jar nach vnsers Seligmachers Christi Jesu Geburt 1 5 6 8. eygentlich abgerissen worden ist. Obgemelter Knab/hat bey 1 8. wochen/vor der/zu oberst auff dem haubt/ Blůt zu schwitzen angefangen/welches so scharpff gewesen das es jme das Haar abgefressen/also das er gleich ein glatzen oder Platten bekommen/ hernacher aber/ vnd vngefahrlich bey siben Wochen hat Er auch vnder dem Angesicht gleicher massen/ wie auch an Henden vnd Füssen Blůt zu schwitzen angefangen/ Gleich wol hat er anfencklich nit so streng wie yetziger zeit geschwitzet. Dann es je lenger je mehr zunimbt/ Also das es etwan deß tages drey oder viermal an jn kommet/sonderlich aber pflegt Er zu Morgens/zwischen 6. vnnd 7. vhr am meisten zu schwitzen Er wird aber der massen mit Blůt besprenget vnd der unnen/das einer gedencken möchte Er were verwundet oder im sonsten ein schaden wider faren/wann man im aber den Blutigen schweiß abwischet/so ist er schön/glat/vnd wird Im nichts angesehen gleich als wann man sonst von einem ein schweiß abstreichet. Zu etlichen malen wird Er schwach/furnemlich aber/wann Er von vilen Leutten vmbstanden wird/also das er Ohnmächtig nider felt wann dan sollichs fürüber stehe Er wider auff ist gantz mütig vnd frölich/ lauffe wider seinen weg/ als ob jm nie nichts gemangelt habe. Wan der Schweyß an jm ist/vnd Er die Hand ein weil zu truckt/ so giebt es so vil Blůts/ das jm gleich ein lächlin in der hand stehe. Es haben seine Eltern/sollichs lange zeit in still gehalten vnd niemand Offenbaren wöllen/biß endlich etliche Nachbawren vnnd freund/den Vatter dahin vermögt haben/das er den Knaben zu den geschwornen Doctoribus der Artzney vnd Medicina geführet vnd jn besichtigen lassen/die es aber anderst nicht/ als für ein grosses Miracel vnd wunder werck haben erkennen konden. Jetzund wird der Knab von vilen nambafften Personen/hoches vnd nideres/geistliches vnnd Weltliches Standes/ besichtiget. Was nun sollichs vnnatürliches Blutschwitzen/an einem so Jungen vnd vnschuldigen Knaben/bedeüte oder was vns der Almächtig Gott dardurch verkündigen wölle/ Ist jm allein/am besten bewust derselbige/ wölle vns allen seinen Heiligen Geyst verleihen/der in vns Rew vnd leid vber vnsere sünd/ Die wir schwerlich begangen haben/ Erwecke/vnd das wir forthin im gebet wacker seyen vnauffhörlich zu Gott Ruffen vnd sprechen. Herr wir vnd vnsere Vätter haben gesündiget vnd vnrecht gethan/ Straffe du vnns nit in deinem Zoren. Amen/

Gedruckt Zu Augspurg/bey Hanns Schultes Brieffmaler vnd Formschneyder vnder dem Eysenberg Den 17. Martij Anno 1568.

Fig. 119. Das Blutwunder. Augsburger altkol. Flugblatt vom Jahre 1588. Größe 40.30 cm.

strecken oder nur gewisse Teile, das Gesicht, den vorderen Teil der Brust, Hohlhand und Fußsohle bevorzugen. Die älteren Schriftsteller, namentlich

Bartholinus, Hellerius, Florentin Lendeau erzählen solche Fälle, und schon Aristoteles erwähnt blutigen Schweiß bei gewissen schweren Fiebern. Wir wissen, daß Blutschweiß nach heftigen konvulsivischen Anfällen erfolgen kann, wie wir ja auch von unserem Knaben durch die beigegebene Krankengeschichte erfahren, daß er an hystero-epileptischen Anfällen gelitten hat. Der Zufall will es, daß ich gerade in den Tagen, während ich dies niederschrieb, den ersten Fall eigner Beobachtung erlebte; eine erhebliche Gesichtsblutung aus einem nicht verletzten und nicht erkennbaren Hautaderbruch des Gesichtes.

Aus der größeren Reihe ähnlicher Fälle von Zeichen führen wir zunächst das interessante Blatt vom Jahre 1503 an. „Diese Zeichen sind auf Margaretha Bruch zu Lüderingen, in einem Dorfe bei Rottweil gelegen, gefallen. Das hat eine Menge Menschen gesehen etc." Die Figur zeigt die nackte Jungfrau, deren Körper und Extremitäten mit allerhand Zeichen bedeckt sind. Wir sehen da Kreuze, Schwerter, Ruten, ein Hemd und eine Leiter. Der Inhalt der Beischrift ist von jener naiven Einfachheit des Ausgangs des 15. Jahrhunderts, die uns im Gegensatz zu der gesuchten Sprache späterer Zeit so angenehm berührt. Wir erfahren, daß das fünfzehnjährige Mädchen diese Zeichen unter großem Schmerz und Pein und in schneller, seltsamer Krankheit bekommen hat, daß aber kein Kreuz noch Zeichen ihr so weh getan hat, wie das Kreuz von schwarzer Farbe. Der Verfasser des Gedichtes rechnet stark mit menschlicher Naivität, macht sich nicht viel Gedanken und rät einfach:

„Mensch nit erfrag oder zu weit betracht,
obs Gott, der Teufel oder die Natur hat gemacht."

Aber vor allem verspotte diese Wunder nicht, sondern faß sie auf als Gottes Warnung und Drohung mit Teuerung, Sterben und Krieg.

„Unkeusch und Totschlag hängen auch daran/
Ehebruch unter Fraun und Mann/
On onder der Weltüppigkeit mannigfalt/
keyne Tochter der Jahren mehr wird alt/
15 auch minder an der Zahl/
sie richt sich zu unkeusch und anderer Sünde Qual."

Die Quintessenz ist, daß alle Laster uns beiwohnen in beiden, geistlichen und weltlichen Personen (siehe Figur 120).

Burg Kreuzenstein.

Fig. 120. Kolor. Flugblatt vom Jahre 1503.

Wir werden nun noch bei den Phantasiegeburten von Fabelwesen aller Art sattsam Beispiele finden, daß man mit diesen äußeren Zeichen von Kreuzen, Ruten oder auch lesbaren und unentzifferbaren Charakteren in der Lügenküche der Pfaffendiplomatie arbeitete. Wir bringen an dieser Stelle nur noch das naive Dokument des Jahres 1599 aus Nürnberg (siehe Figur 121). Die Zeichnung des Flugblattes ist so unsauber und flüchtig, wie der Text grob und dumm. Die Mißgeburt trägt auf dem dicken Bauch ein Schwert, auf der Brust eine Rute; die Geschwulst um den Hals symbolisiert den ausgesprochenen Unwillen Gottes gegen die Frauentracht und die Hoffart. Die von der Mißgeburt in der Hand getragenen Trauben und Kornähren deuten auf große Fruchtbarkeit im deutschen Land, das Schwert und die Rute auf dem Bauch den kommenden Krieg, Zerstörung und Blutvergießen. Wir haben es also hier mit einem Unternehmer zu tun, der mit seiner Schundware jedem Wundersucher etwas gibt.

Die fortgeschrittene Zeit und den Kampf mit beginnendem Skeptizismus lehrt uns der lange (deshalb kurz genannte) und wahrhafte Bericht über das Kreuzzeichenwunder bei einem elf- und dreizehnjährigen Mädchen (1699 und 1701) in Ulm und Augsburg. Hier erkennen wir mit großem Bedauern die schamlose Begünstigung dieses Wunderschwindels „durch rechtmäßige Vergünstigungen geist- und weltlicher hoher Obrigkeit zur mehreren Hochachtung des heiligen Kreuzzeichens für all und jeden kaltsinnigen Christen". Aus der im Text nachlesbaren Wundergeschichte entnehmen wir die Hauptdaten: Das elfjährige Töchterchen des Ulmer Bürgers und Schneiders Heinrich May, Augsburgischer Konfession, kommt eines Tages aus der Nähschule mit einem großen schwarzen Kreuz an der Stirne. Die Eltern, welche an einen Schimpf glaubten, versuchten dieses Kreuz vergeblich wegzuwischen. Als der Schulmeister des Abends um sechs Uhr zu ihrer Unterrichtung kommt, hatte sich ein zweites Kreuz am Kinn gebildet. In den nächsten Tagen und Wochen kamen hierzu noch an Brust und Armen schön rote, zusammen sieben Kreuze hinzu. Diese Kreuze verschwanden alle Abende bei Untergang der Sonne, um am nächsten Morgen wieder zu erscheinen und von vielen hochgeistlichen und weltlichen Personen besichtigt zu werden. Es wurde Stadtgespräch, und man fand Ärgernis daran und beschuldigte das Töchterchen als ein Hexenkind. Die Prediger aber, die Medici (damals die Lakaien der Klerisei) und andere verständige Personen hatten ein besseres Urteil und glaubten, daß die Kreuzzeichen von Gott kämen. Die Obrigkeit

Gründtliche vnd Warhafftige Newe Zeittung/ von einer vnerhörten Mißgeburt/ so zur Liben in Ober Laußnitz/ eines armen Hirten Weib geboren/ recht vnnd Natürlich wie in dieser Figur zu sehen/ geschehen den 10. Novembris Anno 1598. In Gesangweiß gestelt/ Im Thon/ Kompt her zu mir spricht GOTTES Sohn.

Gedruckt zu Nürnberg/ Durch Christoff Lechner. 1599.

Bestellet durch Johan Rauch von Bautzen.

Münchener Staatsbibliothek.

Fig. 121. Nürnberger Flugblatt vom Jahre 1599.

aber brachte das Mädchen als eine Übeltäterin in das Zucht- oder Findelhaus, wo sie von Predigern und Doktoren scharf auf Hexerei examiniert würde. Man kam hierbei zu verschiedenen Auffassungen. Eines Tages morgens früh, als das Mädchen noch ohne Kreuze war, sind sieben Prädikanten und ein Medikus in das Findelhaus gekommen, worauf nach kurzer Zeit die Kreuze erschienen. Der Doktor versuchte nun mit nassem und rauhem Tuch die Kreuze abzuwischen, wodurch aber die Kreuze noch mehr hervortraten. Die Herren mußten mit Spott abziehen. Schlimmer erging es einer Prädikantenfrau, die auch versuchte, die Kreuze abzuwischen, da sie behauptete, des Kindes Mutter habe sie mit Pulver angestrichen. Sie erblindete, der Mann selbst wurde kontrakt, sein junger Vetter, der schon die Probepredigt halten sollte, schreibt einen Spruch auf den Tisch und flieht heimlich davon. Nun wurde der Vater des Mägdleins auf Befehl der Obrigkeit ins Gefängnis geworfen. Dieser behauptete, wie es scheint, auch nach peinlicher Befragung, daß er die göttliche Herkunft der Kreuze annehme. Nachdem nun aber das Mägdlein ziemlich radikal mit täglichem Baden, Schwitzen und Arzneien traktiert wurde, vergingen alle Kreuze und sind auch eineinhalb Jahre nach Verlassen des Gefängnisses nicht mehr erschienen. Wegen seiner Verfolgung in Ulm zog nun der Schneider nach obrigkeitlicher Erlaubnis nach Augsburg und nahm dort in der Herren Jesuiter Kirchen samt den Seinigen den katholischen Glauben an. Das war 1700 und schon im März desselben Jahres ging obgemeldete Tochter in der Herren Jesuiter Kirchen, um dem gesungenen Miserere beizuwohnen. Nach dem letzten Segen sank sie etwas nieder und als sie aufstand, war sie wiederum mit den schönen frischen Kreuzen an Stirn, Mund, Herz und Händen bedeckt, welche von morgens sechs Uhr bis abends acht Uhr von hohen und niederen Standespersonen mit großer Verwunderung betrachtet wurden.

In der Analyse dieser seltsamen Hautmanifestationen genügt es nicht, unter Betonung der in die Augen springenden Tendenz das Ganze einfach als Betrugsmanöver an den Pranger zu stellen. Mir scheint, daß zwei ganz verschiedene Momente hier eine Rolle spielen. Das Rätsel der angeborenen und namentlich auch bei Mißgeburten konstatierten Körperzeichen löst sich einfach durch die illusionäre Veranlagung der Menschen. Wir sahen schon die Umdeutung zufällig gewachsener Moosflächen in eine Löwenform, von geschliffenen Kristallen in den Namen Jesus und der Fischschuppen in mystische Chiffren. Der gleiche Vorgang ist es, wenn zufällig vorhandene Muttermäler, Blutaderbildungen oder Schrunden bei Mißgeburten gedeutet werden als Geißel, Kreuz, Herz, Leiter oder ähnliche meistens aus dem Martyrium Christi genommene Gegenstände. In der Silvesternacht übt sich Groß und Klein, beim Bleigießen den bizarren Formen Deutung zu geben.

Germanisches Museum.

Fig. 122. Augsburger Flugblatt vom Jahre 1699.

Gegenüber dieser mehr oder weniger harmlosen dem Charakter der damaligen Zeit entsprechend religiös gefärbten Spielerei, beruht offenbar das Kreuzeswunder und das periodische Auftreten von allerlei anderen Zeichen in der Haut meistens junger Mädchen auf der traditionellen Vorstellung der Stigmatisation. Selbst auch in der Voraussetzung, daß diese befallenen Mädchen zunächst selbst keine Vorstellung von der wahren Stigmatisation hatten, besteht doch dem Wesen nach zwischen beiden Vorgängen eine Verwandtschaft. Bekanntlich hat der Asket Franz von Assisi die Welt mit dieser auch wissenschaftlich viel besprochenen, aber noch viel häufiger gemalten Wundererscheinung beschenkt. Diesem in äußerster religiöser Ekstase lebenden Ordensgründer, der 1226 starb, markierten sich an den entsprechenden Stellen die Wundmale Christi, die dieser infolge der Nagelung, dem Kreuze, der Geißelung und der Dornenkrone selbst davongetragen hatte. Im Laufe der Jahrhunderte sind nun bei katholischen Christen, namentlich Ordensbrüdern des genannten Assisi, zirka ein dutzendmal ähnliche Erscheinungen beobachtet worden: „Ein Wunder, welches die Tatsache von Golgatha bei tausenden gleichgültiger Seelen der Vergessenheit entreißen sollte." Ganz besonders ist die Frage, ob es sich hier um den Ausdruck eines krankhaften hysterischen Zustandes oder eines glatten einfachen Betruges handelt, in unseren Tagen wieder zur Diskussion gekommen durch das Auftreten der berühmten Louise Lateau. Bei dieser 1850 geborenen religiösen Schwärmerin, die wohl auch Ordensschwester war, traten seit Juli 1868 regelmäßig Freitags die deutlichen Zeichen der Stigmatisation zutage. Die Geistlichkeit, welche den Zustand jahrelang im Interesse der katholischen Kirche ausgenutzt hatte, erlebte insofern ein unerwartetes Fiasko, als der Bischof Dumont, der an der Spitze der Bewegung stand, vom Papste für irrsinnig erklärt und abgesetzt wurde. Eine von der Medizinischen Fakultät zu Brüssel mit der Untersuchung des Falles beauftragte Kommission kam zu dem Resultat, daß ein Fall von schwerer Neuropathie vorliege. Die Psychiater und Nervenärzte unterscheiden echte und unechte Stigmatisation. Bei der letzteren werden die Wundmale Christi nur von den Kranken selbst gesehen und gefühlt, während sie der Umwelt verborgen bleiben. Die moderne Medizin kennt nun aber die Tatsache, die gelegentlich in ganz exquisiter Form zur Beobachtung kommt, daß die Haut die Neigung hat, durch Kratzen mit dem Fingernagel mit weißen erhabenen Streifen neben roten zu reagieren. Man nennt diese Form von vasomotorischer Erregbarkeit Urticaria factitia oder Dermographismus; nichts leichter also, als die naive Umgebung in Zeiten eines Glaubensparoxismus zu täuschen.

Besteht aber hochgradige Hyperästhesie und eingeborener Glauben an göttliche Wunderwirkungen, so können bei vorhandener vasomotorischer Erregbarkeit auch ohne Betrugsabsicht zunächst stigmaähnliche Erscheinungen auftreten, welche dann aber gewöhnlich später durch absichtliches Hervorrufen ihre Reinheit verlieren.

Zum Schlusse dieser äußeren Körperwunder bringen wir noch das Flugblatt vom Jahre 1680, welches aber schlauerweise den Schauplatz des Ereignisses

Wahre Abbildung einer Wunder-Geburt / so im Königreich Castulien zu Gian Anno 1680. den 13. December zur Welt gebohren worden ist. Wie auch die Feuer-Saul / so zu Livorno etlich Wochen lang / alle Abend am Himmel gesehen worden / welche endlich Feuer-Flammen von sich geworffen / so drey grosse Kauffmanns-Schiff angezündet / und zu Grund ge[illegible]htet hat.

IN dem Königreich Castulien / der Stadt Gian / ist diser Wunder-Sohn zur Welt gebohren worden / dessen Eltern vornehme reiche Leut / Namens Juli di Parades, und Dyonisia Luza, welche ehrliche Materon 17. Jahr in ihrer Ehe unfruchtbar gelebt. Anno 1680. den 13. December aber / disen Wunder-Sohn zur Welt gebohren hat: Dises Kind ist wol proportioniert nach seiner Leibs-Grösse / hat einen ziemlich grossen feisten Kopff / mit [illegible] krauß-gewülcktem Haar / an der Stirn und beeden Backen / drey Stern / in Form einer Rosen / über dem Mund ein Creutz / am Rechten Armb / ein Türcken-Sebel / in der lincken Hand ein Buch / mit disen drey Buchstaben B. E. L. hat drey grosse Weiber-Brüst / aus der einen fließt Tropffen-weiß Milch / aus der mittlern Oel / und auß der dritten Wasser / ist unter der Brust lang Gaißhärig / biß auf den Nabel / unten auf dem rechten Fuß / hat er ein Feuerbrennend Hertz / auf dem lincken aber / ein blutrothes Creutz / und ob er wol erst 6. Wochen alt / ist er doch Leibs-Grösse / einem zehenjährigen Knaben gleich / neben dem er seiner Mutter Brüst sauget / muß man ihm auch täglich zwey Maß andere Milch / zwey Pfund Fleisch / und ein Pfund [illegible] / kan stehen und sitzen. Diß ist dem König auf Ma[illegible] in gleichem Conterfet übersandt worden / der hat [illegible] aufsuchen. Dessen Bedeutung nun GOtt bekandt ist.

Fig. 123. Flugblatt vom Jahre 1680.

in die Stadt Gian verlegt (siehe Figur 123). Auch dieses Blatt arbeitet mit dem Geschäftsprinzip: „Wer vieles bringt, wird jedem etwas bringen". Der Wundersohn trägt an der Stirn und beiden Backen drei Sterne, über dem Mund ein Kreuz, am rechten Arm einen Türkensäbel, in der linken Hand ein Buch mit diesen drei Buchstaben: B E L. Er hat drei große Weiberbrüste; aus der einen fließt Milch, aus der mittleren Öl, aus der dritten Wasser. Am rechten Fuß trägt er ein Herz, auf dem linken ein Kreuz. Mit sechs Wochen hat er die Größe eines zehnjährigen Knaben; außer der Mutterbrust nimmt er täglich noch zwei Maß Milch und zwei Pfund Fleisch. Daß die Bedeutung des Knaben nur Gott bekannt sein soll, will nur sagen, daß dies das Amen der Flugblätter ist.

Wunderbarer Bauchinhalt.

Äußerlich zwar anders geartet, innerlich aber genau derselbe Schwindel ist die Ausstoßung seltsamer Exkremente oder auch nur in weiterem Sinne die Anwesenheit von Fremdkörpern im Bauche. Es ist selbstverständlich dem Geist und Charakter der damaligen Zeit entsprechend, daß diese Dinge nur auf dem Wege der Behexung und durch Teufelskunst in den Bauch gekommen sein können. Doch bleibt es, um das hier vorweg zu nehmen, eine Schande, die auch der unverantwortliche Zeitgenosse und Standesgenosse noch als eine persönliche empfindet, daß der überhaupt letzte ordentlich durchgeführte Hexenprozeß solche Geschehnisse in einer Arztfamilie zum Ausgang hatte. Das hysterische Töchterlein des Glarner Arztes Tschudi hatte Stecknadeln, Nägel und Steine verschluckt und erbrochen; das Dienstmädchen wurde beschuldigt, diese durch Zauberei dem Töchterchen einverleibt zu haben, nach peinlicher Untersuchung überführt, wurde es im Jahre des Heils 1782 (!) enthauptet. In heutiger Zeit sind die Veröffentlichungen über operative Entfernung von Messern, Löffeln, Gabeln und so weiter, die Hysterische und Geisteskranke verschluckt haben, nach ihrer Feststellung auf der Röntgenplatte so häufig, daß nur ein Anfänger noch den Mut hat, solche Fälle zu veröffentlichen. Wir haben bereits die Betrügereien erwähnt, mit denen die Jungfrau von Eßlingen ihre Mitwelt foppte. Ein Einblattdruck aus Dillingen erzählt von einer Eidechsen- und Natternplage, welche den Leuten große Schmerzen bis zu ihrem Tode im Leibe machten. Wenn sich die Menschen an die Sonne legten, so seien die Nattern und Eidechsen zum Halse herausgekrochen, alsbald aber wieder zurückgeschlüpft. Einer edlen Jungfrau habe man auf ihren Wunsch nach dem Tode den Leib aufschneiden lassen und seien darauf zwei Nattern herausgekrochen (siehe Figur 124).

In der Literatur, sowohl der Fach- als auch der allgemeinen, finden wir für ähnliche Begebenheiten vielfache Exempel. In einem Anhang eines in jener Zeit vielgelesenen Buches des Klostergeistlichen und Naturkundigen

Kgl. Kartensammlung, Berlin.

Fig. 124. Dillinger Flugblatt vom Jahre 1530.

Andreas Glorez, des sogenannten Mährischen Albertus Magnus, finden wir in dem Kapitel von denjenigen Krankheiten, die von Zauberei kommen, eine ganze Kollektion solcher typischer Krankenfälle, zitiert nach der Publikation von hochgelehrten Männern: „Von einem Knaben bei zehn Jahren, welcher allerlei Arten sowohl von zweihundertfünfzig lebendigen Tieren als auch sechsundzwanzig unterschiedliche unbelebte nicht allein natürliche, sondern auch gemachte, ungewöhnliche Sachen durch Erbrechen aus dem Munde von sich gegeben und endlich wieder genesen." Es ist nur merkwürdig, wo der Bengel all die Schlangen, Kröten und Eidechsen herbekommen hat. Im selben Jahre, 1695, berichten die Leipziger Physico-Medico Ephemeriden von einem Weibsbild, dem mit dem Urin Nadeln, Nägel, Haarbüschlein, Nestlen und ein mit Faden umwickeltes Säcklein abgegangen sei. Philipp Salmuth Obs. med. cent. III Abs. 1 berichtet von einem Edelmann, der infolge Verhexung eine Kröte und eine Eidechse mit dem Stuhl von sich gegeben habe und weiterhin aus einem Eitergeschwür Kohlen, Haare, Nadeln, Nägel, Eierschalen, Beinlein und Fäden. Einen Rekord aber erzielte der Hanauer Schuhmacher Henke, der 1580 nach genossener süßer Milch zwei lebendige Hündlein, die bald danach starben, durch den Mund ausgebrochen habe. Diese Künstler waren alle „Amateure" im Vergleich zum „menschlichen Aquarium"; dieser Mann zeigte uns seinen Froschtrick berufsmäßig; aber damals ging es bei solchen metaphysischen Sachen unter Umständen um den Kopf[1]).

Den Stand der wissenschaftlichen Auffassung über diese Dinge ersehen wir am besten, wenn wir die Abhandlung durchblättern, welche ein Gelehrter Kurfürstlich Brandenburgisch Preußischer Hofmedicus und Professor Daniel Beckher gelegentlich der historischen Beschreibung des glücklich operierten preußischen Messerschluckers im Jahre 1643 von sich gegeben hat. Die folgenden Worte erübrigen einen Kommentar:

Die andere Frage.

Ob auch Messer, Nadeln Schlangen und dergleichen ungeheure Sachen in den Leib können gezaubert werden?

Es ist zwar der Mensch die Edelste Creatur unter der Sonnen; Theils der schönen von Gott verliehenen Gestalt theils auch des herrlichen Verstandes (na, na!) wegen: Aber dabey kann er auch wiederumb die aller Elendeste geschätzet werden, weil er nach dem Fall so vielen Kranckheiten, Schwachheiten und Gebrechen unterworffen ist, als keine Creatur auf dem Erdboden:

[1]) Siehe Deutsche Medizinische Wochenschrift: Holländer, Das menschliche Aquarium.

Vom Häupt bis auff die Fussole ist nicht ein Glied, welches nicht unterschiedliche Gebrechen empfinden kan. Ja es werden in dem Menschlichen Leibe Stein, Kalck, Würmer und dergleichen Sachen gezeuget welche nicht allein große Schmirtzen, sondern auch offtmahls den Todt selbst verursachen. Und haben diese Kranckheiten und Ursachen derselben alle ihren Natürlichen Ursprung. Billich aber zweifelt, und befraget man sich, ob auch Natürliche Ursachen können gegeben werden, wenn durch das Erbrechen, Messer Holtz, Kohlen, Pündelhaar Nadeln und dergleichen außgeworfen werden denn ja keine Materia im Leibe vorhanden darauß die Dinge können bereitet werden, dazu auch keine Schmiede die da Messer, Nadeln und dergleichen im Leibe bereiten können: Leugnen kan man ja nicht, daß sich dergleichen offt zugetragen habe, wie wir denn deßwegen zu mehrer Bestetigung etliche Historien hersetzen wollen. Bey dem Gemma wird l. z. de Divin. nar. characteris. c. 4. mit vielen Umbständen weitläufftig erzehlet von einer Jungfrauen von 15. Jahren, welche nach unterschiedlichen und vielfältigen / wunderlichen Zufällen endlich durch den Stuelgang von sich gelassen einen lebendigen Aal darnach hat sie sich erbrochen, und sind heraus kommen viel Haar eines Fingerlangs große Büschlein Haar mit Eyter vermischet, darinnen verborgen gewesen Stücklein Holtz: Ja sie hat täglich fast auff zwey oder drey Pfund Kohlen mit vielen Haaren außgebrochen: wie auch Glaß mit andern Sachen. Von unten sind auch Steine wie ein Daum dick und dreykantige Knochen weggangen unnd hat sie in der Zeit großen Jammer getrieben, wie bey dem vorgedachten Autore weiter zubesehen welcher es selbst mit seinen Augen gesehen hat, und soll sich es zugetragen haben zu Löwen im Jahr 1571. An der Wahrheit dieser wunderlichen Geschicht, welche doch mit mehrerem daselbst beschrieben wird sol man, wie Marcell. Donat. l. z. de Med. histor. mirab. schreibet nicht zweiffeln, weil derselbe Gemma ein vornehmer Königlicher Professor gewest(!) in einer vornehmen Stadt in Braband, und zwar zu der zeit dieselbe beschrieben hat da sie geschehen, und von andern Leuten auffgemercket worden ist. Beniven. schreibet de admirand morb. caus. c. 8. Daß ein Weibsperson von sechszehn Jahrt plötzlich auffgefahren und ein jämmerlich Geschrey von sich gegeben, derer Leib also auffgelauffen ist als wenn sie schon im achten Monat schwanger were; ist auch so vom Krampff zusammen gezogen worden, daß die Füße sich nach dem Nacken begeben: Endlich hat sie sich erbrochen, und lange krumme Nägel Holtz, Nadeln und viel zusammen gewickelte und mit Wachs vermischte Haare von sich gegeben: Endlich ist auch so ein groß Stück Fleisch herfür kommen als kaum eines Riesen Schlund hette hinab bringen können . . . Also lieset man auch bey dem Foresto l. 18. observ. 16. schol. Hildesheim Specileg. p. 186. dergleichen Historien daß Wand, Nägel / Eisenwerck / Haare, Knochen, Bleyerne Kugel, Büchselpulver sey durch das Erbrechen aus dem Magen gebracht worden. Ja es erwehnet Codronchius l. 2. de morb. venef. c. 3. unter andern auch dieses / daß ein altes Weib einer Sechswöchnerin ihren Leib angerühret, welche nach sechs Monat große Schmertzen im Leibe empfunden / und hernach unten von sich gegeben Knochen / Graden, stücklein Holtz und dergleichen Sachen:

Wer wolte nun wol sagen oder nur gedencken, daß daß alles aus natürlichen Sachen herrühre? Nur vermeinen aber etliche es sey nur ein blauer Dunst und Spiegelfechten des Hellischen Tausendkünstlers, der also machen kan, als wenn sie aus dem Leibe herauß kämen oder als wenn es recht natürliche Sachen weren, da es doch nur so scheinet zu seyn, oder auch mit geschwinder Kunst herfür gebracht werden kan: Da sagen sie, es ist ja kein Ort dadurch solche Sachen können in den Leib gebracht werden dazu sind die Sachen so heraus gebracht worden / größer als der Schlund selbsten an seiner Weite: Ja es würde auch der Magenschlund dadurch verletzet werden; Endlich fühlet man auch nicht, da man den Magen drucket, daß solche Sachen solten darinnen seyn. Wie wol nun man nicht in Abrede ist / daß offtmahls solche Verblendung können vorgehen so giebts doch die Vernunfft, daß es nicht allezeit geschehe; Denn andere Sachen verschwinden, aber offtmahls behalten die Patienten etliche Jahr ihre ausgebrochene Sachen: Ja man schneidet auch wol dergleichen Sachen aus Geschwüren, unnd andern Schäden. Und was mehr ist so findet man dergleichen auch bey den verstorbenen Menschen. Langius gedencket l. c. epist. med. c. 38 eines Ackermannes, welcher mit ansehnlichen Schmertzen seines Leibes sonderlich in den Seiten ist geplaget worden, derselbe hat unter der Haut eilents einen Eisernen Nagel ergrieffen / welcher auch vom Bader ist außgezogen worden: Weil aber dadurch die große Schmerzen sich gleichwohl nicht legeten hat er aus Ungedult sich selbsten seines Lebens beraubet, da man dann in seinem

Magen gefunden ein längliches Stück Holtz vier aus Staal gemachte Messer theils scharff theils wie eine Sägen wie auch ander Eisenwerck. Es hat mir der mahl eins eine vornehme Matron aus Riga erzehlet, daß ihrer Verwandten eine solchen Schmertzen in dem Magen befunden daß sie auch endlich mit dem Leben hat einbüßen müssen: Da man denn nach ihrem Tode einen grünen Zweig von einem Dannenbaum darin gefunden. Welche alle wahrhafftige Dinge sind gewesen und in den Leib gezaubert worden. Wie aber solches alles zugehen und wie es in den Leib gebracht werden kan sind nicht alle einerley Meinung: Etliche vermeinen daß der böse Feind bey Nachtzeiten den Leib öffne, und was er wil hineinbringe; auch künstlich wieder die Wunden zuheile: Andere sagen er bringe alles durch die weitgeöffnete Schweißlöcher hinein: Es seind auch die da meinen es könte der Tausendkünstler alle Sachen auch zu Pulver machen, und es so dem Menschen beybringen, in dem Leibe aber wieder zusammen fügen: Dem sey nun wie ihm wolle die Kunst und List des Satans bleibet uns wol verborgen und kan er viele Sachen nach Gottes Verhängnis errichten und zu wegen bringen da keine Menschliche Vernunfft es begreiffen kan: Ist es nicht so daß man offtmahls einen Trunck bekommet da hernach Schlangen Kröten Eydexen und dergleichen außgebrochen worden: Wie denn etlichen Polnschen Gefangenen in der Moscaw widerfahren: Denn nachdem Ihre Königliche Maj. in Pohlen und Schweden Herr Vladislaus IV. mein Allergnädigster König und Herr die Moscovitische Macht niedergelegt und durch des Allerhöhesten Beystand ihre Waffen überwunden ist unter andern Artickeln bewilliget, daß die Polnische Gefangene so etliche Jahr in der Moscaw sich auffgehalten auff freyen Füßen solten gestellet werden, da hat man ihnen ein Trunck gebracht welchen da sie getruncken haben sie bald darauff große Schmertzen im Leibe empfunden davon etliche gestorben, etliche haben allerley Ungezieffer und Thierlein von sich gebrochen wie dann derselbe so es mir erzehlet unter andern viel Eydexen außgebrochen hat.

Vor wenig Jahren reiset eine Frau von der Mümmel, so sich allhie zu Königsberg hat curieren lassen wieder nach Hauß, unterwegens nicht weit von der Mümmel trincket sie einen Trunck Milch: Folgende Tage wird ihr schlim klaget über groß winden und reißen im Leibe: Der Apotecker daselbst giebt ihr ein Erbrechungs-Mittel ein, dadurch sie etliche Eydexen so rauch gewesen mit zween Schwäntzen und rohtem Strich auff den Rücken, von sich gegeben: unnd hat die Frau noch etliche Jahre hernach, aber doch meistens theils quienende gelebet. Mercklichen ist es was Rulandus Cent. 4. curat. Empiric. c. 15. erwehnet da er spricht: Ein Mägdlein von 18. Jahren gehet einsmahls späte bey Nachtzeiten nach Hause da kommet an sie von hinden ein schwartz gekleideter Mann (natürlich Satan in eigener Person) ergreifft sie bey den Haaren ziehet ihr den Kopff zurück und stopfft ihr die Naßlöcher zu: wie nun das Mägdlein im Schreyen das Maul aufsperret stoßet er ihr etwas hinein, und da sie es nicht wieder ausbringen kann stoßet ers ihr vollends in den Magen darauf ist sie bald acht Tage lang stumm geblieben 'darnach hat sie wieder anfangen zu reden: Und wie sie jämmerliche Schmertzen empfunden hat sie endlich Nadeln klein und groß allerley Nägel zusammen gewickelte Haare, Eyerschalen Messer unnd dergleichen ungeheure Sachen von sich gebrochen welche von den Umbstehenden sind auffgehoben und andern gezeiget worden.

Schließe derowegen daß große Macht und viel List des Satans Rüstung ist, und er entweder selbst oder durch seine Werckzeug viel böses auch in den Leib des Menschen hinein bringen kan: Welches doch bey unserm Messerschlucker keinen raum noch statt hat, weil es natürlich zugange; wiewol man nicht leugnen kan daß er nicht weit davon sey gewesen, weil er stets umb uns herumb schleicht unnd sonderlich bey denen sich leicht lesset finden, die dem Sauffen ergeben sind und in den heiligen Tagen sich des Sauffens befleißigen: Hat also wol leichtlich etwas dazu helffen können: Dann er auch des lieben H. Jobs nicht verschonet hat.

Unter den seltsamen Phantasiegeburten gehört der Wurm, den ein anonymes Flugblatt (aus der Bamberger Sammlung) anzeigt, sicher zu den kuriosesten. Der sogenannte Wurm sieht auf dem Bilde wie ein Vogel aus und ist doch offenbar nichts anderes wie ein Blutkoagulum. Von wem dieser Krankheitsbericht aus Hannover in die Welt hinaus geschickt wurde, das geht aus der Druckschrift nicht hervor. Die Sachkenntnis des Berichterstatters und einige technische Ausdrücke im Flugblatt legen die Vermutung nahe, daß die behandelnde Person gleichzeitig auch Herausgeber ist. Was die

Kur selbst betrifft, so entspricht die Anwendung heißen und frischen Pferdekotes der gleichfalls frischen Entnahme dieses Mittels aus der eben erst „eröffneten heilsamen Dreckapotheke". Weniger der Aberglauben und die Wundersucht scheinen die verantwortlichen Redakteure des Flugblattes gewesen zu sein, als plumper Schwindel und Gewinnsucht (siehe Figur 125).

In dem Archivwerk der wunderbaren Begebenheiten von Lykosthenes sind schematische Figuren gewissermaßen bildliche Schlagworte für ähnliche Ereignisse. So wiederholt sich vielfach in dem Werke die Abbildung einer Frau mit kolossalem Leib; ein großer Tragriemen stützt denselben. Unter dieser Marke werden Übertragungen der Frucht, vielfache Schwangerschaften und ähnliches notiert. Die komischsten Dinge kommen da vor, und allen Berichten steht der Autor gläubig gegenüber. Um so mehr anerkennenswert ist es, daß er unter der Jahreszahl 1546 ganz ausführlich die Geschichte der Margaretha von Eßlingen, der Tochter des Johannes Ulmer, wiedergibt, welche zum Schluß wegen ihrer Betrügereien nach Durchbohrung ihrer Backen mit glühendem Eisen zu lebenslänglichem Gefängnis verurteilt wurde. Dieses Mädchen zeigte auch eine große Ausdehnung des Leibes und behauptete, in ihrem Bauche allerlei Tiere zu ernähren. So wurden tatsächlich von den das Krankenlager umstehenden Leuten die verschiedensten Tierstimmen gehört. Das Krähen der Hähne, das Gegacker der Hennen, das Geschrei der Gänse, kurz, die stimmlichen Offenbarungen von Hund, Vogel, Schwein, Ochs, und sogar das Wiehern der Pferde. Sie zog auch aus ihrem Bauche Würmer und Schlangen. Diese Vorgänge sprachen sich bald nicht nur in der Umgebung herum, sondern ganz Germanien interessierte sich dafür, so daß zum Schluß Leibärzte und Chirurgen Karls V. und Ferdinands, des römischen und ungarischen Königs zur Untersuchung des wunderbaren Krankheitsfalles ankamen, ohne daß diese den Schwindel entdeckten. Nachdem nun die Krankheit vier Jahre gedauert hatte und immer schlimmer geworden war, schickte der Magistrat, ob aus Mitleid oder aus Verdacht sei dahingestellt, eine Abordnung von Ärzten zu dem Mädchen, welche sie durch eine Operation von den Schmerzen befreien sollten. Der Vater war damit einverstanden, die Mutter aber weigerte sich, die Operation ausführen zu lassen und war mitsamt der Tochter bereit, das ihnen von Gott auferlegte Kreuz (der Ausbeutung der dummen Mitbürger) noch länger zu tragen. Der Magistrat von

Eigentliche Vorbildung
Eines wunderseltzamen Wurms/
Welchen etliche Jahr eine gewisse Frau zu Hanover im Leib bey sich getragen/und zwey Tage vor ihrem End von ihr gegangen / wie aus folgender Relation mit mehrern zu ersehen 2c.

DEr Wurm / ist von einer allhiesigen N. N. Frauen kommen/ und befindet sich nach Aussage ihres Mannes und einer alten Frauen so ihr steig gewartet / folgender massen: , Es ist besagte Frau ungefehr vor 4. Jahren in die Wochen kommen/ und zugleich mit einer grossen Unpäßlichkeit befallen worden / so daß ihr an den Armen und Beinen grosse harte Beulen in der Haut ausgefahren / so sie an Händen und Füssen lahm gemacht. Man hat endlich die Beulen an Armen aufgebeitzet/da denn ein Hauffen Wasser heraus gekommen/die grösseste Beule am Beine aber hat lange nicht aufgeben wollen/bis sie endlich nach vielen Beitzen und aufgelegten Zug-Pflastern gantz wieder vergangen/ und die Frau also nachdem sie 17. Wochen Betlägerig gewesen/wieder gesund worden. Nachdem ist sie noch einmal in Wochen gewesen/aber nur mit ordinairen Beschwerden. Ungefehr um Pfingsten dieses Jahres/hat sie im Spatzieren gehen eine frische Milch gegessen/davon ihr gleich so übel worden / und ein grosses Bauchgrimmen entstanden / daß sie sich zu Bette legen / und grosse Schmertzen ausstehen müssen/auch sich angefangen/daß sie weder Speise noch Artzeney bey sich behalten können/ und sich immer brechen müssen/massen sich auch ein grosses Reissen im Bauche eingefunden Die Hrn. Medici haben die Patientin getrost auf die Darmsucht. auf ein Geschwäre im Leibe/und dergleichen/ aber vergeblich curiret/ auf die letzte haben sie alle an ihr verzweifelt. Es sind ihr ungefehr um Johanni bey die 4. lange Spuel-Würme aus dem Halse/und hernach unterschiedliche mal andere aus ihren Leibe gegangen.

Im Urin hat man nichts sonderliches beobachtet/sie ist hierauf wie ein Schatten worden und verdorret. hat auch Beissen/Ziehen und Reissen im gantzen Leibe / in beyden Seiten/ im Unterleibe gefühlet / und wenn das Unheil von einem Ort zum andern gangen/so hat sie jämmerlich geschryen / und sie gantz krumm gezogen. Man hat auch die violente Bewegung im Leibe mit der Hand eigentlich fühlen können.

Die Materie so sie von sich gebrochen / wenn sie mit grosser Mühe ein paar Löffel voll Suppe gegessen / ist grün und gelb gewesen/und wenn man sie stehen lassen / hat man ein schleimmigtes Wasser / und unten ein Residuum, wie von distillirten Regen-Würmern gefunden. Einsmals und nicht lange vor ihrem Ende/ ist auf eingenommene Artzeney ein grosser Klumpen Blut ihr aus dem Halse gegangen/worauf sie dann vollends schwach und elende worden/und an ihrer Genesenheit verzweiffelt/ die alte Frau so ihr aufgewartet/ hat ihr/ weile nichts anschlagen wollen / einen Umschlag von heissen und frischen Pferde-Koth gemacht / worauf sie bey die 4. Tage Linderung gespühret / nachdem hat sich das Ubel aufs heftigste wieder angefangen / und hat sie sich offt geklaget / es wolle ihr zum Rucken/ Nabel/ der Seiten 2c. heraus fressen; auch ihren Mann gebeten/er mogte ihr nur den Leib öffnen lassen/so werde sich das Unheil gewiß finden.

Zwey Tage vor ihrem Ende hat sie im Bette empfunden / daß ihr etwas von hinten abgangen / und ihren Mann nebst der alten Frauen herzu geruffen/welche befunden / daß es ein Wurm sey: Die Frau ist den andern Tag hernach sanfft verschieden. Die alte Frau berichtete mich Anfangs/es seyn dieser Wurm mehr von ihr gegangen welches der Mann aber läugnet/so versicherte er auch/er habe im Leibe keinen Laut von sich gegeben / wie die alte Frau sagte / sondern nur immer darinnen gegurret/ wie es etwa einem in Bauche zu rumpeln pfleget; Besagter Wurm ist derjenige / so alhier abgerissen zu sehen / er hat nach Bericht des Mannes eine dunckelgraue Haut gehabt/ wie ein Aal der Kopf siehet einem Pferde-Kopff ziemlich ähnlich / nur daß er oben einen Kam hat / der Hals ist auch einem Pferde-Halse etwas gleich/einen Mund oder Oeffnung habe er/wie gantz verschrumpelt so man nicht recht erkennen können / er hat 2. lange Beine/welche oben dicke fleischigte Schenckel haben/die Füsse sind unterschiedlich und siehet der eine auf Gänse-Art aus/der ander hingegen hat 3. rechte Zacken/so gebildet seyn/als wären sie von einem kleinen Vogel/der übrige Leib ist länglich und endet sich als ein sogenannter Molch / der gantze Wurm bestehet aus einem weichen Fleische /und kan man nicht den geringsten Knochen fühlen. Hinten gehet er spitzig zu / mehr habe nicht ersehen können / weil er mir schon stinckend / und verändert zu Händen kommen / ich habe ihn aber in Spiritum Vini geleget und also aufbehalten.

Fig. 125. Geburt eines wunderseltsamen Wurms durch eine Frau. Flugblatt c. 1690.

Eßlingen hielt sich aber an die väterliche Autorität und wollte die Operation erzwingen. Lykosthenes schildert anschaulich, wie Chirurgen und die Hebammen mit Gewalt die Decken wegrissen und nun das Messer ansetzen,

Ain Gewisse Wunderzeitung von ainer Schwangeren Judin zu Binzwangen/vir meil von Augspurg/welche kurzlich den 12. Septembris/des nächstverschinnen 74. Jars/an statt zwaier Kinder zwai leibhafte Schweinlin oder Färlin gepracht hat.

SO wunderlich lautt die geschicht
Das wa ichs nicht wer wolbericht
Würd ich mich scheuen die zu schreiben/
Dan man möcht denken/das wirs treiben
Vileicht den Juden nur zu spott:
Aber es hat der ware Got
Vor augen es so klar gestelt
Das daraus greif die gantze Welt
Wie Christus der Messias recht/
Das verplent Judisch Talmutgschlecht
Vor seiner andern zukunft nun
Zur letz will in spott pringen thun:
Im vor der ganzen Welt nun weisen
Das da sie seine Ehr nicht preisen
Was sie sind für Messias werd/
Namlich der Säu/der wüsten herd/
Weil sie ain Irdisch Reich doch warten
Da sie im wollust nur erzarten:
Weil sie den Höchstgsalbten entehren/
Mögen mit Sauschmär sie sich schmeren:
Dan die sind nicht werd Christi Gaist
So sinnen flaischlichait und flaisch.
Derwegen wißt/Sich hat begeben
Den nächstverschinen Christmont eben
Vir meil von Augspurg zu Binzwangen
Aim Dorf/ welches thut angelangen
Dem Hauptman Ludwig Schärtlin aigen/
Da that ain Judin sich erzaigen
Sehr schwäres leibs/und ging damit
Nach schwanger Weiber Monatsitt/
Als nun die zeit verloffen war/
Da kam sie nider und gebar.
Was aber? Da hört libe Leut
Was Juden Kinder deiten heut:
Zwai Säulin namlich sie gebar
Für ir zwai Sönlin/das ist war:
Ja zwai Natürlich Färklin recht
Daran kain Menschlich glid war schlecht/
Gar glatt von haut/und gar nichts harig/
Wie solchs ward vilen offenbarig.
Das erst ist von stund an gestorben/
So bald es das Licht hat erworben/
Das ander hat gelebt ain stund/
Darnach zum Säuhauf es verschwund:
Darauf hat man dis Judenplütlin
Die Judenfärlin und Säusüdlin
Im ainen garten bald vergraben/
Da sie dan ire rhu noch haben:
Auch ziehen täglich Leut dahin
Zu sehen die Säubetterin/
Und all umständ recht zuerfaren/
Bei allen die dabei auch waren.

Und gwiß es ist ain wundergschicht
Wan man es im dem grund besicht.
Dan wer erschrocken schon das Weib
So wer kain Sau doch der gantz leib/
Vileicht so wer ain glid daran
Welchs Menschenart möcht zaigen an:
Zu dem so wer es nicht ain par/
Auch misgeboren mit gefar:
Aber da sicht man nichts dergleichen
Damit es sich lis was verstreichen:
Drum ists zuhalten für ain wunder
Welchs uns zur warnung gschicht besunder:
Was nun dasselbige bedeit
Hab ich vor etwas angedeit:
Doch ists am besten Got bekant
Der nie umsonst kain wunder sant/
Der auch durch unglaubige ermanet
Das man auf Glaubiger stras recht banet:
Dan uns der Juden stockverplenden
Soll zu dem waren Licht mich wenden/
Und denken/was dort Paulus spricht/
Das so Got hat geschonet nicht
Seim Volk/den Natürlichen Zweigen/
Was er den Einimpfling werd zaigen/
Uns die wir an ir stat sind komen
Und nicht thun was wir han vernommen.
Derhalben sollen dise zaichen
Christen und Juden zur warnung raichen/
Vom Säuischen leben zulasen
Und nach nüchterem uns zumasen/
Das wir wacker mit Nüchterkait
Erwarten Gots zukunft berait.

Zu Strasburg

Kartensammlung, Berlin

Fig. 126. Eine Jüdin gebiert zwei Ferkel. Straßburger Flugblatt vom Jahre 1574.

aber statt eines natürlichen einen riesigen mit viel Geschick verfertigten Kunstbauch vorfanden. Zum Schluß lag die Jungfrau nackt da und mit einem, wie der Autor noch ausdrücklich erwähnt, besonders schönen Körper. Die

Mutter und Tochter, ordentlich gefoltert, gestanden ein, auf satanische Veranlassung und des Gewinstes halber diesen Betrug vier Jahre durchgeführt zu haben. Die Mutter wurde öffentlich verbrannt, die Tochter aber, wie schon erwähnt, begnadigt.

Bei der Beschreibung der falschen Monstren werden wir erfahren, daß das Volk und die Überlieferung eine große Zahl dieser aus der Kopulierung von Mensch und Tier entstehen ließ. Hier wollen wir nur auf die Geburt von Tieren durch Menschen einen Blick werfen, bei denen ein solcher Verdacht nicht vorlag. Es handelte sich nur darum, der Volksmeute als gierig zu erraffende Speise und zur Befriedigung gemeinster Sensationslust Nachrichten illustriert vorzuwerfen, die, trotzdem sie an den menschlichen Verstand die ungeheuerlichsten Anforderungen stellten, nicht nur von dem niederen Volke, sondern auch von Gebildeten mit Befriedigung verschlungen und verdaut wurden. Als Beispiel folge hier das Straßburger Flugblatt vom Jahre 1574 (siehe Figur 126). Die schwangere Jüdin von Binswang hat ein paar Ferkel geworfen.

Das Erst ist von Stund an gestorben
Sobald es hat das Licht erworben.
Das Andre hat gelebt ein Stund',
Danach zum Säuhof es verschwund.

In der Legende ist nun nicht die Rede von irgendeiner Verschuldung der Jüdin. Schließlich hätte Zeus ja auch einmal sich in einen Eber verwandeln können; auch möge man nicht denken, daß diese Mitteilung erfolge zur Verspottung der Juden, denn ohne Zweifel soll dies schreckliche Zeichen eine göttliche Verwarnung sein für Christen und Juden, vom säuischen Leben abzulassen, und auf dem Wege der Nüchternheit dem entgegen wacker fortzuschreiten, was Gott zukünftig vorbereitet. Wir können heute nicht mehr feststellen, wer alles hereingefallen ist auf die Ähnlichkeit der beiden Föten, die mit offenen Kiemengängen und vorspringendem Zwischenkiefer eine entfernte Ähnlichkeit mit Schweinen haben. Das können wir aber mit Sicherheit entnehmen aus der Geschichte der Kaninchengebärerin Maria Tost von Guilford. Wir müssen zu diesem Zweck die Mauern der deutschen Hochburg des Glaubens quand même verlassen und uns extra muros nach England begeben; wir können eine gewisse Schadenfreude nicht verbergen, da der Schwindel doch immerhin ziemlich stark war und noch 1726 dort ge-

Fig. 127. Die Kaninchengebärerin Toft. Englisches Flugblatt vom Jahre 1726.

glaubt wurde; und nicht nur die biederen Bürger, welche von allen Orten herkamen, um die Kaninchengebärerin zu besehen und zu befühlen, sondern auch die Leibärzte des Königs Georg, unter diesen der berühmte Sir Mannigham, gehörten zu den Hereingefallenen. Die Tofi regte ganz England auf. Die Geistlichkeit nahm sich der Sache an. Man schrieb ein Buch über außerordentliche Empfängnisse und behauptete, daß das Buch Esra diese Geschichte schon prophezeit habe. Englands größter Satyriker Hogart radierte ein eigenes witziges Blatt über diesen Geburtsschwindel, wie Mannigham gerade gynäkologisch untersucht, und hat später noch einmal (1762), als er der Leichtgläubigkeit eine Seite widmete [1]), die Karnickelgebärerin auf dieser in den Vordergrund gestellt.

Das Geburtswunder.

Das Germanische Museum beherbergt mehrere „Briefe" mit interessanten Beiträgen zum Geburtswunder. Zunächst das Flugblatt vom Jahre 1683 (in Augsburg gedruckt, siehe Figur 128). Der hübsche Kupferstich von M. Haffner illustriert in anschaulicher Weise den ganzen Vorgang. Die Maurerfrau Thoman gebar gleichzeitig ein Paar Mägdlein und ein Paar Knaben, welche, getauft, bald darauf starben. Die Wöchnerin bekommt Besuch von vielen hunderten hohen und niederen Standespersonen täglich. Mehrere Maler nahmen die Kinder auf. Wir sehen auf dem Bilde, wie die toten Vierlinge von einem Ehepaar mit drei Kindern besichtigt werden. Ob das kleine Kind auch in die Höhe gehoben sein will, um die vier Leichname zu sehen, oder sich kindlich ängstigt und grault, muß dem Urteil der Beschauer überlassen bleiben. Der Herausgeber des Flugblattes machte nun statt der üblichen religiösen Ermahnungen und moralisierenden Beigaben den Versuch einer medizinhistorischen Betrachtung, indem er eine Anzahl ihm bekannt gewordener Vierlingsgeburten aufzählt; dies sogar mit Angabe des literarischen Nachweises; auch die von uns schon erwähnte Gräfin von Mirandula wird erwähnt. Er verweist auch auf Albertus Magnus, dem ein Medikus als wahr berichtet habe, daß er einmal in Deutschland eine Frau besucht habe, die hundertfünfzig Kinder auf einmal je in der Größe eines kleinen Fingers geboren habe. Nach unserem Augsburger Briefschreiber schlägt aber den Rekord die Tochter des Grafen von Holland, Margarethe, denn diese gebar im zweiundvierzigsten Lebensjahre im Jahre 1276 — die anderen Historien setzen das Ereignis in das Jahr 1313 — auf einmal dreihundertfünfundsechzig lebende Kinder, welche in

[1]) Näheres siehe Holländer, Karikatur und Satire in der Medizin, 2. Auflage, S. 284 ff.

Gegenwart vieler großen Herren in einem dazu bequemen Becken vom Bischof getauft worden sind. Sämtliche Kinder wurden entweder Johannes

Germanisches Museum.

Fig. 128. Vierlingsgeburt. Augsburger Flugblatt vom Jahre 1683.

oder Elisabeth genannt, starben aber bald danach, wie auch die Mutter, und sind zusammen in ein Grab gelegt worden.

„Ludovicus Vives, Erasmus und andere, welche dise Geschicht erzehlen sagen, es sey dieses darum geschehen, weil diese Dame ein armes Weib hatte verspottet, welche sie um ein Almosen ansprach und Zwillinge auf den Armen trug. Sie schalt das arme Weib heftig und sagte: Es wäre unmöglich, daß ein Weib zwei Kinder auf einmal von einem Vater hätte.

Fig. 129a. Nürnberger Flugblatt vom Jahre 1561.

Darüber thate das arme Bettelweib eine Bitte zu Gott, er wolle geben, daß zum Beweise ihrer Unschuld die Gräfin soviel Kinder brächte, als Tage im Jahre sind. Die Geschichte ist noch heutigen Tages in den Niederlanden sehr bekannt, ob sie aber wahr, stelle ich dem scharfsinnigen Leser anheim.“

Es ist schade, daß der Drucker Jacob Koppmayer nicht Schule gemacht hat; solche Einblattdrucke hätten durch nüchternen Inhalt und klare Unterweisung Nutzen schaffen können in demselben Maße, wie sie in der Tat sonst dem Aberglauben und Wundersucht Vorschub leisteten.

Eine andere wunderbarliche Zeytung von einem Weibsbild, so in ihrer Ehe mit ihrem Hauswirt erzeugt und geboren hat dreiundfünfzig Kinder, in Nürnberg gedruckt und in dem dortigen Germanischen Museum aufbewahrt, stammt

Haußwirth/erzeugt vnd geborn hat drey vnd fünfftzig Kinder.
Gedruckt zu Nürnberg durch Jörg Lang Formschneider

Germanisches Museum.

Fig. 129 b. Nürnberger Flugblatt vom Jahre 1569.

aus dem Jahre 1569; sie berichtet von achtunddreißig Knaben und fünfzehn Mädchen, die alle wohlgestaltet und ohne Mangel und Fehl waren. Der Herausgeber erklärt, daß die Barbara aufs meiste vier Kinder auf einmal geboren habe. Die Glaubwürdigkeit der Geschichte illustriert die Mitteilung: „Als sie auf eine Zeit vier Kinder gehabt und nach Ausgang solcher sechs Wochen wiederum aus dem Kindbett gegangen, hat es sich zugetragen, daß sie über andere sechs Wochen hinaus auf ein Feld gegangen ist, wo sie wiederum drei

Kinder, also zusammen in zwölf Wochen sieben Kinder gehabt." Damit aber kein Mensch diese Geschichte für einen Scherz halte, habe der Schultheiß der Stadt Bunigkheim und das ganze Gericht über diese Angelegenheit eine Urkunde mit aufgedrucktem Siegel, wie solches der Herausgeber in seinen Händen gehabt hat, anfertigen lassen. Auch sei die Historie in der Pfarrkirche und auf dem Rathause abkonterfeit. Das Flugblatt, oder wie es der Formschneider Lang selbst nennt, der Brief, ist nun mit einem interessanten altkolorierten Holzschnitt verziert. (Derselbe ist gezeichnet mit M. W.) In der Mitte der Cruzifixus, zu beiden Seiten zu ihm betend auf der einen Seite die achtunddreißig Söhne, auf der anderen Seite die fünfzehn Mägdlein, im Vordergrunde Vater und Mutter (siehe Figur 129a und b).

Ein Einblattdruck ähnlichen Inhaltes, ungefähr von 1530, kann wegen seiner Größe (38 × 53 cm) aus technischen Gründen nicht abgebildet werden. Da aber sein Inhalt interessant ist und auch lange Zeit im Volksmund weiter lebte, will ich hier die Überlieferung von dem Ritter Babo von Abensberg mit seinen zweiunddreißig Söhnen und acht Töchtern kurz wiedergeben. „Dieser edle und feste Ritter hat mit zwei Ehegemahlinnen erzeuget und auf eine Zeit im Leben bei einander gehabt zweiunddreißig Söhne und acht Töchter. Als nun im Jahre 1446 Kaiser Friedrich zu Regensburg einen Reichstag abhielt, befahl er, daß die Besucher der Unkosten wegen nur mit geringstem Gefolg kommen dürften, bei hoher Straf, ein Graf nur mit vier Begleitern, aber ein Ritter und Edelmann nur selbander". Während der Tagung erschien nun Babo, gefolgt von vierundsechzig Mann. Der Kaiser, erbost, daß der Ritter sein Mandat gebrochen habe, ließ ihn nun mit seinem ganzen Gefolge antreten. Der Briefmaler hat den Moment gewählt, wo der Ritter vor dem thronenden Kaiser die Knie beugt, hinter ihm seine zweiunddreißig Söhne scharlachrot gekleidet und hinter jedem dieser ein Knecht in Schwarz. Der verwunderte Kaiser hat den Ritter und seine Söhne, statt sie zu bestrafen, herrlich begabt. Die Legende des Flugblattes erzählt weiter, daß im Jahre 1485, also ein Menschenalter später, von dieser ganzen Nachkommenschaft Niclas von Abensberg als letzter des Geschlechtes im Kampf erschlagen sei.

Neununddreißig Jahre betrog eine Straßburgerin Stadt und Land; sie markierte offenbar sensationellen Inhalt ihres übergroßen Leibes und lebte

Fig. 130.

von diesem Wunder; erst bei ihrem Tode enthüllte sich das Geheimnis; der monströse Leib war durch ein Kissen von neunzehn Pfund Gewicht fabriziert (siehe Figur 130).

Heilwunder, Wunderkuren und phantastische Heilbestrebungen.

Wunder! Wir haben nur das eine arme Wort für die vielen nuancierten Ausdrücke der Römer; aber im Innern birgt es den gesamten explosiven Stoff, der in den Köpfen der Menschheit so viel Verheerungen angerichtet hat. Bisher beschäftigten wir uns mehr mit der einen Komponente, welche die Alten als Monstrum, Portentum, Ostentum bezeichneten. In den folgenden Zeilen aber wollen wir uns dem Teile des Wortbegriffes zuwenden, der mehr das Heilwunder, das Mirakulum in sich birgt.

Aristoteles definierte das Wunder als eine Naturerscheinung, deren Ursache uns unbekannt wäre. In dieser Wortauslegung liegt schon der Hinweis versteckt, daß durch die wachsende Erfahrung und Kenntnis die Wunder ihren Charakter verlieren können. Demgegenüber erklärte der theologische Standpunkt die Wunder als göttlich und demnach als undiskutierbar. Wahre Wunder geschähen durch Gott, falsche durch den Satan und die Dämonen. Von dieser Vorstellung ausgehend wurden die Monstren auch als Sünden der Natur bezeichnet. Die Kirche bemächtigte sich nun aller Wunder, sowohl der Monstren als Prodigien und Mirabilien, und reihte sie in das Arsenal ihrer Machtmittel ein. Die Deutung und Verarbeitung der Wundererscheinungen überließ sie ihren Dienern, die sie nach Bedarf und Auffassung als göttliche Warnung oder als satanisches Werk verwenden konnten. In dem Maße stützte sich die Geistlichkeit auf diese ebenso starke wie biegsame Waffe, daß David Friedrich Strauß in seiner Vorrede zum Leben Jesu sagen konnte: „Wer die Pfaffen aus der Kirche schaffen will, der muß erst das Wunder aus der Religion schaffen." Die Fortschritte auf dem Gebiete der Wissenschaft und der Technik untergruben natürlich die rücksichtslose kirchliche Verwendung des Wunderbegriffes. Die Wunder der alten Zeit konnten nicht erneuert werden. Die wachsende Erkenntnis sträubte sich selbst gegen die Anerkennung vieler Wunder der alten heiligen Bücher. Man glaubte deshalb, sie später psychologisch und historisch erklären zu sollen. Mit einem gewissen Entgegenkommen kann man einen Teil der Deutungen dieser Art ja akzeptieren. Die meisten Wundertaten aber der Heiligen sind in dem Maße gegen die Natur, daß man wirklich eine Gläubigkeit bis auf die Knochen voraussetzen muß, um solchen Blödsinn zu glauben. Die Theologen haben sich denn auch zum Teil dieser phantastischen Wunder geschämt und sie auf irgend eine symbolische Weise annehmbar zu machen versucht. Andere haben wieder die Ausrede gebraucht, daß solche Wunder nur möglich gewesen seien, um die neue Lehre zur Anerkennung in der Welt zu bringen und deshalb seien nach Constantinus Wunder dieser Art nicht mehr geschehen.

Es liegt auf der flachen Hand, daß auch bei aller Starkgläubigkeit Grenzen der Aufnahmefähigkeit gezogen sind. Das allzugroße Wundern über das Wunder führt naturgemäß zu Zweifeln, und der Zweifel ist der erste Anstoß zur Forschertätigkeit. Natürlich wurde kirchlicherseits der Geburt solcher ganz überflüssigen Gedankenarbeit entgegengearbeitet, und so finden wir schon frühzeitig Abortivversuche für solche Ideenkonzeption. Das amüsanteste kleine Werk dieser Art, welches mir in die Hände kam, ist das „Defensorium inviolatae virginitatis Mariae". Der Dominikaner Franziskus de Retze, der 1425 starb, gilt als der Verfasser. Dies Buch sollte dem leiblichen Auge ein Gedächtnismittel sein und das geistige ergötzen. Es erschien im letzten Drittel des 15. Jahrhunderts an vielen Stellen gleichzeitig nicht nur in lateinischer Sprache, sondern auch mit deutschen Versen. Die Dominikaner, die sich dem Marienkult besonders hingaben, standen wohl dahinter. Es werden nun in dem Büchlein alle möglichen und unmöglichen Wundergeschichten vom Altertum her ausgekramt und so schön in der naiven Art jener Zeit abgebildet, daß diese Druckseiten natürlich heute eine bibliographische Kostbarkeit ersten Ranges darstellen. Die Schlußfolgerung jeder einzelnen Geschichte ist: Konnte so etwas passieren, weshalb wunderst du dich dann, daß die Jungfrau Maria einen Sohn gebar. Da letzteres nun wiederum als ein unumstößliches Faktum galt, so steigerte das Buch seinerseits den Glauben an die geschilderten kleineren Wunder und sorgte für deren Verbreitung im Volk. Einige Proben dieser Art sollen hier folgen:

Da finden wir die Geschichte vom Vogel Phönix verwertet:

Fenix si in ingne se reformare valet
cur mater dei digne virgo non generaret

mit den Versen der Regensburger Ausgabe vom Jahre 1471

Mag der fenix durch das fewer
(ver)jungen sin liplich leben
So mag auch got ane mannes stuer (Steuer)
syner mutter kuscheit geben.

Meerschnecken gehen (nach Isidorus) nächtlich an das Seegestade und werden durch den himmlischen Tau schwanger.

Kan des clares lufts tauwe
perlin (Perlen) swanger (verur)sachen
so mag got mit tugent auwe
(ge)berhafft sine mutter machen.

Selbst die Danae muß herhalten (allerdings verwechselt der Autor sie mit der Diana). Auf dem dazugehörigen Holzschnitt liegt Diana in gothischem Gewande mit einer Krone auf dem Lockenhaupt, das eine Bein im Knie gehoben und der Wolke abgewandt. Diese schickt ihre Strahlen zu ihr.

Mochte Dana in eynem gulden regen
entpfahen von eynem aptgot in eynem Thorne (Turme)
So mag auch maria geberen
jr liebes kindt ane windes sturme.

Wenn nun auch die Reformation leider an viele mittelalterliche Vorstellungen nicht zu rühren wagte, so brachten doch die nächsten Menschenalter auch in diesen Dingen Wandlung. Das ersieht man am besten aus einem Buche des Hofprediger Rauscher, das zu Regensburg 1562 erschien. Auch dieses ist kulturgeschichtlich interessant, zeigt es doch die ungeheure Veränderung in der Auffassung zu einer Zeit, in der das „Defensorium" z. B. noch vom Vater her in den Händen der Leute war. Statt naiver Hinnahme auch der abstrusesten Ammenmärchen stoßen wir hier auf brutale, gehässige und rücksichtslose Satire. Der Titel dieses seltenen Buches lautet:

Hundert ausserwelte große unverschempte feiste, wolgemestete, erstunkene Papistische Lügen welche aller Narren Lugend als des Eulenspiegels, Marcolphie des Pfaffen vom Kalenbergs, Fortunati Rollwagens / etc. weit übertreffen, damit die Papisten die fürnemsten Artickel ihrer Lehre verteidigen, die armen Christen aber verblenden und in den Abgrund der Hellen verführen.

Die vom Autor wițig und boshaft glossierten Begebenheiten entstammen meist der Mönchszeit. Nur manchmal werden die Quellen der geistlichen Schnurren angegeben; bei den andern wird deren Kenntnis als selbstverständlich vorausgeseţt. Für unsere Zwecke dienen sie wieder als Beleg dafür, in welch hohem Grade das Volk von diesem religiösen Wundertratsch infiziert war. Wir begnügen uns mit der Wiedergabe einiger Kapitelüberschriften.

„Von einem geschlachteten und zerteilten Ochsen, so wieder lebendig geworden und im Pflug gezogen hat." Ums Jahr 1203 wurde ein Weib in einem

Kloster schwanger und hatte trotz Überfluß an anderem Fleisch die perverse Lust auf ein Beefsteak von einem bestimmten Ochsen. Der Prior ließ das Tier schlachten mit der Motivierung: „Es wäre besser, daß ein Ochs geschlachtet dann das ein Mensch verderben solt." Am nächsten Tage war der Ochse wieder lebendig. Die an diese Geschichte geknüpfte Erinnerung des Autors ergeht sich in gesalzenen Schmähreden gegen das verbuhlte und üppige Klosterleben.

„Wie ein Mönch die Frösche gestillt hat." (Ex vitis fratrum ordinis Eremitarum.) Das Gequake der Frösche störte die Abhaltung der Messe; der Prior befahl einem Klosterbruder den Fröschen unter dem Zeichen des Kreuzes zu befehlen, stille zu sein; so geschah es und niemals ließ sich wieder in dem Teich ein Frosch hören. Wäre der Prediger Rauscher etwas klassisch gebildet gewesen, so hätte er es in seiner Erinnerung nicht nötig gehabt, den närrischen Gehorsamsdünkel der Pfaffen zu verhöhnen, sondern er hätte einfach darauf hinweisen können, daß diese Geschichte aus der Kaiserbiographie des Suetonius gestohlen ist (siehe auch Seite 10).

„Wie ein Löw Mariam Ägyptiacam begraben hilft."

„Von Vögeln, die in der Charwochen sterben und am Ostertag wieder lebendig werden."

„Von einem Mönsch, so von den Engeln (wegen seiner Fleischeslust) verschnitten wird."

„Vom Pabste Benedicto wie er zu einem Monstro geworden" (halb Esel halb Bär). Trotz dieser Verhöhnung erscheint zum Beispiel letztere Geschichte wieder in der Centenarchronik von Wolf (1600) mit der Abbildung des bestraften Papstes.

„Von einer schönen Nonne, so XV Jahre in einem Hurhaus gewesen, welche die Jungfrau Maria dieweil im Kloster vertreten hat." Der Zeiten Umschwung erkennen wir daran, daß wir diese Geschichte etwas umgearbeitet in grandiosen Szenen vorgeführt, nicht nur sehen konnten, sondern uns sogar damit ans Herz greifen ließen.

„Wie die Jungfrau Maria einem sein abgehawene Hand wieder ansetzt."

Die Satire gegen solch klerikale Volksbevormundung arbeitete langsam. Noch hundert Jahre später fanden wir in unseren Flugblättern denselben Stoff aufs neue verarbeitet, und mit Stolz appellierte man auch damals noch an die

Dummgläubigkeit des Volkes. Die Zügel waren nur noch fester in der Hand der Klerisei; es brannten auf Erden die Scheiterhaufen, und noch wirksamer drohte man mit den Flammen der Hölle; aber es standen doch schon mehr Männer kopfschüttelnd zur Seite. Eigentümlich klingen in diese geistlichen Choräle die Sprüche des Zeltmachers Omar Khajjam († 1123):

In Kirchen und Moscheen und Synagogen
Wird man um seiner Seele Ruh betrogen.
Doch dem, der der Natur Geheimnis ahnt,
Wird keine Angst vorm Jenseits vorgelogen.

Den Zweiflern unter den Gläubigen, die sich eben wunderten, daß zu ihren Zeiten Gott keine gleichen Wunder mehr zulasse, begegnete nun der kluge Kirchenvater Aurelius Augustinus mit dem Hinweis, daß auch zu seiner Zeit noch Wunder vielfach passiert seien. Monstren konnte er selbst allerdings nicht zum Beweise demonstrieren, und so berief er sich nur darauf, daß er in Äthiopien wundersame Menschen mit Augen auf der Brust gesehen hätte. Zum Beweise von transzendentalen und supranaturalen Erscheinungen mußte er sich demnach auf ein Gebiet begeben, welches bis in die heutige Zeit die bequeme Unterlage zu allerlei Wundern abgegeben hat, das große Gebiet des Heilwunders.

Bauern bewundern noch heute die Taschenspieler und Gaukler; und die mit diesen Künsten ihr Brot verdienen, suchen sich mit Vorliebe ein naives Publikum aus; die Menge von heute ist innerlich davon überzeugt, daß auch die unerklärbarste Erscheinung dieser Art nur ein Trick ist; man bewundert nur noch die Geschicklichkeit des Künstlers und der Inszenierung. Ich habe beinahe täglich die Gelegenheit bei mir nebenan die Urteile des Berliner Volkes zu hören vor einem ganz erstaunlich geschickt gemachten Trick. Da staut sich die Menge von Kindern, Dienstmädchen und von allerlei Volk vor einem hübschen Mädchenkopf, der, trotz genauesten Hinsehens, keine irgendwelche Verbindungen mit einem Körper hat. Der Kopf scheint völlig in der Luft zu schweben, und wenn er angeredet wird, spricht er mit den Zuschauern. Noch nie erlebte ich, daß jemand von den allerdings schlauen Berliner Jungens die Meinung vertrat, daß hier ein Wunder vorliege. Jeder war überzeugt, daß eine ganz vorzüglich gemachte Täuschung vorläge und man unterhält sich nur über die Art der Technik. Vor Jahrhunderten hätte man mit dieser Spiegelung bei geschickter kirchlicher oder politischer Verwendung die Welt aus den Angeln heben können.

Die geringste Skepsis aber bringt die Menschheit seit altersher natürlich den Dingen entgegen, von denen sie am wenigsten versteht. Hier lassen sich auch noch in der Stadt mit der Dummgläubigkeit Geschäftchen machen, und es ist wirklich nicht schwer, auch dem gebildeten Publikum hier ein X für ein U zu machen. Das ist das weite Gebiet der Heilwunder; das Unkontrollierbare in der Medizin ist für wunderbare und wundersame Erlebnisse und Begebenheiten prädestiniert. Und so ist es ein naheliegendes Kunststück, wenn sich die späteren Pfaffenkünstler und deren Drahtzieher in ihren Versuchen an das medizinische Sujet wandten. Dasselbe tat der heilige Augustinus, wie wir später sehen werden. Es ist uns Pflicht, diese späteren Wundertaten auf medizinischem Gebiete rücksichtslos zu entlarven und als Arzthistoriker sie aus den überirdischen Gefilden wieder auf den Boden unserer kleinen Menschlichkeit zurückzuführen; es ist aber auch Pflicht, es einmal auszusprechen, daß nicht alle Heilwunder und Heiltaten als schwindelhafte Praktiken und Manöver anzusprechen sind. Im Rausche der Zeit und der Umstände haben geniale Menschen mit überragender Persönlichkeit und ihrem suggestiven Einfluß auf Mindere aus voller eigener Überzeugung heraus Heilwunder vollbracht. Dies an Menschen, welche ganz im Zauber dieser Großen, ganz hörig und zu Füßen des Genius lagen. Hier wuchs ein Machtwille über die Grenzen des Gewöhnlichen. Das ist heutzutage besonders psychologisch verständlich, und mit diesem Trumpf in der Hand arbeitet auch heute noch der große Seelenarzt und Psychiater mit Erfolg. In solcher Stunde hoher Inspiration und Ekstase schwindet der Rest von Hemmung und Kritik; die gehobene Gemütsverfassung geht auf die Umstehenden wie ein Fluidum über; aber auch auf die Nacherzähler; hier denke ich in erster Linie an die großen Religionsstifter. Hier denke ich an die Schilderungen der Heiltaten des Kaisers Vespasianus, wie sie uns Tacitus in so anschaulicher Weise geschildert hat. Die Umgebung, die Zeit des Geschehnisses, die Erregung der Menschen spielen hierbei die größte Rolle.

In diesem Erregungszustande sehen die Menschen dann Geister und Spuk. Von solchen Geistererscheinungen war die damalige Welt voll und nur wenig Menschen gab es, die nach dieser Richtung Skeptizismus bewahrten:

aus der großen Literatur der Geistererscheinungen bringen wir hier nur das Flugblatt aus dem Jahre 1666; die öffentliche Beschwörung des Geistes durch den Kaplan in Gegenwart der Honoratioren (die Juden sahen vor der Mauer zu) ist anschaulich dargestellt (siehe Figur 131).

Bei dieser Sachlage müssen wir auch bedenken, daß die in der Kirche und mit der Kirche lebende Menschheit täglich die gemalten Wunder vor Augen hatte und so der Glaube an diese ihr gewissermaßen angeboren und anerzogen war. Aurelius Augustinus sucht in seinem Gottesstaate (XXII, 8) den Beweis zu liefern, daß auch zu seiner Zeit noch richtige Heilwunder vorkamen. „Man sucht uns in die Enge zu treiben mit der Frage, warum denn jetzt (zirka 400 nach Christus) keine solchen Wunder geschehen, wie sie sich ehedem zugetragen hätten. Man will durch solche Fragestellung die Tatsächlichkeit der Anfangswunder in Frage stellen ... Durch den Canon der heiligen Schriften ist dafür gesorgt, daß die Anfangswunder überall gelesen werden und sich bei allen Völkern ins Gedächtnis prägen. Aber auch jetzt noch geschehen Wunder im Namen Christi, sei es durch seine Sakramente oder durch die Gebete und Reliquien seiner Heiligen ... Immerhin vermochte ein Wunder der Blindenheilung, das sich in Mailand begab, während meines dortigen Aufenthaltes zur Kenntnis weiter Kreise zu gelangen. Die Stadt ist gewaltig groß, der Kaiser war eben anwesend, und das Ereignis trug sich zu in Gegenwart einer unermeßlichen Volksmenge, die bei den Leibern der Märtyrer Gervasius und Protasius zusammengeströmt war. Diese Leiber waren nämlich verborgen gewesen und völlig in Vergessenheit geraten. Da wurden sie dem Bischof Ambrosius in einem Traumgesicht (!) gezeigt und dann aufgefunden (!); bei dieser Gelegenheit sah der erwähnte Blinde nach langer Blindheit das Tageslicht wieder.“ Die Durchsichtigkeit dieses systematisch angelegten Schwindels ist klar. Unter den Heilwundern seiner Zeit erzählt Augustinus recht merkwürdige, unter anderem von einem Arzt, der an Fußgicht litt und sich zur Taufe gemeldet hatte. Die Schmerzen waren so stark, daß er kaum zur Taufe kommen konnte. Während des Taufaktes selbst verlor er aber nicht nur seine heftigen Schmerzen, sondern er war auch zeitlebens seine Schmerzen los. Der Kuriosität halber erwähnen wir auch einige von Augustinus miterlebte Totenerweckungen: „Eine Gott geweihte Jungfrau auf einem benachbarten Gute, das Caspalania heißt, wurde

Fig. 151. Geisterbeschwörung. Süddeutsches Flugblatt vom Jahre 1666. Größe 30/40.

krank. Man gab schon die Hoffnung auf; da brachte man ihr Unterkleid zu der nämlichen Gedächtnisstätte (des Märtyrers Stephanus), aber sie starb, ehe man es zurückholte. Die Eltern jedoch bedeckten ihren Leichnam mit diesem Untergewand, und sie kam wieder zum Leben und ward geheilt."

Wir wollen bei der Bedeutung dieses 354 in Numidien geborenen Lehrers der Beredsamkeit noch eine seiner von ihm selbst erlebten Wunderheilungen wiedergeben, einmal, weil sie charakteristisch ist für die Konstruktion von Heilwundern (in dieser Form erleben wir Ärzte Wunder täglich), und dann, weil diese ganze Krankengeschichte zwar etwas weitschweifig, aber so lebendig geschildert ist, als wenn sie gestern passierte.

Ein Mann hat Mastdarmfisteln und einen periproktitischen Abszeß; Ärzte, Patient und Umgebung drücken sich so lange um die Eröffnung des Abszesses, die sofortige Linderung der Schmerzen gebracht hätte, bis unter Gebeten und Ängsten der reife Abszeß nach innen durchbricht. Daraus macht nun der hl. Augustinus sich sein Heilwunderchen zurecht. Jeder Arzt könnte täglich aus seinen Erfahrungen heraus größere fabrizieren.

„Aber wer weiß in Karthago etwas von der Heilung des Innocentius, eines ehemaligen Rechtsbeistandes der Vikariatspräfektur? Sicher nur ganz wenige. Ich war dabei und sah den Vorgang mit eigenen Augen. Innocentius, sehr fromm wie er war samt seinem ganzen Hause, hatte mich und meinen Bruder Alypius, die wir gerade über See her kamen, noch nicht Kleriker, jedoch schon dem Dienste Gottes ergeben, bei sich aufgenommen; wir wohnten damals bei ihm. Er stand in ärztlicher Behandlung wegen Hohlgeschwüren, deren er zahlreiche und verwachsene am rückwärtigen und unteren Teile des Leibes hatte. Die Ärzte hatten ihn bereits operiert und waren eben daran, ihre Kunst weiterhin mit Arzneien zu versuchen. Beim Schneiden hatte er langwierige und heftige Schmerzen zu erdulden gehabt. Gleichwohl war eines der vielen Geschwüre den Ärzten entgangen: sie waren gar nicht darauf gestoßen und hätten es doch mit dem Messer öffnen sollen. Und so blieb dieses eine Geschwür zurück, während alle anderen heilten, denen sie durch Aufschneiden beigekommen waren, und umsonst bemühte man sich um das zurückgebliebene. Die Verzögerung der Heilung kam dem Kranken verdächtig vor, und er hatte große Angst, man werde ihn noch einmal schneiden (sein Hausarzt, den die behandelnden Ärzte bei der ersten Operation nicht einmal hatten zusehen lassen, wie sie es machten, hatte ihm dies vorausgesagt, und Innocentius hatte ihn dann voll Zorn aus dem Hause gejagt und war kaum dazu zu bringen gewesen, ihn wieder anzunehmen); da fragte er gerade heraus: Wollt Ihr mich nochmal schneiden? Soll es wirklich zu dem kommen, was mein Hausarzt gesagt hat, den ihr nicht habt zugegen sein lassen? Aber die Ärzte hatten nur ein spöttisches Lächeln für den unerfahrenen Berufsgenossen und beschwichtigten die Angst des Kranken mit gütlichen Worten und Versicherungen. Wieder ging Tag um Tag vorüber, und nichts wollte helfen, was auch geschah. Doch die Ärzte blieben bei ihrer Aussage, sie würden dieses Geschwür nicht durch Schneiden, sondern durch Arzneien schließen. Sie zogen noch einen weiteren, schon hochbetagten Arzt hinzu, der in solcher Kunst einen bedeutenden Namen hatte, den damals noch lebenden Ammonius, der nach Besichtigung der Stelle der nämlichen Hoffnung Raum gab wie die anderen, im Hinblick auf deren Eifer und Geschicklichkeit. Durch den Ausspruch dieser maßgebenden Persönlichkeit sicher gemacht, stichelte der Kranke in heiterer Laune, als wäre er schon geheilt, über seinen Hausarzt, der von der Notwendigkeit einer zweiten Operation gesprochen hatte. Um es kurz zu machen: es gingen so viele Tage ohne alle Besserung dahin, daß die Ärzte schließlich mürbe wurden und beschämt eingestanden, der Kranke könne nur durch erneute Anwendung des Messers geheilt werden. Da erschrak er und wurde kreideweiß vor Angst, und als er seiner wieder mächtig war und sprechen konnte, entließ er die Ärzte und wollte sie nicht mehr sehen. Vom Weinen geschwächt und nun schon einmal vor die unausbleibliche Notwendigkeit gestellt, wußte er keinen anderen Ausweg, als einen Arzt aus Alexandrien kommen zu lassen, der damals für einen außerordentlich geschickten Chirurgen galt, damit dieser die Operation vornehme, die er in seinem Zorn die bisherigen Ärzte nicht wollte vornehmen lassen. Als aber der kam und an den Narben die Leistung seiner Vorgänger mit fachmännischem Blick geprüft hatte, redete er als ein Ehrenmann dem Kranken zu, er möge die vorigen Ärzte, die sich erstaunlich viel Mühe um ihn gemacht hätten, wie er sich durch Augenschein überzeugt habe, die Behandlung zu Ende führen lassen, indem er noch beifügte, zur Heilung sei in der Tat eine weitere Operation unerläßlich; es widerspreche gänzlich seinen Gepflogenheiten, Männer, deren meisterhafte Leistung, Geschicklichkeit und Sorgsamkeit er an den Narben des Kranken staunend beobachtet habe, wegen der geringen Arbeit, die noch zu tun bleibe, um den so erfolgreichen Abschluß so großer Mühe zu bringen. (Welcher moderne Chirurg hätte im gleichen Falle dasselbe Maß von Kollegialität bewiesen?) Da söhnte sich Innocentius mit seinen Ärzten wieder aus, und man kam überein, daß sie in Gegenwart des alexandrinischen Chirurgen das Geschwür, das nun einmal nach der Ansicht aller nur so als heilbar galt, mit dem Messer öffnen sollten. Doch verschob man die Operation auf den folgenden Tag. Als sich aber die Ärzte entfernt hatten, erhob sich infolge des großen Kummers des Herrn im ganzen Hause ein solches Wehgeschrei, daß es wie eine Totenklage von uns kaum beschwichtigt werden konnte. Besuch von heiligen Männern erhielt der Kranke täglich; es kamen der damalige Bischof von Uzali,

Saturnius seligen Andenkens, der Priester Gulosus und die Diakonen der Kirche von Karthago, darunter auch als der einzig noch lebende der jetzige Bischof Aurelius — mit gebührender Verehrung nenne ich ihn —, mit dem ich, wenn wir Gottes wunderbare Fügungen uns ins Gedächtnis riefen, oft über dieses Vorkommnis gesprochen habe, und er erinnert sich sehr wohl dessen, was ich da erzähle. Als sie ihn wie gewöhnlich am Abend besuchten, beschwor er sie unter Tränen, sie möchten doch am nächsten Morgen anwesend sein und ihm beistehen, nicht so sehr in seinem Schmerze als vielmehr bei seinem Tode. Es hatte ihn infolge der vorigen Pein eine solche Angst befallen, daß er nicht zweifelte, er werde unter den Händen der Ärzte sterben. Da trösteten sie ihn und ermahnten ihn, er solle auf Gott vertrauen und dessen Willen mit Mannesmut über sich ergehen lassen. Hierauf fingen wir zu beten an; dabei ließen wir uns der Sitte gemäß auf die Knie nieder und beugten uns zur Erde, Innocentius aber warf sich der Länge nach zu Boden, wie wenn ihn jemand gewaltsam hingestreckt hätte, und begann zu beten; aber wie, mit welcher Inbrunst, mit welcher Gemütserschütterung, mit welchem Strom von Tränen, mit welchem Seufzen und Schluchzen, das all seine Glieder erschütterte (dabei platzte natürlich das Eitergeschwür) und ihm beinahe den Atem benahm, das beschreibe, wer kann. Ob die anderen noch zu beten vermochten, ob ihre Aufmerksamkeit nicht auf diesen Vorgang abgelenkt wurde, das wußte ich nicht. Ich jedenfalls war völlig außerstande zu beten; ich konnte nur das eine kurz in meinem Herzen sprechen: ‚Herr, welche Bitten der Deinen wirst du überhaupt erhören, wenn du diese nicht erhörst.' Es schien mir nur dadurch noch höher getrieben werden zu können, daß er im Gebet seine Seele ausgehaucht hätte. Wir erhoben uns und entfernten uns nach Empfang des bischöflichen Segens, wobei der Kranke nochmals um den Besuch am nächsten Tage bat und wir ihn zum Gleichmut ermahnten. Der gefürchtete Tag brach an, die Diener Gottes trafen ein, wie sie es versprochen hatten, die Ärzte kamen, es wurde alles bereitgestellt, was die Stunde forderte, man holte die schrecklichen Werkzeuge hervor, während alle in banger Erwartung wie betäubt sind. Durch Trostworte richten den sinkenden Mut des Kranken die auf, deren Zuspruch ein besonderes Gewicht hat; unterdessen legt man ihn im Bette handgerecht für die Operation, man löst den Verband und macht die Stelle frei, der Arzt sieht nach und sucht das aufzuschneidende Geschwür mit dem Messer in der Hand aufmerksam. Er forscht mit den Augen, er tastet mit den Fingern, er sucht, wie er nur kann, und was findet er? Eine ganz festgewordene Narbe! Diese Freude jetzt und der Lobpreis des barmherzigen und allmächtigen Gottes, der Dank gegen ihn, wie das aus aller Mund unter Freudentränen sich ergoß, das erlasse man mir, mit Worten zu schildern; es läßt sich besser vorstellen als aussprechen."

Da haben wir ein klassisches Beispiel der Gesundbetung, der Zauber gelingt auch heute noch, wenn man das Glück hat, daß der Eiter nach dem Mastdarm durchbricht.

Ist dieses Beispiel von Gesundbeten aus den Tagen des Kirchenvaters stark für die gläubigen Abnehmer zurechtgeschnitten, so kann man das weniger sagen von der grandiosen Schilderung des Aurelius Augustinus, der von ihm erlebten Wunderheilung der Zitterer (Gottesstaat XXII 8). Man erlebt den ganzen dramatischen Vorgang in der Kirche mit und kann sich lebendig vorstellen, daß kaum einer als Zweifler an die heilige Wunderkraft der Märtyrer die Kirche verließ. Da waren zwei durch frühere seelische Erschütterungen zu Zitterern gewordene Geschwister Paulus und Palladia, welche fast im ganzen römischen Reiche eben wegen ihres auffallenden Zitterzustandes bekannt waren. Um die Osterzeit kamen sie nach Hippo, wo damals Augustinus Bischof war. „Auch hier und überhaupt, wo sie gingen und standen, lenkten sie die Blicke der Stadt auf sich. Manche hatten sie schon anderwärts gesehen und die Ursache ihres Zitterns erfahren, und diese beeilten sich, nach Möglichkeit anderen davon Mitteilung zu machen. So kam Ostern heran. Da, am Ostersonntag früh, als schon viel Volk anwesend war und der junge Mann die Schranken der heiligen Stätte, an der sich die Reliquie befand, betend festhielt, sank er plötzlich um und lag da gerade wie im Schlaf, jedoch nicht zitternd, während sie sonst auch im Schlafe zitterten. Die Anwesenden waren höchlichst überrascht. Schon wollten ihn einige aufrichten, aber andere wieder verwehrten es und meinten, man solle lieber das Weitere abwarten. Und siehe, er stand selbst auf und zitterte nicht mehr, weil er geheilt war; gesund stand er da und schaute die Leute an. Und diese schauten ihn an. Wer hätte sich da zurückhalten können vom Preise Gottes? Bis in die letzten Winkel der Kirche pflanzten sich die Freudenrufe und die Beglückwünschungen fort. Nun eilte man zu mir an den Platz, wo ich saß, eben im Begriffe, in die Kirche einzuziehen. Während ich in der Freude meines Herzens Gott im Stillen danke, kommt Paulus selbst, begleitet von einer größeren Schar, wirft sich mir zu Füßen und ich richte ihn auf, ihn zu küssen. Darauf begeben wir uns zum Volk, die ganze Kirche war gesteckt voll und sie widerhallte von Freudenrufen. Gott sei Dank, Gott sei Lob! Von allen Seiten erschollen die Rufe und keiner war da, der sich nicht beteiligt hätte. Endlich trat Stille ein, die Festabschnitte aus der Heiligen Schrift wurden verlesen. . . . . . Am folgenden dritten Osterfeiertag hieß ich die beiden Geschwister während der Vorlesung auf die Stufen der Chornische treten, in der ich vom erhöhten Platze aus sprach. Das ganze Volk beiderlei Geschlechtes sah sie stehen, den einen ohne die entstellende Bewegung, die andere an allen Gliedern zitternd. Und wer nicht mit eigenen Augen beobachtet hatte, was an Paulus durch Gottes Erbarmen geschehen war, konnte es an Palladia wahrnehmen;" . . . . . Während nun der Bischof Augustinus eingehender über den ganzen Vorfall zu sprechen angefangen hatte, hatte sich die Schwester Palladia von den Stufen weg zu dem heiligen Märtyrer begeben, um dort zu beten. Sowie sie aber die Schranke berührte, sank sie ebenfalls in einen Scheinschlaf und erhob sich dann ganz gesund. „Nun erhob sich von seiten beider Geschlechter ein lauter Sturm von Verwunderungsrufen, mit denen sich bald auch Tränen mischten, daß man an kein Ende glauben mochte. Man führte sie an die Stelle, wo sie kurz vorher zitternd gestanden hatte." Nun kommt eine, die Ehrlichkeit des Augustinus bezeichnende Stelle. Der Kirchenvater betont nämlich, daß die Heilung der Palladia schon erfolgt sei, bevor man die Gebete für sie verrichtet habe, und daß der nur erst vorhandene Wille dazu schon zur Heilung genügt habe. . . . . Der Weltkrieg hat mehr Zitterer erstehen lassen, wie es je vorher gegeben. Das, was die Gebeine des heiligen Märtyrers Stephanus verbunden mit dem großen Kirchenapparate der katholischen Kirche unzweifelhaft damals geleistet haben, dies selbe Wunder vollbrachte zu unserer Zeit hundertfältig die ärztliche Kunst. Die Lehrfilme haben das Bild vor und nach der Heilung der Zitterer zum Anschauungsunterrichte erhalten. Wir gestehen aber mit Bewunderung, daß die Schilderung des früheren Rhetors Augustinus dadurch nichts an Lebendigkeit verliert. Wir verstehen auch, daß die damalige Zeit, wundersüchtig wie sie war, in diesem Vorgange ein wirkliches Wunder erblicken konnte und mußte.

Solche Wunderheilungen kamen nun nach Aussage der Flugblätter häufig vor. Die einzelnen Wallfahrtszentren wechselten in ihrer Beliebtheit bis zum heutigen Tage. Als Beispiel solcher kirchlichen Heilkonkurrenz begnügen

Fig. 132. Hostienwunder. Augsburger Flugblatt vom Jahre 1622.

wir uns, aus der Masse ähnlicher ein Flugblatt vom Jahre 1622 aus Augsburg hier wiederzugeben (siehe Figur 132).

Von Jahr zu Jahr noch immerdar
Viel Wunderding Er wirkt fürwahr,
Durch Krafft der heilgen Hosti roth
In Fleisch und Blut verwandelt Gott
Darbey dann unerhörte Ding
Geschehn / und man achtets gring . . .
. . . An einem Bauchfluß tötlich lag
Mit großen Schmerzen etlich tag /
Durch dieser heilgen Hosti Krafft
Von solcher Sucht war gsund gemacht
Von Blaubeyren Herkommen war /
Ein Frau stockblind drei gantzer Jahr
Wardt da erleucht in ihrem Hertzen
Erlangt das Gsicht ohn alle Schmerzen,
Ein Weib, die ward verflucht vom Mann
Daß sie ein Zeit nichts reden kann
Thuet ein Wahlfahrt zur Hosti zart /
Bekombt ihr Red auf vorige Art . . .
Ein Mädlein jung von Kindheit an
Redloß und stumm tät hierher gahn
Verricht ihr Opfer und zur Stund
Ging redend heim und ward gesund
Ein thauber Mensch der kombt herein
Bat den Probst, daß er die Finger sein
Wöll legen in seine Ohren gleich
Erlangt das Gehör, preist Gott im Reich
Ein Kind von Abendsberg herkombt
Besessen, stumm und ganz erkrumbt
Durch dieser heilgen Hosti Glanz
Wurd ledig redent grad und ganz
Unzahlbar seind die Wundergschicht
So Gott durch dieses Mirakul verricht
Viel kommen auf den Kruken her
Viel Krumme, Lahme und noch mehr
Mit viel Schäden verletzte Leut /
Erlangten ihren gsund zur Zeit
Vil schwanger Frawen wurden erlöst
Von schwerer Geburt mit Freuden gnöst
Mein frommer Christ hie sichst allein

Bei diesem Schatz all ehrenwehrt
Weil jederman da wird erhört. . . .
Was Wunderwerk geschehen seyn
Ein gantzes Buch könnt ich beschreiben
So vil Mirakul, muß lassen bleiben,
Von all Krankheiten in gemein,
An jung und Alten, an Groß und Klein
So ihren gsund bekommen haben
Dergleichen sich täglich zutragen
Darumben viel Zeugnuß vorhanden
Aus unsren und gar fremden Landen
Wenn Du o Mensch in Gfahr tust leben
Mit Andacht tue dich herbegeben
Weil diser Gnadenbronnen fleußt
Und Gott seine Gaben so reich aufgeußt

Was sind diese von Spruchdichtern verfaßte Reklamegedichte anders als die vor den Tempeln der antiken Asklepieien angebrachten Heilwundertafeln. Betrogen damals die Priester durch marmorne Heilberichte und zogen die dummgläubigen Bauern in ihre Heilstätten, so bedarf das pfäffische Getriebe der damaligen Heilpriester des Asklepios keiner Erklärung, wenn wir selbst in unseren Tagen noch die Wunder von Lourdes und so weiter miterlebten. Zu allen Zeiten war das Heilwunder immer ein Heilgeschäft: die Goldader lag nur mehr oder weniger deutlich zutage. Das Hostienwunder in der heiligen römischen Reichsstadt Augsburg im Gotteshause zum heiligen Kreuz tat Wunder, wie wir sahen, auf dem Gesamtgebiet der Medizin. Bald aber entwickelten sich unter der Unzahl von Heiligen Spezialisten für die einzelnen Krankheiten. Schon Henri de Mondeville gibt uns die Liste der Spezialheiligen: Die Krankheit der hl. Maria oder des hl. Georg, des hl. Antonius oder des hl. Laurentius ist insgemein der Rotlauf. Die Krankheit des hl. Eligius ist Fistel und Geschwür und Eiterung, des hl. Fiacrius Krebs und Augenkrankheit, des hl. Lupus die Epilepsie. An anderer Stelle ist der irische Eremit Fiacrius wieder ein Spezialist gegen Hämorrhoiden. Zu dieser anerkannten Spezialität kam er auf folgende Weise: Wegen Magie angeklagt, setzte er sich in seiner Trauer auf einen Felsblock, der Stein schmiegte sich darauf seiner heiligen hinteren Körperform so an, daß ein Sessel daraus wurde. Dieser Körperabdruck des heiligen Mannes tat nun jahrhundertelang im Kloster des hl. Fiacrius seine Schuldigkeit und wurde jeder, der sich auf diesen Stein setzte, von den Übeln dieser Körperstelle befreit. (Die Fiaker heißen so, weil die ersten Droschken an der Kirche des Heiligen in Paris ihren Stand hatten.)

Wir bilden noch ein seltenes Flugblatt der heiligen Kümmernuß (auch Wilge fortis gleich Virgo fortis) ab, welche besonders in Tirol und Süddeutschland verehrt wurde. Aus den an ihrem Bildnis aufgehängten Exvotos ersieht man ihre Heilkraft. Das rätselhafte Wesen dieser bärtigen Jungfrau wird in folgender Legende behandelt: Als Tochter eines heidnischen Königs von Niederland (oder Portugal) hatte sie sich Christus verlobt. Um ihre Verehrer zurückzuschrecken, ließ ihr Gott auf ihren Wunsch einen langen Bart wachsen. Auf Befehl des erzürnten Vaters ans Kreuz geschlagen, warf sie einem Geigerlein, das ihr aus Mitleid das Kreuzlied bei ihrer Marterung vorspielte, einen ihrer goldenen Pantoffel zu. Meistens wird sie auch so dargestellt, daß nur der eine Fuß beschuht ist.

Wir begnügen uns mit dem Hinweis auf diese Ausnützung der gläubigen Frömmigkeit zugunsten kirchlicher Heilpraktiken. Aber die menschliche Devotion, die Hingabe an das Erhabene, Große ist auch von dem Widerpart des kirchlichen Prinzips, dem dynastischen, ausgenützt worden. Der königliche Purpur besaß auch zu allen Zeiten heilende Kraft. Als im Jahre 69 Kaiser Vespasianus in Ägypten von seinen Legionen zum Cäsar ausgerufen war, geschah, wie Tacitus erwähnt, manches, was als Beweis der Gunst der Götter für den Soldatenkaiser aufgefaßt wurde. Zu Vespasians Thron drängte sich ein Erblindeter und einer, dem die Hand gelähmt war, und baten jammernd um Heilung. Der Cäsar solle dem Blinden ins Auge speien und auf den Gelähmten seinen Fuß setzen. Serapis habe ihnen dann durch der schlauen Priester Mund Heilung versprochen. Vespasian verlachte sie zunächst, denn der Kluge fürchtete den Mißerfolg. Als nun aber die Umstehenden auf ihn einredeten, ließ er sich von seiner schmeichelnden Umgebung überreden, daß er als des Himmels Werkzeug auserkoren sei und gelänge die Kur, der Ruhm auf den Cäsar, mißlänge sie, der Spott nur auf die Unglücklichen fiele. Und so vollzog Divus Vespasianus im Glauben an sein Glück mit freudiger Miene unter der gespanntesten Aufmerksamkeit der Menge die Handlung (nachdem

Fig. 135 Die heilige Kümmernuß. Augsburger Flugblatt vom Jahre 1650.

vorher seine Leibärzte die Fälle als heilbar bezeichnet hatten). Augenblicklich wurde dem einen die Hand wieder brauchbar, und dem Blinden schien wieder die Sonne. Tacitus fügt hinzu: Beides erzählen die, die dabei gewesen, auch jetzt noch, wo mit der Erdichtung nichts mehr zu gewinnen ist. Der Aberglaube und die Wundertatensucht waren eben in jener Zeit der römischen Götterdämmerung ebenso verbreitet wie in den Jahrhunderten, die wir in unserer Studie betrachten. Die Wundermänner, die Kranke heilten und Tote erweckten, gingen damals im Lande umher, und ich erinnere nur an den Apollonius von Tyana. Kaiser Hadrianus heilte Blinde und Wassersüchtige, und Plutarch berichtet das gleiche von Pyrrhus. Englische Könige aus dem alten Geschlechte der Andegavenser haben die Comitialem morbum, das ist die Epilepsie, geheilt und die ersten Ungarnkönige die Gelbsucht. Nach antiker römischer und griechischer religiöser Auffassung ist, wie wir dies bereits auseinandersetzten, eine solche wunderbare Herrscher-Heilkraft als göttlichen Ursprungs nichts Auffälliges.

Doch auch die frühesten christlichen Könige, im Gefühl ihrer Statthalterschaft Christi und ihrer kirchlichen Macht, betrieben Krankenbehandlung, wie in ihrem Machtchoral die Teufelsaustreibungen und die Besprechung der Kakodämonen die höchste Note waren. Gregorius, Bischof von Tours, erzählt in seiner Geschichte der Merowingerkönige, daß Guntchramnus — gleich stark als König und Priester —, als sich die Lues inguinaria von Massilia aus schnell in seinen Landen bis nach Paris zu verbreiten drohte, das Volk zu Bittgottesdiensten in die Kirchen getrieben habe und die Seuche hierdurch und durch den ausschließlichen Genuß von Gerstenbrot und Wasser vertrieben hätte. Doch auch die Zipfel des Gewandes des streitbaren Königs waren heilkräftig gegen die Malaria. Eine gewöhnliche Frau, deren Sohn an dem Quartano typo litt, drängte sich an den König heran und riß ihm heimlich die Zipfel seines Mantels ab, kochte davon eine wohlschmeckende Suppe und gab diese dem Sohne zu trinken, worauf derselbe natürlich sofort geheilt wurde; ein Blödsinn, welcher dem hl. Gregorius Turonensis als ganz natürlich und einwandfrei vorkommt.

Alle diese in der Geschichte vielfach verbreiteten, gewissermaßen sporadischen königlichen Heiltaten sind immer wieder als schmückende Attribute der persönlichen Macht eines Großen aufzufassen. Eine ganz andere Wür-

The Manner of His Majeſties Curing the Diſeaſe,

CALLED THE

KINGS-EVIL.

London Printed for Dorman Newman at the Kings Armes in the Poultry [illegible]

THE Ministers of the Kings Majesties Chappel reading the Common-Prayers and Liturgy allowed in the Church of *England*, when the Ordinary Prayers with the Epistle and Gospel is ended, the diseased persons are brought by the Kings Chyrurgeons into His Majesties presence, where by Faith and fervent Prayer they desire help. Then is read this Gospel next following; and when these words are read, viz. *They shall lay their hands, &c.* The King layeth both his hands on the diseased persons, and with his bare hands doth stroke them: which being done, the diseased persons stand a little aside. Then the rest of this Gospel is read, viz. *So then when, &c.*

The Gospel written in the xvj of *Mark*.

JEsus appeared unto the eleven as they sate at meat, and cast in their teeth their unbelief and hardness of heart, because they believed not them which had seen that he was risen again from the dead. And he said unto them, Go ye into all the world, and preach the Gospel to all creatures: He that believeth and is baptized, shall be saved: but he that believeth not, shall be damned. And these tokens shall follow them that believe: In my Name they shall cast out devils, they shall speak with new tongues, they shall drive away serpents; and if they drink any deadly thing, it shall not hurt them: THEY SHALL LAY THEIR HANDS ON THE SICK, AND THEY SHALL RECOVER. *So then when the Lord had spoken unto them, he was received into heaven, and is on the right hand of God. And they went forth, and preached every where, the Lord working with them and confirming the word with miracles following.*

Repeat the same as often as the King toucheth the sick person.

Which Gospel being read, then this Gospel next following is also read: And when these words are read, *That light was the true light, &c.* The King ariseth, and the diseased are again brought before him; then he taketh a piece of Gold called an Angel, of the value of 10 shillings, with a hole made therein, and making the sign of the Cross on the diseased place, with Prayer and Blessing, he hangeth the Gold in a Silk-string about the Neck of every diseased person. When the King hath so put an Angel of Gold about the Neck of every one of the diseased persons, then the rest of this Gospel is read, viz. *He was in the world, &c.* The diseased persons standing in the mean time a little aside.

The Gospel written in the first of St *John*.

IN the beginning was the Word, and the Word was with God, and God was the Word. The same was in the beginning with God. All things were made by it, and without it was made nothing that was made. In it was life, and the life was the light of men, and the light shineth in the darkness, and the darkness comprehended it not. There was sent from God a man, whose name was John: the same came as a witness to bear witness of the light, that all men through him might believe. He was not that Light, but was sent to bear witness of the light. THAT LIGHT WAS THE TRUE LIGHT, WHICH LIGHTETH EVERY MAN THAT COMETH INTO THE WORLD. *He was in the world, and the world was made by him, and the world knew him not. He came among his own, and his own received him not. But as many as received him, to them gave he power to be made sons of God, even them that believed on his Name, which were born, not of blood, nor of the will of the flesh, nor yet of the will of man, but of God. And the same word became flesh, and dwelt among us, and we saw the glory of it, as the glory of the only begotten Son of the Father, full of grace and truth.*

Repeat the same as often as the King putteth the Angel about their necks.

This Gospel being ended, then the King with the whole company of the Church upon their knees do pray thus:

LOrd have mercy upon us. Christ have mercy upon us. Lord have mercy upon us.

Our Father which art in Heaven, hallowed be thy Name, Thy Kingdom come, Thy will be done in Earth, as it is in Heaven, Give us this day our daily bread, And forgive us our trespasses, as we forgive them that trespass against us. And lead us not into temptation: Answer. *But deliver us from evil.* Amen.

Minister, *O Lord save thy servants.* Answer. *Which put their trust in thee.*

Min. *Send unto them help from above.* Ans. *And evermore mightily defend them.*

Min. *Help us O God our Saviour.* Ans. *And for the glory of thy Names sake deliver us, be merciful unto us sinners for thy Names sake.*

Min. *O Lord hear our prayers.* Ans. *And let our cry come unto thee.*

ALmighty God, the eternal health of all such as put their trust in thee, hear us we beseech thee on the behalf of these thy servants for whom we call for thy merciful help, that they receiving health, may give thanks to thee in thy holy Church, through Jesus Christ our Lord. Amen.

Then the Prayers are concluded with this Blessing, viz.

THE peace of God which passeth all understanding, keep your hearts and minds in the knowledg and love of God, and of his Son Jesus Christ our Lord: And the blessing of God Almighty, the Father, the Son, and the Holy Ghost, be amongst you, and remain with you always. Amen.

Which being ended, the healed persons depart, first giving thanks to God, and to the Kings Majesty, and congratulating one another for their recovery.

LONDON: Printed for *Dorman Newman*, at the *Kings-Arms* in the *Poultrey*, MDCLXXIX.

Berliner Kupferstichkabinett.

Fig. 134. Das Heilwunder durch königliche Berührung. Englisches Flugblatt 1679.

digung muß eine Sitte erfahren, die, ganz losgelöst von der genialen und überragenden Persönlichkeit eines Cäsaren, eine Eigenschaft der englischen und fränkischen Königskrone wurde. Es scheint ohne Zweifel, daß die englischen Könige zuerst ihrer Krone und ihrer Salbung die heilige Macht der Krankenheilung durch Berührung zuschrieben, und die ersten historischen Daten gehen auf Eduard den Bekenner zurück. Karl III. von England berührte allein 92107 Patienten im Laufe seiner Regierung. Über den Begriff des Kings evil sind die Meinungen verschieden, einmal werden Skrofeln, dann Rhachitis, meist aber Kropfleiden als Königskrankheit erwähnt [1]).

Ein sehr seltenes Flugblatt aus London 1679 macht für die Königsberührung Propaganda und erläutert den ganzen offiziellen Vorgang. Zunächst bekamen die Patienten eine Berührungsmark in Gold (Touch piece) aus der Königlichen Schatulle. Der Andrang ließ bald aus den Goldmünzen kleine Silberlinge werden, aber selbst, als die Münzen überhaupt wegfielen, drängte man sich zur Berührung. Die Sitte der Königsheilung ging von England nach Frankreich und schon Philipp I. (1103) übte das Verfahren im Anschluß an die Königssalbung aus. Aber mit der Zeit versagte die Wunderkraft. Es ist bemerkenswert, daß der berühmte französische Chirurg Dupuytren dem König 1824 noch hundertzwanzig die Berührung und Heilung begehrende Patienten zuführen konnte [2]).

Unter den sonderbaren und phantastischen Heilbestrebungen müssen noch erwähnt werden des K. F. Paullini Flagellum salutis oder Heilung durch Schläge. Der Untertitel des in Frankfurt a. M. 1698 erschienenen Buches ist „Curieuse Erzählung, wie mit Schlägen allerhand schwere, langweilige und fast unheilbare Krankheiten oft, bald und wohl kuriert worden". Es werden in dem Büchlein Beispiele angeführt, wie die Melancholie, die Raserei und Tollsucht, die fallende Sucht, blödes Gesicht, schweres Gehör, Verrenkung der Kinnbacken durch Schläge geheilt worden ist. In dem nächsten Kapitel wird der Nutzen der Schläge bei verschiedenen Krankheiten des unteren Leibes dargetan. Ein besonderes langes Kapitel behandelt den trägen Beischlaf und das Venuswerk. Wenn wir auch die Heilkraft der elektrischen Schläge in unseren Tagen von neuem in gewissen hysterischen Krankheiten haben bestätigt gefunden, so sind die wunderbaren Kuren durch Musik des

[1]) Näheres siehe Holländer, Medizin in der klassischen Malerei, 2. Aufl., S. 447.

[2]) Siehe auch Ansichten von den wunderbaren Heilungen, welche der Fürst Alexander von Hohenlohe und Würzburg vollbracht hat. Von Adam Joseph Onymus 1821.

F. E. Nietten (1717 Hamburg) vorläufig nur in allgemeiner Übertragung wieder erneuerungsfähig.

Wir können an dieser Stelle die große Literatur der wunderlichen Behandlungen namentlich im 18. Jahrhundert nur andeuten. Je abenteuerlicher Herkunft und Inhalt ist, desto mehr fanden diese zauberischen und mirakulösen Heilbestrebungen Anklang beim Volke. Wir erwähnen des Andreä Tenzelii, Philosophi und weiland Schwarzburgischen Leibmedici, medizinisch-philosophisch und sympathetische Schriften, so da bestehen in desselben Medicina Diastatica oder der in die Ferne wirkenden Arzneikunst; ferner die Zahl der Anwendungen der wunderbaren Magie und der Spagyrik. Als mährischer Albertus Magnus bezeichnet sich der Klostergeistliche und Naturkundige Andreas Glorez, der 1700 in Regensburg ein Buch erscheinen ließ über Waffensalben, zauberische Krankheiten, Wunderkuren, wie sie die Heilige Schrift lehrt und mit gar gering geachteten Sachen magischer Kraft und Signatur der Erdgewächse und Kräuter, ägyptischen Geheimnissen, Verpflanzung von Krankheiten in Tiere und Bäume, Glücksruten auf die in der Erde verborgenen Metalle, sympathetischen Pulvern, Erforschungen der Krankheiten durch den Urin und anderen merkwürdigen Geheimnissen aus handschriftlichen Klosterschätzen. Der freiwillig aufgesprungene Granatapfel des christlichen Samariters bringt uns die aus Wohlwollen zum Nächsten eröffneten Geheimnisse vieler vortrefflicher Arzneien und wunderheilsamer Mittel wider alle Krankheiten, von denen der Mensch heimgesucht. Als Autor signiert Eleonora Maria Rosalia, Herzogin zu Troppau, Fürstin von Lichtenstein, und wurde das Buch laut Titeltext durch einen Erlaß Karls VI. vom 18. August 1740 in Wien im Römischen Reich warm empfohlen.

Der Doktor der Medizin zu Arnstadt in Thüringen Valentino Kräutermann, der sich selbst Thüringischer Theophrastus Paracelsus, Wunder- und Kräuterdoktor nennt, gab den „kuriösen Zauberarzt“ heraus. Am bekanntesten von diesen seltsamen Verirrungen der Heilkunde ist des K. F. Paullini heilsame Dreckapotheke geworden, wie nämlich mit Kot, Urin und vielen verachteten und dennoch köstlichen umsonst zu habenden Dingen die meisten Krankheiten und Schäden glücklich geheilt worden (1714).

Auch nur annähernd die Blödigkeiten des Inhaltes dieser Bücher mitzuteilen, dazu gehörte ein besonderes Buch und das Papier ist heute zu teuer, um diese auf Wundersucht und Aberglauben des Volkes berechneten Finanzunternehmungen noch einmal zu drucken. Es ist nur bedauerlich, festzustellen, daß gerade diese Bücher nicht nur massenhaft vom Volk gekauft und gelesen wurden, sondern auch wie ein geheimer Familienschatz aufgehoben und vererbt wurden. Der Kuriosität halber soll noch erwähnt werden: die von J. H. Cohausen M. D. propagierte Kunst, sein Leben durch das Anhauchen junger Mädchen bis auf hundertfünfzehn Jahre zu verlängern. Angeblich hat der Bologneser Archäologe Gommarus in Rom einen marmornen Grabstein entdeckt für den Hermippus, der folgenden Inhalt hatte:

Aesculapio Et Sanitati.
L. Clodius Hermippus.
Qvi Vivit. Annos. CXV. Dies. V.
Puellarum Anhelitu.
Qvod. Etiam Post Mortem
Eius
Non Parum Mirantur Physici
Iam Posteri Sic Vitam Ducite.

Die Übersetzung lautet ungefähr: „Dem Äskulap und der Gesundheit setzet dieses Luc. Clod. Herm., der hundertfünfzehn Jahre und fünf Tage durch das Anhauchen von Mädchen gelebt hat, worüber auch nach dem Tode desselben sich die Ärzte nicht wenig wundern. Ihr Nachfahren, führt euer Leben auf eben diese Art." Es ist ganz amüsant, bei dem Autor nachzulesen, wie er die gefälschte Inschrift des Grabsteins sowohl klassisch-historisch, als auch physikalisch-medizinisch zu stützen sucht.

Bis in die neueste Zeit hinein erstreckt sich die Sucht nach Wunderheilungen. Es ist eins der traurigsten Kapitel der modernen Kulturgeschichte, daß immer wieder von neuem Versuche gemacht werden, den religiösen Glauben in törichte Glaubensseligkeit umzuwandeln und mit diesem Heilgeschäfte zu machen. Wer den Zulauf gesehen hat, den die Gesundbeter auch heutzutage noch hatten und haben, der kann sich inmitten einer solchen naiven und betrogenen Menge leicht die gesteigerte Wirkung und die ins Ungemessene gehende ansteckende Begeisterung einer kritiklosen Masse in der glaubensseligen Zeit früherer Jahrhunderte vorstellen. So machte noch im Jahre 1734 das Kyritzer Wunderkind im Dorfe Kehrberg das größte Auf-

Abbildung des so genanntē Wunder A. Lindes im Dorfe B. Kehrberg.
Ludewig
nahe bei Kyritz. 13 Meilen von Berlin 1737
C. Der Saltzburger

Fig. 135.

sehen. Unser Flugblatt läßt schon die Einzelheiten erkennen. Dieses Kind wirkte allerdings noch zu einer Zeit, in der der berüchtigte Landstreicher Baron Sieberg in seiner Goldmacherei und der Heilung bisher für unheilbar gehaltenen Krankheiten Anhänger fand. Also besagtes Kind des Schmiedes von Kehrberg heilte die Menschen auf drei Weisen: erstens durch Anhauchen und Anblasen, zweitens durch Bestreichen mit der Hand und drittens dadurch, daß es seine Hände in Wasser wäscht, diesem dadurch eine gesundmachende Kraft mitteilend. Durch Berührung heilt das Kind alle äußerlichen Schäden, durch Blasen in den Mund Lungenkrankheiten und durch die Verordnung des Trinkens seines Handwassers alle innerlichen Schäden. Die Mutter des Kindes ordnet in dem Einzelfalle an, welche der drei Kuren in Anwendung zu bringen ist. Nach Art der englischen Könige entläßt das Kind die Berührten mit den Worten: Nun gehet hin in Gottes Namen. Der Erfolg dieses Kindes wird auf dem Flugblatt eklatant geschildert. Der vollkommen kontrakte Saltzburger (C) verläßt nach der Berührung geheilt die Schlosserwerkstatt (siehe Figur 135).

Daß solche Wunderkinder zu einer Zeit noch gute Geschäfte machen konnten, in der Hexenprozesse noch an der Tagesordnung waren, ist nicht verwunderlich. Aber noch im Jahre 1848 und dazu in der Intelligenzstadt Berlin hatte das Wundermädchen Louise Braun, Tochter eines Holzanweisers in der Schifferstraße, einen derartigen Zulauf, daß die Polizei den Andrang zu Wagen, zu Roß und Fuß regulierte und daß man richtig auf das Wundermädchen „anstehen“ mußte, um von ihr vermittels ihres Schutzengels „Jonathum“ und dem Engel „Gerod“ geheilt zu werden. Man hatte eine schriftliche Eingabe mit der Krankengeschichte abzugeben, die sie aber in der Regel und bei dem Andrang gar nicht erst las. Nach den Angaben der Berichterstatter über diesen Fall wurde dem Mädchen das Geschäft schließlich durch den Berliner Witz und Satire verdorben, bis dann einige Jahre später das Gericht sich der Sache annahm, da das Wundermädchen in ganz raffinierter Weise eine große Anzahl vornehmer und hochgestellter Personen geprellt hatte. Sie wurde zu neun Jahren Gefängnis verurteilt, weil sie die Leichtgläubigkeit des Publikums ausgenutzt hatte. Als wirklich Angeklagte und Schuldige saßen aber die Zeugen auf der Kriminalbank.

MONSTRA FABULOSA.

Mit den bisher gezeigten und besprochenen Darstellungen von Mißbildung und Mißwuchs standen wir immerhin noch auf dem Boden realer Möglichkeiten, wenn auch Herausgeber und Zeichner sich alle möglichen Freiheiten gestatteten. Aus diesem Grunde sind diese für „Volksbekehrung“ und „Volksbelehrung“ zurechtgestutzten Ereignisse auch nur mit großer Vorsicht einmal gelegentlich als wissenschaftlich verwertbare Dokumente zu benutzen. Die Flugblätter, in deren Besprechung wir jetzt eintreten wollen, beschäftigen sich aber mit Wunderereignissen, die beinahe ausschließlich auf dem Miste einer blöden Phantasie gediehen.

Als wir vor einer Reihe von Jahren anfingen, Erzeugnisse der Kunst und des Kunstgewerbes zu medizingeschichtlichen Forschungen zu benutzen, da war ein boshafter Kritiker, dessen besondere Klugheit darin bestand, in seinen Glossen anonym zu bleiben, so geistvoll, zu behaupten, daß Medizinstudierende aus diesen Studien keinen Vorteil ziehen könnten und daß sie zum Beispiel bei der Betrachtung einer Darstellung von Sturzgeburt in der Luft durch den Stoß eines Kuhhorns unmöglich in der Entbindungskunst gefördert würden. Mir scheint, dieser Tellschuß ging hinten heraus. Ganz besonders für Attentäter dieser Klasse möchte ich es noch einmal zum Ausdruck bringen, daß wir die Teratologie durch diese Veröffentlichung von Flugblättern nicht bereichern wollen. An anderer Stelle soll eine rein medizinische Auseinandersetzung über diese Mißgeburtsdarstellungen erfolgen und dabei wird darüber zu diskutieren sein, ob die gemeldeten Monstrositäten wissenschaftlich und „technisch“ möglich sind.

Demgegenüber müssen wir aber feststellen, daß unsere ärztlichen Vorfahren nach dieser Richtung hin ein sehr weites Gewissen hatten, und daß auch selbst die abenteuerlichsten der jetzt zu schildernden Fabelmonstren bis in das 18. Jahrhundert hinein auch in der wissenschaftlichen Fachliteratur ihren Spuk trieben. Wir zitieren nach Alfred Martin die bedeutsamen Bemerkungen des Marburger Professors Baldinger im Magazin für Ärzte (Bd. 20) aus dem Jahre 1798. „In keinem Teil der Naturgeschichte wimmelte es mehr von Fabeln, Aberglauben, Abenteuerlichem, Fratzen und Unsinn, als in der Geschichte von Monstris von Menschen und Tieren. Die Einbildungskraft erschuf unzählige Monstra, die niemals existiert haben, und einer schrieb sie dem andern getreulich nach; aus einem Buch marschierten die monströsesten Abbildungen dieser Mißgeburten der Einbildungskraft, die im Fleisch niemals existiert hatten, in das andere, und erwachsene Kinder unter den Ärzten und Naturforschern glaubten Jahrhunderte hindurch an diese Popanze der göttlichen Zornes- und Strafrute, womit man Weiber und Kinder erschrecken und jene oft abortieren machte."

Joh. Wolf's Centenarchronik 1600.
Fig. 136.

Das Wort Monstra fabulosa ist im Deutschen nicht wörtlich zu übersetzen, da wir dem Begriff der Fabelwesen schon eine andere Nuancierung zuwiesen. Dieser phantastischen Ungeheuer Wiege stand nicht im Nebellande der Fabeldichtung oder der Überlieferung, sondern ausschließlich im Kopfe ihrer geistigen Väter. Die Anregungen zu einer solchen Wundergeburt bekam der Publizist von den verschiedensten Seiten, meistens aber hatten dieselben eine materielle Basis. Auch darüber werden wir noch später verhandeln müssen.

Aus diesen Phantasiegebilden ohne Fleisch und Blut läßt sich zunächst eine Gruppe herausnehmen, bei welcher wenigstens andeutungsweise ein Zusammenhang mit organischen Möglichkeiten vorliegt. Der Publizist hatte dann nur noch die kleine Arbeit zu verrichten, aus einer berüsselten Mücke einen Elefanten zu machen.

Ein Beispiel hierfür bietet die Hasenscharte. Diese Bezeichnung für das so häufige Vorkommen der nicht geschlossenen Oberlippe ist ja schon ein kleiner Fingerzeig für die Richtung der Übertreibung. Kompliziert sich solche Hasenscharte noch durch stärkeres Offenbleiben der Kiemenspalte auch zum fehlenden Schluß des Oberkiefers, so nennt das die Medizin einen Wolfsrachen. Blieb die knöcherne Vereinigung des Munddaches auf beiden

Seiten aus, so entsteht ein Bürzel durch Auswachsen des sogenannten Zwischenkiefers. Dies Vorkommnis führt zu einer allerdings scheußlichen Verunstaltung, die aber glücklicherweise heutzutage operativ heilbar ist.

Kommt zu einer solchen Hasenscharte noch zufällig eine andere Anomalie, wie im Falle des Nürnberger Flugblattes vom Jahre 1739, die sogenannte kongenitale Ichthyosis, das heißt ein angeborener Zustand von rauher, schuppenartiger Beschaffenheit der Haut (die einer Birkenrinde glich), so haben wir ein publikationsfähiges Monstrum vor uns. Das Affenartige dieses Ungeheuers wird dem Beschauer dadurch noch näher gebracht, daß bei dieser Hautveränderung tatsächlich häufig eine Ektropie und Eklabie, das heißt eine Umkrempelung und Verziehung der Augenlider und der Lippen vorkommt. Auch das gewaltige Getöse, welches das Scheusal von sich gab,

München, Neue Pinakothek.

Fig. 137. Affenmißgeburt. Flugblatt vom Jahre 1739.

wenn es künstlich ernährt wurde, erklärt sich durch den fehlenden Gaumen. Es hat also hier wirklich der Herausgeber nicht viel Phantasie aufzuwenden

Fig. 138. Flugblatt vom Jahre 1717.

brauchen, um aus einem Neugeborenen einen kleinen Affenteufel zu machen (siehe Figur 137). Nur die Warnung, daß die schwangeren Personen sich bei der Betrachtung dieser Mißgeburt in acht nehmen sollten, steht im Widerspruch zur geheuchelten moralischen Absicht. Denn wozu überhaupt eine solche Entgleisung der Natur den ehelichen als auch ledigen Weibspersonen mitteilen? Dieses Kind starb schon nach zwei Tagen, das haarige Gegenstück, welches uns das Flugblatt des Jahres 1629 zeigt, blieb aber frisch und gesund (siehe Figur 141). Für den Dichter der Begleitverse, welche im Ton des bekannten

Romæ intra cellam ædis Fortis Fortunæ de capite ſignum, quod
in corona erat, in manus ſponte ſua prolapſum. Priuerni bos lo=
quutus, uultur frequenti fo=
ro in tabernã deuolauit. Si=
nueſſæ natus infans anibi=
guo inter marem ac fœminã
ſexu. Lacte pluit: puer cum
elephanti capite natus. Mar=
cellus cum Hannibale con=
greſſus, primò infeliciter, de
hinc ſecunda pugna dimica
uit, hoſtemq; in fugam uer=
tit. Fabius Tarentũ recupe=
M rauit.

Fig. 139. Seite aus Lykosthenes.

Liedes zu singen sind: „Wann mein Stündlein vorhanden ist“, fanden sich nun keine greifbaren Vergleichsmöglichkeiten, und so ist ihm das Kind als Ganzes ein Mittel göttlicher Warnung in diesen schweren Zeiten des Kriegs, der Pestilenz, wo die Menschen sind wie das Vieh. In der Porträtierung der säuischen hochadligen Dame finden wir eine für unsere Augen sogar ganz geschickte Karikatur und Übertreibung einer Entenschnabelnase oder ähnlicher Zustände. Der damalige Mensch aber sah dieses Blatt mit anderen Augen an, da ihm die Wunderpresse seit Jahrhunderten traditionell Wesen mit Tierköpfen als möglich nahegelegt hatte. Die Unterschrift legt die Vermutung nahe, daß hier vielleicht auf eine bestimmte Persönlichkeit in beleidigender Absicht angespielt wird (siehe Figur 138).

Aus dem eben besprochenen Bürzel bei doppelseitigem fehlenden Gaumenschluß macht nun der Fabulist einen richtigen Rüssel und aus dem Rüssel wird ein Elefant. Unser Lykosthenes illustriert, wie wir sahen (siehe Figur 139), die Mitteilung des antiken Chronisten Obsequens, daß ein Knabe mit einem

Fig. 140. Die Mutter Alcippe ihren Sohn säugend. Holzschnitt aus Lykosthenes.

Elefantenkopf geboren wurde, demnach in der immerhin zunächst noch bescheidenen Übertreibung. Später genügte diese Andeutung nicht mehr, und Lykosthenes bildet das göttliche Zeichen in der Weise ab, daß er das Hasenschartenbaby als strammen Dickhäuter mit bereits deutlich entwickelten Stoßzähnen an der Brust der dies liebevoll gewährenden Mutter Alcippe trinken läßt (siehe Figur 140). Aus angeborenen Klumpfüßen, Hack- und Spitzfüßen und den durch amniotische Fäden veränderten Gliedmaßen bilden nun unsere phantasiebegabten Chronizisten Esels-, Pferde- und Teufelsfüße. Aus kleinen Blutschwämmen werden Kalekutten, aus größeren pigmentierten und behaarten Muttermälern Bärenkinder entwickelt und so weiter. Alfred Martin zergliedert die Entstehung einer schrecklichen Wundergeburt des Jahres 1585 aus der Sammlung Wickiana der Züricher Stadtbibliothek. Wir sehen da auf der beigefügten Zeichnung eine Bauernfrau auf dem Geburtsstuhl sitzen,

Ein erschröckliche / vnd doch warhafftige Newe Zeitung /

Von einer erschröcklichen Mißgeburt / welche geschehen den 16. Tag Februarij Newes Kalenders diß 1629. Jahrs / in dem Dorff Mursellers genandt / in Kimmeratßhofer Pfarr / dem Fürstlichen Stifft Kempten gehörig / vnd 2. Stund von der Statt Kempten gelegen / wie dasselb von Armen / aber doch Ehrlichen Eltern / gezeugt vnd geboren ist hie abgebildet.

Im Thon: Wann mein Stündlein vorhanden ist.

HÖrt Wunder vber Wunder groß / was sich hat zugetragen / den 16. Monatstag / Februarij thu ich sagen / in dem Allgöw gar wol bekandt / zum Mursellers ist es genandt / hat sich das zugetragen.

Allda wohnet ein armer Mann / doch redlich an sein Ehren / gar ein schröckliche Mißgeburt / thet jhm sein Fraw gebern / nemblich ob dieses Kinds gestalt / ab dem erschracken Jung vnnd Alt / die solliches thun schawen.

Gantz harig ist zu sehen an / so gar von wilder arte / ein grosses Köpfflein thut es han / mit einem knöbel Barthe / ist doch ein Mägdlein zu der frist / wie es hie abgebildet ist / vnnd jederman kan anschawen.

Es lebt auch noch zu dieser zeit / darzu frisch vnd gesunde / was vns das Kind bedeuten thut / wird bringen zeit vnnd stunde / warlich nichts guts mein lieber Christ / macht nur dz du so Gottloß bist / kein Wunder nicht betrachtest.

Nach laut der verständigen sag / thut dieses Kind bedeutten / daß wir allhie auff dieser Welt / in diesen schweren Zeiten / vnder einander vmbsauffen thun / als wie das Vieh thut mich verstehn / vnd thun gar nichts achten.

Die Wunderzaichen die Gott thut / vns alle Tag fürstellen / das schlegt der Mensch als gring in Wind / begert nur zu der Hellen / vnd verachtet Gott vnd sein Wort / fluchen vnnd schweren an allem orth / hört man von alt vnd jungen.

Wie kan die Erd geben jhr frucht. O Mensch thue es betrachten / dieweil du deinen Gott verfluchst / der alles gut thut machen / bey jung vnd alt ist gar gemein / sie schweren wöllen s Teuffels sein / vnd gar schlechte vrsachen.

O Mensch sihe diß Kind wol an / was GOtt dir thut fürstellen / thu fluchen vnd schweren müssig gahn / denck das Gott haben wölle / daß man soll thun nach seinem Wort / vnd befleiß dich an allem orth / nach seinem willen zu leben.

Das Kind ward tragen zu der Tauff / nach Christlicher ordnung eben / GOtt stellt vns wol ein Spiegel auff / weil es noch hat das Leben / vnd thut darzu gar wol auff sehn / ach Mensch schaw an das Wunder fein / thu von Sünden ablassen.

Du Geitzhalß schaw an das Kind / leg dein Judenspieß nider / thu Bueß stand ab vom Zöllners Tisch / vnd bekehr dich auch wider / vnd thue deim Nächsten guts fürwahr / so entrinnst der höllischen gfahr / bekompst das ewig Leben.

Alle die stecken in hurerey / vnd in Gottlosem leben / die sollen sichs müssigen frey / vnd sich in Gott ergeben / auch alle die da bladen sind / mit viel vnd schwerer Sünd / vnd sich von hertzen bekehren.

Weil dieses 29. Jahr / so viel thut practicieren / das manches ehrliche Christen Mensch / sein Leben soll verliehren / nemblich durch Schwerdt vnnd Pestilentz / soll regieren in aller grentz / ein gar schröcklichs verderben.

O Mensch steh ab es ist kein schertz / laß dich einmal erweichen / betracht einmal der Höllen schmertz / sihe an die Wunderzeichen / thu Bueß stand ab von Sünden dein / so wird dir GOtt auch gnädig sein / vnd geben das ewig Leben.

Die ander Zeitung.

HÖrt zu ein schröcklich wunder / was sich vor wenig tag / begeben hat jetzunder / die warheit ich euch sag / ein Wirt der ist gesessen zu Langensalz genannt / im Thüringen vermessen / Anthoni Hag bekandt.

Groß vbel ist geschehen / am Sontag früh mit grauß / 8 Gesellen wolten gehen / zusammen ins Wirtshauß / zu spilen vnnd zu trincken / darnach stund jhr begehr / sie theten wenig dencken / auff Gott vnd seine Lehr.

Sie sprachen zum Wirth mit schalle / bringt vns ein Brantwein / wir wöllen allzumahle / gute Gesellen sein / bringt vns in schneller eyle / zween Würffel herzumahl / wir wöllen kurtzweil treiben / wers geloch bezahlen soll.

Der Wirt auß gutem hertzen / sprach / jr müßt weiter gahn / ich darff kein Gäst nicht setzen / die Predig sey dann gethan / ich laß euch nit spilen noch karten / zäpff euch auch keinen Wein / der Kirch muß ich außwarten / zu trost der seele mein.

Da sprungen sie mit pochen / im Wirtshauß hin vnd her / mit schelten vnd mit fluchen / verdroß den Wirt so sehr / gieng selber in die Kirche / so fluchten sie jhm als / der Teuffel wöll jhn würgen / vnnd brechen jhm den Hals.

Der Wirth ist in die Kirch gangen / wol auß dem hause sein / die Wirtin wolt jhn nicht langen / da sprachen sie gemein / hört was sie theten sagen / wir wöllen hie nicht von dann / biß man vns weg thut tragen / in aller Teuffel Nam.

Einer sprach widerumben / ward Adam Fromm genant / thun wir die Kirch versaumen / GOTT strafft vns allzuhand / die andere als böse Gäste / sprachen ein andermahl / solte vns den Halß gleich kosten / wir sauffen vns doch voll.

Der Teuffel in Wirths gestalt / jhm in die stuben gieng / er sprach zu jhn gar balde / seyt lustig vnnd guter ding / ich will euch nun ergötzen / mit Würffel vnd mit Kartenspil / Weins genug ich euch auffsetz / nach ewerm allerwill.

Diese Gesellen waren / frölich mit böser manier / mit Würffel vnnd mit Karten / machten sie gute zeer / sie assen vnnd sie truncken / vberflüssig vnd sehr voll / sie sungen vnnd sie truncken / den Wein ob es Wasser was.

Als sie nun banckettieret / ein stund zwo oder drey / der Teuffel falsch gezieret / ins Wirts gestalt kam herbey / er sprach in aller eyle / bezahlt mir das Geloch / Herr Wirth ein kleine weile / thut nach mit vns gemach.

Adam Fromm mit Namen / ward heimblich gantz verschrt / er thut sich bucken schone / sah nider auff die Erd / er sprach zu seinen Gesellen / gantz laut vnd ohn verdruß / ich muß euch etwas erzehlen / der Wirth hat einen Gaißfuß.

Er sprach schawt jn gar eben / es muß der teuffel sein / O Herr mein Leib vnd Leben / laß dir befohlen sein / in dem stunds auffgesprungen / das Geloch liessen stahn / Adam Fromm ist es gelungen / der kam allein darvon.

Der Teuffel rieff mit schalle / wir müssen rechnen bald / wolt jhr lauffen alle / so werd ich nicht bezahlt / thet jhn die Hälß zerbrechen / all siben zu der stund / so thet er mit jhn rechnen / führt sie zu der Hellen grunde.

Mein Christ thue nicht verachten / vnd halt es für kein Traum / bey Tag vnd bey Nachten / laß dies zu Hertzen gahn / halt euch mit fleiß zur Predig / vnd treibt darauß kein spot / so wird euch sein gnädig / der gütig barmhertzig Gott.

Getruckt zu Kempten / im Jahr Christi 1629.

Nürnberg, Germanisches Museum.

Fig. 141. Flugblatt vom Jahre 1629.

unterstützt von der Wehmutter im Beisein der Nachbarinnen. „Das Kind war gar scheußlich gewesen mit vier Klauen, einem jungen Teufel es glich, und sobald es in diese Welt gekommen, ist es von Stund an in der

Stuben unter den Ofen geschloffen, die Weiber so bei der Frau gewesen sind heftig über dieses grausame Tier erschrocken, sind alle auf die Bänk gestiegen und als man ‚sömlichs‘ ihrem Ehemann anzeigte, ist er auch übel erschrocken und geredet, er habe vor einem Jahre auch einen ähnlich grausam Tier an die Welt gebracht, dasselbe getötet und vergraben, solches aber verschwiegen und niemandem angezeigt.“ Martin erklärt den Vorgang folgendermaßen: „Ein Kind mit Klumpfüßen wird geboren, die Hebamme läßt es vor Schreck fallen, durch den Reiz bewegt sich das Kind und kommt schließlich unter den Ofen zu liegen. Die Weiber reißen aus, niemand wagt sich heran und das Kind schläft unter dem Ofen ein. Unter der Wucht der Tradition werden die Klumpfüße zu Pferde-, also Teufelsfüßen, das Kind zum Teufel, der Maler gibt ihm Krallen, ein zottiges Fell und einen Schwanz.“ Hier handelte es sich offenbar weniger um traditionelle, unabsichtlich falsche Deutung einer Mißgeburt, als vielmehr um traditionelle Wundersucht. Aber schließlich treffen sich beide Begriffe.

Aus der Reihe solcher Umdeutungen organischer Gebilde in die Richtung erschrecklicher Wunder bringen wir hier noch eine kleine Auswahl von Einblattdrucken.

Das Flugblatt des Jahres 1569 beschäftigt sich mit dem Inhalte eines Eies, welches statt des Dotters einen Türkenkopf mit angewachsenen lebenden Ottern oder Schlangen gehabt hat. Es ist klar, daß die „berührte“ Magd ein angebrütetes Ei mit den Blutgefäßen in dieser Weise gedeutet hat. Aber ebenso unvorsichtig war es von dem Prager Drucker Peterle, dieses Phantasieei der Magd abzubilden und es als Flugblatt in die Welt hinausgehen zu lassen, zumal, da die entsetzte Magd das Ei auf die Erde warf. Es war auch von der Katze unvorsichtig, das Ei aufzufressen, da sie bald daran krepierte, vorsichtig allein war, daß der Herausgeber das angezeigte Mirakel nicht deutete und es nur dem Herzog von Arschott schriftlich mitteilte (wahrscheinlich um die Lizenz zum Druck dieses Blödsinns zu bekommen). Wir wollen der Entstehungsgeschichte dieses Wundereies nachgehen. Aldrovandus bildet außer diesem Ei noch ein ähnliches Gänseei ab mit Schlangen- und Menschenantlitz. Die Schlangen umflattern an Stelle der Haare das Haupt, und auch der Spitzbart löst sich in drei Schlangen auf. Allerdings wird die Erklärung dieser Eimonstrositäten in unseren Augen nicht glaubwürdiger dadurch, daß sich Aldrovandus auf unseren schon vielfach genannten Licetus beruft. Licetus geht wieder zurück auf Schenck von Grafenberg, der das

Sehr erschrecklich Wunderzeichen / von ainem Ey: wie es die volgende Figur aus weist vnd hie vnden im text gemeldt / Im Lande Lotringen zu Autuna geschehen / des 1569. Jars geschehen.

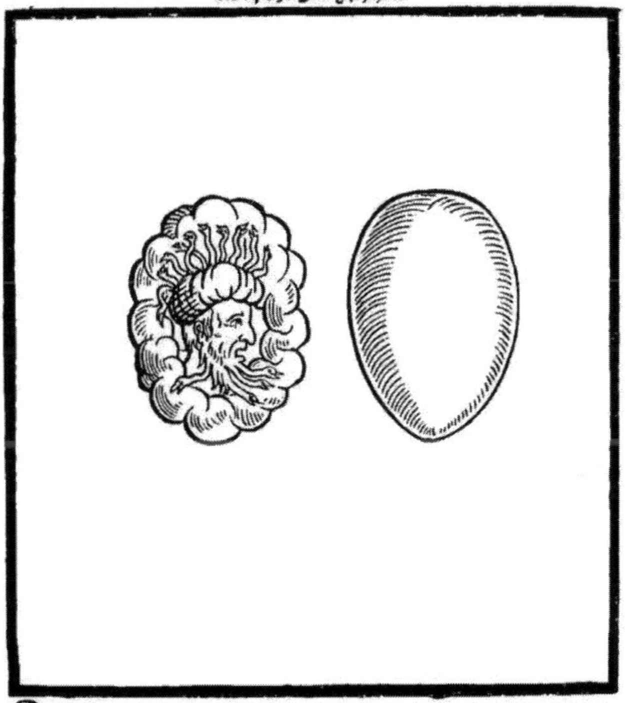

Dieses Erschrecklich wunder Zeichen ist zu Autuna im Lande Lotringen also geschehen. Demnach eines Aduocaten dienst magd / hatt ein speis von Ayren machen solen / vnd do sie etzliche derselben auf geschlagen / in einem dorunter an statt deß Totters: nach art gestalt vnnd tracht eines Turcken Kopfs / (wie da am gemhäl augenscheinlich zu sehen) gefunden. Welcher gemelter Turcken Kopf / oben auf dem punde: vnd am Bart / Voll angewachsner lebendiger Ottern oder schlangen gehabt. Ob solchem wunder werck sich die berürte Magt doch entsetzt / vnd das ayrs daruon auf die Erden geschutt / Daruon die Katz gefressen / vnd balde an der stett todt bliben. Was nun des angezaigten mirackels deytung sey / ist vns menschen verborgen vnnd allein Gott offenbar.

Welches Miracktel dem Hertzogen von Arschott / als balde neben einem schriftlichen dauon bericht: (Deß datum den dritten April: Ano 1569) Ward zugeschickt.

Gedruckt zu Prag bei Michael Peterle.

Nürnberg, Germanisches Museum.

Fig. 142. Wunderei. Flugblatt vom Jahre 1569.

Ereignis des Jahres unseres Flugblattes 1569 im Monat März in eine gewisse Stadt Burgunds, „Baucheron“ genannt, verlegt. Nur erwähnt er nicht, daß es ein Türkenkopf gewesen und bildet nur drei Schlangen, die aus dem

Kinn des Menschenkopfes herauswachsen, ab. Schenck wieder sagt, daß auch Ambrosius Pareus Zeuge für die Wahrheit dieses Mirakels sei. Das wundert uns ja nun nicht bei der schon mehrfach erwähnten Wundersucht dieses Chirurgen. Hier finden wir nun zwar auch die Details des Flugblattes, nur konstatieren wir, daß dem Kopisten einige kleine Ungenauigkeiten untergelaufen sind; denn die burgundische Stadt des Schenck von Grafenberg hieß nicht Baucheron, sondern Autun, und Baucheron war der Advokat, bei dem die Köchin bedienstet war. Paré berichtet, daß der Baron de Senneci (im Flugblatt ist es ein Herzog von Arschott) dies Mirakel — er läßt dabei offen, ob im Original oder Beschreibung — dem König Karl IX., der zu der Zeit gerade in Metz war, übermittelt habe.

Aus diesem Beispiel ersieht man, was aus einem Ei, wenn es von Hand zu Hand wandert, alles werden kann. Aldrovandus, der von uns schon oft zitierte gelehrte Wunderspezialist, der neben diesem Hühnerei mit Meduseninhalt noch ein fast identisches Gänseei abbildet, läßt nun den ganzen humanistischen und gelehrten Apparat spielen, um dem Leser und Zeitgenossen die Entstehung des Eiinhaltes zu erklären und glaubhaft zu machen. Zunächst erinnert er an Leda, welche ja bekanntermaßen Eier gelegt habe, aus denen Castor und Pollux einerseits, Helena und Klytemnestra anderseits krochen. Allerdings war es hier ein Zeusschwan, welcher die Eimischung veranlaßte. Um aber das beschriebene Eiwunder glaubhaft zu machen, führt Aldrovandus uns zunächst als Autorität den Licetus an; die Schlangen im Ei sind ihm leicht erklärbar. Denn einmal ist es bekannt, daß die Hühner und überhaupt das Federvieh gerne Würmer und Schlangen fressen. Aber die Beziehungen der Schlangen zu den Hühnern sind gelegentlich noch intimer, denn eine Schülerin des Licetus mit Namen Julia hat selbst einen ganzen Tag zugesehen, wie sich eine schwarze Henne von einer Schlange begatten ließ (gallinam ab aspide comprimi). Also die Schlangenherkunft im Ei wäre damit auch erklärt. Nun kommt aber die schon etwas schwierigere Aufgabe. Wie erkläre ich das Menschenantlitz im Ei? Doch auch über diese Gedankenhürde setzt Aldrovandus mit Eleganz. Es ist bekannt, sagt er, daß das Federvieh allen tierischen Abfall frißt, so auch gelegentlich Menschenblut und Menschensamen. Da nun Avhroe behauptet, daß eine Frau durch das Badewasser, in welchem vorher ein Mann war, schwanger werden könne wie eine Jungfrau im Bett ihres Vaters ohne Berührung, so ist der Ideensaltomortale geglückt. Und so wandert das Medusenei durch die Lehrbücher der Zeit und durch die Jahrhunderte, weil eine fragliche Kochmagd eines fraglichen Advokaten einer fraglichen Stadt

Fig. 143. Wunderei. Nürnberger Flugblatt vom Jahre 1690.

zu einer fraglichen Zeit ein angebrütetes Ei, welches sie zu Rührei verarbeiten sollte, auf die Erde hat fallen lassen. Um die Notlüge der Köchin winden nun die Gelehrten der Zeit eine Girlande von Aberwitz und Blödsinn und das Publikum schwört darauf.

Da wir aber gerade bei den Eiern sind, werfen wir schnell noch einen Blick auf das Wunderei, welches am 30. Juli 1690 in dem geliebten Nürnberg von einer schwarzen Henne gelegt wurde (siehe Figur 143) und auf das ähnliche entsetzliche Wunderey vom Jahre 1680: Nachdenkliches Wunder-Neu an dem entsetzlichen Wunderey welches den 2 12 Dezembris dieses mit Gott zu End laufenden 1680er Heiljahrs zu Rom von einer Henne mit großem Geschrei ist geleget und von hoher glaubwürdiger Hand solcher Gestalt in den Entwurf und Abriß gebracht wurde. Noch im Jahre 1749 brachte die Vossische Zeitung einen Artikel über die Sonnenfinsterniseier, auf denen ringförmig eine solche abgebildet war, und sucht dies Geschehnis der Eierzeichnung organisch zu erklären.

Die Neigung des Volkes, zufälligen Formgebilden irgendwelche Deutung zu geben, ist weit verbreitet und namentlich in bestimmten Zeiten geübt. Ich erinnere nur an die Gewohnheit des Bleigießens in der Silvesternacht. An manchen Orten gießt man in der Charfreitagsmitternacht Eiweiß ins Wasser, man erkennt dann am anderen Morgen aus den entstandenen Gerinnungsfiguren die Früchte, welche in dem Jahr besonders geraten werden. Mädchen deuten aus den rückwärts mit der rechten Hand über den Kopf zurückgeworfenen Apfelschalen den Namen des Zukünftigen. Von diesen und ähnlichen abergläubischen Vorstellungen her war man im Volke gewohnt, unbestimmter Formenbildung eine eigensinnige Deutung zu geben. Der Einblattdruck aus Augsburg vom Jahre 1531 muß aus dieser Vorstellung heraus betrachtet werden. Der isolierte Kopf spricht für Abschnürungen der übrigen Fruchtteile. Aus ihnen machte dann die Phantasie die tierähnlichen Gebilde (siehe Figur 144).

Phantastische Anleihen an organische Möglichkeiten.

Ein Beispiel arger Übertreibung bei vorhandener organischen Unterlage bietet das Nürnberger Einblatt vom Jahre 1556 (siehe Figur 145). Die pathologische Möglichkeit ist stark übertrieben und der Kopf wirklich „verzeichnet". Der Wasserkopf erinnert an die karikaturistischen Übertreibungen der antiken hellenistischen Zwergendarstellungen (siehe Figur 242 und 243 in Holländer, „Plastik und Medizin").

Auch das Flugblatt aus Nürnberg von Peter Isselburg geht auf eine wirklich mögliche Mißbildung zurück (siehe Figur 146). Nur muß der zweite totgeborene Kopf so gewendet werden, daß die Schädeldächer sich berühren. 1783 wurde ein solches Kind mit Kraniopagus parasiticus geboren, zunächst von der erschreckten Hebamme ins Feuer geworfen, im vierten Lebensjahr starb dies Kind an den Folgen eines Schlangenbisses (siehe Abbildung bei Ahlfeld, Tafel III, 11 und 12).

Das italienische Flugblatt vom Jahre 1578 aus Quiero im Piemontesischen

Anzeygung wunderbarlicher geschichten vnd geburt/ diſes XXXI. Jars zu Augſpurg geſchehen/ ꝛc.

Zu wiſſen/das newlicher tag zu Augſpurg ein ſchwangere fraw/ ſo zur geburt nider kumen/drey wunderbarlicher/vnnatürlicher/ ſeltzamer/vngewönlichen/vnd vormals vnerhörten/ noch der gleichen vnförmlichen geſtalt/geſchener früchten/ auß irem leyb in diſe welt geboren vnd gebracht hat.

Die erſt creatur vnd geburt/ ſo auß irem leyb kumen/ iſt geweſen ein ainich menſchen haubt/one leyb/hende/vnd füß/in einem heütlin/oder belglein gelegen/Wie dañ diſe figur zu erkennen gibt vnd anzeygt/ꝛc.

Die ander vnnatürlich/ vngeſtalt geburt vnd figur vbertreffenlich wunderbar/hat ein haubt vñ mund zugleich einem fiſch/Nemlich wie ein hecht/ſeinen von aller glidmaß gantzen leib/auff form vnd gleychnus eines Froſchs/vñ vor ſeinem hindern/als ein Eder/einen ſchwantz gehabt.

Die drit vnförmlich geburt/ſo von der frawen leyb komen/iſt gleich geweſt einem jungen ſchweyn/ Vnd iſt diſe vnd auch die andern/ als pald ſie an tag komen/geſtorben.

Was aber diſe Monſtra vnd widernatürliche früchten vnd wunder bedeütten vnd anzeygen/ das wayß allein Got im himel/ Der wende alle ding durch ſein götliche barmhertzigkeit zum beſten/ꝛc.

Ulmer Stadtbibliothek.

Fig. 144. Augsburger Flugblatt vom Jahre 1531.

kann als Überleitung zu jener Folge unmöglicher phantastischer Scheusale dienen, welche nicht nur in Flugblättern und in der Phantasie ihr Dasein behaupten, sondern auch eine langlebige papierne Existenz in den Werken von Licetus, Schenck und anderen führten. Das italienische Flugblatt, von dem

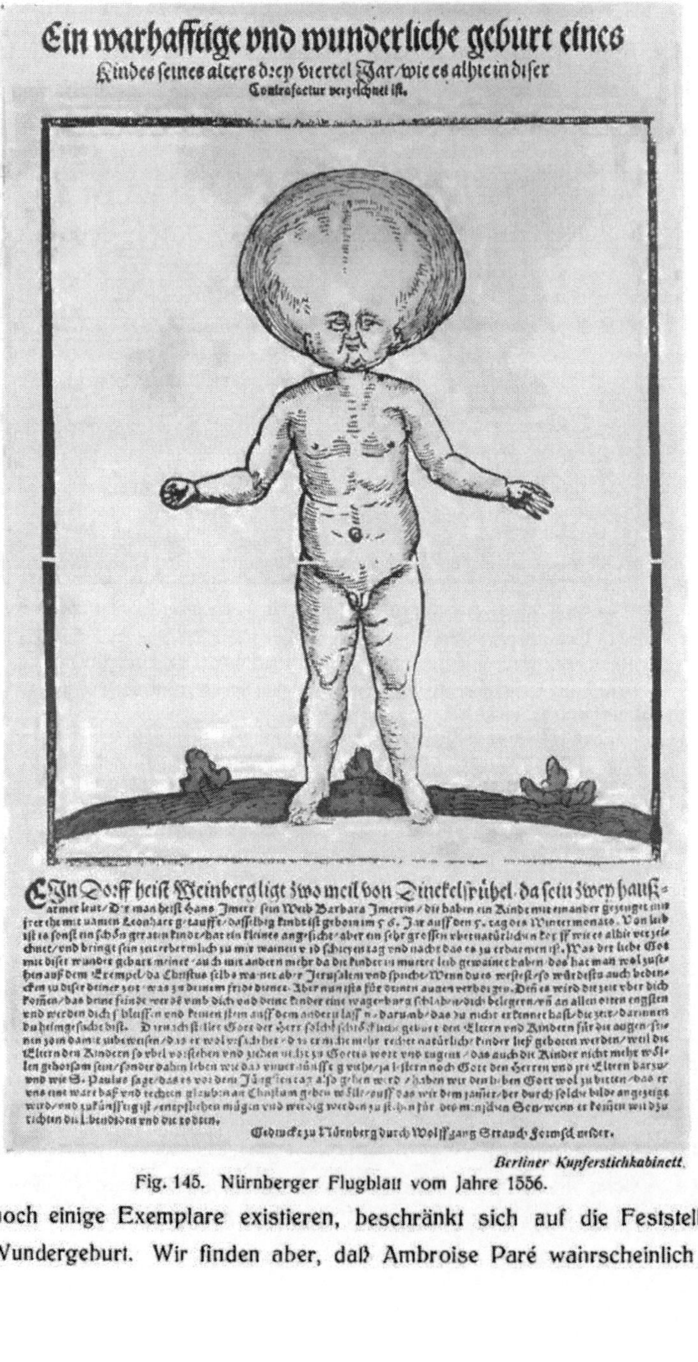

Berliner Kupferstichkabinett.

Fig. 145. Nürnberger Flugblatt vom Jahre 1556.

nur noch einige Exemplare existieren, beschränkt sich auf die Feststellung der Wundergeburt. Wir finden aber, daß Ambroise Paré wahrscheinlich aus einem anderen, uns unbekannt gebliebenen Flugblatt das gerade eben erst in seinen Tagen erfolgte Wunder genauer beschreibt. Zunächst wird wieder

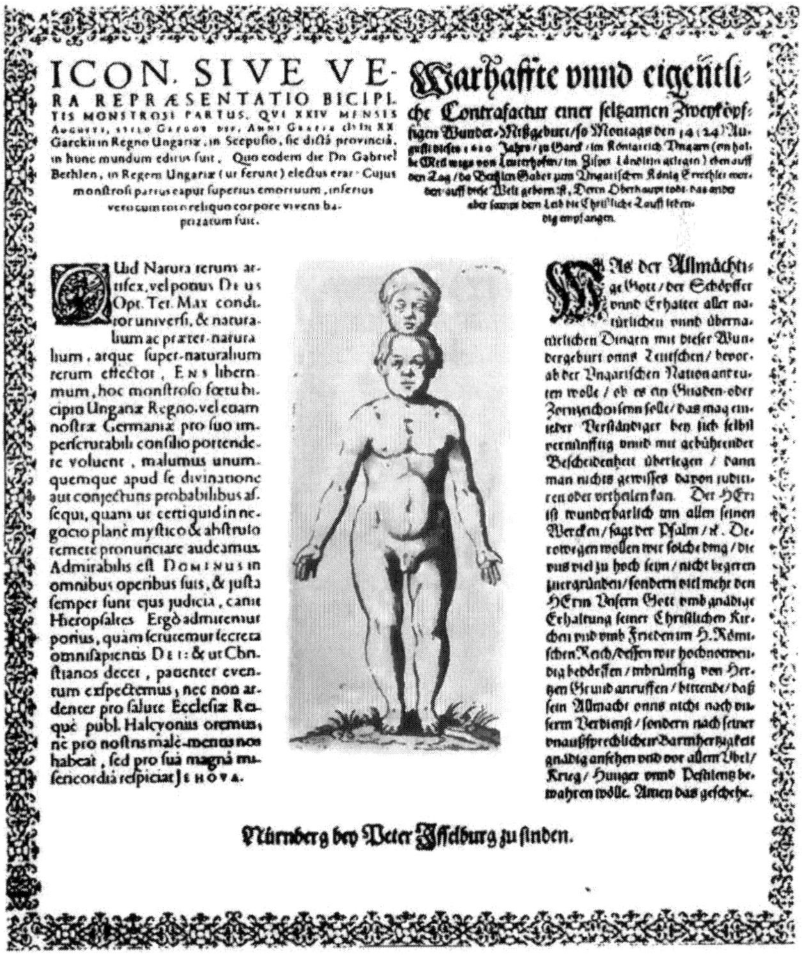
ICON. SIVE VERA REPRÆSENTATIO BICIPITIS MONSTROSI PARTUS, QUI XXIV MENSIS AUGUSTI, STILO GREGOR. ANNI GRATIÆ 1610 Garckii in Regno Ungariæ, in Scepusio, sic dictâ provinciâ, in hunc mundum editus fuit. Quo eodem die Dn. Gabriel Bethlen, in Regem Ungariæ (ut ferunt) electus erat. Cujus monstrosi partus caput superius emortuum, inferius vero cum toto reliquo corpore vivens baptizatum fuit.

Warhaffte unnd eigentliche Contrafactur einer seltzamen Zweyköpffigen Wunder-Mißgeburt/so Montags den 14 (24) Augusti dieses 1610 Jahrs/zu Garck/im Königreich Ungarn (ein halbe Meil wegs von Leutschau/im Zipser Ländlein gelegen) eben auff den Tag/da Bethlen Gabor zum Ungarischen König erwehlet worden/auff diese Welt geborn ist, Deren Oberhaupt todt, das ander aber sampt dem Leib die Christliche Tauff lebendig empfangen.

Quid Natura rerum artifex, vel potius DEUS Opt. Ter. Max conditor universi, & naturalium ac præter-naturalium, atque super-naturalium rerum effector, ENS liberrimum, hoc monstroso fœtu bicipiti Ungariæ Regno, vel etiam nostræ Germaniæ pro suo imperscrutabili consilio portendere volueri, malumus unumquemque apud se divinatione aut conjecturis probabilibus assequi, quam ut certi quid in negocio planè mystico & abstruso temere pronunciare audeamus. Admirabilis est DOMINUS in omnibus operibus suis, & justa semper sunt ejus judicia, canit Hieropsaltes. Ergò admiremur potius, quàm scrutemur secreta omnisapientis DEI: & ut Christianos decet, patienter eventum exspectemus, nec non ardenter pro salute Ecclesiæ Reique publ. Halcyoniis oremus, ne pro nostris malè-meritis non habeat, sed pro suâ magnâ misericordiâ respiciat JEHOVA.

WAs der Allmächtige Gott/der Schöpffer unnd Erhalter aller natürlichen unnd übernatürlichen Dingen mit dieser Wundergeburt unns Teutschen/bevorab der Ungarischen Nation andeuten wolle/ob es ein Gnaden- oder Zornzeichen sein solle/das mag ein jeder Verständiger bey sich selbst vernünfftig unnd mit gebührender Bescheidenheit überlegen/dann man nichts gewisses davon judiciren oder urtheilen kan. Der HErr ist wunderbarlich inn allen seinen Wercken/sagt der Psalm/etc. Derowegen wollen wir solche ding/die uns viel zu hoch seyn/nicht begeren zuergründen/sondern viel mehr den HErrn Unsern Gott umb gnädige Erhaltung seiner Christlichen Kirchen und umb Frieden im H. Römischen Reich/dessen wir hochnotwendig bedörffen/inbrünstig von Hertzen Grund anruffen/bittende/daß sein Allmacht unns nicht nach unserm Verdienst/sondern nach seiner unaußsprechlichen Barmhertzigkeit gnädig ansehen und vor allem Ubel/Krieg/Hunger unnd Pestilentz bewahren wölle. Amen das geschehe.

Nürnberg bey Peter Isselburg zu finden.

Fig. 146. Nürnberger Flugblatt vom Jahre 1610.

der alte Trick angewandt, die meist totgeborene Mißgeburt als lebend und erwachsen darzustellen. Dann erfahren wir aus der Beschreibung, daß das Scheusal fünf Hörner hatte; am Hinterhaupt waren sichtbare Geschwülste, die Knie saßen bei der Mißgeburt in der Kniekehle, an den Fingern waren Klauen und das eine Bein war knallrot, der übrige Körper von bätischer

Farbe. Die Hebammen erschraken weniger über die Mißgeburt, als über das furchtbare Getöse, mit welchem das Kind zur Welt kam. Das Geschehnis soll den Zeitgenossen durch die Mitteilung, daß der Fürst (Subalpinorum Princeps) das Monstrum sich bringen ließ, als über jeden Zweifel erhaben gelten. Man kann nach dem Sitz der großen Geschwulst die Vermutung aussprechen, daß hier ein ungewöhnlicher Fall von Gehirnbruch vorlag und daß das übrige das übliche phantastische Beiwerk der Berichterstatter war.

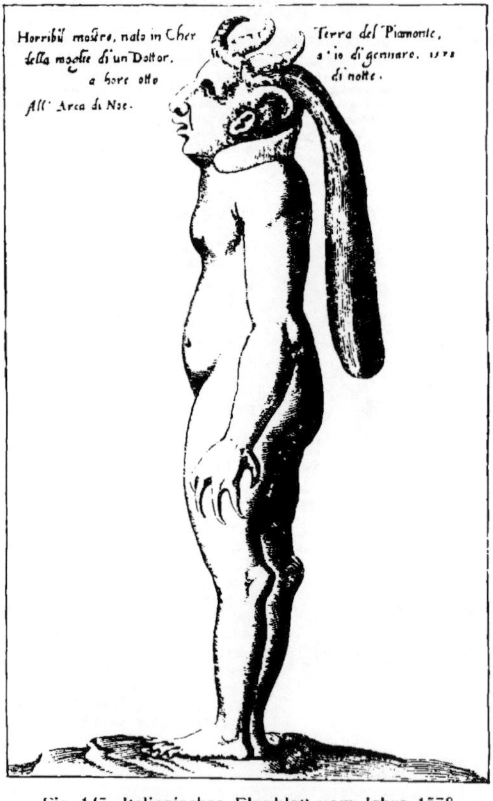

Fig. 147. Italienisches Flugblatt vom Jahre 1578.

Durch die Entdeckung der Neuen Welt und ihrer Bewohner war die Glaubensseligkeit der Völker ins Ungemessene gesteigert. Die Erlebnisse aus der Antike wiederholten sich in diesen Jahrhunderten; „so glaube ich an geflügelte Schlangen, obschon ich keine gesehen habe“ (Pausanias, Böotika 21). Die Traumgeburten unserer Flugblatt-Autoren stellen sich nun aber nicht dar als manische Phantasien origineller Art, sondern sie sind zum größten Teil armselige Gedanken und dürftige Anleihen bei antiken klassischen Vorbildern. Das ist der ungeheure Nachteil des Humanismus, daß er urwüchsige bodenständige, also originale Gedankenarbeit lähmte; statt Neugeburt: Wiedergeburt und dies leider in nicht verbesserter Fassung. Mit der Wiederbelebung der antiken Schriftsteller nahm man auch die alten Vorstellungen wieder auf und setzte dem lieben deutschen Publikum Erzählungen von anno Tobak, die längst von späteren klassischen Autoren überholt und beseitigt waren, wieder als eben passiert und als waschechte Neuigkeiten vor. Solche Neuentdeckungen aus dem Altertum befriedigten die Menge. Die Flugblätter und Briefe, welche als neue Zeitungen solche Wundererscheinungen und Naturseltsamkeiten mitteilten, fanden um so leichter Glauben, als die verschiedenen Druckorte immer wieder dieselben Mitteilungen in etwas veränderter Aufmachung brachten, welche dann ohne Widerspruch zu finden ins Land gingen. Und da in den großen Kulturzentren Süddeutschlands die Obrigkeit eine Zensur über die Druckware ausübte, so sahm das im Autoritätsglauben dressierte Volk diesen Schund als wahr an.

Modernisierte mythologische und antike Vorbilder.

Tritonen und Sirenen bildet Paré in seiner Chirurgie noch ab. Allerdings erklärt er, daß sie nur noch selten vorkommen. Lykosthenes bildet Satyrn und Zentauren ab. In entzückender Frische und köstlicher Naivität beschreibt Mondeville den Satyr von Alexandria; der heilige Einsiedler wohnt noch sonnenweit von Inquisition und Tortur.

Holzschnitt aus Aldrovandus.

Fig. 148. Die eierlegende selenitidische Frau.

Betrachten wir nun die Wundermenschen von Aldrovandus, so finden wir verschiedene Ausgaben von Satyrn teils mit Bocksbeinen und mit Hörnern, teils auch ohne diese mit Katzenfüßen und langem Schwanz. Bei den Giganten greift der Meister auf die Genesis zurück, die Enakssöhne und den Riesen Goliath. Als der Schöpfungsurkunde gleichwertigen Quelle führt Aldrovandus Lykosthenes und Ravisius Textor bei der Schilderung der selenitidischen Frauen an, welche genau wie andere Frauen aussehen und nur insofern von diesen ein wenig abweichen, als sie Eier legen und diese ausbrüten (siehe Figur 148). Daß Ravisius Textor sich wiederum auf Herodot bezieht, erwähnt er nicht. Das nähere Studium zeigt nun, daß diese Humanisten alle jene von Herodot, Aristoteles, Pausanias, Strabo, Tacitus, mit anderen Worten den ganzen klassischen und nachklassischen Schriftstellern berichteten Fabelwesen als noch vorhanden und wirklich annehmen. Die Gelehrten berufen sich nun wenigstens auf ihre Quellen, deren Glaubwürdigkeit sogar manchmal angezweifelt wird. Namen wie Aristoteles aber und Plinius zum Beispiel genießen päpstliche Autorität. Bei diesen Abhandlungen ist nun amüsant, daß Fortunius Licetus in seinem Buche über die Mißgeburten den Orang-Utan als Waldmensch oder indischen Satyr beschreibt und abbildet (siehe Figur 149). Er schließt die genaue Beschreibung des Menschenaffen mit den Worten des Nikolaus Tulpius (der Unsterblichkeit durch Rembrandts Anatomie erlangte): „Entweder gibt es in der Naturgeschichte keinen Satyr, oder wenn es einen gibt, ist es ohne Zweifel jenes Tier, welches wir in unserer Zeichnung wiedergaben.“ Jakobius Bontius beschreibt dieselben Waldmenschen und erklärt ihre Entstehung aus der Vermischung der Indianerfrauen mit Affen in fluchwürdiger Wollust.

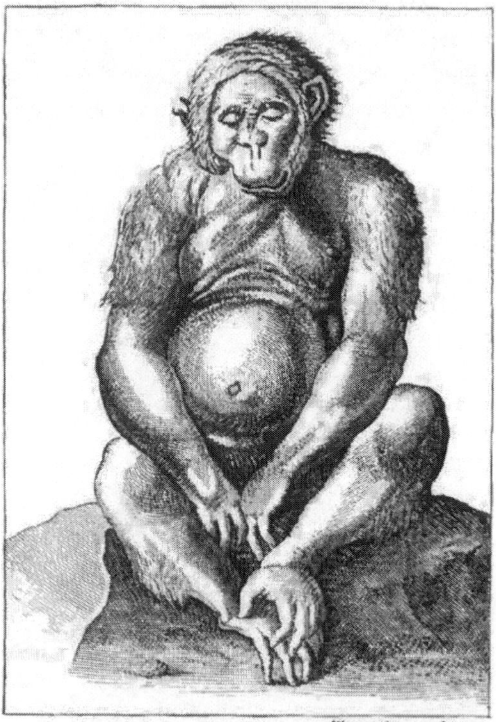

Illustration aus Licetus.

Fig. 149. Der indische Satyr
(gleichzeitig erste Darstellung des Orang-Utan).

Solange sich die Autoren nun auf die Klassiker berufen, geht ja diese Geschichte noch einigermaßen hin; es ist nicht ihre Schuld, wenn die flüchtigen

Leser die antike Herkunft übersehen und die Naturwunder für zeitgenössische echte Bewohner fremder Länder halten. Darin werden sie nun bestärkt ein-

DIses Monstrum ist das abgewichene 1654. Jahr in Catalonien auffm Gebürg Cerdagna von den Spanischen Soldaten / so auff ein Frantzösisches Quartier zu marsiert / mit gar geringer Mühe gefangen worden hat siben Köpff / siben Aerm vnd Händ wie ein anderer Mensch / vnd bedient sich deren allen / sechs Köpff / haben jeder zwey Augen / der sibende aber mit welchem es isset vnd trincket / hat nur ein Aug mitten an der Stirn / vnd Esels-Ohren / scheint eines 14. Jährigen Alters / ist oberhalb ein Mensch / vnder dem Gürtel ein Satyrus, mit härigen Gaißfüssen / gehet auffrecht wie ein Mensch / murmelt vnd schreyet abschewlich / ob es von Menschen oder Thieren an die Welt kommen / mag man nicht wissen dises Monstrum wird auß Befelch deß Königs in Spania im Closter Escurial bey Madrit auffgehalten.

Zu Augspurg / bey Raphael Custodes Kupfferstechern.

Fig. 150. Augsburger Flugblatt vom Jahre 1654.

mal dadurch, daß die deutschen Nachdrucker und Herausgeber von Flugblättern die antike Autorschaft entweder einfach verschweigen, oder in absichtlicher Fälschung die Phantasien römischer oder griechischer antiker Reisenden mit kühner Frechheit plötzlich in die Gegenwart verlegen und sie in irgend einer Stadt an dem und dem Tage geboren werden lassen. Natürlich hütet sich der Nürnberger Drucker, das Geschehnis nach Fürth zu verlegen, er

Münchener Neue Pinakothek.

Fig. 151. Kölner-Flugblatt vom Jahre 1664.

wählt vielmehr Lissabon oder irgend eine Stadt unbekannten Namens in den Abruzzen. So sehen wir vor uns ein Monstrum, welches im Jahre 1654 in Katalonien auf dem Gebirge Cerganda von spanischen Soldaten mit geringer Mühe gefangen wurde. Es hatte sieben Köpfe, sieben Arme und Hände (siehe Figur 150). Es bediente sich aller Köpfe, der siebte Kopf aber, mit

Fig. 152. Kölner Flugblatt vom Jahre 1660.

welchem es ißt und trinkt, hat nur in der Mitte ein Auge und Eselsohren. Der Mensch wird als Satyr erklärt, ist vierzehn Jahre alt und wird auf Befehl des Königs von Spanien im Kloster Eskorial gefangen gehalten. Von diesem

Fig. 155. Italienisches Einblatt vom Jahre 1585.

Einblattdruck existieren mehrere Ausgaben. Das eine ist in Augsburg bei Raphael Custodes erschienen. Das in meinem Besitz befindliche ist ohne Druckort, eins aus der Ulmer Stadtbibliothek trägt die Inschrift oben. Soweit ich bisher feststellen konnte, gehen diese Ausgaben zunächst auf ein italienisches Einblatt zurück, welches wiederum dieses Ungeheuer in Cusrigo von einer alten Frau im Jahre 1578 geboren sein läßt. Auch Aldrovandus bildet dieses siebenköpfige Ungeheuer ab. Von ihm erfahren wir, daß wiederum im Jahre 1625 bei Nikolaus Tebaldinus in Bologna die Geschichte dieses siebenköpfigen Wunders gedruckt wurde und daß die glückliche Mutter Perdonone hieß und in einem Städtchen Forum Julii wohnte. Er ist aber doch der Ansicht, daß dem Autor der Hundertkopf des Pindars, den auch Aristophanes in seinen „Wolken“ erwähnt, vorgeschwebt hat. Ganz abgesehen von der Nichtigkeit des Inhaltes, erschrecken wir vor der Unmoral der Herausgeber solcher Flugblätter, die sich als glatte Fälscher erweisen, deren Geschäftsmoral der Begriff „Mundus vult decipi“ und deren Geschäftskapital der kachierte Diebstahl an fremdem Besitz ist. Beweise hierfür seien zunächst einmal die Flugblätter über den Kranichmenschen; das jüngste Flugblatt datiert vom Jahre 1664, welches sich in der Münchener Neuen Pinakothek befindet und das Johann Hoffmann, ein Kölner Herausgeber, in die Welt schickte. Wir sehen hier in etwas bizarrer Stellung einen Menschen mit Giraffenhals und tierähnlicher Kopfbildung. Die Unterschrift: Dies ist der Tarter, den der Graf Nikolaus von Serin gefangen bekommen 1664. Wir könnten zunächst mit diesem Tarter nicht viel anfangen, wenn uns nicht ein etwas früheres Flugblatt von Altzenbach in die Hände gekommen wäre, welches erst das Hoffmannsche in das rechte Licht setzt. Wir sehen hier ein ähnliches Individuum, aber der Hoffmann hat die Mißgeburt seines Kölner Konkurrenten in eine etwas modernere Fassung gebracht (siehe Figur 151 und 152). Altzenbach versetzt den

Fig. 154. Randleisten. Schedels Buch der Chroniken. Deutsche Ausgabe. 1500.

Fig. 155. Randleisten. Schedels Buch der Chroniken. Deutsche Ausgabe. 1500.

Wundermenschen auf die Insel Madagaskar. Statt des Grafen Nikolaus hat ihn ein Schiffskapitän des Feldmarschalls Milleraye gefangen; das Ungeheuer befindet sich zurzeit in Nantes, wird aber bald in Paris zu sehen sein. Diese Wundermißgeburt ist sanftmütig und läßt mit sich handeln, redet eine besondere Sprache, die man nicht versteht. Das wichtigste war nun, daß man ein Konsilium der Doktoren der Theologie und Medizin zusammenrief, um zu wissen, ob man das Ungeheuer taufen könne oder nicht. Dies entschied sich dahin, daß man es vier Monate lang unterrichten und es in dieser Zeit auf Vernunft und Verstand prüfen solle. Habe man solchen dann vermerkt, möge man es taufen. Da das Ungeheuer aber jetzt schon das Zeichen des Kreuzes machen kann, nehme ich an, daß man es getauft hat. Das Blatt von Altzenbach ist, wie die meisten seiner Publikationen, technisch gut gearbeitet; man sieht im Hintergrunde Nantes und die Loire. Die Notiz, gedruckt nach der Pariser Kopie, verweist auf ein ganz ähnliches Flugblatt. Dasselbe zeigt die gleiche Figur, als Hintergrund aber eine geographische Skizze der Insel Madagaskar. Dagegen zeigt die anonyme Sammlung aus Rom vom Jahre 1585, privilegiert für den Stecher Johannes Baptista de Cavallerii, das ältere Vorbild (siehe Figur 153). Dieser verlegt wieder die Menschenform an das äußerste Ende von Frikana am Ende der Erde. Lykosthenes wieder bildet auf Grund von Mitteilungen italienischer Freunde (eben des zitierten Flugblattes) am Schluß seines Buches die Kranichmenschen ab und läßt sie wieder in den äußersten syrikanischen Weltteilen entstehen. Auch erzählt er allerlei Einzelheiten nach, welche auf ein antikes Vorbild mit Sicherheit

Fig. 156. Randleisten. Schedels Buch der Chroniken. Deutsche Ausgabe, 1500.

Fig. 157. Randleisten. Schedels Buch der Chroniken. Deutsche Ausgabe, 1500.

schließen lassen. Sie seien Ackerbebauer und lägen in dauerndem Kampfe mit den Greifen. Ihre Weiber seien ohne Bart mit breiterem Schnabel, sie tränken keinen Wein; ihre im Kriege Gefallenen halten sie für heilig und deren Witwen gelten anderen Männern als unanrührbar. Aus eigener Weisheit läßt er in der Vorrede seines Buches ähnliche Menschen in Eripia wohnen.

Es wäre eine besondere Arbeit, den ersten Illustratoren dieser antiken Fabelwesen nachzugehen. Sie erscheinen schon in den frühen Erzeugnissen der Druckkunst. Denn schon in dem Buch der Chroniken und Geschichten mit Figuren und Bildnissen von Anbeginn der Welt; der Deutschen Ausgabe der Schedelschen Weltchronik (1493), findet sich unter den mancherlei Gestalten der Menschen auch unser Kranichmensch. „So sind in Eripia schön Leut mit kraniche Hälsen und schnebelen.“

Holzschnitt aus Seb. Munster, Cosmographey.
Fig. 158.

Als Randleisten finden wir weiter die Menschheitstypen, an denen die folgenden Jahrhunderte ihre Sensationslust befriedigen (siehe Figur 154—157).

„In dem Land India sind die Menschen mit Hundsköpfen und reden bellend; nähren sich mit Vogelfang und kleiden sich mit Tierhäuten. Item östlich haben allein ein Aug' an der Stirn ob der Nasen und essen allein Tierfleisch. Item in dem Land Lidia werden ettliche ohne Haupt geboren und haben Mund und Augen (auf der Brust). Etliche sind beiderlei Geschlechts, die rechte Brust ist männlich, die linke weibisch und vermischen sich untereinander und gebären. Item gegen dem Paradeys bei dem Fluß Ganges sind öttlich Menschen, die essen nichts, dann sie haben so kleine Mund, daß sie das Getrank mit einem Halm einflößen und leben vom Geschmack der Äpfel und Blumen und sterben bald von bösem Geschmack. Daselbst sind auch Leut' ohne Nasen. Etliche haben unten so große Leffzen, daß sie das ganze Angesicht damit bedecken. Item etliche ohne Zungen, die deuten einander ihre Meinung mit winken wie die Klosterleute. Item in dem Land Sizilien haben einige so große Ohren, daß sie den ganzen Leib damit

Fig. 159. Holzschnitt aus Megenberg, Buch der Natur. c. 1475.

bedeckten. Item in dem Land Etiopia wandern etliche so niedergebogen wie das Vieh und leben vierhundert Jahre. Item haben etliche Hörner, lange Nasen und Geisfüß, das findest Du in St. Antonius ganzer Legende. Item in Etiopia sind Leut mit einem breiten Fuß und so schnell, daß sie die wilden Tiere verfolgen." (Deutsche Ausgabe der Weltchronik vom Jahre 1500.)

Diese kurze summarische Aufzählung der seltsamen Menschen geht nun zurück in erster Linie auf Plinius, den hl. Augustinus und Isidorus. Doch führt der Autor auch die Geschichten des großen Alexander als Quellen an. Die Naivität des Schriftstellers geht aus folgender Bemerkung hervor:

Es sei ein großer Streit in der Schrift, ob ringsum auf der Erde Menschen seien. Da alle Menschen ihren Scheitel gegen den Himmel kehren, so wäre es verwunderlich, daß unsere Antipoden, die ihre Fersen gegen uns wenden, nicht von der Erde herunterfallen. Aber „das kommt aus der Natur“.

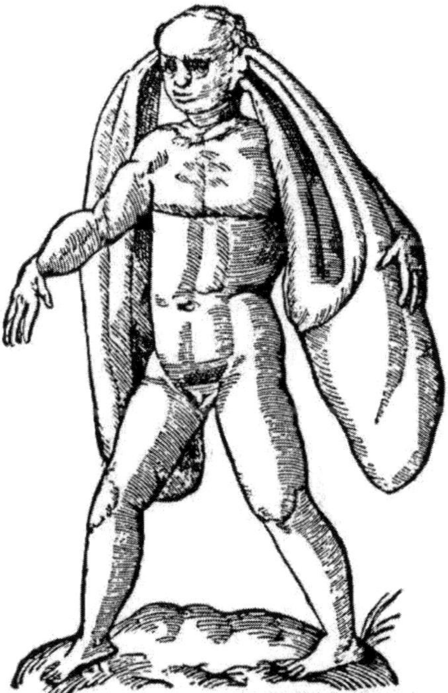

Holzschnitt aus Aldrovandus.
Fig. 160. Homo Fanesius auritus.

Diese kurzen bildlichen Beigaben der Weltchronik sind aber schon der damaligen Welt bekannte Schlagworte. Ihre Entstehung geht offenbar auf Miniaturen des frühen Mittelalters zurück. Ganz besonders bot das 7. Buch der Naturgeschichte des Cajus Plinius Anregung hierzu. Betrachten wir den seltsamen im Auge haftenden Einblattdruck vom Jahre 1585, so wird uns in ihm der in der Weltchronik bereits angekündigte Breit- und Schnellfüßer näher vorgestellt. Dieses Bild (siehe Figur 161) ist nur eine Illustration der Erzählung des Plinius 7. Buch 16. „Ebenso soll es (nach Ctesias) eine Gattung von Menschen geben, welche Monocoler (Einfüßler) heißen und nur einen Fuß haben, auf dem sie aber mit wunderbarer Schnelligkeit dahinschlüpfen, dieselben sollen auch den Namen Sciapoden haben (Schattenfüßler), weil sie bei großer Hitze sich rücklings auf der Erde liegend mit dem Schatten ihrer Füße schützen.“ Es ist selbstverständlich, daß diese Abbildung zum Beispiel bei Lykosthenes noch vorkommt. Allerdings haben die Autoren merkwürdigerweise das Charakteristische derselben, die Sonne, weggelassen. Von diesen

Einfüßlern berichtet Aldrovandus (der übrigens dieselben nicht abbildet), daß Solinus sie Monuscelli nennend nach Indien verlegt. Er erwähnt ferner, daß dieser Menschen Standbilder (Simulacra) nach dem hl. Augustinus auf dem

Fig. 161. Italienisches Flugblatt vom Jahre 1585.

Forum von Karthago in der Nähe des Hafens aufgestellt gewesen wären. Die naive Reisebeschreibung des Johannes de Mandeville, Augsburg bei Anthony Sorg 1481, zeigt uns den Einfüßler auf dem Rücken liegend, sein Gesicht mit dem Fuß bedeckend (siehe Figur 162). Daß aber diese Buchillustrationen des Ausgangs des 15. Jahrhunderts nur der Ersatz für die Miniaturen der Manuskripte des frühen Mittelalters waren, und daß auch diese anscheinend originale Kunst stark mit dem Begriff der Tradition arbeitete, beweisen die Abbildungen aus dem Livre de Merveilles. Dieses frühe Schriftwerk aus dem 13., spätestens 14. Jahrhundert behandelt eine Reisebeschreibung nach dem Orient. Hier finden wir auf dem 33. Blatt unseren Breitfuß in seiner typischen Stellung wieder (siehe Figur 163). Wir werden wohl nicht fehlgehen, wenn wir die Ansicht aussprechen, daß auch diese Miniatur des 13. Jahrhunderts keine originelle Darstellung ist, sondern aus orientalischen, vielleicht persischen Manuskripten stammt, die wieder auf antike Vorbilder zurückgehen. Kraft dieser

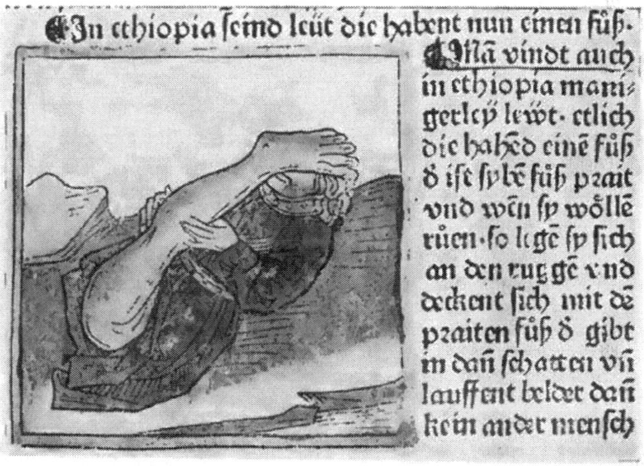

Fig. 162. Johannes de Mandeville. Augsburg 1481.

Tradition hat, wie dies Sudhoff in den Studien zur Geschichte der Anatomie für die anatomische Graphik bewiesen, die antike Illustration sich auf Umwegen zu uns hinübergerettet. Dieser Vorgang auf die deutsche Literatur übertragen, offenbart sich auch in den Werken der Poesie. Ex oriente lux. So sind wir entsetzt über die Entdeckung, daß das tiefste und großartigste Werk des deutschen Mittelalters, das Minnelied und die Mär von Tristan und Isolde, in Wirklichkeit zum Teil orientalischen Ursprungs ist. Isoldes Gottesurteil und ihr Schwur von der ehelichen Treue ist altorientalischen Motiven nachgearbeitet (siehe J. J. Meyer, Isoldes Gottesurteil in seiner erotischen Bedeutung).

Die Abbildung des Einfüßlers wird flankiert von zwei Wunderfiguren. Rechts sehen wir einen Einäugigen, das Vorbild des Zyklopen. „Die Arimasper, die neben den Szythen wohnen, zeichnen sich durch ein einziges Auge in der Mitte der Stirn aus." Sie werden besonders von Plinius und Herodot erwähnt, und es ist selbstverständlich, daß diese Zyklopen noch von Aldrovandus um die Mitte des 17. Jahrhunderts anerkannt werden. Außer den genannten Autoren führt Aldrovandus noch den hl. Augustinus, einen Mann von unerschütterlicher Zuverlässigkeit, an, der den Volksstamm bei seinen Wanderungen in Afrika selbst gesehen habe. Er fügt aber hinzu, daß Thevetus

Fig. 163. Wundermenschen aus livre de merveilles.

in seiner Geschichte der neuen Welt diesen Volksstamm nie beobachtet habe. In gleicher Größe bildet Aldrovandus den Äthiopier mit vier Augen ab, dessen Existenz er jedoch bezweifelt.

Die merkwürdige menschliche Erscheinung ohne Kopf begegnet uns häufiger, zunächst fanden wir sie in größerer Auswahl noch auf einem zweiten Blatte des bereits erwähnten Miniaturwerks (siehe Figur 165). Diese Abbildung wagt übrigens merkwürdigerweise Aldrovandus nicht mehr seinen Lesern anzubieten, obwohl er für solcher Wesen Vorhandensein starke Stützen anführt, zunächst den Plinius und den Solinus: „westlich von den Troglodyten leben Menschen ohne Kopf, denen die Augen auf den Schultern sitzen“ (Plinius VII/16). Dann aber den hl. Augustinus, der ja bekanntlich Bischof im afrikanischen Hippo war; dessen Mitteilung aus seinem grandiosen Werke „Gottesstaat“ hat jahrhundertelang noch Verwirrung angerichtet: „Als ich noch Bischof von Hippo war, kam ich mit einigen christlichen Sklaven nach Ätiopien, um ihnen das Evangelium Christi zu lehren. Da sahen wir viele Männer und Frauen, welche keine Köpfe hatten, sondern die Augen auf der Brust befestigt, die übrigen Glieder uns gleich.“ Diese Stelle

Fig. 164. Menschen ohne Kopf aus livre de merveilles.

des Aurelius Augustinus wird auch von Fulgosius zitiert. Aldrovandus glaubt diesen Zustand dadurch zu erklären, daß er meint, die Leute hätten nur keinen Hals gehabt und verwirft die Meinung des Lykosthenes, welcher vieles Eitle geschrieben habe. Aber damit unsere Abhandlung niemals von der Wahrheit sich entfernt, so glauben wir sagen zu sollen, daß nicht richtige Augen, sondern nur die Abbilder der Augen von der Natur angelegt seien.

Die Mitteilung des Augustinus geht nun durch die bildlichen Wunderdarstellungen der Jahrhunderte. Wir verweisen auf ein italienisches Flugblatt vom Jahre 1585, nach welcher Darstellung aber diese Gattung Menschen so dargestellt ist, als wenn sie keinen Leib besitze, denn der ganze Rumpf ist nur Kopf (siehe Figur 164).

Die Abbildung geschwänzter Menschen des Mandeville (siehe Figur 166) erinnert an des Plinius und anderer Mitteilung von den in den indischen Bergen lebenden schnellen Geschöpfen, die auf vier Füßen oder aufrecht laufen, und den

Fig. 165. Aus einer italienischen Sammlung moderner und antiker Menschen 1585.

Choromanden mit behaarten Körpern, grünen Augen, Hundezähnen, ohne Sprache und mit lautem Gebell. In dieser Schilderung erkennen wir leicht die Paviane. Die Wahrheit des Berichtes von Augenzeugen erhellt am Beispiel der Fakire, von welchen Plinius berichtet, daß sie von morgens bis abends unbeweglich auf einer Stelle im heißen Sande stehend, die Sonne betrachten.

Halb Tier — halb Mensch.

Aus der Papierwelt der Phantasiewunder läßt sich eine geschlossene Gruppe herausnehmen, deren Körperbau aus einer Mischung von Mensch und Tier besteht. Diese Gruppe unterscheidet sich aber in vielfacher Hinsicht von jener antiken Halbgötterwelt, deren steinerne Reste von uns heute noch mit Wohlgefallen und Bewunderung betrachtet werden. Die griechische Mythologie kennt eine ganze Reihe solcher Halb- und Viertelsgötter mit teilweiser Menschengestalt. Die Phantasie der Hellenen schuf sich als Ausdrucks-

Fig. 166. Geschwänzte Menschen.
Illustration aus Mandeville. Augsburg 1481.

formen für die Elementargeister von Wald, Wiesen und Quellen Halbtiere, die dem Charakter nach die Eigenschaften ihrer Bodenständigkeit in sich tragen. Der Bockscharakter der Pangesellschaft offenbart sich in der organischen Verschmelzung der Mensch- und Ziegengestalt. Die Künstler gingen nicht so barbarisch vor, daß sie einfach einem richtigen Menschen Bocksbeine gaben und Hörner an die Stirne setzten, sondern die Lüsternheit und Geilheit dieser Naturwesen äußerte sich in einer innigen Verschmelzung beider Formen, wie beim Hermaphroditos wenigstens in der guten Epoche eine ideale Verschmelzung beider Geschlechter angestrebt und nicht nur dem schlafenden, in wollüstigen Träumen versunkenen Weibe ein Membrum angedichtet wurde. Selbst da, wo die Silene, ältere vollgefressene Satyren, geschildert wurden, wußte die griechische Kunst den Körpern und ihrem bacchischen Wesen eine künstlerische Form zu geben. Der Weidegott Pan mit dem Fichtenkranz und der Syrinx mit seinen Pansfrauen und Panskindern werden meist gleichfalls bocksbeinig geschildert; die künstlerischen Darstellungen ihrer Annäherungsversuche an das verwandte Menschengeschlecht gehören vielfach zu den schönsten plastischen Schöpfungen der Antike. Was hat aus diesen hellenischen Geistesschöpfungen, den Vergöttlichungen elementarer Naturgewalten, die sogenannte Wiedergeburtszeit gemacht! Alles Eingeborene an Kunst und Schönheit wurde gestrichen und ausschließlich das Schreckhafte, Dämonische und Häßliche herausgenommen, um es in neuem Gewande und von ganz anderem Gesichtspunkte aus dem Volke zu bieten. Die Tradition verlangte seit Jahrhunderten Wundergesichte. Die Klerisei arbeitete mit diesem niedrigen Mittel, die Druckereien und Verleger benutzten zu gemeinem Erwerbszweck die auf das Sensationelle und Erschreckliche gerichtete Stimmung ihrer Abnehmer und steigerten und überboten sich in der Reproduktion solcher Machwerke.

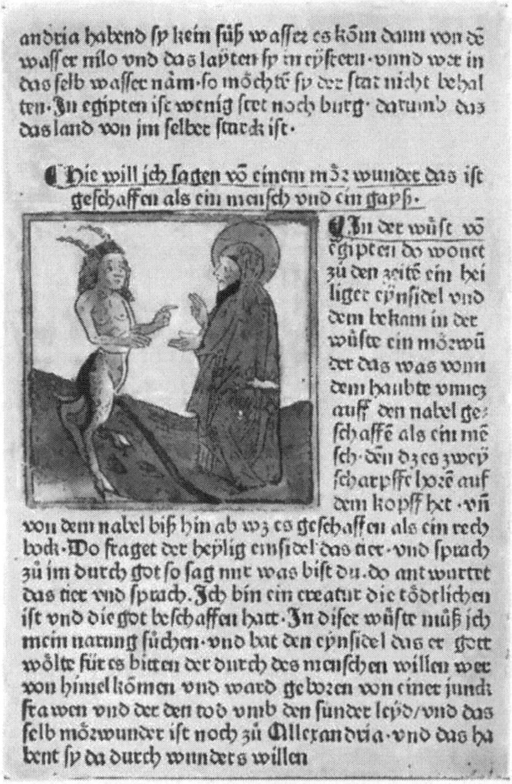
andria habend sy kein süß wasser es köm dann von dē wasser nilo vnd das layten sy in cysterñ · vnnd wer in das selb wasser näm · so möchtē sy der stat nicht behal ten · In egipten ist wenig stet noch burg · darumb das das land von im selber starck ist ·

Hie will ich sagen võ einem mörwunder das ist geschaffen als ein mensch vnd ein gayß.

In der wüst võ egipten do wonet zü den zeitē ein heiliger eynsidel vnd dem bekam in der wüste ein mörwūder das was vom dem haubte vntz auff den nabel geschaffē als ein mēsch · dēn dz es zwey scharpffe hōrē auf dem kopff het · vñ von dem nabel biß hin ab wz es geschaffen als ein rech bock · Do fraget der heylig einsidel das tier · vnd sprach zü im durch got so sag mir was bist du . do antwurtet das tier vnd sprach . Ich bin ein creatur die tödtlichen ist vnd die got beschaffen hatt · In diser wüste müß ich mein narung süchen · vnd bat den eynsidel das er gott wölte für es bitten der durch des menschen willen wer von himel kömen vnd ward geboren von einer junck frawen vnd der den tod vmb den sunder leyd / vnd das selb mörwunder ist noch zü Allexandria · vnd das ha bent sy da durch wunders willen

Fig. 167. Der Satyr. Seite aus Mandeville. Augsburg 1481.

Die von uns zu schildernde Gruppe stellt sich trotz der Ähnlichkeit ihrer äußeren Gestalt mit der Antike als etwas ganz Neues vor. Jedem ist heute und war auch früher die Sphinx bekannt, in der Antike dargestellt als ein Löwenkörper mit Frauenkopf und Brust. In der Mehrzahl der erhaltenen Plastiken kommen noch Flügel hinzu. Daraus macht nun die Neubearbeitung das Löwenweib. Das Spezimen, welches uns die römische Sammlung des Baptista de Cavallerii vom Jahre 1585 vorführt und das in dieser oder ähnlicher Form bei den früheren und späteren Schriftstellern kolportiert wird, ist nun

Fig. 168.
Centaur nach Aldrovandus.

eine modernisierte Sphinx (siehe Figur 169). Diese Löwenart lebt, wie es da heißt, auf den Inseln des Kaspischen Meeres und hat außerdem noch die seiner ganzen Körperform widersprechende Fähigkeit, unter dem Wasser mit der Behendigkeit der Fische zu schwimmen. Außer dieser angeblichen Rasse kommen aber Löwenweiber auch anderweitig und einzeln vor. Schenck von Grafenberg bildet als Figur 71 seines Werkes eine wirkliche Sphinx ab mit der Erklärung, daß auf konstantinischem Gebiet eine Frau einen Löwen mit Menschenantlitz geboren habe. Die Abbildung zeigt dies Produkt auf das deutlichste. Daneben steht die Abbildung eines Pferdes mit Menschenkopf (siehe Figur 170). Hier war es eine Stute, welche die Mischung Pferd und

Mensch hervorbrachte. Von demselben Autor werden dann zwei weitere Beispiele von Pferden mit Menschenköpfen angeführt, welche sich außerdem durch menschliche Stimme auszeichneten. Eins davon wurde von dem Be-

Fig. 169. Das Löwenweib. Italienisches Flugblatt vom Jahre 1585.

sitzer mit dem Schwerte getötet. Er konnte aber den Verdacht über seine Beteiligung an der Entstehung des Monstrums vor Gericht genügend entkräften. Als weiteres Beispiel führt dann Schenck einen Fall an einer Mischung von Pferd und Hirsch. Das Produkt dieser Mischung war so schnellfüßig, daß man es dem König Ludwig zum Geschenk anbot (Rueffius L. de concept V, Cap. 3). Das sind die humanistischen Verschiebungen des antiken Centaurengeschlechtes. Einen gewissen Nimbus besitzt aber das Pferd des

Fig. 170.

Leo — equus monstrosus capite humano.

Licetus.

Cäsar, und die Wundersucht des 16. Jahrhunderts hat dies historische Roß mit seinen Spalthufen weidlich ausgeschlachtet. Als im Stall des Julius Cäsar dieses Pferd geboren wurde, weissagten die Haruspices dem glücklichen Besitzer die Herrschaft über die Welt; Cäsar ließ deshalb den Gaul gut pflegen und benutzte ihn als Leibpferd. Lykosthenes bildet nun dieses Cäsarische Pferd mit menschlichen Füßen ab (siehe Figur 171). Er kann sich dabei (was er allerdings nicht tut) auf den Sueton berufen, der von den fingerartigen Hufen des Pferdes spricht. Auch teilt er mit, daß Cäsar das Erzbild dieses Tieres, welches jeden anderen Reiter abwarf, vor dem Tempel der Venus Genetrix aufstellte.

Aldrovandus.

Fig. 171. Das Leibpferd von Julius Cäsar.

In der Centenarchronik von Johann Wolf 1600 wird vom Jahre 1452 ein Monstrum abgebildet, halb Hund, halb Kind; die Mutter, ein Mädchen, war begattet von einem Hunde; das Produkt

Joh. Wolfs Centenarchronik.

Fig. 172. Hundemensch.

wurde zur Entsühnung an den Papst geschickt (siehe Figur 172). Auch Cardanus erwähnt dasselbe Geschehnis (lib. 14 de rerum Var. cap. 77), er bezweifelt die Möglichkeit der Empfängnis wegen der verschiedenen Schwangerschaftszeiten (Aristoteles) im allgemeinen, ausnahmsweise könne dergleichen jedoch durch die Macht der Sternenstellung vorkommen.

Bei der Durchmusterung des Flugblattmaterials, soweit es mir in deutschen Bibliotheken und Sammlungen zugänglich war, ergab sich nun erfreulicherweise ein großer Unterschied zwischen der Seltenheit solcher Flugblätter mit der Wunderdarstellung von Mischungen aus Tier und Mensch und der Häufigkeit der Beschreibungen in der zeitgenössischen Literatur. In Chroniken und den Geschichtsbüchern über Wunderereignisse findet sich eine Unzahl solcher

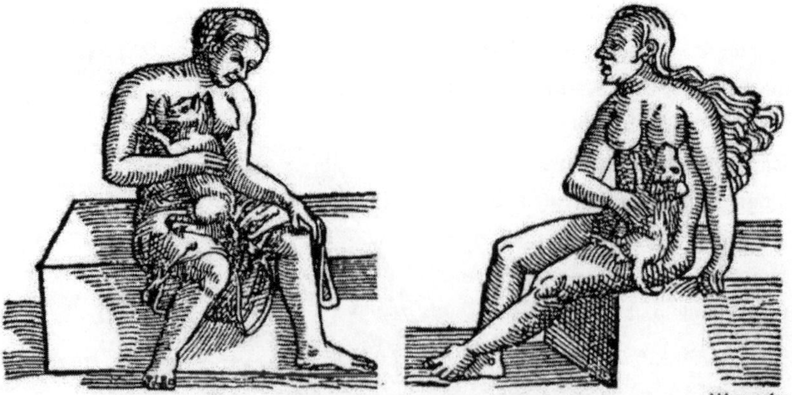

Fig. 173. Mütter ihre Katzenkinder stillend. *Aldrovandus.*

Ereignisse erwähnt mit den üblichen Abbildungen. Da sehen wir bei Fincelius, daß eine Kuh im Dorfe Cleisdorff in der Nähe von Bamberg ein Kalb geworfen hat mit Menschenkopf. Dieser Kopf zeichnete sich durch menschliche Ohren und einen langen Bart aus. Auch trug das Gebilde richtige Menschenbrüste. Wir stoßen in diesen Werken neben den bereits von uns geschilderten Kindern mit Elefantenköpfen auf solche, welche den deutlichen Beweis ihrer tierischen Provenienz an sich tragen. 1495 wird ein Kind geboren mit echten Hasenohren. Im Jahre 1493 „wirft" eine Jungfrau ein Kind, welches zur Hälfte ein Hund ist. 1471 passierte dasselbe Malheur einer Frau in Brixen. Zur Ab-

Aldrovandus.

Fig. 174. Doppelmißgeburt halb Hund halb Mensch.

wechslung zeigt Lykosthenes als Nebenabbildung eine Frau, die einen Kater „geworfen" hat (Seite 488). Auf den Abbildungen haben die jungen Mütter die Vierbeiner an der Brust (siehe Figur 173). Licetus bildet in seiner Geschichte der Monstren ein Schwein ab mit Menschenkopf und eine Katze, deren Hinterkörper ein halber Mensch ist. Die Reihe dieser Beispiele läßt sich ad libitum verlängern. Die Phantasie nach dieser Richtung erreicht aber den Höhepunkt in der Darstellung von Doppelmißgeburten. Der tierische Anteil der geschlechtlichen Verirrung dokumentiert sich dadurch auf das anschaulichste, daß von der Doppelgeburt der eine Teil menschlich, der andere tierisch ist. Ein ansprechendes Beispiel hierfür bietet bei Aldrovandus die Illustration von zwei Doppelmißgeburten, die sich dadurch unterscheiden,

Fig. 175. Italienisches Flugblatt vom Jahre 1585.

daß einmal ein ganzer Hund und Mensch aneinandergewachsen sind, während im zweiten Falle der eine Teil bei sonstiger menschlicher Bildung nur einen Hundekopf hat. Diese Darstellung geht auf das italienische Flugblatt (siehe Figur 175) zurück. Aldrovandus hält aber diese Darstellungen und Geburten aus Albanien und Äthiopien für Fabelwesen, bringt dagegen als sicher die im

September 1494 in Krakau erfolgte Geburt eines toten Fötus, dem am Rücken eine richtige Schlange anhaftete. Hierher gehört auch das Augsburger Flugblatt einer Frau vom Jahre 1531, welche gleichzeitig einen Menschenkopf, ein Schwein und ein froschähnliches Wesen gebar (siehe Figur 144). Gelegentlich werden über das Zustandekommen solcher Mensch- und Tiermischungen von den Autoren Einzelheiten angegeben. Im ganzen aber hatte jene Zeit eine ausgesprochene Scheu, rein sexuelle Dinge ausführlich zu behandeln. Daraus erklärt sich auch der Mangel an Einblattdrucken dieser Art. Die Autoren gehen um die Festlegung der Einzelheiten beim Entstehen solcher Tiermischungen herum und lieben es, der Phantasie des Lesers nur durch Andeutungen nachzuhelfen. Wir werden aber auf diesen Punkt noch näher in dem Kapitel über die Entstehung der Monstren zurückkommen müssen und wollen nur hier schon vorwegnehmen, daß die zeitgenössischen Schriftsteller sich hier in bewußten Gegensatz zur Aristotelischen Auffassung stellten.

Teufel und Mensch.

War der Charakter einer Mißgeburt aber aus vielen Elementen zusammengesetzt, hatte er außer der Menschenart noch charakteristische Teile mehrerer Tiergattungen, Krallen, Pferdefuß, Schwanz und ähnliches, so war es damit zweifelsfrei und klar, daß eine solche Wundergeburt nicht durch bestialische, sexuelle Verirrung entstehen konnte, sondern daß hier der Teufel und die Kakodämonen Vaterstelle einnahmen. Das waren dann die Mißgeburten und Wundererscheinungen, welche die beschränkte glaubensselige Menschheit in den Tiefen ihrer Seele erregten und die dann von den Demagogen der Zeit im Interessenkampf der Parteien weidlich benutzt wurden.

Das Volk war von Kindesbeinen an mit Vorstellungen vom Gottseibeiuns gequält und erschreckt. Satanische Tücke und List umlauerten alle die, welche sich nicht dicht an den schützenden Mauern der Kirche festklammerten. Nur im Schatten dieser lebte man einigermaßen gesichert vor den Verfolgungen des höllischen Fürsten und der kirchlichen Polizei. Es gehörte aber zu den steten Sorgen der Klerisei, diesen völkischen Teufelsglauben auf seiner beherrschenden Höhe zu halten. Wir sahen schon in den voraufgehenden Blättern hin und wieder die Mittel, die man dazu anwandte. Die augenscheinlichsten Beweise aber für die dämonische Macht waren dem naiven

Nach der geburt vnsers herren Jesu christi Tausent funffhundert vnnd im xiij. jar. am vij. tag des Mertzen ist dises seltzam wunderliches vnnd erschrockenlichs Monstrum nit weyt von Rom von eynem weybs bilt geborn wie nach volget.

Nit ferr von Rom der grossen stat
Furwar ein fraw geborn hat
Ein kint gestalt gar wunderlich
In kurtzen tagen offenlich
Von art vnd anblick grausamlich
Mit seynem kopff eyner katzen gleych
Seyn oren lang vnd augen grae
Eins teyls vermischet mit wenig blae
Vnd brinnent gar sam wie ein fewr
Ein weytes maul vast vngehewr
Vill scharpfe Zen vnd kurtzes har
Aber keynen hals sag ich furwar
Dann kopff vnd brust was gar vereynt
Darumb eyn ieder het vermeynt
Das solches wunder nimer mer
Solt kumen von eym menschen her
Seyn glidmas harig vberal
An allen enden gleych sam sal
Zwischen den beynen vnden am bauch
Ein weybes gemecht gar groß vnd rauch
Mit borsten vmbwachsen sam ein schwein
Auch wie ein aff sein durre beyn
Vnd ein schwantz hinab wartz schlecht
Sunst wie ein ander mensch von recht
Wer darff doch offenlich veriehenn
Das er solch Monstra mer hab gesehen
Halb mensch halb Aff halb sunst halb sō
Ein ieder mag gedengken do
Furwar die natur durch ire krafft
Gar nichten hat vmb sunst beschafft
Darumb ich ruff eyn iederman
Dan solche wunder zeygen an
Ein sunder grosse schwere plag
Die got der almechtig durch sein rach
Vnns armen sundernn zu wurt senden
Es werd dann sein erbarmung wenden
Sunst wurt sich heben angst vnd not
Manche schwere kranckheyt gehet tot
Die itzund bey vns seind gemeyn
An allen orten gangen eyn
Mars der planet dis iar ein her
Zornig vnstet grausam schwer
Gibt vrsach groß in seiner zeyt
Zu zancken boßheyt hader neyt
Rauben kriegen morden brennen
Daraus man dañ wol mag erkennen
Was grosser vnfal werden mag
So die christen nacht vnd tag
Ein ander fangen kriegen totten
Zu manchen schweren sachen notten
Wye eyner den andern kan beschemen
Im leyb er vnd gut benemen
Das ist itzund der welte sit
Man helts auch fur kein sunde nicht
Darumb fast zu besorgen ist
Es were geschehen in kurtzer frist
So all kasten sein worden ler
Vnd ist im land kein gelt nit mer
Hat eyner dz andern sein volck erschlage
So wurt sich erst her zu her nagen
Der vnglaubig turk mit gantzer krafft
Vnd bekrigen vnser landtschafft
Das er vor offt hat auch getriben
Er wer ie sunst so lang nit bliben
In seinem land still gesessen
Hette sich solchs nit vermessen
Dann wer es erst zu krigen not
So haben wir weder hilff noch rot
Vnd sein zu frue geflogen aus
Ich wolt das nichs wurt daraus
Aber got sey dangk der durch sein gnab
Vnns christen itzund geben hat
Einen Bapst frum weys vnd wolgelers
Der alle dingk zum besten kert
Der auch itz durch sein heyligkeyt
In allen landen weyt vnd breyt
Mit willen keyserlicher maiestat
Ein steten friden gemachet hat
Zwischen kunigen fursten steten gemeyn
Die dann dem reych verwant sein
Vermeynt durch sein bit zu erlangen
Das alle krieg die angefangen
Worden seynt im romischen reych
Alle zwitracht auch des gleych
Sollen gantz vnd gar gestyllet sein
Bis ger eyn ander iar hereyn
Got woll vnns vnser bet erhorn
Vnnd alle sachen zum besten koren
Vnns hie sein gotliche gnade geben
Nach diesem elend das ewig leben
Got der die seynen nie verlies
Wunscht euch allen Lorentz fries

München, Staatsbibliothek.

Fig. 176. Flugblatt des Lorenz Fries vom Jahre 1513.

Gläubigen die sichtbaren Produkte der Vermischung des Teufels mit den Menschen. Hier brauchte es nicht mehr der Gedankenarbeit, der überzeugenden Nachrede der Priester, die man ja glauben oder in der Tiefe des Busens bezweifeln konnte; hier sah man einfach mit den unbebrillten Augen in dem kakodämonischen Monstrum den Teufelsbeweis. Von dem fleischlichen Verkehr der Teufel mit den Frauen war dauernd in den Hexenprozessen die Rede; in der Tortur hatten die frommen Richter die kleinsten

Fig. 177. Italienisches Einblatt vom Jahre 1514.

Einzelheiten dieser heimlichen Unzucht aus den vor Schmerz und Angst bebenden Weibern herausgequetscht. Das Volk wollte nun wenigstens von Zeit zu Zeit zur Stärkung seiner Glaubenskraft die Produkte von Incubus und Succubus sehen. Das ist der Untergrund für die Geschichte der kakodämonischen Mißgeburten. Nun aber entstand eine neue Schwierigkeit. Teufel, Satan, der Höllenfürst mußte in der Darstellung eine bestimmte Form annehmen.

Es ist nun interessant, die Ikonographie des Teufels von diesem Gesichtspunkte aus zu studieren. Denn die mephistophelische Gestalt hatte in der damaligen Zeit keine feste Fügung angenommen, und das Bild war schwan-

Czu Wiſſen das diſʒ monſtrum geboren worden iſt in diſem iar ſo man zelt M. D. vnd vi. vmb ſant Jacobs tag zu Florentz võ ainer frawen. vnd ſo es kund gethon iſt vnſerm hailigen vatter dem babſt. hat ſein hailigkait geſchaffen man ſolt ym kain ſpeyſung gebẽ beſunder on ſpeyſz ſterben laſſen.

München, Staatsbibliothek.

Fig. 178. Deutsches Flugblatt vom Jahre 1506.

kend. Diese auffallende Tatsache kann man sowohl auf den Gemälden und Drucken studieren, als auch aus den Aussagen der inkriminierten Personen entnehmen. Die Hexen sagten aus, daß der ihnen erschienene Teufel oft menschliche Form gezeigt habe, meist wird er stark bärtig geschildert, mit hinkendem Gang, übelriechend. Die darstellende Kunst hat sich aber nicht auf ein bestimmtes Äußere geeinigt; meist wird der Teufel mit menschlichem Leibe geschildert, mit Bockshörnern, gelegentlich auch mit Bocksfüßen oder Eselsfüßen; häufig auch laufen die unteren Extremitäten in greifenartige Krallenfüße aus. Vielfach ist er mit einem großen Schwanz begabt, seine Haut schuppig oder rauh. Die Phantasie des Künstlers hat hier den größten Spielraum. Man betrachte nur die phantastischen dämonischen Gestalten des sogenannten Höllenbreughel oder noch besser die Figurinen eines Hieronymus Bosch. Das Proteusartige der teuflischen Figur findet wohl in erster Linie seine innerliche Begründung darin, daß diese Gestalt in der antiken Mythologie nicht vorgebildet war und daß das christliche Zeitalter vor der Aufgabe stehend, aus eigener Phantasie dem Nachtgott ein neues Gewand zu weben, bei diesem Versuche vollständig versagte. Statt ein charakteristisches Äußere zu finden, verlor man sich in eine Unzahl schmückender Attribute.

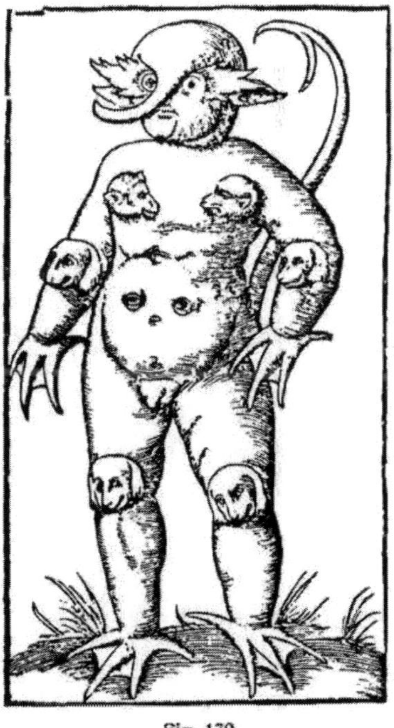

Fig. 179.
Die Satansgeburt von Krakau (1543).

Um so leichter aber hatten es nun die Herausgeber der Flugblätter, an den neugeborenen Monstren die Zugehörigkeit zur höllischen Macht darzutun, wenn man an der Mißgeburt nur irgend eins der vielen Zeichen erkennen konnte. Krallen, Klumpfüße, atypische Behaarungen, Verkümmerungen der oberen Extremitäten, Schwimmhäute zwischen den Fingern und ähnliche Abnormitäten wurden in der Wiedergabe entsprechend vergrößert und zu charakteristischen Erbstücken aus teuflischer Buhlschaft entstellt. So trugen diese kakodämonischen Produkte irgendwelche liebe, nette Züge vom Vater her. Um aber überzeugend zu wirken, sammelte man alle möglichen Naturverirrungen und bildete daraus Ungeheuer, wie zum Beispiel das Monstrum von Krakau, das beinahe in jeder anständigen Chronik der damaligen Zeit ausführlich besprochen wurde. Dieses Phantasiegeschöpf wurde 1543 in Krakau, nach anderen in Belgien geboren. Die Augen sind flammend und feurig, die Nase wie ein Kuhhorn, zwei Affenköpfe auf der Brust, am Nabel zwei Katzenaugen, am Ellenbogen zwei Hundeköpfe. Dasselbe zeigt sich an den Knien; Hände und Füße hat es wie ein Schwan, einen langen Schwanz mit Widerhaken; am Rücken rauhe Hundehaare (siehe Figur 179). Das Kind

Fig. 180. Titelholzschnitt. Historia von einer Jungfrau, welche mit etlich und dreißig bösen Geistern besessen. München ca. 1550.

hat nur vier Stunden gelebt und ist dann mit dem Ruf: „Wachet auf, euer Gott kommt!“ gestorben. Das Monstrum wird bezeugt durch Casparus Peucarus (de Teratoscop.), ferner durch Sebastian Münster in seiner Kosmographie und durch Casparus Bruschius in einem eleganten Gedicht. Überflüssig zu sagen, daß das Monstrum in alle medizinischen Handbücher der Zeit überging.

Die Teufel, welche beim Exorzismus den gequälten Körpern unter dem Machtspruch des Priesters entfahren, haben im Gegensatz zu dem proteus-

Zu wissen. Ein wunderparlichs vñ erschrockelichs ding/das dyser zeyt in Welschen Landen. Als man Zalt nach Christi unsers herren gepurt Funfftzehenhundert vñ zwelff Jar. An dem. xxvij. tag In dem Monat des Hornungs. Ein kynd geporen võ einer Closter frawen bey der Stat Florentz/in einem Closter genant Aurea/vñ ist bey anderhalber meyl võ Florentz. Vñ das selbig kynd hat hendt wie ein Fledermauß/vñ ein angesicht wie ein mẽsch. Aber doch ist es also gestalt/das Im der mund weyt offen vñ groß ist/vñ zway oren wie ein mensch. Vnd auff dẽ haubt hat es ein horn als Moyses zway het. Vñ drey püchstaben auff dẽ hertzen/mit namen. I. X. V. vñ ein man scheyn vnder dem. V. vñ drey flämen vnder dem hertzen/vñ hat ein payn wie ein mensch/vñ auff dem selben payn vnden auff dem knye/ein Aug/wenn sich dz selbig Aug vmbkert So keren sich die im angesicht auch vmb. Darnach hat es ein payn wie ein Fisch daran hat es einen fuß der hat drey Spitzen/vñ nyemãt kan erkenen ob es ein meydlein oder ein knab ist. Vñ hat geleb Viertzig tag. Vñ ist gestorben am Aylfften tag In dem Aprill/an dem tag Ruperti genãt. Dyser seltzamen gepurt hat sich menigklich verwundert/vñ nyemant kan das wunderliche ding/vñ sonderlich die drey püchstaben außlegen. we der doctor/geschrifft gelert vñ vngelert/vñ man ken auch nit wissen ob das güt oder pöß bedeüt. Vnd das kyndt hat keyn leipliche noch menschliche speyß gessen/Sonnder suessigkeyt von Zucker vñ andern suessen dingen. Auch hat es keyn müter künnen noch mögen Seugen/als die schrifften vñ erfarung auß Welschen Landen anzaygen.

München, Hof- und Staatsbibliothek.

Fig. 181. Flugblatt vom Jahre 1512.

artigen Äußern der sonstigen Teufel eine mehr einheitliche Gestalt. Es sind langgeschwänzte, kleine, geflügelte Wesen mit Hörnern. Es entsprach dem naiven Volksempfinden, daß eben das Entweichen solcher Teufel aus dem

Munde in die Luft nur mittels Flügel vor sich gehen könne (siehe Figur 180 der wahrhaftigen Historie von einer Jungfrau, welche mit etlichen dreißig bösen Geistern besessen war). Die Mehrzahl der teuflischen Mißgeburten trug

Fig. 182. Flugblatt vom Jahre 1512.

demnach solche mehr oder weniger bizarren Flügel. Die Art der Flügel ist ganz verschieden, einmal sind sie fledermausartig, dann wieder denen der Meerdrachen und Fische ähnlich.

Von dem Monstrum, welches eine Klosterfrau in der Nähe von Florenz 1512 gebar, existieren heute noch verschiedene Ausgaben von Flugblättern (siehe

Figur 178, 181, 182). Es soll noch darauf hingewiesen werden, daß auch eine Verbildung der Genitalien auf all diesen Blättern unterstrichen markiert wird. Das Satanische soll dadurch dokumentiert werden. Daß auch auf den Körpern solcher kakodämonischer Ungeheuer allerlei übernatürliche Schriftzeichen und Bilder vorkommen und daß überhaupt alle möglichen phantastischen Mittel angewandt wurden, um ein möglichst bizarres Gebilde aufs Papier zu bringen, ersehen wir schon aus der kleinen Auswahl unseres Illustrationsmaterials; wir erfahren aber auch gleichzeitig, daß die Mittel, mit denen gearbeitet wurde, ebenso armselig waren wie die geistige Verfassung der Urheber; nirgends ein imponierender Zug von Größe in der Erfindung oder der Ausführung. Als wohltuende Erlösung empfinden wir bei dem Versagen der schöpferischen Idee in der Darstellung des Bösen die Gestaltung der Engel; doch hier war natürlich die Lösung einfacher, zumal man auf dem Boden antiker Tradition bauen konnte.

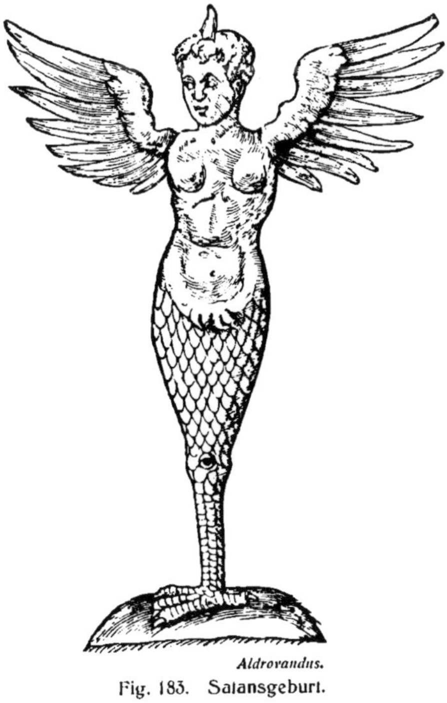

Aldrovandus.

Fig. 183. Satansgeburt.

MISSGEBURT UND KIRCHLICHE AGITATION.

Wir haben schon zur Genüge Gelegenheit gehabt, festzustellen, daß namentlich die Flugblätter des 16. Jahrhunderts in eine religiöse Warnung oder Mahnung zu kirchlicher Buße ausklingen. So lautet zum Beispiel der Schlußsatz des Einblattdruckes vom Jahre 1620 (Figur 29) deutlich genug:

„Was nun Gott der Allmächtige der bösen und schnöden Welt für eine zukünftige Straff ihres täglich fortsetzenden ruchlosen und sündlichen Lebens zur Warnung andeuten und präfigurieren lassen wollen, das wird zwar leider Gott erbarms die Zeit mit sich bringen: es ist aber unschwer zu erachten, daß es mehr ein Zeichen und Vorbot seines wider uns erbrannten gerechten Göttlichen Zorns als einiges Signum futurae pacis amoris et fraternitatis mutuae sein werde. (Diese letzte Möglichkeit würde der Gestalt der sich liebevoll umarmenden Doppelgeburt nämlich entsprechen.) Seine Göttliche Allmacht wolle jedoch alles um der Rechtglaubigen und in der wahren allein seligmachenden Religion standhafftig verharrenden frommen Christen willen zum Besten wenden. Amen.

Ernstliche Bußpredigt
Der schröcklichen Mißgeburt/so im Jar 1607. Den 8. Novemb. zu früe zwischen 1. vnnd 2. im Dorff Schaurheim/ nahe bey Neustadt an der Aisch in Francken / von eines armen Taglöhners/ Hannß Görlitz genandt/ Ehelichen haußfrawen Vrsula/auff die Welt gebracht / vnnd hernach zwischen .3. vnnd 4. getaufft / vnnd Margaretha/ Barbara genennet worden.

O Land/Land/Land/höre deß Herrn Wort/Ier. 22. Besser dich Jerusalem / ehe sich mein Hertz von dir wende / Ier. 6. Wo aber nicht / werde ich dir kommen bald / vnnd deinen Leuchter wegstossen / von seiner stette/wo du nicht Busse thust/Apoc. 2.

Nürnberg.
Anno Christi/ 1607.

Fig. 184.

Dieser Hinweis genügt schon, um den Zusammenhang mit der Kirche festzustellen und die Unterstützung dieser Druckwerke durch die Geistlichkeit zu erweisen. Solch trauriges Familienereignis leitet nicht nur die davon Betroffenen, sondern auch die vom Unglück durch Bußpredigten in Kenntnis gesetzten Bürger zu Frömmigkeit und religiösen Betrachtungen von selbst hin. Den Nagel auf den Kopf trifft aber Peter Hug aus Straßburg, der da am Schluß seines Flugblattes über eine Doppelmißgeburt sagt: „Derhalben so laßt uns Gott den Allmächtigen vor Augen haben und in freundtlich bitten, daß er uns vor solchen unerhörten geburten Vätterlich behüten wolle durch Jesum Christum unsern Herrn. Amen.“ Von diesen sich mit einer gewissen Regelmäßigkeit wiederholenden rein religiösen Betrachtungen auf Mißgeburts-Flugblättern lernten wir schon eine Reihe von Beispielen kennen; es soll hier noch das Nürnberger Blatt vom Jahre 1578 als schönes Beispiel wiedergegeben werden: „Wir Christen wissen, daß solche Mißgeburten durch die Sünde kommen und daß der Satan allerlei Gelegenheit sucht, dem herrlichen Werke der natürlichen Geburt einen Schandfleck anzuhängen.“ Aber von dieser Art theologischer Verbindung soll hier keine Rede mehr sein.

Wir wollen vielmehr an dieser Stelle einige Flugblätter näher betrachten und besprechen, welche in den Religionskampf, der im 16. Jahrhundert die christliche Kirche spaltete, direkt eingriffen. Diese Blätter bilden geradezu eine Parallele zu den politischen Manifestationen, die Sebastian Brant zum Urheber haben. Wie dieser geistvolle Schriftsteller und zielbewußte politische Kämpe allerlei Mißwuchs und Mißgeburt in den Dienst seiner kaisertreuen Politik stellte, und die in den Tagen schwerer Reichsnot bekannt gewordenen Mißgeburten als göttliche politische Warnung ansah oder ansprach, so benutzten offenbar unter dem Eindrucke dieses Vorgehens Luther und die Männer um ihn dasselbe demagogische Mittel zu kirchlichen Zwecken. Während aber Sebastian Brant in seinen lateinischen Hexametern mit Geist eine spitze Feder führt, verleitete der gehässige Religionskampf die streitbaren Gelehrten zu Invektiven mit Keulenschlägen. Es ist in der Charakteristik Luthers ein sympathischer Zug, daß er kein Blatt vor den Mund nahm. Aber wenn man heute die Streitschriften liest, die er ins gegnerische Lager schickte, so sind dieselben für den heutigen Geschmack von allzugroßer Deutlichkeit. Es ist hier nicht die Stelle, auseinanderzusetzen, daß der brutale Ton und die Anpöbelung von beiden Seiten erfolgte, auch nicht zu untersuchen, wer den Anfang damit gemacht hat. Die Flugblätter mit ihren Illustrationen, namentlich aus der Zeit des Schmalkaldischen Bundes, bringen den Beweis, daß man in Wort und Bild das Äußerste wagte. Beleg hierfür bieten vor allem die im Jahre 1545 verbreiteten Drucke, welche Luthersche Verse als Unterschrift tragen, deren Illustrationen aber von Lukas Cranach herstammen, ohne daß allerdings der Künstler sie signierte. Wenigstens fehlt ein Signum auf dem ungemein selten gewordenen Blatte, welches Ortus et origo papae genannt ist und mir im Original vorliegt. Hier gebiert der Teufel den Papst und fünf Kardinäle unter fürchterlichem Gestank hinten herum. Daneben sieht man die Aufpäppelung des Papstes von Furien, darunter stehen die Verse:

Hi wird geborrn der Widerchrist
Megera sein Seugamme ist
Aletto sein Kindermeidlin
Tisiphone die gängelt in
Mart. Luth. D. 1545.

Dieses Blatt ist das schüchternste der Cranachschen Folge. Auf den anderen sieht man den Papst und drei Kardinäle am Galgen hängen; ferner unter dem Titel „Papa dat Consilium in Germania" folgende Darstellungen: Der Papst reitet auf einer Sau und segnet einen mit der Hand gehaltenen dampfenden Haufen Menschenkot, ferner der Papstesel spielt den Dudelsack. Unter diese Cranach-Lutherschen Flugblätter zählt nun ein Blatt, welches als der Papstesel zu Rom bezeichnet ist. Ein Original dieses Einblattdruckes ist mir nicht zu Gesicht gekommen. Mir liegt nur ein späterer Nachdruck vor mit der Überschrift: Monstrum Romae inventum mortuum in Tiberi. Anno 1496 (siehe Figur 185). Die unterschriebenen Verse mit Luthers Namen vom Jahre 1545 lauten:

Was Gott selbs von dem Bapstum helt,
Zeigt dis schrecklich Bild hie gestelt.
Dafür jederman grawen solt,
Wenn ers zu hertzen nemen wolt.

Bei Lykosthenes steht dieses Ungeheuer menschlicher Phantasie in einer freien Gebirgslandschaft, auf unserem Tendenzblatt neben dem Tiberstrom und der Schlüsselburg.

Gleichzeitig mit diesem Papstesel benutzten die Wittenberger das sogenannte Mönchkalb zu Freiberg, eine Kalbsmißgeburt, zu demagogischen Zwecken,

Diese Mißgeburt eines Kalbes (im Dezember 1522 zu Waltersdorf bei Freiberg geboren), wurde nicht objektiv wiedergegeben, sondern zielbewußt aufgeputzt;

MONSTRVM ROMAE INVENTVM MORTVVM IN TIBERI. ANNO 1496.

Was Gott selbs von dem Bapstum helt/
Zeigt dis schrecklich Bild hie gestelt.
Dafür jederman grawen solt/
Wenn ers zu hertzen nemen wolt.
Mart. Luther D.
1545.

Fig. 185. Monstrum Romae inventum. Text von M. Luther. Holzschnitt von Lukas Cranach.

sie scheint am Prager Hof dem Markgrafen Georg von Brandenburg mit einer Spitze gegen Luther vorgezeigt worden zu sein. Der Markgraf schrieb nach Wittenberg in einem Brief vom 5. Januar 1523, daß er keinen Anteil habe an dem Pamphlet gegen Luther und daß er alle Abzüge unter Bedrohung von Verfasser und Drucker habe vernichten lassen. Luther seinerseits drehte den Spieß um und gab dieses Mönchkalb als göttlichen Wink gegen das Mönchtum aus. Diese Benutzung war aber nach Ansicht der Lutherbiographen weder ein Fastnachtsscherz des Reformators, noch eine geschickte diplomatische Handlung. Denn der auch in seinen sonstigen Auffassungen von Wundererscheinungen und Wunderzeichen tief überzeugte Wittenberger Reformator sah in diesem Stallunglück ein untrügliches Zeichen göttlichen Gerichtes. Mit seinem Freunde Melanchthon besprach er nun die gleichzeitige Herausgabe der „Auslegung dieser beiden Wundererscheinungen des Mönchkalbs und des Papsteesels". Diese Drucke erschienen nun sowohl zusammen als auch einzeln; in der kritischen Gesamtausgabe der Werke von Dr. Martin Luther wird eine Reihe solcher Einzeldrucke erwähnt. Diese Drucke erlebten Neuauflagen bis ins 17. Jahrhundert hinein und erschienen in französischer, niederländischer und englischer Übersetzung. Die Flugschriften waren vier bis acht Druckseiten stark, mit Varianten und meistens mit den entsprechenden Holzschnitten geschmückt. Daß von diesen Flugschriften und Blättern nur ganz vereinzelte Exemplare noch erhalten sind, ist erklärlich; denn die Vernichtung derselben war jedem Katholiken ein gutes Werk und Pflicht.

Illustration aus Licetus.

Fig. 186. Das Mönchskalb.

Es ist noch nachzutragen, daß das seinerzeit aktuelle Mönchkalb in sämtlichen Wunderbüchern der Zeit erscheint und auch zum Beispiel in der Chirurgie des Paré nicht fehlt.

Wenn wir uns die Auslegungen selbst betrachten, so sind diese ja vielfach ein Beispiel für die seltsame Art der Predigten späterer Zeit bei der

Wiederholung des Ereignisses in einer Gemeinde. Solche „ernstliche Bußpredigten bei schröcklichen Mißgeburten“ liegen uns eine ganze Anzahl vor. Sie reichen aber nur selten, was Phantasie und Rücksichtslosigkeit betrifft, an ihre Vorbilder heran. Aus der Deutung des Mönchkalbs durch Luther seien hier nur einige wenige Proben gegeben. Die einzelnen Teile des Kalbs, seine Stellung, seine Farbe werden erklärt: „Aufs erst und zur Summa dieses Zeichens laß Dir das kein Schimpf sein: das Gott ein Kalb das geistliche Kleid, die heilige Kutte, hat angezogen, damit hat er ohne Zweifel auf einen Haufen gedeutet, daß es bald offenbar werden muß, wie die ganze Möncherei und Nonnerei nichts anderes sei denn ein falscher, lügenhaftiger Schein und äußerliches Gleißen eines geistlichen göttlichen Lebens. Denn wir armen Leute haben bisher gemeint, der heilige Geist wäre unter der Kutte. So zeiget Gott hier an, daß es nur ein Kalb deckt, als wolle er sagen, es ist ein Schalkshütlein. . . .“

„Aufs letzte ist das Kalb glatt überall wider die Natur der Kälber, das bedeutet die hübsche, feine, zarte Gleißnerei und Heuchlerei, damit sie bisher jederman gefallen und betrofen haben, daß wir sie für heilige, geistliche Väter gehalten haben diese Seelmörder und Teufelsvorläufer. Das ist nun alles an den Tag gekommen, das Kalb ist heraus aus der Kuh, sie können sich nicht mehr bergen in der Welt, man weiß nu, wer sie sind.“ Der Schluß ist menschlich ergreifend nach so viel Gestank und Gekeife. „Hütet Euch, Mönch und Nonnen, es gilt Euch wahrlich mit Ernst und laßt Euch Gottes Vermahnung nicht ein Scherz sein, werdet ander Mönch und Nonnen und laßt Kloster und Kutten liegen und werdet wiederum Christen. Und insonderheit bitte ich Euch, liebe Herren vom Adel, helft Euren Freunden und Kindern aus dem greulichen, ferlichen Stand, denkt, daß sie auch Menschen sind eben als Ihr und ebenso hart der natürlichen Ordnung verbunden sind als alle anderen und es nicht möglich ist, daß solch eine große Menge sollten keusche oder willigkliche Jungfrauen sein. Ich will das meine tun und Euch Alle gewarnet haben.“

Philipp Melanchthon hat es bei der Beschreibung des geschuppten Esels mit dem weichen Frauenleib leichter. Bei ihm bietet das Vorbild der Phantasie stärkere Anregung.

„Die rechte Hand ist ein Elefantenfuß, bedeutet aber das geistliche Regiment des Papstes, welches nur zur Verderbung der Seelen Gericht ist, damit er zutritt alle schwachen Gewissen wie der Elefant zutritt und zerknirscht alles, worüber er kommt. . . .

Aufs sechste der weibische Bauch und Brust bedeuten des Papst Körper, das sind Kardinäl, Bischöf, Pfaffen, Mönch, Studenten und dergleichen Hurenvolk und Mastsäue, denn ihr Leben ist nur Fressen, Saufen, Unkeuschheit und alles gut Leben haben auf Erden ungestraft und aufs hohist befreit, daß sie solch Leben unverschämt führen gleich wie dieser Pabstesel seinen Frauenbauch bloß und frei daherträgt. . . .

Das zehnte, daß dieser Pabstesel zu Rom und nicht anderswo funden ist, bestätigt alles vorige, denn Gott allwege seine Zeichen an den Orten schafft, da ihre Bedeutung heim ist, wie zu Jerusalem geschah und daß es totgefunden ist, bestätigt, daß des Pabsttum Ende da sei und daß es nicht mit Schwert noch Menschenhand zerstört, sondern von ihm selbst tot und zunichte werden muß.“ Mit der Warnung, daß man solche große Zeichen Gottes nicht verachte und sich vor dem verfluchten Antichrist hüte, schließt Melanchthons Streitschrift.

Nach diesen mit der Keule geschriebenen Polemiken lohnt es sich nicht, auf die verwässerten Bußpredigten einzelner Pfarrer näher einzugehen. „Weil aber Gott mich zum Wächter über die Pfarre Schaurheim, darin dies Mißgewächs sich begeben, sie an seiner Statt zu warnen gesetzt, habe ich Amtshalber diese treuherzige Warnung auf Papier bringen wollen.“ Diese Begründung des Pfarrers Mergner 1607 wird auch für die anderen maßgebend gewesen sein (siehe Figur 184). Hier aber sollte nur von der mehr ins Große gehenden Ausnützung in kirchlicher Beziehung die Rede sein.

Mißgeburt und Mode.

Große Kriege und Revolutionen haben auch in der äußeren Tracht der Menschen umgestaltend gewirkt. Alte herkömmliche Gewänder, Frisuren und Kopfbekleidungen verließ man, um sich die zunächst auffallende Bekleidungsart anderer Völker anzugewöhnen. Die Weiberröcke lassen jetzt schon die Waden frei und werden demnächst kaum die Knie erreichen. Gegen solche Neuerungen ziehen dann ergrimmt alle die Elemente in der Gemeinde zu Felde, welche ihrer ganzen Natur und Stellung nach die geborenen Lobredner der Vergangenheit sind. Nun läßt sich ja über Mode und Tracht schlecht diskutieren. Man folgt eben der Mode oder folgt ihr nicht. Man kleidet sich als Frau im letzteren Falle, wie man heute sagt, unmodern. Es ist aber eine traurige Erscheinung, daß namentlich bei uns Frauen dieser Modesucht zufolge auch eine Tracht anlegen und bevorzugen, welche ihrem Körperbau widerstrebt. Ich glaube persönlich die Beobachtung gemacht zu haben, daß im Auslande die Damen der Gesellschaft mehr wie bei uns die Neigung haben, nur solche Moden mitzumachen, die ihnen stehen, während hier die Mode zur Uniform wird. Ich habe an anderer Stelle auf die Unzulänglichkeiten hingewiesen, wenn zum Beispiel fette Orientalinnen mit Astarte-Typus die für die englische infantile Figur mit gradliniger Wirbelsäule und geringer Beckenneigung ausgedachte Kleidermode mitmachen wollen. Das Schwangerschaftsideal aus Holbeins Tagen oder die alte Wiener Mode und Rubens Epoche wäre für sie eine glücklichere Zeit gewesen. Der Abmagerungswahnsinn wäre ihnen erspart geblieben. Bei jedem krassen Modewechsel finden sich nun Satiriker, welche sich über ihn ereifern. Mir liegt eine ganze Reihe von Flugblättern und Einblattdrucken vor, welche sich über die à la modische Kleidung in Bild und Schrift lustig machen. Oft ist ja auch der Wechsel in der Gewandung ein so krasser, daß die Lustigmacher hier den Witz billig haben. Ich erinnere nur an den Übergang von der losen, durchsichtigen und schleierhaften Gewandung der bürgerlichen Tracht des Ausgangs des 18. Jahrhunderts und Anfangs des 19. Jahrhunderts zur Krinolinenzeit; die Älteren von uns erinnern sich mit Schauern der Betonung der natürlichen Wölbung der weiblichen Linie durch die Anlegung des Queus. Aber die Kölner Karnevalslieder, die ich als Junge über diese Tracht mitgesungen und gepfiffen habe, waren doch nur fröhliche, dem leichtlebigen rheinischen Charakter entsprechende Spottlieder über Beleidigungen des Schönheitssinns oder sagen wir der weiblichen Untugend, die ja keine Staatsverbrechen sind. Doch lag es im Sinne und in dem Charakter der Jahrhunderte, die wir in diesen Studien besprachen, daß man alles ernst und schwer nahm und in allem gleich eine Beleidigung Gottes witterte. Und die Mittel, mit denen man sich auch den Neuerungen der Tracht entgegenstemmte, glichen den bekannten Kanonen, mit denen man auf Spatzen schießt. In der Vergewaltigung der Volksseele mit Wunderzeichen und von Gott gesandten Nöten ging man so weit, auch die Mißgeburten in diesem Sinne auszuschlachten und zu benutzen. Betrachten wir den Einblattdruck vom Jahre 1619 aus Kempten. Das ominöse erste Jahr des Dreißigjährigen Krieges war noch nicht verstrichen. Das Durchblättern des vorliegenden Buches wird den Beweis erbringen, daß in den zwanziger Jahren namentlich eine Hochflut solcher Einblattdrucke das deutsche Land überschwemmte. Drugulin erwähnt aus dem Jahre 1629 eine „allermodische Zuchtschul, wie sich ein teutscher Monsier in Kleyder, Worten und Gebärden verhalten soll". Die „neu umgekehrte Welt" zeigt auf einem anderen Blatt in der Mitte einen auf einem Kopf stehenden Mann in Unterkleidern, rechts steht ein Stutzer mit engeländischen Nebelhauben, während links und rechts ein Herr und Dame in altdeutscher Tracht stehen. Ein weiteres Blatt zeigt das „Chartell stutzerischen Aufzuges". Der Text bespricht die zwanzig Kleidungsstücke des teutschen Monsier Allmodo. Das Gegenstück ironisiert die deutschen Frauen nach französischer Art gekleidet; die a la Modo Matressen. Unter der Abbildung einer schönen Frau aus der Werkstatt des Paulus Fürst stehen die ironisierenden Verse:

Wann eine Dam aus Prag das Haupt genommen
Die Zwillingsbrüst aus Österreich sind kommen
Der runde Bauch aus Frankreich, aus Brabant
Die Augen schön, von Cöln die weisen Hand,
Aus Bayern der Mund, das Hinterteil aus Schwaben
Die Hahne Füß am Rhein ihr Ankunft haben:
Dies ist gewiß ein wolgestaltes Weib
Die prangen kann mit ihrem schönen Leib.

Aber die meisten anderen Flugblätter dieser Art schlagen andere Töne an und erweisen sich als bösartige Gegner der stutzerischen Aufzüge und der a la modischen Gecken.

Wir nutzen wohl nit viel der Welt
Denn wir haben gemeinglich nit viel Geld
Sind sonst nur solche Eisenbeißer
Stutzer, Praller und Brillenreißer
Können Schuld machen und ausreißen
Ehrliche Leut betrüben und bescheißen
Vertun was Eltern ist sauer worden
Kommen in Buhl- und Saufers Orden

Gott und Obrigkeit wir nicht achten
Sein Wort und Gesetz auch ganz verachten usw.

Mit der neuen Tracht zieht neuer revolutionärer Geist ein und um diesem entgegenzutreten, sind alle Mittel gerecht und weise.

„Contrafaktur eines neuen Hoffartsspiegels durch die Mißgeburt eines wunderbarlich gestalteten Kindes aus Kempten". Nachdem erst kurz vorher Gott in der Nähe von Kempten durch einen Bergrutsch ein ganzes Dorf vernichtet hat mit Namen Plurs, schickt er jetzt die Wundergeburt, welche am Kopf einen Aufsatz oder Karnet trägt. Um den Kopf herum war das Haar umflochten, verkrauset und gekruspelt. Am nächsten Tag bekam das totgeborene Kind noch im Gesicht eine wunderliche Rötung und statt des Leichenkolorites sah das Kind geschminkt aus. Gott schickt dieses Zeichen seines Zorns der Welt, „die in Hoffart ganz versoffen" (siehe Figur 189).

Die zweite Abbildung der dreifachen Mißgeburt im westflandrischen Dorf „Gottsfeld" aus dem Jahre 1612 ist nun wirklich und ohne Zweifel der Ausdruck des göttlichen Unwillens über die Mode. Von den drei von der „Schneiders" Frau geborenen Kindern zeigen zwei an ihrem Körper Auswüchse und Gekröse, welche den von den Frauen und Jungfrauen an Kleidung, Hutschmuck und Halskrausen hoffärtig getragenen Modestücken gleichen. Aus dem Äußern dieser Mißgeburt konnte man deutlich ersehen, daß Gott die Hoffart dieser jetzigen Welt und sonderlich des Weibvolkes gleichsam wie in einem Spiegel hat vor Augen stellen wollen und zu verstehen geben, wie höchlich ihm dieselbe mißfalle. Hinter dieser Modeagitation mit Mißgeburtsdarstellungen in Einblattdrucken aber stand wiederum die Geistlichkeit (siehe Figur 188).

Als Beweis hierfür benutze ich einige Flugschriften von Predigten und Kanzelrednern. Die älteste meiner Sammlung vom Jahre 1578 lautet: Bildnis und Gestalt einer erschrecklichen unnatürlichen und ungewöhnlichen Geburt eines Kindlins, welche anno 1578 zu Rostock geboren ist: neben einer Erinnerung und Vermahnung von der Kleidung. Der Rostocker Prediger Pauli gibt seiner Bußpredigt die Abbildung eines mißgeborenen Kindes bei, und wir müssen es dem Autor zugeben, daß er sich zunächst von den grotesken Übertreibungen und Phantasien der Flugblätter freigemacht hat. Das häßliche Mägdlein hat, um mit dem Autor zu sprechen, Arme, Schenkeln und Beine, wie Gestalt diejenigen sind, welche die großen, unflätigen, weiten und lang niederhangenden Ärmel vorne eng und zugemacht und die dicke große Hosen tragen." Die Mißgeburt zeige an, daß Gott dem Herrn solche scheußliche Form und das ganze Übermaß der Kleidung mißfalle. Dem belesenen Diener des Herrn paßt die neue städtische Kleidung ganz und gar nicht: „etliche gehen daher mit ganz kurzen Kleidern, damit sie nicht bedecken können die Glieder, welche die Natur schamhalber zu decken erfordert. Andere gehen daher mit scheußlichen und unflätigen, zerhackten, großen Hosen, welche um sie herumflattern, wie den Dieben am Galgen ihre zerrissenen Kleider. In wenig Jahren sind aufgekommen die unflätigen, scheußlichen, schändlichen, großen, weiten und lang niederhangenden Mannsärmel, welche nicht allein Hofleute, sondern auch andere in den Städten tragen, und zu nichts anderem dienstlich und nützlich sind, denn daß sie in den Schüsseln hangen und die Teller abwischen, wenn diejenigen, die sie tragen, essen wollen und denselben sonsten in anderen Dingen Hinderung zufügen. Was soll denn nun dieser scheußlicher, schändlicher Unflat. Also sind auch in wenig Jahren aufgekommen die großen dicken Mannshosen, darin sich viele zu dieser Zeit kleiden und Summa es sind der neuen schändlichen Formen an den Kleidern so viel, daß man sie nicht alle erzählen kann und werden derselben noch täglich mehr erdacht, als daß die Männer fast weibisch werden und die Weiber den Männern sich gleich kleiden, wider Gottes Befehl." Man sieht ordentlich diesen temperamentvollen Mann auf der Kanzel in Wut geraten und mit den Fäusten aufschlagen, und wir denken, daß seine Predigt die Gemeinde elektrisierte. Die Predigt von Daniel Schaller dagegen, in Magdeburg gehalten am 1. Sonntag nach Trinitatis im Jahre 1601, wird die entgegengesetzte Wirkung gehabt haben, selbst wenn, was wir annehmen, er den größeren Teil der gelehrten Bigotterien im Druck und nur einen Auszug in der Rede von sich gegeben; ich bin überzeugt, die Gemeinde schlief schon auf Seite 10. „Es war ein reicher Mann, der kleidet sich mit Purpur und köstlichem Leinwand und lebet alle Tage herrlich und in Freuden." Die Hauptsünde, durch die der Mann es mit Gott so verdarb, daß er endlich in das Hellische Feuer geriet, waren unter anderem das übermäßige Fressen und Sauffen und die Pracht und die Hoffart in Kleidung.

„Der Unwillen Gottes offenbart sich durch Zeichen; solche aber hat der geduldige und langmütige Gott etliche Jahr nacheinander viel fürgestellt in

Germanisches Museum.

Fig. 187.

Cranioschisis (Krötenköpfe) als göttliche Warnung gegen die moderne Haarmode um 1640.

Luft, auf dem Erdboden, an Kometen und Wundersternen, an Mißgeburten, an Menschen und Vieh. Namentlich letztere sind so gemein geworden, daß man derselben wenig oder gar nichts achtet. Wer dieselben in specie zu wissen begehre, der lese Jacobum Fincelium und Casparum Goltwurm de portentis! Nun beschreibt der Prediger die am 9. Juni 1601 in Stendal zur Welt gekommene Mißgeburt, deren nähere Beschreibung wir uns ersparen,

Fig. 188. Flugblatt vom Jahre 1612.

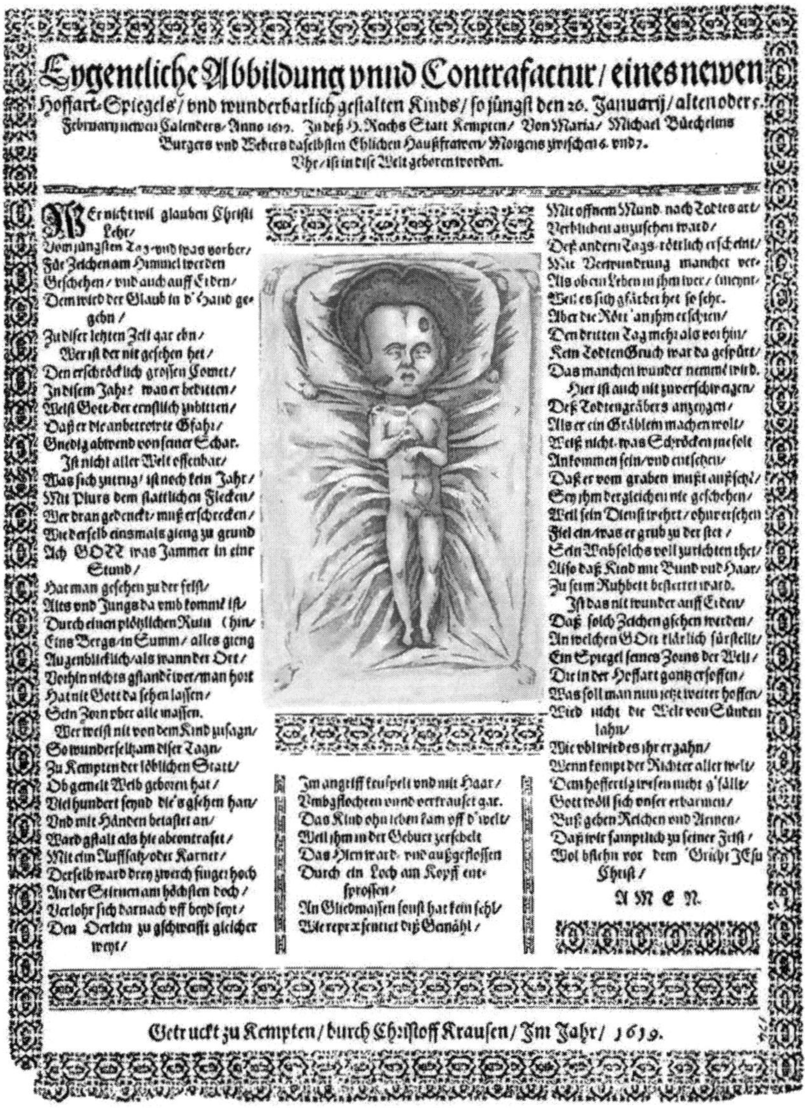

Eygentliche Abbildung vnnd Contrafactur / eines newen Hoffart-Spiegels / vnd wunderbarlich gestalten Kinds / so jüngst den 26. Januarij / alten oder 5. Februarij newen Calenders / Anno 1619. In deß H. Reichs Statt Kempten / Von Maria / Michael Büchelins Burgers vnd Webers daselbsten Ehlichen Haußfrawen / Morgens zwischen 6. vnd 7. Vhr / ist in dise Welt geboren worden.

Wer nicht will glauben Christi Lehr /
Vom jüngsten Tag / vnd was vorher /
Für Zeichen am Himmel werden
Geschehen / vnd auch auff Erden /
Dem wird der Glaub in d' Hand gegebn /
Zu diser letzten Zeit gar ebn /
Wer ist der nit gesehen het /
Den erschröcklich grossen Comet /
In disem Jahr? was er beditten /
Weiß Gott / der ernstlich zubitten /
Daß er die anbetrotte Gfahr /
Gnedig abwend von seiner Schar.
Ist nicht aller Welt offenbar /
Was sich zutrug / ist noch kein Jahr /
Mit Plurs dem stattlichen Flecken /
Wer dran gedenckt / muß erschrecken /
Wie derselb einsmals gieng zu grund
Ach GOTT was Jammer in eine Stund /
Hat man gesehen zu der frist /
Alts vnd Jungs da vmb kommen ist /
Durch einen plötzlichen Ruin (hin /
Eins Bergs / in Summ / alles gieng
Augenblicklich / als wann der Ort /
Vorhin nichts gstanden wer / man hort
Hat nit Gott da sehen lassen /
Sein Zorn vber alle massen.
Wer weist nit von dem Kind zusagn /
So wunderseltzam diser Tagn /
Zu Kempten der löblichen Statt /
Ob gemelt Weib geboren hat /
Viel hundert seynd die 's gsehen han /
Vnd mit Händen betastet an /
Ward gstalt als hie abcontrafet /
Mit ein Auffsatz / oder Karnet /
Derselb ward drey zwerch finger hoch
An der Stirnen am höchsten doch /
Verlohr sich darnach vff beyd seyt /
Den Oerlein zu gschweifft gleicher weyt /

Im angriff kruspelt vnd mit Haar /
Vmbgflochten vnnd verkrauset gar.
Das Kind ohn leben kam vff d' welt /
Weil jhm in der Geburt zerschelt
Das Hirn ward / vnd außgeflossen
Durch ein Loch am Kopff entsprossen /
An Gliedmassen sonst hat kein fehl /
Wie repræsentiert diß Gemähl /

Mit offnem Mund / nach Todtes art /
Verblichen anzusehen ward /
Deß andern Tags / röttlich erscheint /
Mit Verwunderung mancher vermeynt /
Als ob ein Leben in jhm wer /
Weil es sich gfärbet het so sehr.
Aber die Röt' an jhm erschien /
Den dritten Tag mehr als vorhin /
Kein TodtenGruch war da gespürt /
Das manchen wunder nemmen wird.
Hier ist auch nit zuverschweigen /
Deß Todtengräbers anzeygen /
Als er ein Gräblein machen wolt /
Weiß nicht / was Schröcken jne solt
Ankommen sein / vnd entsetzen /
Daß er vom graben mußt außsetzen /
Sey jhm dergleichen nie geschehen /
Weil sein Dienst wehrt / ohn versehen
Fiel ein / was er grub zu der stet /
Sein Weib solchs voll zurichten thet /
Also daß Kind mit Bund vnd Haar /
Zu seim Ruhbett bestettet ward.
Ist das nit wunder auff Erden /
Daß solch Zeichen gschehen werden /
An welchen GOtt klärlich fürstellt /
Ein Spiegel seines Zorns der Welt /
Die in der Hoffart gantz ersoffen /
Was soll man nun jetzt weiter hoffen /
Wird nicht die Welt von Sünden lahn /
Wie vbl wird es jhr ergahn /
Wenn kompt der Richter aller welt /
Dem hoffertig wesen nicht g'fällt /
Gott wöll sich vnser erbarmen /
Buß geben Reichen vnd Armen /
Daß wir sampt lich zu seiner Frist /
Wol bstehn vor dem Gricht JEsu Christ /

AMEN.

Getruckt zu Kempten / durch Christoff Krausen / Im Jahr / 1619.

Fig. 189. Flugblatt vom Jahre 1619.

von welcher wir aber hören, daß sie auf das Rathaus gebracht wurde und dort ad perpetuam rei memoriam durch einen Maler mit Namen Ambrosius Müller abkonterfeit wurde.

Dann ergeht sich der eifernde Prediger in ganz vernünftigen Betrachtungen. Er sagt nämlich, daß die Menschen höhnischerweise solche Zorneszeichen

Ware Conterfeyhung eines abscheulichen Alland Fisches/welcher im Land zu Holstein bey Gottdorff/mit einem Angel von einem Fischer ist gefangen worden/den 2. Februarij dises 99. Jars/vnd ist dem Thumdechent zu Lübeck Doctor Besinger zugeschickt worden.

Es weiß leider ein jeder Christen Mensch/wie vbel es zu diser zeit allenthalben in der Welt stehet/vnd jmmerdar von tag zu tag ärger werdt/ Dann alle Sünden schand vnd Laster nemen über hand/vnd werden ohne scheuch getrieben/daß wir vns freilich vber Gottes langmütigkeit verwundern müssen/wie er doch so lang der Welt boßheit könne vnnd möge zusehen/Aber nit allein helt er die Straff auff/sondern er warnet vnns auch beydes mit seinem Wort/vnnd mancherley seltzamen schröcklichen Wunderzeichen/die vnns seinen ernstlichen Zorn verkündigen/vnd seiner schröcklichen Straff Vorboten sein. Denn es geschehen vil vnd mancherley grosse Wunderzeichen am Himel/deßgleichen auff Erden vnd im Wasser/vnd vil heuffiger dann jemals zuvor. Was haben wir nur in wenig Jaren her/für mancherley Mißgeburt vnd schröckliche Monstra an Menschen vnd Viehe erfaren? So hat vns auch das Meer vnd andere Wasser greuliche Wunderthier geben/Wie auß obgesetzter Figur eines abscheulichen Alland Fisches zusehen ist/welcher mit einem Angel von eim Fischer ist gefangen worden/den 2. Februarij dises 99. Jars/im Land zu Holstein bey Gottdorff/nit weit von der Vestung oder Schloß/in der refier Slit genant/da der Hertzog Hoff helt/welcher Fisch dem Thumdechent zu Lübeck Herrn Doctor Bensinger/Fürstlichen Hollsteinischen Rath von Gottdorff zugeschickt ist worden.

Was Gott damit wölle anzeigen/ist leichtlich abzunemen/daß er vns nemlich mit der Ruten drowe/er wölle/wie im 90. Psalm steht/vnsere Sünde mit der Ruten heimsuchen/vnd vnsere missethat mit plagen. Cardanus schreibt/das im jar 1554. zu Genua am Vfer ein Haupt von einem Fisch sey gefunden worden/welcher Balena genennet wird/in solcher größ/daß er von dem innersten Rachen/biß fornen an das maul 18. schrit lang gewest/welches zuvor vnerhört/vnd hoch zuverwundern ist/wie es von dem Leib kommen/vnd eben an disen ort muß gebracht worden sein/aber vber ein Jar hernach hat sich das Portentum selbst außgelegt/denn es hat die Türckische Meerfart bedeuttet/in welcher das grosse Haupt der Türck die Insel Cypern erobert vnd geblündert hat.

Derowegen anders nichts zuvermuten/denn daß GOtt durch disen Fisch/der in solcher gestalt vnd farb gefangen worden ist/vns seinen gerechten Zorn vnd straff vber vnsere sünd/sonderlich vber die vnmeßliche Hoffart/so mit kleidungen/vnd den grossen wüsten/tollen Krösen getrieben wirdt/wölle anküntigen.

Mögen derowegen dise sonderlich/so mit grossen vnzimlichen schendlichen Krösen sich mehr verstellen denn zieren/nit allein Manns/sonder auch Weibspersonen/solches für kein gespött halten/sonder sich dadurch von jrer Thorheit zu wenden bewegen lassen/damit Gott/seinen gerechten zorn vnnd grimme/vber das Menschliche geschlecht eigentlich beschlossen/nicht außgiesse? Sondern durch rechtschaffene Buß nach dem exempel der bußfertigen Niniviter wider zur gnad vnd güte gegen vns bewegt werden möge. Derselbige getreue vnnd barmhertzige GOtt/erleuchte vns mit seinem heiligen Geist/daß wir durch ware erkentnuß/reu vnd leyd jm/den wir hefftig erzürenet haben/in die Ruten fallen/vnd solches vnnd dergleichen Spectacul/vns eine starcke Warnung vmb vnsers Heils vnd Seligkeit willen sein lassen/Amen.

Gedruckt zu Nürnberg/durch Matthes Rauch Brieffmaler/
wohnhafft in der neuen Gassen.

Fig. 190. Flugblatt vom Jahre 1599.

Gottes verachten und in den Wind schlagen, da sie diese Dinge allein aus natürlichen Ursachen erklären. Die Theologen aber müßten weitergehen und nicht nur die Causam propinquam, sondern auch remotiorem (also die entferntere) Ursache sehen und auf Gott im Himmel zurückführen. Der Vortragende nimmt nun jedes einzelne Glied vor, um die an ihm vorhandenen Absonderlichkeiten mit den damals modernen Trachtveränderungen zu vergleichen. Aus seinen eigenartigen Schlußfolgerungen wollen wir, natürlich verkürzt und ins heutige Deutsch übertragen, nur einiges herausnehmen.

„Um den Hals hat dies Kind eine fleischerne Haut gehabt. . . . Was soll und kann das anders bedeuten, als das große närrische Lappen- und Fledder-

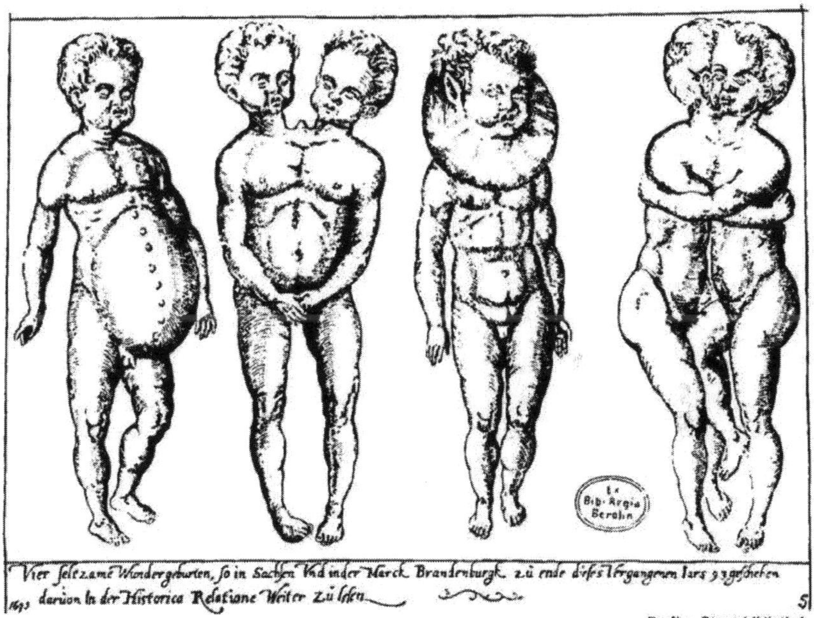

Berlin, Staatsbibliothek.

Fig. 191. Einblattdruck vom Jahre 1693.

werk um den Hals so in diesen Landen in wenig Jahren aufgekommen und jetzt ohne Scham und Scheu von Hohen und Niedrigen, Reichen und Bettelleuten, die nicht ein gut Hemd über ihrem Leib haben, getragen wird. Ein Teil trägt gedoppelte, drei- oder vierfach dicke ungeheure Krausen, dazu so viel Leinwand kommt, daß man ein ganzes Hemd daraus machen könnte und das teuerste Kammertuch dazu, sodaß ein solcher Kragen in die acht, neun, zehn, zwölf Thaler zu stehen kommt, dazu man eine Dienstmagd halten muß, die mit Reinigen und Ausbeugen solcher Kragen umzugehen weiß. Ein Teil läßt die Krausen oben ausfasern, daß sie rauh werden wie Taubenfüße und damit hereintreten wie ein zotteliger Teufel. Ein Teil zieht und dehnt die Kräusel in die Breite, daß sie die ganzen Schultern damit bedecken. Das ist für Deutschland gar recht eine neue Torheit und Teufelssünde, dergleichen unsere Vorfahren nie gesehen." Nun kommt eine wichtige und interessante Stelle. „Vom ersten Ursprung der Halskragen schreibt Crantzius, daß auf eine Zeit in Deutschland der Morbus gallicus heftig grassierte, von dem viele Leute häßliche Narben und Maalzeichen an den Hälsen bekamen. Diese versuchte man mit den Kragen zu verhüllen und zu verdecken. Hieraus ist diese gräulich stinkende Hoffart geworden. Man sollte glauben, daß alle, die jetzt solche Kragen tragen, voller Aussatz und Franzosen wären, wie sie gewißlich für Gott geistlich aussätzig sind und übel stinken."

In meinem Exemplar fehlt eine Abbildung. Wir werden wohl nicht weit vom Schuß sein, wenn wir aus einem Brandenburger Flugblatt des Jahres 1693 die eine der dort abgebildeten vier Mißgeburten als entsprechenden Beleg vorführen (siehe Figur 191). In dieser betrübten und unruhigen Zeit ermahnt der Prediger seine Gemeinde, die armen Sündenwürmlein, zur wahren Buße:

Wo wir nicht bald werden umblenckn
Buß tun, und uns ein Bedenkn
So wird's uns Gott gewiß nicht schenkn
Endlich gar ins Hellisch Fewr senkn.

Noch deutlicher äußert der liebe Gott seinen Ärger über die Halskrausen durch den Aland Fisch; drohend hält das Fischmonstrum die Rute in der Hand (siehe Figur 190).

Mißgeburt und Politik.

Es ist dem berühmten Verfasser des Narrenschiffs Sebastian Brant ohne Widerspruch das Verdienst zuzusprechen, die beiden Begriffe Politik und Mißgeburt unter einen Hut gebracht zu haben. Es ist dabei für die vorliegende Arbeit von besonderem Interesse, daß es auch gerade diesem Manne glückte, die Einblattflugschriften in gereimter Form zu einer vielseitigen Verwendung gebracht zu haben. Als politischer Wortführer seiner Zeit hat er nun auch namentlich die seine Zeitgenossen so interessierenden Mißgeburten benutzt zu politisch-demagogischer Volksbearbeitung [1]). So suchte der Dichter

[1]) Siehe Flugblätter des Seb. Brant bei J. H. Ed. Heitz. Straßburg 1915.

des Narrenschiffes die äußere und innere Politik des Kaisers Maximilian zu stützen. Es war gerade die Zeit des eben zu Worms beendigten Reichstages,

denn jetzt bei Worms gleich an der Stadt
Do man soelich Ding beschlossen hat
Die der Gemeinden Christenheit
zur Fried helfen und Einigkeit.

Die Stärkungen dieser Reichseinheit und seines Reichsoberhauptes, des Kaisers Max, war das Ziel der Patrioten, die Hoffnung des Dichters.

In diese Zeit fällt die Geburt der beiden mit den Köpfen zusammengewachsenen Wormser Kinder, und in einem Einblatt und einer Flugschrift bemüht sich Brant, diese Ereignisse als glückliche Vorbedeutung auszulegen. Das Brantsche Gedicht, welches als Schmuck den Holzschnitt der im Bette liegenden Kinder bringt, ist ein Zeugnis der humanistischen Bildung des Dichters (siehe Figur 192). Er erinnert an die Wunderzeichen, welche großen historischen Ereignissen vorhergingen.

Als Hanibal Sagyntum brach,
Ein Kind von Mutterleib man sach,
Wieder in Mutterleib sich kehren.
Bedeut das, er wird die Stadt zerstören.
Auch do der selbich Hanibal,
Die Römer bracht in unglücks fal
Wurden viel Wunderwerk eraygt
Wie uns das Livius angezeygt. . . .
Wann die Haiden söllich Wunder sahen,
Deten sie sich ihren Göttern nahn. . . .
Als do zuletzt das heilig Land
Solt kommen aus der Christen hand
Der got durch Wundwerk dz bedeite
Darnach zu küng Rudolfs Zeiten
Von Habsburg — ward ein Kind geboren
Bei Eßlingen zun selben Jahren
Daz hat zwai haupt, vier hend, zwo Brust
Bei Costenz ward geboren just
Ein Kind von einer edlen Frawen
Mit Menschenkopf all Glied einßllawen
Als Oto der dritt teilt das reich
Den Kurfürsten, sach man das gleich

Ein Geburt vom Nabel sich aufspielt
Zwei Brüst, vier Hand, zwo Köpf es hielt. . . .
Byß jeẞt im nünẞich fünften Jahr
Zu Wurumsz am rein hör ich fürwahr
Sei ein sölch kreftig Meinüng geschehn
So man ihm reich vornie hat gesehn.
Dank hab dz Haupt und römische Kron
Der Künig Maximilion
Dem Gott der Herr sölich hejl eracht
Das er die einung hat gemacht
Die ob got will lang wird bestan
Der uns zaygt durch sein Wunder an
Ein groß Vereinung in dein reich
Durch seltsen Würkung wunderlich
Als zu Rottweil ist längst geschehn
Das Kind man öffentlich hat gesehn,
Das zween Köpf trug auf einem Leib
Das mir anzeigt wie ich oben schreib
Die Kurfürsten hie vor zertrennt
Wurden in einem Leib verwendt
Und daß beid Haupt der Welt gemein
Zusammen söllen kummen ein.

Die Schlußverse seines politischen und allegorischen Gedichtes lauten:

Wer Ohren hab der hör und merk
Gott wird uns zeigen Wunderwerk
Dergleichen vor nie sind gehört
Wohl dem der sein Haupt treulich ehrt
Der mag viel Krankheit wohl entgan
All gute Ding aus dem Haupt entstan
Und wo dasselb ist schwach und blöd
So wird der Leib aller Glieder öd
Ich hoff ich werd kürẞlich erleben
Daß Gott, Glück, Heil, Sieg werd geben.
Dem milden König ehrenwert
Gott geb ihm, was der Dichter begehrt. Amen.

Ein anderes anonymes Flugblatt behandelt denselben Gegenstand der Wormser Kinder mit derselben politischen Nebenabsicht (siehe Figur 193). Von

An den aller durchleichtigiste groß mechtigiste herrn Maximilianū Römischen künig
von der wunderbaren geburt des kinds bey wurms. Des jares. M. CCCC. XCVI
auff den. X. tag septembris geschehen. Ein ußlegung. Sebastiani. brand.

Fig. 192. Die Wormser Stirnkinder. Flugblatt des Sebastian Brant vom Jahre 1496.

diesem Blatt existieren, wie es scheint, nur die beiden Exemplare der Münchener Hofbibliothek. Das Flugblatt selbst zeigt oben als Kopf einen illuminierten

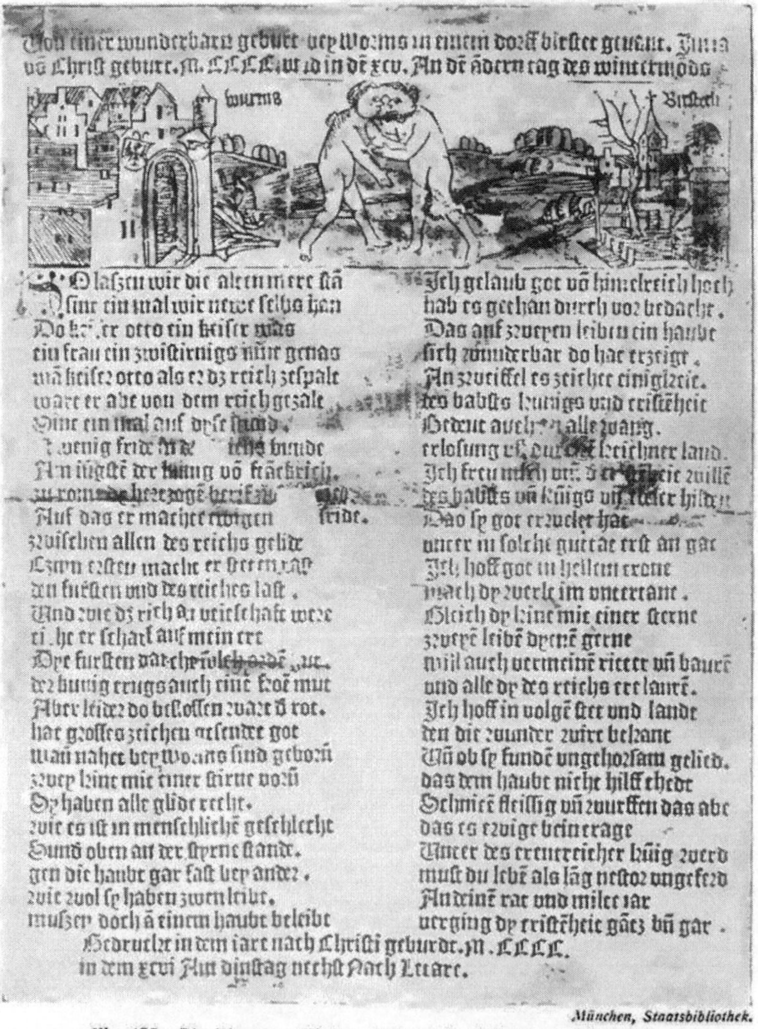

München, Staatsbibliothek.

Fig. 193. Die Wormser Kinder. Fliegendes Blatt vom Jahre 1496.

Holzschnitt mit den stehenden, an der Stirn zusammengewachsenen Kindern links die befestigte Stadt Worms, rechts das Kirchdorf Birstett. Das zweispaltig gedruckte Gedicht ist voller Unklarheiten und erscheint als naives Erzeugnis der Volksstimmung. Auch hier wird die Wundergeburt in der Weise ausgelegt, daß auf die Einigung des Reiches hingearbeitet wird.

Großes Zeichen hat gesendet Gott
Wann nah bei Worms sind geboren
Zwei Kinder mit einer Stirne vorn
Sie haben alle Glieder recht
Wie es ist im menschlichen Geschlecht.
Wiewohl sie haben zwei Leiber
Müssen sie doch an einem Haupte bleiben
Ich glaube Gott vom Himmelreich hoch
Hat es getan durch Vorbedacht
Daß auf zwei Leibern ein Haup sich wunderbar hat da erzeigt
Ohne Zweifel es weist auf Einigkeit
Des Papstes, Königes und der Christenheit. . . .

In demselben politischen Sinne bearbeitet nun Brant die Volksstimmung durch politische Auslegung anderer Wundergeburten seiner Zeit. Das Flugblatt „Die wunderbare Sau zu Landseer", welches sowohl in deutscher wie in lateinischer Sprache 1496 erschien, zeigt als Kopfleiste wieder ein stehendes Doppelschwein, welches sich in einen Kopf mit vier Ohren vereinigt. Auch dieses Flugblatt wendet sich wieder an den Kaiser Max. Die Wundergeburt selbst hat offenbar Brant nicht gesehen, wohl auch nicht der Zeichner, sondern die Mitteilung basiert wohl auf einer ähnlichen schriftlichen Mitteilung, wie sie Jost Ammann seinem Schwager Wieck schickte. Von einer ähnlichen, wohl Wildsau, spricht Brant in diesem Gedicht, die man in Nördlingen gefangen hatte, über die er ein (übrigens nicht mehr erhaltenes) Gedicht und Flugblatt gemacht habe.

Der Aufruhr, so auf aller Erd
Ist, ich sorg, daß er größer werd
Des gibt dieser Sau anzeigen mir
Des wahrlich ist ein Wundertier,
So mir aus Landser gesendet hat
Mein Herr Christoffel von Hattstadt
Im Märzen auf den ersten Tag.

Dieser genannte Herr war zu Brants Zeiten Amtmann des unter der Habsburg-österreichischen Herrschaft stehenden Städtchens.

Darüber ich sonderlich erschrak
Es war zu sehn

(also wahrscheinlich auf einer mitgesandten Zeichnung)

Grausam genug
Vier Ohren und acht Füß sie trug
Ein Kopf darin zween Rachen stond
Aus einem Hals zwei Zungen gont
Die Sau vereint war oben so
Als eine allein, doch unten zwo
Dann nach dem Herzen teilte sie sich
Daß der Hinterteil zwei Sauen glich.
Ich dacht hilf Gott vom Himmelreich
Wie sind Deine Geschöpfe so wundergleich
Was will die Sau uns bringen doch
Gedacht in mir eigentlich das noch,
Daß man durch Sau in der Geschicht
Liest; künftige Dinge find bericht,
Als die Sau die Eneas fand
Mit Jungen an des Tibers sand.
Dadurch der Könige Zahl bedeut
Die Albam regierten zur Zeit
Durch Sau man ertwann Bündnis macht
Wenn man ein gemeinen Fried betracht
Man opfert Ceres ein Schwyn
Die des Kornes Schirmerin ist gsin /
Was aber diese Sau bedüt
Weis ich nicht ganz, es gfält mir nüt
Daß sie so zwei Zungen hat. . . .

Mit einer politischen Wendung wird wiederum die Propaganda für den Türkenzug gemacht. Der Schluß lautet:

Gott geb Dir edler König her
So vil Glück, heiles Saeld und ehr
Das mit Freud werd ergetzt din Gnad
Alls ungefals, leid schmertz und schad
So diner gnaden widerfart
Gott geb Dir was der Dichter gert
Und uns fryd sellig zyt uff erd
Damit eyn troysch (trojanisch) Su daruß werd.

Es ist auch kunsthistorisch von Interesse, daß Albrecht Dürer diese Sau von Landseer radiert hat. Ist dieser Stich nun eine Naturabschrift oder ist die Zeichnung eine phantastische Nachzeichnung nach dem Flugblattholz-

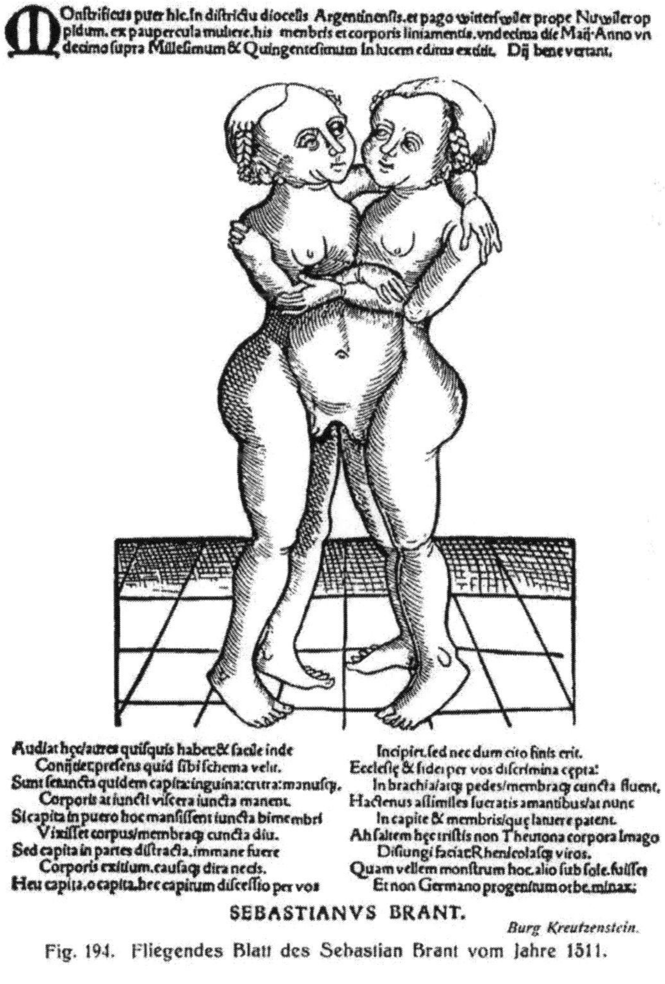

Burg Kreutzenstein.

Fig. 194. Fliegendes Blatt des Sebastian Brant vom Jahre 1511.

schnitt des Brant, wie dies Franz Schultz (siehe Flugbl. von Brant) annimmt? Mit dieser Frage beschäftigte sich auch E. Major in den Monatsheften für Kunstwiss. VI, 1913.

In einem neuen Flugblatt von 1496 bringt Brant eine ganze Menagerie wunderbarer Tiere zum Vordruck. Das Blatt, welches in lateinischer und deutscher Sprache erschien, heißt: von der zwiefaltigen Gans aus Gugenheim. Außer dieser sehen wir aber links und rechts die Wormser Kinder und das Doppelschwein von Landseer. In symmetrischer Weise wird die Gans flankiert von zwei Ferkeln mit sechs Füßen. Die Auslegung des Dichters bewegt sich wieder auf politischem Gebiet und in derselben Richtung. Die in seinen Tagen mehr denn je vorgekommene Erscheinung von wunderbaren Tieren und Leuten will ihm als göttliche Mahnung erscheinen. Allerdings neigt die Natur unter der Regierung des Zwillingssterns Gemini auch zur zwiefältigen Bildung, „es zweit sich die Geburt der Kreatur". Doch die Monstra zeigen etwas Wunderbares an. Die Auslegung des Dichters wendet sich an den Herrn Albrecht, Herzog in Bayern, der seit 1478 Bischof von Straßburg war. Und gerade dieser sollte in der Ausführung der Wormser Einigungsbeschlüsse versagen.

Lykosthenes bringt dann auch neben der Abbildung des Doppelschweins aus dem Sundgau die Gugenheimer (dort allerdings Sugenheim genannt, zwei Meilen von Straßburg entfernt) Doppelgans. Wir erfahren, daß sie im Ei gefunden ist, es handelt sich also nur um ein nicht lebensfähiges Gänschen mit zwei Köpfen, zwei Zungen, einem Hals und vier Füßen, von denen zwei die Stelle einnahmen, wo sonst die Flügel sitzen. Er erwähnt auch, daß zur selben Zeit ein Schwein mit sechs Beinen geboren ist. Eine ähnliche, wie es scheint, erwachsene Gans, behauptet Albertus Magnus gesehen zu haben. Eine etwas phantastische Abbildung derselben bringt Aldrovandus von dieser.

Der kluge Montaigne, dem wohl die politischen Flugblätter Brants unter die Finger gekommen waren, äußert sich ein Menschenalter später über die Verwertung solcher mißgebildeter Geschöpfe vorsichtiger (II. Kap. XXX):

„Dieser doppelte Körper und diese in einen Kopf zusammenlaufenden verschiedenen Glieder, könnten wohl für den König von günstiger Vorbedeutung sein, daß er unter der Einheit seiner Gesetze die verschiedenen Glieder und Teile unseres Staates behaupten und erhalten könne; doch aus Furcht, daß der Ausgang der Vorbedeutung nicht entsprechen möchte, würde es wohl besser sein, daß es man erst noch eine Zeit mit ansehe; denn nur über vergangene Dinge läßt sich am besten weissagen."

Warhafftige Contrafactur einer wunder geburt / so inn der Churfürstlichen Stadt Heidelberg / durch Caspar Beßlers Eheliche Hausfrawen Katherina / geboren ist / am Pfingstag / des jetzigen M.D.xliiij. Jars.

IOHANNES.
Bedeut das heilige Euangelium.

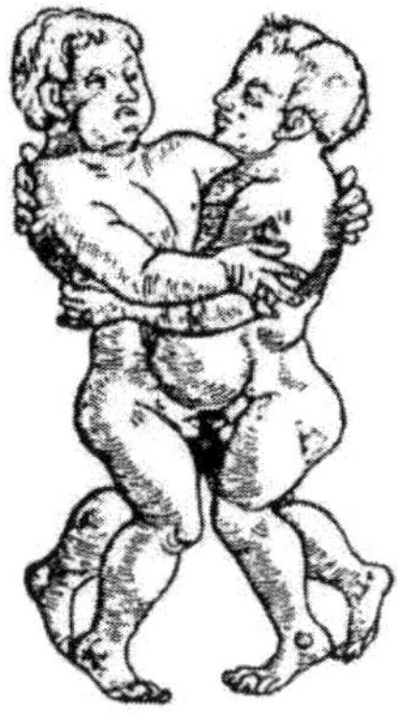

HIERONYMUS.
Bedeut der Vätter auff sazung.

15 44

Vergleichung vnd einigkeit Teutscher Nation.

Da Gott erschuff Himel vnd Erd
Den Mon vnd alle Sternen werd
Gab er eim jeden krafft vnd schein
Zu wircken in den Menschen ein
Das seltzam gstalt verkerte art
Durch mißburt offt gesehen wart
Die gwonlich etwas gros hond deut
Hat man erfaren mit der zeit /
Also jetzund in dissem jar
Da man zalt nach Christ gburt furwar
Tausent funffhundert viertzig vier
Ein Kindt mit wunderbarer zier
Zwey Haupt / zwo Brust / vier Arm vier füss /
On allen zweifel nit fast suss
Katherina Becklin hat geborn
Jr leben schier daran verlorn /
Eins schmids weib Caspar Beßler gnant
Von allen Menschen wol bekant
Jn des löblichen Churfürsten stadt
Pfaltzgraff Friderich er namen hat
Zu Heidelberg am Necker tahl
Auff dem Reichßtag zu Speir erschal
Solch wunderwerck auff den Pfingstag
Bey Hoch vnd Nidern ward gros sag
Von disser wunderbaren gstalt
Die ward zu gschickt den Fürsten baldt
Gantz eigentlich ab contrafect
Als hie gemalt vor augen stet /
Wie wols manch spotuogel acht ring
Der nit gros achtung hat der ding
Das Gott vns stelt vil wunder dar
Wenig sie deutung nemen war

Vnd achtens natürlicher weis
Würdt Gott auch nit gegeben preis
Wie wol drin würt geurteilt viel
Nimant weist wer trifft rechtes zil /
Bey mir jedoch hab den verstandt
Weil nun lang zeit inn Teutschem Landt
Durch Gottes wort spaltung kommen seind
Das sich Geistlich vnd Weltlich Stend
Getrent vnd abgesondert han /
Das man lang sorgt würdt nit zergan
Der Teüffel wirt seinen samen seen
Jnn dem Teutschland ein fewr auffweben
Das nit allein das Christlich blut
Sonder Land / stett / reichthumb vnd gut.
Solt lengst zu trümern gangen sein
Wo Gott nit hett geschen drein
Den frommen Keiser Karl gsandt
Zu vns gen Speir inn Teutsches landt /
Der hat zum friden schwert eingsteckt
Weißlich vnd klug die sach zu deckt /
Vnd gleich wie an dem wunder kind
Die zwen leib zamen gheffter sind /
Also der Keiser geren schielt.
Das sich Teutschland zusamen hielt
Ther geren wie diß ehren weib
Auß vil Reichs glidern macht ein leib.
Nit minder der Churfürst am Rhein
Pfaltzgraff Friderich legt sich auch drein /
Thut wie ein frommer friden Fürst
Den nach concordi Teutschlands dürst /
Sein nam bringt solchs mit jm geleich
Das er sey in dem friden reich.

Drumb Gott diß wunderbar figur
Laßt kommen in anfang seine Chur
Jn seiner stadt / will das mit deutten
Das (ob Gott will) inn künfftig zeiten
Durch jn Friderich ein frid werd machen
Das hinglegt werd all spennig sachen.
Gotts wort in Teutscher Nation
Werd sichern frid vnd fürgang hon /
Denn durch das selb wirt man new geborn.
Vil glider in ein leib erkorn.
Auch ist solchs wunder am Pfingstag
Geschehen / daran Christus pflag
Den heiligen geist sein Botten senden:
Der wöll sich auch von himel wenden
Mit seiner krafft ein leitung thon
Das er so on forcht thüe vnderston
Seh an des höchsten Gottes ehr
Zu dem er sich mit hertzen ker
Das Keiser / König / Potentaten
Eins mals jedoch dahin geraten /
Das man Gotts wort nem vnder hand
So würd geholffen Teutschem land
Von allem grollen / grimmen / grawen
Möcht man des friden weg bald bawen /
Das on auffrhür würd frid geschafft:
Das helff die gwaltig Gottes krafft /
Der Teutschen gmüt werd zamen geleicht
Wünscht Heinrich Vogther in seim dicht.

A M E N.

Jn truck verfertigt durch Heinrich Vogthern vnd Hansen Schlesser Maler saa wittib.

Herman Gülfferich.

Burg Kreutzenstein.

Fig. 195. Fliegendes Blatt vom Jahre 1544.

In diese Gattung politischer Flugblätter gehört auch die phantastisch aufgeputzte Mißgeburt vom Jahre 1512, die unweit von Rom geboren wurde. Das kleine geschwänzte Ungeheuer, halb Mensch, halb Aff, wird von dem Herausgeber Lorentz Fries in der üblichen Weise ausgelegt als Vorbote von Krankheit, Not und Geldmangel. Aber im wesentlichen benutzt er das Ereignis zu einem politischen Exkurs (siehe Figur 176).

Aber Gott sei Dank der durch sein Gnad
Uns Christen jetzt gegeben hat
Einen Pabst fromm, weis und wohlgelehrt,
Der alle Ding zum Besten kehrt
Der auch jetzt durch seine Heiligkeit
In allen Landen weit und breit
Mit Willen Kaiserlicher Majestat
Einen steten Frieden gemachet hat
Zwischen Königen, Fürsten, Städten, Gemeyn
Die dann dem Reich verwandt sein
Vermeinet durch seine Bitt zu erlangen
Daß alle Krieg die angefangen
Worden sein im Römischen Reich
Alle Zwietracht auch desgleich
Sollen ganz und gar gestillet sein
Bis geht ein neues Jahr herein.
Gott woll uns unsre Bitt erhören
Und alle Sach zum Besten kehren
Uns hier seine göttliche Gnade geben
Nach diesem Elend das ewige Leben.
Gott der die Seinen nie verließ
Wünscht Euch Allen Lorentz Fries.

Daß diese Form Schule gemacht hat, dafür als Bürge nur noch das Heidelberger Flugblatt vom Jahre 1544 (siehe Figur 195).

Das Kaiser König Potentaten
Eins mals jedoch dahin geraten,
Das man Gotts wort nem underhand
So würd geholffen Teutschem land
Von allem grollen / grimmen / grauen
Möcht man des friden weg bald bauen
Der Teutschen gmüt werd zamen gricht
Wünscht Heinrich Vogther in seim dicht
Amen.

DIE URSACHEN DER MISSGEBURT.

Fig. 196.
Teufel aus Münsters Kosmographie.

Zwischen dem Stande der Forschertätigkeit oder auch nur der Meinung der gelehrten Welt über bestimmte Vorstellungen und der Ansicht des gemeinen Mannes ist natürlich immer ein großer zeitlicher Unterschied. Die Volksmeinung hinkt hier nach und es dauert oft Jahrhunderte, bis sich die wissenschaftlichen Fortschritte in die sogenannten breiteren Volksschichten infiltriert haben. Diese Wahrnehmung können wir auch heute noch hundertfältig machen in einer Zeit, in der die sogenannte Aufklärung des Volkes systematisch durch Wort, Schrift und Bild betrieben wird. Solche Vorurteile sind namentlich dann unausrottbar, wenn sie körperliche und vor allem genitale Zustände betreffen. Ich erinnere hier nur an die katastrophale Wahnvorstellung, der heute noch so und so viel Unschuldige zum Opfer fallen, daß üble Geschlechtskrankheiten durch den Umgang mit einer Jungfrau geheilt werden. Diese scheußliche Fabel kehrt seit Jahrhunderten immer in poetischer Form wieder: die Errettung der verbrennenden Seele oder des siechen Körpers durch die Liebe eines reinen Weibes, das dabei zugrunde geht. Daß aber zwischen dem Pegelstande medizinischer Forschung und Volksmeinung auf dem Gebiete der sexuellen Fragen und der Generationsvorgänge immer ein so besonderer Niveauunterschied war, das erklärt sich aus der Scheu, Dinge, die diesen Vorgang streifen, öffentlich zu behandeln. Das unanständige Feigenblatt, welches den natürlichen Körperbau verhüllen sollte, zog nur magnetisch den heimlichen schrägen Blick des Betrachters auf diese Stelle. So kam es, daß gerade für den Laien der ganze Begriff der Sexualsphäre in seiner Heimlichkeit der Tummelplatz extravaganter Gedanken wurde. Aber auch die Gelehrtenarbeit und die Forschung waren auf diesem Gebiete im Rückstand. Die positiven Ergebnisse sind erst jüngeren Datums. Wir müssen uns daran erinnern, daß erst im Jahre 1677 ein Schüler Leeuwenhoeks die Samenfäden entdeckte und erst im Jahre 1827 fand C. E. v. Baer das lang gesuchte menschliche Ei. Swammerdam hatte im Jahre 1685 die Kopulierung beider als notwendig zum Befruchtungssvorgang erklärt. Und es war merkwürdigerweise ein Abt Spallanzini, der 1768 bewies, daß den Fäden und nicht der filtrierten Flüssigkeit die befruchtende Kraft innewohne. Für die Theorie der Zeugung waren im ganzen Mittelalter und der späteren Zeit des Aristoteles fünf Bücher von der Zeugung und Entwicklung der Tiere maßgebend gewesen. Dieser verglich noch die Wirkung des Samens mit der des Labs auf die Milch. Spätere zogen den Vergleich der Hefewirkung auf gärungsfähige Massen. Bei der Unkenntnis der intimeren mikrobiologischen Vorgänge ist es klar, daß auch die gröberen Entwicklungsstadien auf rein hypothetischer, d. h. falscher Grundlage standen. Das Studium dieser ist erst eine Errungenschaft der Neuzeit, namentlich durch die Vervollkommnung der mikroskopischen Technik.

So ist es leicht verständlich, wenn die Pathologie der menschlichen Entwicklung ein Tummelplatz von Spekulanten und Spekulationen werden mußte. Es ist nun eine bedauerliche Tatsache, daß die gelehrten Forscher dieser Zeit über normale und krankhafte Entwicklung des Menschen, daß auch die Hebammenbücher und die Geschichtsbücher über Mißgeburten sich nicht an das gesunde Fundament hielten, welches die alten Schriftsteller über diesen Gegenstand errichtet hatten. Denn die Alten, vor allem auch Aristoteles, begründete seine Ansichten auf rein empirischen Beobachtungen und stützte sich auf die Tierpathologie. Was er hier auch über das Entstehen der Mißgeburt zusammenbrachte, ist ein erstaunliches Material. Ist auch dieses zum Teil falsch gesehen, zum Teil mit Berücksichtigung auf die menschliche Zeugung falsch erklärt, so ist es doch ein ewiges Ruhmesblatt der Aristotelischen Forscherzeit, daß sie den Verirrungen der Natur rein natürliche Erklärungen angedeihen ließ und auch nur den Versuch unterließ, die vielfachen Blößen mit einem transzendentalen Mäntelchen zu bekleiden. Es ist (trotz Mauthner) ein Beweis der Größe des Mannes, daß er in einer Zeit der Wunderreligion und der göttlichen Bevormundung auf dem Gebiete der täglichen Lebensvorgänge nirgends nach dieser Seite entgleist und mit dem geringen Wortschatze des damals möglichen wissenschaftlichen Ausdrucksvermögens die oft bizarren und geheimnisvollen Körperbildungen rein naturwissenschaftlich zu deuten bestrebt ist. „Alle Nachrichten von Kälbern mit Kindsköpfen, Schafen mit Ochsenköpfen, Menschen mit Tiergesichtern" sind für ihn nur scherzhafte Ausdrücke von Ähnlichkeiten. Zusammenhänge dieser Art auf realer Basis erklärt er für unmöglich und gibt hier als ausschlaggebenden Grund den Unterschied in den Zeiten der Schwangerschaft an. Während die Priester seiner Zeit die Wundergeburten bestaunen und in ihrem Sinne auslegen, erklärt er sie nur als Bildungen wider den gewöhnlichen Lauf der Dinge; auch die widernatürliche Erscheinung sei in gewisser Beziehung naturgemäß. Unter anderen Ursachen erklärt er die menschliche Mißbildung als entstanden aus einem Mißverhältnis der Zeugungsflüssigkeiten oder einer falschen Teilung des Keimes.

Wenn man nun bedenkt, daß Aristoteles der Lehrmeister des Mittelalters war und gewissermaßen der geistige Papst, so ist es amüsant zu sehen, wie die gelehrten Klerici zwar seine Ansichten kennen und wiedergeben, aber in langen Deduktionen seine Meinung zu entkräften suchen. Von der großen bunten klassischen Schüssel suchte man sich nur als fette Bissen die Gedanken heraus, welche in das Menü der Zeit paßten. Die Betrachtung natürlicher Dinge vom natürlichen Standpunkt schickte sich aber wenig in das System der Volksbevormundung und der alles penetrierenden Glaubensseligkeit. Die Welt sollte vom Zeitgenossen ausschließlich durch die kirchliche Brille betrachtet werden und es war gefährlich und auch strafwürdig, die Scheuklappen auch nur gelegentlich zu lüften. An die Stelle des ernsten Forschers auf dem Gebiete der Menschheitskunde trat der demagogische Jongleur mit der Soutane, der mit göttlichen Warnungssignalen, Wundertaten, Strafpredigten, das geistig so billige und geistlich so einbringliche Spiel jahrhundertelang ausübte. So finden wir in den zeitgenössischen Werken des 16., 17. und 18. Jahrhunderts über Mißgeburten die seltsame Mischung aristotelischer Weisheit und kirchlichen Geschwätzes.

Von dem Standpunkt der Naturforscher in der Renaissancezeit bekommen wir eine Probe aus dem Buch der Natur des Konrad von Megenberg, der ersten Naturgeschichte überhaupt in deutscher Sprache. Was dieser Autor des letzten Viertels des 15. Jahrhunderts an Wissenschaft aus lateinischen Autoren der damaligen Zeit mit Bienenfleiß herausgesogen und mit eigener Ansicht geschmückt uns vorsetzt, das ist einmal die maßgebende Ansicht für die ganze nächste Zeit und in seinem schwerfälligen Deutsch von so entzückender Einfachheit, daß wir am liebsten das ganze Kapitel von den Wundermenschen unverkürzt hier wiedergegeben hätten.

Das ist das Deutsch von Megenberg
Wär das ein Ries und nicht ein Zwerg
Und wär es aller saelden (Glückes) voll
Das gönnt ich meinen Freunden wohl
Wahrlich ohn alle Falsch es ist
Des ist mein Zeug der heilig Christ
Und auch Maria Mutter Maid
Auch die benehm uns unser Leid
Und führ uns in das ewig Leben!

Das ist die Zeit mit dem goldenen und holden Duft des deutschen 15. Jahrhunderts, das ist die entzückende gläubige Naivität, die noch nicht stinkt nach dem Brandgeruch der Scheiterhaufen und die noch nicht besudelt ist von der Unzucht der Tortur. Das sind Worte, die umrankt werden von der hohen innigen Kunst der primitiven deutschen Malerei.

Von den Wundermenschen.

Eine Frag ist, von wann die Wundermenschen kämen, die zu latein Monstrosi heißen, ob sie von Adam sein gekommen? Zu der Frag will ich anders antworten, wie das lateinische Buch antwortet, wie das Buch spricht, daß die Wundermenschen nicht von Adam kämen, es sei denn, wie Adelinus spricht, daß die Wunder kommen von den widernatürlichen Werken der Menschen, die sich vermischen mit dem Vieh, wie die Wunder die Onozentauri heißen, die sind oben Menschen bis an den Gürtel und unten Ochsen. Wisse, daß das nicht möglich ist, weil die Samen, die gar sehr weit von einander sind, die zerbrechen sich von einander und wird kein lebendig Ding daraus; wird aber ein lebendig Ding daraus, dann stirbt zehand (sogleich). Nun sprech ich Megenberger, daß die Wundermenschen zweierlei sind, etliche sind geseelet und etliche nicht. Die geseelten Wundermenschen nenne ich, die eine menschliche Seele haben und die doch Gebrechen haben. Die ungeseelten nenne ich, die etwa eine menschliche Gestalt haben an dem Leib und doch kein menschliche Seele haben. Die geseelten Wundermenschen sind auch zweierlei. Etliche haben Gebrechen an dem Leib, und etliche an der Seelwerk und die kommen beide von Adam und von seinen Sünden, weil ich das glaube: Hätt der erste Mensch nicht gesündigt, alle Menschen wären ohne Gebrechen geboren.

Die Wundermenschen mit Gebrechen an dem Leib sind die ihre Glieder nicht ganz haben oder mehr haben, denn sie sollen haben. Das kommt von mancherlei Sachen. Ein Sach ist, daß die Frauen in den Werken der Unkäusch sich nicht recht haben und sich hin und her bewegen, daß sich der Same des Mannes teilt in der Frauen Klausen; und teilt sich der gleich unten und oben, so werden Zwienlein daraus und die mehren sich darnach. Teilt aber der Samen sich oben und nieden nicht, so wird ein Mensch daraus mit zwei Häupter und mit einem Niederteil. Teilt aber sich der Same unten und nicht oben, so wird ein Mensch unten gespalten und nicht oben.

Auch geschieht, daß der Samen viel ist und daß sein Kraft groß ist, der macht einen großen Menschen über gemein Leut; oder daß die Kraft oben ist und der Samen zu wenig, so entbehrt die Geburt etlicher Glieder, wie der Arm etliche Finger oder Füß und Bein. Wenn aber des Samen wenig ist und die Kraft krank, so wird ein kleines Menschel.

In dieser Weise werden aristotelische Gedanken von dem guten Megenberg zur Erklärung der kompliziertesten Verhältnisse herangezogen und mit Geschicktheit alle möglichen Mißverhältnisse in dem der doppelten Samenflüssigkeit gesehen.

„Es geschieht auch, daß zwei wirkende Kräfte gleich kräftig sind, der eine wirkt männlich, der andere weiblich: die machen eine Geburt, die beide (Geschlechter) vollkommen hat. Die Leut mit beiden Dingen heißt zu latein ermofrodite.

Auch geschieht, daß die Mutter gar hitzig ist, die zeitigt ihre Geburt vor der Zeit. Also ward ein diern Kindel geboren, das hat hängende Brüste und Haare unter der Achsel und hat auch Haare ob dem Goltpüschel (Schamberg) und hatte zwei Zähne oben und unten."

Nach diesen Vorstellungen einer kindlichen Naturbeobachtung und Beschreibung erwacht in dem Jünger die kirchliche Phantasie des Mittelalters.

„Es kommen auch die Wundermenschen von der Sterne Kraft im Mutterleibe. Und darum bringt manche Frau eine Geburt mit eines Viehes Haupt oder mit einer anderen wunderlichen Gestalt, oder eine Viehmutter bringt Kleinvieh mit Menschenhaupt.

Aber die geseelten Wundermenschen, die Gebrechen haben an der Seele Werke, die sind auch zweierlei. Etliche haben das von Geburt und etliche von Gewohnheit. Die das Gebrechen haben von Geburt, das sind die natürlichen Toren, die zu latein muriones heißen, die haben ihre Zell der Seelkraft nicht recht geschickt in dem Haupt.

Aber die Wundermenschen, die nicht geseelt sind, die sind auch zweierlei. Etliche werden von den Menschen geboren, wie ich vorher gesprochen habe, von der Sternekraft, die kommen auch von Adams Sünden und von unseren Sünden, weil ich glaube, hätt der erste Mensch nicht gesündigt, so hätte der Sternekraft und andere Kreatur kein Gewalt gehabt über den Menschen. Aber es gibt noch andere Wundermenschen, die von rechten Menschen nicht geboren werden und haben auch nicht menschliche Seele, die kindeln ihre eigenen Kinder mit einander und wirken etliche Werke wie die Menschen, wie die Affen und die Meerkatzen. Also prüfe ich, daß man antworten soll auf die Frage von den Wundermenschen."

Vergeblich wird man bei Megenberg in dieser seiner Auffassung von der Entstehung der Wundermenschen nach dem in späteren Jahrhunderten immer wieder ans Licht kommenden Verlangen suchen, das Vergehen und das Verbrechen gegen Gott, welches zur Mißgeburt führt, zu strafen, oder durch Reue, Buße und kirchliche Askese zu entsühnen. Noch im Jahre 1686 berichtet die (Berliner) Sonntagische Fama: Dieser Tagen brachte man allhier (Neapolis) eine junge Frauenspersohn in einem capuciner-mönchs-Habit gefangen herein .in Begleitung eines Capuciner Mönchs. Weil nun diese verstelte Capucinerinn zu Salerne . . . ein schreckliches Monstrum mit 2 Köpfen vier Armen, und zwei Ochsen Füssen / welches man erstickt hat, gebohren dörfften dieser Capuciner nebst seiner Capucinerinn in Lebensgefahr kommen.

Es ist hier nicht der Platz, die gelehrten medizinischen Werke vom ätiologischen Standpunkte aus ausführlich zu betrachten. Wir greifen einige heraus, die sich besonders mit Mißgeburten beschäftigen. Da ist zunächst das Hebammenbuch des Jacob Rüffen, Stadtarztes zu Zürich, welches in vielen Auflagen erschien, die sich durch die schönen Holzschnitte des Jost Amman auszeichneten. Dieses Buch ist insofern ein für unsere Betrachtung nützliches, als es sich auch in den Händen vieler Laien und gebildeter Frauen befand.

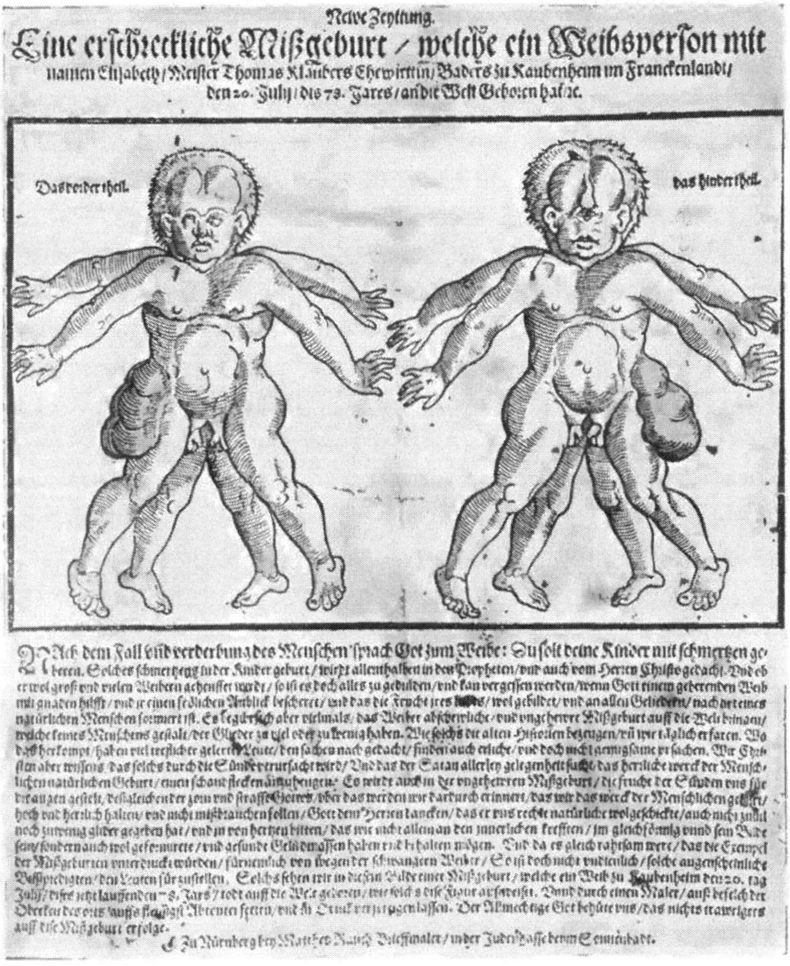

Fig. 197. Satanische List. Nürnberger Flugblatt vom Jahre 1578.

Neben aristotelischer Weisheit über die Entstehung der Wundergeburten wird aber stark mit der Vorstellung göttlicher Rache und Warnung gearbeitet. Ein ganzes Kapitel ist der Einwirkung des Teufels gewidmet und die alten Schauermärchen werden zum Teil in neuem phantastischem Kleide aufgewärmt. In der deutschen Ausgabe ist noch die Historie von einem Wechselkind nach den Tischreden Luthers angefügt.

Das berühmte, hier häufiger erwähnte Werk des Fortunius Licetus de Monstris 1668 beschäftigt sich eingehend gerade mit den Gründen für die Entstehung von Mißgeburten. Er unterscheidet im wesentlichen supranaturale, das sind göttliche, infranaturale, das sind satanische und physische Gründe. Wenn wir nun noch anerkennen wollen, daß er die physischen, zum Teil aristotelischen Grundsätze, wie zum Beispiel Überfluß oder Mangel des Samens, Schwachheit oder Krankheit des Erzeugers, Überschwängerung, Krankheiten des Fötus, Enge der Gebärmutter kennt und anerkennt, so neigt doch seine ganze Seele und Denkart stark nach der transzendentalen Seite, so daß er schließlich ganz in dieses Nebelmeer der Vorstellungen eintaucht und versinkt. Ähnliche Vorstellungen und Mischungen über die Entstehungsgründe von Mißgeburten finden wir bei allen prominenten Schriftstellern bis in das 18. Jahrhundert hinein. Alle faßt zusammen Aldrovandus in seinem berühmten Werk, das gewissermaßen der Corpus iuris der Mißgeburten wurde. Da dieses Monumentalwerk der Naturwunder alle jene phantastischen Fabelwesen als wirklich anerkennt und beschreibt, so ist es klar, daß es über die Entstehung von Mißgeburten Ansichten vertreten muß, welche heute für eine ernste wissenschaftliche Diskussion nicht mehr in Betracht kommen.

Bei diesem Stande der Dinge in der sogenannten wissenschaftlichen Welt darf es nicht wundern, daß das Laienpublikum über diese Vorgänge sonderbare Begriffe hatte und auch noch hat. Aus dem Wust dieser Volksvorstellungen lösen sich drei Gesichtspunkte, die wert sind, im Zusammenhang betrachtet zu werden. Zunächst wurde uns die im 16. Jahrhundert grassierende Vorstellung von der teuflischen Gemeinschaft bekannt, daß nämlich die Mißgeburt oder die Wundergeburt als Produkt der fleischlichen Buhlschaft zwischen Teufel (incubus) und Weib, in seltenen Fällen dem Manne und einer Teufelin (succubus) anzusehen sei. Wir haben von diesen im Volk verbreiteten Ideen bereits die verschiedensten Belege gebracht; es genügt an dieser Stelle nochmals der Hinweis auf das Nürnberger Flugblatt vom Jahre 1578 (siehe Figur 197).

Während nun diese Vorstellung, Gott sei Dank, in unseren Tagen als wichtigster Kulturfortschritt bis auf spärliche Reste aus dem Volksglauben verschwunden ist, haben sich von den beiden anderen Vorstellungen deutliche Reste erhalten: dem Versehen, das heißt äußere Eindrücke des schwangeren Weibes hinterlassen am Körper des Kindes Spuren und drittens von der möglichen Befruchtung zwischen Tieren verschiedener Klasse, respektive zwischen Mensch und Tier.

Das Versehen der schwangeren Frauen.

Daß die Einbildungskraft der schwangeren Weiber auf die Früchte ihrer Leiber von gestaltendem Einfluß sei, ist ein Aberglaube, der sich bis zu dem heutigen Tage unausrottbar erhalten hat. Nicht nur die ungebildeten Kreise allein sind heute noch diesem Gedanken untertänig. Ja hin und wieder tauchen sogar Versuche auf von seiten eines Arztes, welche diesem Aberglauben neue Nahrung zuführen. Es hat sich allerdings die allgemeine Anschauung auf eine bestimmte Form reduziert, welche nur das Hervorbringen von Muttermälern in Zusammenhang mit seelischen Eindrücken während der Schwangerschaft anerkennt. Die Bezeichnung „Muttermal" führt dieser Anschauung wohl auch noch neue Freunde zu. Die Gestalt der Muttermäler wurde nach Form und Farbe mit verschiedenen Gegenständen verglichen, mit Wein, Schinken, Fleisch, Blättern, Früchten, Beeren und Tieren. Die ältere Medizin nannte sie deshalb auch Maus, Spinne, Morus, Sigillum und so weiter. Die Spinnenbezeichnnng (Naevus arianus) ist gut gewählt wegen des roten Mittelpunkts des zentralen Blutgefäßes mit den strahlenförmigen Ausläufern der kapillaren Gefäße. In dem großen Handbuch der Chirurgie von Johann Nepomuk Rust, dem berühmten Direktor des Königlichen Klinikums für Chirurgie in der Charité aus dem ersten Drittel des 19. Jahrhunderts, wird von Nicolai noch die Berechtigung der Entstehung der Muttermäler durch das Versehen der Schwangeren anerkannt. Als Beispiel dieser Art führt der Autor die Geschichte einer schwangeren Frau an, welche im dritten Monat von einem tollen Hunde an der Hand gebissen wurde. Das sonst gesunde Kind hatte an der Hand an der Stelle, die der Bißwunde der Mutter entsprach, ein Feuermal in der Größe und der Gestalt der mütterlichen Narbe. Die wirkliche Herkunft des Namens Muttermal bezieht sich aber, wie mir scheint, weniger auf das angebliche Entstehen dieser durch das Versehen der Mutter, sondern durch die Vererbung von Naevi und Hautveränderungen überhaupt von Mutter auf Kind. Diese Tatsache der gelegentlichen Vererblichkeit von Hautpigmentierungen der Eltern und nicht nur der Mutter auf die Kinder und zwar sogar an der gleichen Stelle ist anzuerkennen. Das Beispiel der Pelopiden ist aus dem Altertum hierfür schon Zeugnis. Natürlich war und ist es eine Verkennung der Gesetze der Vererbung, wenn, wie dies manchmal geschah, die Echtheit der Abstammung von dem Vorhandensein irgend einer sichtbaren Anomalie abhängig gemacht wurde. Tovote hat die Vererbung von Muttermälern zu einer amüsanten Novelle benutzt. Eine ungetreue Gattin liegt in Kindesnöten. Sie ist im Begriff, dem von ihr gehaßten Gemahl, der sich über seine zukünftige Vaterschaft in unsympathischer Weise freut, das Geheimnis aus Wut zu verraten. Sie ändert aber ihren Entschluß, als das eben geborene Kind dasselbe Muttermal im Gesichte trägt wie der ungeliebte Gatte. Die Wege der Vererbung, wenn sie auch durch die Studien des Paters Mendel neues Licht bekommen haben, sind doch noch vielfach ungeklärt. Mir war immer besonders interessant die allgemeine Umstimmung der Konstitution der Mutter durch die erste Schwangerschaft, die mir als eine Stütze der Humoralpathologie galt. Zwei Beobachtungen wurden mir in Südamerika als unzweifelhaft mitgeteilt und mit Beweisen belegt, die hierfür charakteristisch sind. Es kann vorkommen, daß eine Vollblutweiße, die von einem Neger ein Kind bekam und nun sich in der Folge mit einem Weißen verheiratet, nun unter ihren weißen Kindern solche mit Negertypus gebiert. Ein zweites Zeugnis derselben Richtung ist eine von den Züchtern ausgenutzte Erfahrung. Isabellenfarbene Pferde, welche erstmalig von einem Kreuzesel gedeckt sind, bekommen gelegentlich später auch von einem Isabellenhengst Füllen von derselben Farbe, die aber als Erinnerung an den ersten Beschäler der Mutterstute das schwarze Eselskreuz über Rücken und Vorderbeinen tragen. Im Midrasch steht eine Stelle, die vielleicht diese Umstimmung der Frau als bekannt voraussetzt; es heißt da, daß eine vom Ehemann schwangere Frau die Züge des Ehebrechers tragen kann.

Geschichten aus dem Altertume, die durch Jahrhunderte immer wieder manchmal neu aufgebügelt und mit allerlei Zusätzen versehen, nacherzählt wurden, galten als Beweise des Versehens im allgemeinen Sinne. Unter diesem Sammelnamen vereinigen sich eben alle äußeren und seelischen Erschütterungen und Eindrücke, die die Mutter während der Schwangerschaft erfuhr. Bei der unantastbaren Zeugenschaft des alten Testamentes war zunächst die Erzählung Jakobs aus dem 1. Buch Moses (30. Kap.) bemerkbar.

Beschreibung eines Wunder-Menschen / zu diesen unseren Zeiten entsprungen in der Neapolitanischen Landschafft.

DAß der gar zu grosse Weibische Fürwitz jederzeit seinen Frevel gebüsset hat/ gibt dessen klar Zeugnuß Elisabetha Risina Petri Antonii Consiglio Eheliche Haußfrau/ wohnhafft in der Stadt Bigliani in Apuglia. Nach dero dann selbst eigener Aussag ist von diesen beyden armen Leuten dieses Wunderseltzame Kind auf diese Welt herfür kommen. Seiner Monstrositët oder Abscheulichkeit soll ein Ursprung gewesen seyn folgendes: Die obgesagte arme Elisabeth begabe sich zum öfftern hinaus an das Gestade des Meers / umb allborten nothwendiger Lebens-Mittel Aufenthalt zu erheischen; Diese aber gemeldte Gegend oder Ende des Meers dieser Landschafft ist begabt mit einem grossen Uberfluß der Meers-Ottern/ Meer-Schnecke oder Schild-Krote/ wie auch Fischen/ (gleich den jenigen/ so man Rochen nennet/) von einer Haut rauh/ und hart/ wormit man wol auch Holtz und Helffenbein reiben kan. Diese dann erstgedachte Meer-Wunder waren der ursprüngliche Zweck und Vorbild des gar zu grossen Weibischen Fürwitzes/ so sich in dero Speculation/ oder Nachsinnen und Anschauen kaum zu Genügen ersättigen kunte/ zu welchem dann der Einflus von obenher das Seinige bey zu thun nicht unterlassen hat. Auf diese dann und solche Weiß ist Krafft gewöhnlicher Generation / und Menschlicher Geburt dieses vernünfftige Meer- und Wunder-Kind auf die Welt kommen. Das Angesicht dieses Wunder-Kinds ist einer genugsam proportionirten Form und Gestalt/ zum Theil braun/ die Haar aber etwas lichtiger und der weise nächner/ der übrige Leib aber vom Haupt und Hals mit schwartz-fleischlichen Schlair bekleidet/ schier gar/ als ob er von gantz Seiden wär/ zum Theil mit weissen Sternlein in etwas difformiert/ und verungleichet / die Gestalt der Händ einer unmenschlichen Organization und Geschaffenheit/ die Füß weiß/ beschüppet/ unterschidlich/ und auch nicht gar zum annehmlichsten coloriert und gefärbet/ nicht fast ungleich gemeldtem Meer-Schnecken oder Schild-Kroten; und was das Abscheuhen und Schrecken an diesen Wunder-Kind vermehren kan / ist / daß er nemlich (durch Sympathitische Eigenschafft mehr gemeldter Wunderwerck nicht unbillig also geartet / und naturiert) bey dem Meer und Wasser sich befindente in dasselbige hinein stürtzte/ wofern es nicht mit Gewalt darvon abgehalten wurde. Seines Alters in dem 14. Jahr/ in der H. Tauff genannt Bernhardinus. Die Mutter dieser wunderlichen Frucht / förchtende / daß auff selbige eines sträfflichen Fürwitz billicher Argwohn möchte geworffen werden / hat solche biß anhero vor des Lands Erkänntnuß in einen stillen Arrest verborgen gehalten. Gleich wie aber nichts so klein gesponnen / es kommet endlich an die Sonnen / ist auch dieser Menschliche Meer- und Wunder-Mensch endlich dem Liecht der Menschlichen Augen unterschiedlichen Provintzen zu Theil worden. Auf daß/ welches Menschliche Aug in der Sach selbsten dergleichen abgesagten Meer- und Wunder-Thier niemols aufsichtig worden / an diesen Menstrosischen Kind / und Kindischen Monstro ein lebendiges Contrafet gehaben möcht. GOtt gebe/ daß nicht verificiert und wahr werde/ was von einem Monstro und Wunder-Thier zu seiner Zeit gesungen hat Marcellinus.

Viel Wunder-Ding hat die Natur
Zu jeder Zeit erfunnen/
Diß zeigt uns diese Creatur/
So klar/ als selbst die Sonnen.

CUM LICENTIA SUPERIORUM.

Gedruckt im Jahr Christi / 1688.

Fig. 198. Das Versehen. Flugblatt vom Jahre 1688.

Die Geschichte von Jakob, der seinen Schwiegervater Laban dadurch gewissermaßen betrügt, daß er, um möglichst viel bunte und gefleckte Schafe und Ziegen zu erzielen, an den Tränkstellen geschälte Pappeläste hinlegt, wurde immer so aufgefaßt, als wenn diese bunten Baumstämme Einfluß hätten auf das Aussehen der Nachkommenschaft. Es ist zwar auch eine andere Auslegung dieser etwas dunklen Bibelstelle möglich. Da aber vom Standpunkt des Züchters heutzutage eine solche willkürliche Erzielung der Fellbeschaffenheit der Tiere nicht anerkannt wird, so kann man im günstigsten Falle aus der Bibelstelle nur entnehmen, daß in der alttestamentarischen Welt schon solcher Aberglaube verbreitet war. In dieselbe Kerbe schneidet die Geschichte des Opianus, die er in einem Buche, welches er dem Caracalla widmete, erzählt. Wenn man Pferde erzielen will mit bestimmten Flecken und Farben, so solle man den Hengst in der gewünschten Weise künstlich versehen und ihn lange Zeit der Stute vorführen. Die Äthiopierkönigin Persinna, die ihren braunen Gatten vielleicht mit einem Weißen betrogen hatte, da sie die Cariclea in blütenweißer Farbe gebar, redete sich nach Heliodorus von der Bestrafung wegen Ehebruchs dadurch heraus, daß sie angab, in der Schwangerschaft die Marmorstatue der Andromeda zu oft betrachtet zu haben. Vielleicht handelte es sich auch um einen Fall von Albinismus. Die umgekehrte Nutzanwendung zog aus dieser Vorstellung, wie der heilige Augustinus berichtet, der häßliche und ungestaltete Tyrann Dionysius. Er befahl, daß seine Gemahlin in ihrem Schlafgemach das Bildnis eines schönen Mannes dauernd betrachten möge, um mit Hilfe ihrer Einbildungskraft auf diese Weise einen schönen Nachfolger zu bekommen.

In der Auslegung über den Gottesstaat des hl. Augustinus wird Ludovicus Vives noch deutlicher. Ein liederlicher Brabanter spielt in einem Stücke den Teufel. Nach Hause gekommen, überrumpelt er noch in der Teufelskleidung seine Frau, die natürlich nach neun Monaten ein Kind gebiert, welches das lebendige Ebenbild des Teufels war. Die Verwendung der Vorstellung des Versehens zu kirchlich-moralischer Volkserziehung liegt hier in dieser krassen und brutalen Erzählung zu Tage; reizvoller ist da schon die Erzählung des Talmud vom Rabbi Jochanan, der um 200 nach Christus in Palästina lebte. In seiner Bemühung für die Erzeugung eines schönen Geschlechtes setzte sich dieser besonders wohlgebaute und schöne Mann an den Ausgang des Tauchbades, welches die Jüdinnen vor der Aufnahme des ehelichen Verkehrs nach ihrem Ritus nehmen mußten.

Es müßte wundernehmen, wenn die abergläubische Vergangenheit nicht ausgiebig in dieser Goldgrube des Aberwitzes gegraben hätte. Und so sahen

Monstri in Neapolitano Regno nati descriptio

Ex miseris Parentibus, Petro Antonio Consiglio, et Elisabeth Risina vocatis in Ciuitate Bigliani in Apulia (pro eo oc
culis aseritur) ortus est Iuvenis hic: sue Portentationis Causa mira fuisse sequentem. Ad Maris ripam
paupera Elisabetta sepe sepius referre solebat, eius inopem vitam laboribus substinendi causa, Illius Regionis maritima
vero Lutrarū seu testudinū et squatinarū fecundissima. Idearū confusionē in fonte Originali admirantis intellectus mulier-
culae; etiam ipso affixis (Astrorū concurrentibus influxijs) effecerūt quod ex commercio inter Virū, et Vxorem habito conceptus
sit hic cum similitudine Squatinę et Testudinis. Natus est ergo hic cū vultu proportionatè formoso, colore parum fusco, et elec-
tro colore capillis; sed totū a vertice corpus induitur pelle nigra, paruo minus holoserico, pro parte aliquarū stellularū
maculata alborū: inhumana Organizationis forma manus, et pedes albi, sunt Squamosi, et diuersis inquinati coloribus,
parti dissimiles à Testudine marina; et plus terrori est, quod per naturale Genus Mare videns, (nisi detineretur) in
ipsū se precipitē mitteret. Nouem iā complet annos, et nomen in Sacro Lauacro Bernardini obtinuit. Prodigiosi usque
adhuc, itur Mater suspiciosa, et zelotypa cum celatū habuit à Regionis cognitione; sed illico obseruatus, mūdanis exposuere
oculis, ut in Orbe Naturę Prodigia homini Squatina, et Testudine insiti perspicerētur: Velit Deus, ne verificetur de Portētis
sui temporis quod cecinit Marcellinus.

Nam parenta id genus compareret sæpius, sed rerum euentus
uariorum indicant fore

Fig. 199. Italienisches Flugblatt vom Jahre 1670.

wir schon, daß diese Vorstellungen häufig auf unseren Flugblättern wiederkehrten. Ganz besonders weiß die berühmte Reichsstadt Köln auf einem Flugblatt des Jahres 1597 (siehe Figur 200) davon zu erzählen. Die Mutter der Mißgeburt hat im Tragen der Frucht einen Schrecken vor einem kalekutischen Hahn bekommen und aus Unbedacht dabei an verschiedene Stellen ihres Leibes gefaßt. Dadurch sind dann an diesen Stellen solche schwammige Gebilde entstanden. Noch viel einwandfreier ergibt sich die Zurechtstutzung der Geburtsgeschichte und der nachträglichen Fabrikation der Entstehungsursachen in der Beschreibung eines Wundermenschen aus der neapolitanischen Landschaft (siehe Figur 198 und 199). Dieses Flugblatt liegt in mehreren Ausgaben vor, einer früheren aus Italien mit lateinischer Unterschrift und einer deutschen späteren Kopie aus dem Jahre 1688. Das Nähere ergibt die langatmige Unterschrift. Das Kind hatte offenbar, wie dies heute auch noch vorkommt, einen ausgedehnten Naevus pilosus. Nachträglich wird nun hinzugedichtet, daß die Frau eine abnorme Neigung gehabt habe, am Meere die geschuppten Tiere zu betrachten und durch dieses Nachsinnen und Anschauen habe dann ihr Kind die Haut der Meerestiere bekommen; aber nicht nur in der Haut lag die Erinnerung an das Meer und seine Tiere, sondern dem Kinde war auch die Sehnsucht nach dem Wasser so unnatürlich eingeboren, daß es sich ins Meer stürzen wollte, wo es nur desselben ansichtig wurde. Infolgedessen hat die Frau das Kind bis zum vierzehnten Jahre versteckt gehalten. Die Geburt eines Bärenknaben in edlem römischen Hause, veranlaßte den Papst 1494 alle Bärenbilder zu zerstören.

Uns interessierte besonders die Geschichte der an der Stirn zusammengewachsenen Kinder von Worms. In der Chronik von Sebastian Münster wird die Entstehungsgeschichte derselben dadurch erklärt, daß eine Person aus Spaß den Kopf der schwangeren Mutter mit einer anderen Frau zusammengestoßen habe. „Davon erschrak die schwangere Frau also übel, daß es die Frucht im Leibe entgelten mußte.“ Wir wollen es aber dem Sebastian Münster, der manche Wunderdinge kritiklos nacherzählt, zugute halten, daß er in seinem Bericht in Klammern zufügt: als man sagt. Weniger Skrupel hat unser Freund und Kollege Ambroise Paré. Er erzählt uns, daß in einem Dorfe bei Fontainebleau ein Kind geboren sei mit einem Froschkopf. Das sei daher gekommen, weil die Mutter gegen Ende ihrer Schwanger-

Warhafftige Contrafactur oder abbildung der wunderbarlichen / erschrecklichen / vnd zuuor nie mehr erhörten vnd geschehenen geburt / welche in diser namhafften vnd weit berhümbten Reichstatt Cölln am Rhein auff die Welt kommen / vnd von jedermeniglich / so darnach gegangen / hat mögen gesehen werden also das dises Wunderwerck Gottes / vil lebendiger zeugen von Rathsverwandten / Burgern / vnd sonst Einwohnern diser gemelter Statt zu finden seind. Geschehen im Jar M. D. XCVII. Den 2. Mertz. stylo nouo.

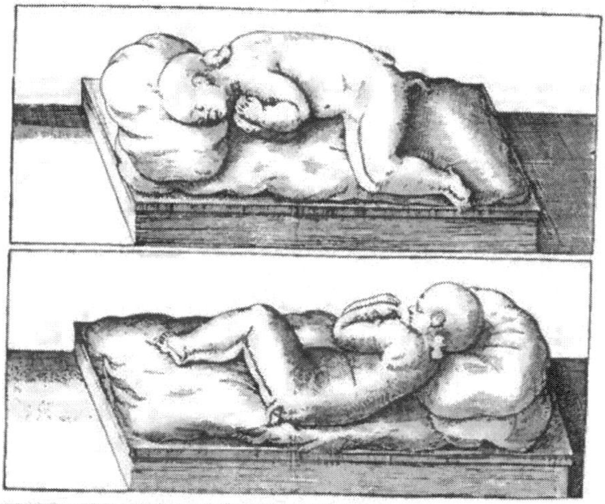

ES spricht / günstiger leser / der hocherleuchte Philosophus Aristoteles: Nihil tam secundum naturam quàm generare sui simile. Das ist: Es ist nichts der Naturen / oder ordnung Gottes / ähnlicher dann das ein jedes geschöpff seines gleichen zeuge. Wie dann solches nicht allein an den Menschen vnd gethierden / sonder auch an allen gewächsen des Erdtreichs zu sehen ist. Vnd folget hierauß / das alles was nicht also in dem gang der Naturen sich erzeigt / dasselbige entweder ein vnordnung / oder aber ein Wunderwerck vnd Mirackel genennet werden. Dann zwar allerley frembde geburten für kein wunderzeichen können gehalten werden / [illegible] natürlich seindt / dieweil dieselbe zum öfftermal durch vnordentliche Coniunctiones der Thieren vnd gewächsen geschehen. Wie ich dann persönlich an den Seefischen gespüret / deren ich in Norwegen vor etlich jahren manche vnbekante vnd abschewliche art / mit dem Angel hab helffen auffziehen. Sondern ist in dises allein für ein rechtes vnd wars wunderzeichen erkandt vnd gehalten werden / da in rechter gehaltener ordnung der Naturen / gleichwols durch schickung oder verhengnuß Gottes / ein andere substantz / form / art / vnnd wesen / sich in der generation erzeiget / als die Natur vnd gemeine von Gott erschaffene ordnung mit sich bringt. Wie man allsolches die in diser Reichstatt Cölln vernemen hat. Vnd im fall gegenwertige Bildenussen weitgelegene vnd frembde örter Teutscher vnnd Welscher Nation verführt würde / vnd jemandts besetzung von wegen des weitgelegenen orths / das es soll geschehen sein / verdächtig halten würde / wöllen wir im alle circumstantias vnnd vmbstende der sachen so klärlich darstellen / das / wo schon vber zehen / zwentzig oder mehr jaren darnach gefragt würde / er gleichwol alle gelegenheit im grund werde erfahren können. Nemlich es ligt ein Reichstatt am Rein Colonia genant / alda ist für gebildtes wunder geboren worden / im jar Christi 1597 den 1. tag Mertzens / stylo nouo / des abents zwischen siben vnnd acht vhren / in der Hundtsgassen / welche nahe bey der Weyerstrassen gelegen: Die Eltern dauon seind Ehlich gewesen / nemlich Herman N. ein Weingartner vnd erbarer Burger allda / vnd Catharina sein ehliche Haußfraw. Die gestalt deß Kindes aber war also: Von angesicht / armen / vnnd oberm theil des leibes ists zwar ein wolgestaltes Kind gewesen. Doch hat es oben in dem nacken / oder hinden am hals auff der Axel zwo knüpffen oder beulen gehabt / von farben vnnd gestalt anders nicht dann wie sich die Pest an einem menschen erzeigt / oder gleich wie der Kropff an einem Calecutischen Hanen. Vnden an dem Bauch erzeiget sich kein zeichen Männliches oder Weiblichs geschlechts / sondern ist gantz flach. Deßgleichen hats auch vnden keinen natürlichen außgang / sonder ist gantz runde / also das man keine verscheidung der Arßbacken hat spüren können. Darneben so hat es hinden auch einen sterz oder schwentzlein gleich einem Schwein / vnnd auff demselbigen schwentzlein war ein kleine gleichnuß eines ärßleins / doch nicht fast kendtlich. Vnd oben demselbigen Arß hat es noch einen knüblein sitzen / aller gestalt gleich wie am Halß / jedoch nit so groß. Die Bein waren von oben abn biß vnden auß aneinander gewachsen / doch das man die fügungen hat verstehn können. In dem rechten fuß hat es siben zehen gehabt. Der lincke fuß aber stand jhm gantz verkehrt / also das die verse vornen nach das angesicht stund / vnnd hat am selbigen fuß nur einen zehen der hinden nach dem rucken stund / vnd war aller dings gestalt / gleich das die Calecutische Hanen auf dem schnabel haben / vnnd hieng jhm auch also leddern / gleich es den Hanen vor den schnabel henget. Hie hastu nun günstiger leser / die gestalt des gebornen Kindes / welches doch den zweiten tag [illegible]. Welcher nun etwas tieffsinniger oder embsiger in betrachtung der wunderen Gottes ist / der mag seinem verstande vnd gutduncken nach darauß erlehrnen was Gottes gerechter will gegen das Menschlich geschlecht sei. Dann ob es schon nach vorgeben der Mutter dises Kindes (wie es dann ein gesuchter vnnd offtkommender vrsach ist) sich also begeben / das sie im tragen der frucht ein schrecken von Calecutischen Hanen bekomen / vnd alßbald auß vnbedacht an verschiedene örther jres leibs gegriffen: so will doch der Allmechtig Gott jmmerdar mit solchen vbermässigen mißgeburten / vns ein gewisse warnung vnd zeichen seines gerechten zorns wider die Sünde sehen lassen / damit wir nit zu gar sicher inn den lüsten diser Welt fort fahren / vnd darüber daß die ewige lust vnd freud in dem künfftigen leben verlieren müssen. Dan gewißlich hat er seines eigenen knechts Dauid nicht verschonet / da er jhm auß gnaden die drey gab / von dreien eine zu wehlen / Krieg / Pestilentz / oder Thewrung / so werde er vnser jmmer so wenig schonen werden / wo wir jm nit bey zeiten in die Rud fallen / vnd gnad bitten / vnd vnser leben bessern. Vnd läßt sich ansehen / als ob schier durch gantz Teutschland nach einige Bußfertige vnnd Gottsförchtige leuth gewesen / welche den Herren mit dem Dauid vmb die lindeste straff vber jr Vatterland gebetten / dieweil es viel verträglicher ist in die händ Gottes dann in die händ der Menschen zu fallen. Der gütige Gott gebe vns allen erkäntnuß vnnd rew vnserer Sünden / besserung vnsers lebens / vnd endlich nach diesem leben das ewig leben / Amen.

Zu Cöllen bey Johann Bussemacher / vnd Conrad Goltzius. Im Jar 1597.

Fig. 200. Kölner Flugblatt vom Jahre 1597.

schaft von einem hitzigen Fieber überfallen worden, einen kalten lebendigen Frosch zu ihrer Abkühlung in der Hand gehalten habe. Nach dem Material, welches wir in dieser Abhandlung vorführten, sind diese Zumutungen an die

Leichtgläubigkeit des Publikums noch gering und ich möchte wetten, daß damals unter zehn gebildeten Leuten höchstens ein Zweifler war. Bis zu welcher Grenze man aber gehen konnte, das erhellt aus der Geschichte, die der Domherr von St. Peter in Löwen, Philipp Meurs, von seiner eigenen Schwester berichtet. Bei sonst normalem Körper habe ihr der Kopf gefehlt; statt dessen endete der Körper in eine Muschel auf ihrem Halse, die sich öffnete und schloß. Durch diese Meermuschel brachte man dem Mädchen die Nahrung bei. Sie lebte auf diese Weise bis in das elfte Jahr. Merkwürdig wie ihr Leben war auch ihr Tod. Als das Muschelmädchen eines Morgens hungrig, wie sie war, ihre Muschel öffnete und zu heftig zuklappte, zerbrach sie dieselbe an dem Löffel, der zwischen den Schalen steckte, und durch diesen unglücklichen Zufall mußte sie leider ihren Muschelgeist aufgeben. Der päpstliche Sekretär und Domherr weiß auch die Ursache dieser erstaunlichen Wundergeburt mitzuteilen. Die schwangere Mutter hatte auf dem Fischmarkt starkes Gelüst nach Muscheln, ohne sie im Augenblick befriedigen zu können. Thomas Fienus, der die Sache erzählt, hat zwar das Kind selbst nicht gesehen, wohl aber die Abbildung, die der Domherr aufbewahrte. Auch sei die Geschichte in der Stadt Löwen sehr bekannt gewesen. Blondel, welcher eine lesenswürdige Abhandlung darüber geschrieben hat (1756 Straßburg), schreibt unter diese Erzählung: credat judaeus Apella non ego. In diesem Buche und in anderen, vielfach in Briefform an Frauen geschriebene Abhandlungen werden nun ähnliche Geschichtchen zusammengetragen. Ich will noch die Schminkpflästerchen des Ritters Digby erwähnen. Man kann sich die Geschichte schon ganz von selbst aus den Fingern saugen. Eine eitle Frau wollte von der Unsitte nicht ablassen, sich in das Gesicht Schönheitspflästerchen zu kleben; die Folge war, daß ihr Kind mit den gleichen Flecken im Gesicht zur Welt kam.

Eine Anschauung, welche so verbreitet war wie das Versehen, mußte notwendigerweise eine Reihe von Gegenmaßregeln hervorrufen. Analog den Vorstellungen von der Infizierung durch den bösen Blick und der diesen paralysierenden Amulette gab es eine Reihe von Abwehrmaßnahmen. In der Darstellung volksmedizinischer Sitten von Hovorka und Kronfeld wird eine Reihe solcher aufgezählt. So machen die Begleiter einer Schwangeren diese auf eine entgegenkommende Mißgestalt, in Unterfranken zum Beispiel durch die Worte aufmerksam: „Guck nicht üm, was schwarzes kümmt.“ In anderen

Gegenden wird das Versehen durch Anspucken des betreffenden Gegenstandes oder wenigstens des Markierens desselben mit den Lippen aufgehoben. Überall aber ist den Frauen ans Herz gelegt, bei Bränden und plötzlichem Erschrecken mit den Händen nicht ihren eigenen Körper zu berühren. Die Sache geht so weit, daß auch die Obrigkeiten aus Rücksicht auf das Versehen Edikte erließen. Im Ratsprotokoll der Reichsstadt Hall vom Jahre 1622 lautet es: „Der Kropfend Bettelvogt soll seines Unfleißes, absonderlich aber seines abscheulichen Kropfes der kindenden Weiber wegen abgeschafft werden." Aus demselben Grunde wird laut Nürnberger Ratsedikt der schwangeren Weiber wegen das öffentliche Auftreten von abscheulichen fahrenden Gesellen und Ungeheuern verboten. Ein entzückendes Kulturdokument dieser Art überliefert uns die (Berliner) Dienstagische Fama vom Jahre 1586 46 Woche. Gent 30 Octobris. Der Ambassadeur des Königes von Siam . . . ist aller Orten mit großer Ehre unter 3maliger Salve empfangen worden. Gemeldeter Ambassadeur führet 3 Gutschen jede mit 6 Pferden bespannt . . . und hat eine Guarde von 4000 Reutern hinter sich. — Gemeldeter Ambassadeur ist sonderlicher Positur dick und fett und hat einen Kopf, welcher vollkommen dreimal so groß als hiesiger Einwohner Köpfe sein ist schwarzgelb von Farbe. Es wird in allen Städten wo er hinkomet, durch Placat verboten daß keine schwangere Frauen ihn beschauen sollen.

Joh. Wolfs Centenarchronik (1494).
Fig. 201. Bärenkind durch Versehen.

Mensch und Tier.

Schon Aristoteles ließ sich des Längeren aus über die Begattung verwandter Tierrassen untereinander. Besonders suchte er seine Theorie der Zeugung am Exempel der Maultiere zu beweisen. Er weiß auch, daß Füchse,

Wölfe und Hunde durch Kopulation Junge erzeugen können. An dem Beispiel der sogenannten Nachferkel illustriert er die Möglichkeit einerseits der Empfängnis, anderseits des Versagens des Austragens der abnormen Frucht. Doch jeder Naturbeobachter hat schon die sexuelle Erregung unter zwei ungleichnamigen und vollkommen wesenverschiedenen Tieren beobachtet, so zum Beispiel das Bespringen zwischen Hund und Ziege. Ich erinnere hier an die Beobachtung einer Schülerin des Aldrovandus, die der angeblichen Kopulation von Huhn und Schlange zusah. Es ist nun naheliegend, daß der naive Beobachter aus diesen Erfahrungen Konsequenzen zieht, die naturwissenschaftlich aber haltlos sind. In einem kleinen Museum einer oberbayerischen Stadt wurde mir unter anderen Mißgeburten ein achondroplastisches Kalb gezeigt mit einer der menschlichen Gesichtsspaltung ähnlichen Bildung. Der Kopf des Kalbes sah dadurch hundeähnlich aus, der Besitzer des Museums stellte mir in dieser Mißgeburt eine Kreuzung zwischen Dogge und Kuh vor, was ihm um so zweifelsfreier erschien, als der Stallbesitzer die schönsten Doggen der Gegend besaß. Die Übertragung solcher Ideen, die natürlich bei der hemmungslosen Glaubensseligkeit früherer Zeiten weit verbreitet waren, auf den Menschen lag um so näher, als die Moralpredigten gegen die Sodomiterei an der Tagesordnung waren. Auch kannte man die Klassiker besser wie in unseren Tagen. In Plutarchs Gastmahl der sieben Weisen wird erzählt, wie ein die Pferde bedienender Hirtenjunge den Weisen ein von einer Stute eben geborenes Junge vorzeigt, welches an der oberen Hälfte menschliche Formen zeigte, unten aber wie ein Pferd gebaut war. Während die anderen in diesem Monstrum schon ein göttliches Warnungszeichen von Aufruhr und Zwietracht sahen, nahm Thales den Wirt an der Hand und sagte mit dem milden, ver-

Joh. Wolfs Centenarienchronik (1600).

Fig. 202. Monstrum aus dem Jahre 1494.

ständnisinnigen und -vollen Lächeln: „Ich für mein Teil rate dir, bei den Stuten keine Hirten zu halten oder diesen Mädchen zu geben.“ Der Große Friedrich soll, als ihm die Strafakten eines Kavalleristen wegen ähnlichen Vergehens zur Unterschrift vorgelegt wurden, die Strafe zweckmäßig mit der Zuschrift kassiert haben, „das Schwein soll zur Infanterie“. Wahrlich ein griechischer Weiser auf preußischem Thron.

In den Chroniken wimmelt es nun von solchen Hirngespinsten. Zur Illustration solcher Vorstellungen verweisen wir nur auf unsere Illustrationen und verlassen gerne nach diesen Andeutungen den unsauberen Kreis dieser Erwägungen, nicht ohne auf die künstlerisch hervorragende antike Bronze des erotischen Kabinetts im Neapeler Antiken Museum hingewiesen zu haben. Die vielen Reproduktionen solcher Darstellungen haben natürlich dazu beigetragen, die karge Bedeutung wirklich sodomitischer Vorgänge zu übertreiben. Die Vorstellung der Entstehung von Mißgeburten aus artfremder Kopulation war nun einmal in der menschlichen Psyche verankert und kam immer wieder an die Oberfläche, wenn das Äußere eines Monstrums irgend welche Tierähnlichkeit hatte.

SCHLUSS.

Auch die Kultur, die alle Welt beleckt,
Hat auf den Teufel sich erstreckt;
Das nordische Phantom ist nun nicht mehr zu schauen,
Wo siehst du Hörner, Schweif und Klauen?
Und was den Fuß betrifft, den ich nicht missen kann,
Der würde mir bei Leuten schaden;
Darum bedien' ich mich, wie mancher junge Mann,
Seit vielen Jahren falscher Waden.

Wenn wir nun nach Durchsicht dieser Studien eine Bereicherung unseres Wissens suchten, so fanden wir sie in der Beantwortung der Frage, ob wir im Laufe der Zeiten vielleicht dazu kommen können, nicht nur bei den Gebildeten, sondern in den breiten Schichten der Bevölkerung der abergläubischen Ideen Herr zu werden. Denn dies erscheint mir ein anzustrebendes Ideal. Die Freiheit eines Volkes, wenigstens die innerliche Freiheit, nicht die polizeiliche, scheint mir von dem Grade abzuhängen, in welchem es sich selbst von abergläubischen Vorstellungen befreit hat. Nach dieser Richtung hin ist ein Zwiegespräch von Interesse, welches zwei Männer miteinander führten, die sich beide jeder auf seine Art ganz von Vorurteilen aller Art befreit hatten. Ich meine Voltaire und Casanova. Moralisten mögen ja mit Recht über letzteren die Nase rümpfen, aber für jeden, der das Leben dieses Mannes und die Niederschrift desselben unvoreingenommen studiert und seine erotischen und moralischen Entgleisungen in Abzug gebracht hat, wird ihm die Anerkennung nicht versagen können, daß er einer der geistvollsten und freiesten Menschen seiner Zeit war. Hören wir das Rededuell zwischen beiden Männern über die Notwendigkeit des Aberglaubens.

„Die Kultivierung des Aberglaubens erhielt durch das machthaberische Regiment aller Zeiten die größtmöglichste Förderung. Hätte Horaz die Hydra des Aberglaubens zu bekämpfen gehabt, er würde, wie ich, für die ganze Welt geschrieben haben“ (Voltaire).

„Mir scheint, Sie könnten sich die Mühe ersparen, zu bekämpfen, was Sie doch niemals vernichten werden“ (Casanova).

„Was mir (Voltaire) nicht gelingt, werden andere zu Ende führen, und ich werde stets den Ruhm haben, den Anfang gemacht zu haben.“

„Alles sehr schön — aber angenommen, es gelänge Ihnen, den Aberglauben zu zerstören — was würden Sie an diese Stelle setzen.“

„Das höre ich gern, wenn ich das Menschengeschlecht von einem wilden

Tiere befreien will, das es verschlingt — kann man mich fragen, was ich an dessen Stelle setzen werde?"

„Er verschlingt es nicht; er ist im Gegenteil zum Bestehen des Menschengeschlechts notwendig."

„Zu seinem Bestehen notwendig! Das ist eine furchtbare Lästerung, die die Zukunft bestrafen wird. Ich liebe das ganze Menschengeschlecht, ich möchte es frei und glücklich sehen, wie ich es bin; doch Aberglaube und Freiheit lassen sich nicht vereinigen. Wie könnte wohl die Knechtschaft das Volk glücklich machen."

„Sie verlangen also die Souveränität des Volkes? ... Ein Volk ohne Aberglaube wäre ein Volk von Philosophen, und die Philosophen wollen nicht gehorchen."

Ein Teil der Wirrnis der jetzigen Zeiten beruht auf dem Sturz des machthaberischen Regimentes und der Erlösung von der Furcht vor ewiger Verdammnis. Die Leinen, die die Völker im Zaume hielten, entglitten den Fürsten und Pfaffen. Die Völker laufen durcheinander, und es wird eine Zeit dauern, bis die Menschen, innerlich geläutert und neue freiere Ideale vor Augen, wieder in Reih' und Glied marschieren. Die Souveränität des Volkes ist im Prinzip erreicht; nur die Staatsmaschine, von den Rädern der Sklaverei, körperlicher und geistiger Tortur, Aberglauben und Lakaiengeist befreit, arbeitet noch nicht richtig. Das große Triebrad „Selbstzucht" ist noch schadhaft.

Mit einem gewissen Alpdrücken ließen wir die Dokumente der Wundersucht und des Aberglaubens an uns vorüberziehen. Wir verfolgten sie bis Ausgangs des 18. Jahrhunderts. Wenn auch die französische Revolution, die dann einsetzte, in vieler Beziehung zur Reinigung dieses Augiasstalles beigetragen hat, wenn auch das gewaltige Wachstum der Wissenschaften und der Technik dem Volk vielfach die Augen aufgetan hat und ihm den okkultistischen Star gestochen hat, so ist es klar, daß eine solche schwere Volksseuche, welche jahrtausendelang die Menschen infiziert hatte und nicht die besten verschonte, in ihren Nachwehen noch heutzutage bemerkbar sein muß. Da soll in erster Linie die neueste Großmacht, die Presse, beschuldigt werden, daß sie nicht gründlich genug ihre Pflicht getan hat und die Glaubensseligkeit des deutschen Volkes vielfach ausgenutzt hat. Doch lag das offenbar nur zum kleinsten Teil an dem fehlenden Willen der Tagesschriftsteller. Wir müssen bedenken, daß die Zensur nach dieser Richtung hin ein Hemmschuh war und daß wirklich freie Gedankenäußerungen, namentlich in politischer und religiöser Beziehung, erst jüngst möglich wurden. Im großen und ganzen aber können wir mit Genugtuung feststellen, daß die Intelligenz der Bevölkerung in dem Maße durchschnittlich gewachsen ist, daß die Publikation solcher Wundermär von anno dazumal heutzutage nur Spott und Hohn erzielen würde. Daß kluge, gebildete und freie Menschen noch heute abergläubisch sind, ist vielleicht ein letzter erzieherischer Ausläufer. Doch hat dieser, sagen wir einmal gesellschaftliche Aberglauben nichts mit dem blöden Wunderglauben zu tun, der, wie wir sahen, die frühere Gedankenwelt beherrschte. Die Zahl Dreizehn ist verpönt, man setzt sich ungern zu dreizehn zu Tisch und ich gestehe sogar ohne Erröten, daß in unserer Klinik die Zimmerzahl Dreizehn fehlt, nicht weil ich selbst zum Beispiel vor derselben Angst hätte, sondern als rein gesellschaftliches Entgegenkommen. Ähnliche Erscheinungen, wie wir sie namentlich bei Glücksspielern so häufig antreffen, sind mit demselben Maße zu messen. Es sind das schüchterne Versuche, den Zufall und die unbekannten Gesetze des Zufalls durch äußere Mittelchen zu verändern, zu eigenem Nutz und Gunsten zu verbessern; harmlose, niemandem schadende Eigenheiten, die die Erziehung fördern und beseitigen kann. Alle diese Sächelchen und Ungezogenheiten sieht und hört man von anderen und beugt sich der Tradition und dem trügerischen Ergebnis aus Beobachtungsfehlern. Ein amüsanter Beweis dafür bringt schon des Suetons Geschichte des Kaisers Octavianus (Kap. 92). Denn dieser sah eine sehr böse Vorbedeutung für die Tagesereignisse darin, wenn man ihm morgens beim Ankleiden die Schuhe verkehrt, den linken statt den rechten, anzog.

Eine ernstere Bedeutung finde ich in den noch so vielfach geltenden abergläubischen Vorstellungen bei Erkrankungsfällen und es ist beileibe nicht das ungebildete Volk allein, welches sich an den heilenden Schuster und Hirten wendet. Ein bekannter Berliner Kurpfuscher unserer Zeit führte in seiner Kundenliste drei Generäle, zwei Großfinanziers, Professoren, höhere Polizeibeamte und andere an und gar der Wunderpastor Felke, der aus den Augen alle Krankheiten diagnostizierte und, weil er mit Lehm kurierte, der Lehmpastor genannt wurde, zählte unter seinen Patienten Exzellenzen, Geistliche, Lehrer und — Ärzte. Sind das nicht wieder aus der Versenkung in die Erscheinung getretene Erinnerungen an die Wundersucht vergangener Zeiten, ist das nicht atavistischer Rückfall? Oder leiten sich solche Unzulänglichkeiten daher, daß auch sonst geistig hochstehende Menschen im Erkrankungsfalle kritiklos und geistig minderwertig werden? Im Einzelfalle wird die suggestive Kraft der Persönlichkeit noch hinzukommen. Diese hilft dem Arzte ja auch und macht ihn zum überragenden Heiler, wenn er im Vollbesitz der modernen Wissenschaft ist. Gerade im Erkrankungsfalle steigert sich die eingeborene Sucht zum Neuen, Niedagewesenen und Seltsamen. Ich bin außer jedem Zweifel, daß, wenn heute jemand ein Höhlensanatorium mit der Behauptung errichtete, daß die ausstrahlende Nähe des Erdinnern bisher nie vermutete Heilkräfte vermittle, er bald mit bestem Erfolge die ganze Erdmannshöhle voller Patienten hätte und auch über entsprechende Heilerfolge berichten könnte. Ich fürchte, daß selbst bei weitester Aufklärung und kulturellem Hochstand solche Heilpropheten und Kunstgewerbler der Medizin immer Erfolg haben werden, denn so lange es Krankheiten geben wird, so lange wird auch der durch diese geistig Minderwertige alle, auch die absurdesten, Heilmöglichkeiten suchen.

Wenn wir aber vom Aberglauben unserer Zeit sprechen, so haben wir nicht diese Dinge im Auge, welche schließlich mit dem weiteren Ausbau der wissenschaftlichen Heilkunde sich auch verringern werden.

Was uns mit einer gewissen Besorgnis erfüllt, ist das Wiederaufwachen der echten Wundersucht der alten Zeit. Der Wunderglaube hat sich nur entsprechend der fortgeschrittenen Aufklärung ein wissenschaftliches Mäntelchen angezogen und heißt heute Spiritismus in den verschiedenen Manifestationen. Es ist hier nicht der Platz, auf diese weite Kreise interessierenden Täuschungen der Beobachtung und der Psyche einzugehen, wir verkennen aber nicht die Gefahr, welche in den laienhaften Anwendungen der angewandten Suggestion und des Dämmerzustandes liegt.

Diejenigen Männer, welche für die geistige Führung der Völker verantwortlich sind, sollten sich darüber im klaren sein, daß es für ein freiheitliches Volk, welches die Leitung seines Geschickes selbst in die Hand genommen hat, von beherrschender Wichtigkeit ist, die Reste des Aber- und Wunderglaubens zu beseitigen. Wir sahen in unseren Studien, daß dieser Wunderglaube der Nasenring war, an dem sich das Volk widerstandslos führen ließ.

Interessant und erfreulich — ein Kulturfortschritt von größter Bedeutung — ist die Teufelsdämmerung in allen Religionen; nach langem Kampf hebt man das demagogische Zwangsmittel, den Teufelsglauben, den Teufelswahnsinn auf. Die Verleugnung des Satans war in den Zeiten, in denen die Verleugnung der Hexen schon den Tod brachte, ein kaum auszudenkender Gedanke; im Verhältnis zur triumphierenden Geltung des Teufelsglaubens in der Kirchengeschichte verschwand dies für unumstößlich gehaltene Dogma schnell und namentlich geräuschlos vom Schauplatz. Kein Edikt, keine Bulle, keine Synode schlug den Satan tot und kein Fetzen Papier enthält seinen offiziellen Totenschein; lichtvollere Atmosphäre, zunehmende Intelligenz und Mündigkeit des Volkes bereiteten ihm in aller Stille ein Begräbnis dritter Klasse ohne Sang und Klang, nachdem überlang das Volk mit den satanischen blutigen Sporen geritten war, woran auch die Tatsache nichts ändert, daß wohl in den kirchlichen Akten das Teufelskonto nicht gelöscht ist. Was Goethe in seinem Faust von der Teufelswandlung sagte, hat sich im Jahrhundert der Technik und Wissenschaft immer mehr erfüllt; der bocksbeinige Satan lebt nur noch in dem bunten Glasmosaik der alten Kirchenfenster. Und wenn heute noch sein Abbild die Frauen- und Mädchenseele erschreckt, dann erscheint er in anderer Uniform und stinkt auch nicht mehr nach Schwefel. Der moderne Inkubus kostümiert sich in der Phantasie des Volkes anders; und wer denkt heute noch bei Mißwachs und Mißwuchs an die Vorstellungen, mit denen man Jahrhunderte unser Volk gequält. Nicht durch die kirchliche, sondern nur durch die wissenschaftliche Brille betrachtet man forschend das Monstrum. Aber auch noch heute gibt es Wunder: täglich, stündlich werden solche geboren. Ist doch das Werden und Entstehen, ist doch der erste Atemzug des dem mütterlichen Zusammenhang entbundenen Kindes der Wunder höchstes. Solche Wunderwerke bietet die schaffende Natur in göttlicher Vollendung in allen Teilen. Solche Wunder sind einzig, ewig. Die Welt aber lag auf den Knien in Bewunderung vor den größeren und kleineren Entgleisungen des Werdens, die doch schließlich nur ein Wachstumswitz waren. In ihnen fand sie göttliche Weisung. Wir aber zerlegen diese angeblichen Wunder heute anatomisch, reihen sie ein in ein System und werden wohl bald alle möglichen Varianten beisammen haben. Aber damit begnügt sich nicht die Forschung. Man geht daran, solche

Monstren experimentell hervorzurufen und aus niederer Körperlichkeit Analogieschlüsse auf höher zusammengesetzte Organismen und Wesen zu tun. So entkleideten wir ganz und gar das Monstergeschehnis des Übernatürlichen.

Aber gerade durch dieses Studium führt uns der Weg wieder zu dem gigantisch großen, unfaßbaren Wunder, zu Gott. Wenn so der Gelehrte und Forscher täglich dem alten Aberglauben und Glaubenswahnsinn durch Freilegung der versteckten Wege in Wachstum und Natur Abbruch tut und den Dienern und Priestern der alten Tempelkirchen die Betriebsmittel entzieht und ihnen andere neue Wege weist, so führt gerade wiederum dieser Kampf gegen den Unglauben zum Glauben an Gott. So sind wir wieder mitten auf dem Wege zu Gott und der Freiheit. Statt sich in blödem Verkennen der Ziele der Menschheit zu entzweien, sollten alle Kulturvölker sich die Hand reichen zu solcher gemeinsamen Pilgerfahrt.

LITERATURVERZEICHNIS.

Antigoni Carystii Historiarum Mirabilium Collectanea.

Phlegontis Tralliani Opuscula de Mirabilibus; de Longaevis.

Palaephati de Incredibilibus.

Valerii Maxim. Factor. dictorumque memorabil. libr. IX.

Julius Obsequius, De prodigiis quae supersunt.

Buch der Chroniken und Geschichten von Anbeginn der Welt auff dise unsere Zeyt. Augsburg, durch Hannsen Schoensperger 1500. (Deutsche Ausgabe der Schedelschen Chronik.)

Sebastian Munster, Cosmographey das ist Beschreibung aller Länder. 1598. Gedruckt zu Basel.

Joh. Wolfii i. C. Lectionum Memorabilium et reconditarum Centenarii XVI. 1600.

Joh. Ludov. Gottfridi historische Chronica 1619. Durch M. Merian 1674.

Prodigiorum ac ostentorum Chronicon per Conradum Lycosthenem Rubeaquensem Basileae (Wolffardt aus Rufach) 1557.

Ulissis Aldrovandi Monstrorum Historia. Bononiae 1642.

J. G. Schenk a Grafenberg Monstrorum historia. Frankfurt 1606.

Fortunius Licetus De Monstris. Patavii 1668.

De Monstris et Monstrosis. Authore Georgio Stengelio Soc. Jes. Theol. Ingolstadt 1647.

Ambrosii Paraei Opera Chirurgica. Ausgabe des Jac. Guillemeau. Francfurt 1594. 24. Buch: De Monstris et Prodigiis.

Jacob Rueff, De conceptu et generatione hominis. 1554.

De Naturae divinis Characterismis seu raris et admirandis spectaculis etc. libr. II. Auctore D. Corn. Gemma Lovaniensi, Regio Medicinae professore. Antwerpen 1557.

Thom. Bartholini Historiarum anatomic. rarior. Centuria. Hafniae 1654.

Fasciculus Admirandor Naturae oder der Spielenden Natur Kunstwercke durch Fr. W. Schmucken, Kunsthändler. Straßburg 1679.

Riolanus, De monstro nato Lutetiae anno 1605. Disp. philosophica.

Monstri Hassiaci Disquisitio medica pp. Michael Heiland, Gießen.

Theol. erinnerung von einer erschrecklichen Mißgeburt, welche zu Stendal in der alten Marck zur Welt gekommen. Gethan am ersten Sonntag nach Trinitatis durch D. Schallerum. Magdeburg 1601.

De monstroso partu apud Wormatiam Anno Dom. 1495. Explanatio Seb. Brant.

Bildnis und Gestalt einer erschrecklichen / unnatürlichen und ungewöhnlichen Geburdt eines Kindlins welches Anno 1578 zu Rostock geboren ist. Neben einer erinnerung und vermanung von der Kleidung. D. Simonis Pauli. Rostock 1579.

J. Blondel, M. D., Drey merkwürdige Physikalische Abhandlungen von der Einbildungskraft der schwangeren Weiber. Straßburg 1756.

Joh. Timmii Cogitat. Medico-Physico-Historicae (in die Medizin einfließende grobe Irrtümer und Vorurtheile). Bremen 1752.

Chr. Rickmann, Von der Unwahrheit des Versehens und der Hervorbringung der Muttermahle durch die Einbildungskraft. Jena 1770.

Dr. Max Kemmerich, Kultur-Kuriosa. A. Langen, München.

Eberhard Buchner, Das Neueste von gestern. A. Langen, München.

Curiöse Discourse von dennen Wundern der Natur. Leipzig 1700.

Dan. Bekher, Historische Beschreibung des Preußischen Messerschluckers. Königsberg 1643.

Hundert außerwelte grohse / unverschempte / feiste / wolgemeste / erstunkene Papistische Lügen durch M. Hieron. Rauscher, Hoffprediger zu Newburg an der Donau 1562.

Lucina sine concubitu. Lucine affranchie. Traduite de l'Anglois d'Abraham Johnson 1750.

Defensorium inviolatae virginitatis Mariae. Neudruck des Buches vom Jahre 1471. Weimar, Ges. d. Bibliophilen 1910.

Le livre de Merveilles. Manuscript Paris, Nationalbibliothek.

A. Nicolai, Gedanken von der Erzeugung der Mißgeburthen und Mondkälber. Halle 1749.

Bern. Christ. Faust, Quaestio de causa monstrorum. Haller gewidmet. Gotha 1780.

J. Fr. Mayer, Die Geburt zweier an den Bäuchen ganz zusammengewachsenen Kindern in ihrer dreyfachen Aussicht nach der Theologie, Policey und Anatomie betrachtet und beschrieben. Frankfurt 1772.

G. H. Burghart's Sendschreiben an einen guten Freund betreffend einen zweileibigen sonderbaren gestalten Mann namens Sign. Ant. Martinelli. Frankfurth 1752.

Die Jost Ammannsche Federzeichnung einer Doppelmißgeburt in der Wickiana von Dr. A. Martin. Sonderdruck aus der Geschichte der Familie Ammann in Zürich.

Einblattdrucke des XV. Jahrhunderts. Konrad Haebler, Halle 1914.

Die Fliegenden Blätter des XVI. u. XVII. Jahrhunderts in s. g. Einblattdrucken. J. Scheible. Stuttgart 1850.

L. S. A. M. v. Römer, Über die androgynische Idee des Lebens.

Schatz, Die griechischen Götter und die menschlichen Mißgeburten. Wiesbaden 1901.

Archiv für heitre Gynäkologie. Jubiläums-Suplementheft (des Archivs f. Gynäkol.). Leipzig 1879.

M. Jastrow, The Medicine of the Babylonians Proceedings of the R. Society of M. 1914.

Die frühere wissenschaftliche Literatur über Mißgeburten siehe bei August Förster, Fr. Ahlfeld und Geoffroy St. Hilaire.

Druckfehlerberichtigung.

Seite 13: Bildunterschrift Fig. 4 statt Fig. 5.